新公司法释义与解读系列

XIN GONGSIFA SUSONG SHIWU ZHINAN

2023

# 新公司法诉讼实务指南

赵旭东 主 编
刘 斌 副主编

法律出版社 | LAW PRESS
北京

**图书在版编目(CIP)数据**

新公司法诉讼实务指南 / 赵旭东主编 ; 刘斌副主编
. -- 北京 : 法律出版社, 2024
(新公司法释义与解读系列)
ISBN 978 - 7 - 5197 - 8579 - 6

Ⅰ. ①新… Ⅱ. ①赵… ②刘… Ⅲ. ①公司法－基本知识－中国 Ⅳ. ①D922.291.91

中国国家版本馆 CIP 数据核字(2023)第 228474 号

**新公司法诉讼实务指南**
**XIN GONGSIFA SUSONG SHIWU ZHINAN**

赵旭东 主 编
刘 斌 副主编

策划编辑 张 珺
责任编辑 张 珺
装帧设计 汪奇峰

**出版发行** 法律出版社
**编辑统筹** 法商出版分社
**责任校对** 裴 黎
**责任印制** 胡晓雅
**经 销** 新华书店

**开本** 710 毫米×1000 毫米 1/16
**印张** 28 **字数** 430 千
**版本** 2024 年 1 月第 1 版
**印次** 2024 年 1 月第 1 次印刷
**印刷** 永清县金鑫印刷有限公司

地址:北京市丰台区莲花池西里 7 号(100073)
网址:www.lawpress.com.cn
投稿邮箱:info@lawpress.com.cn
举报盗版邮箱:jbwq@lawpress.com.cn

销售电话:010 - 83938349
客服电话:010 - 83938350
咨询电话:010 - 63939796


**书号**:ISBN 978 - 7 - 5197 - 8579 - 6
**定价**:118.00 元

凡购买本社图书,如有印装错误,我社负责退换。电话:010 - 83938349

# 新公司法诉讼实务指南


**主　　编**　赵旭东

**副 主 编**　刘　斌

**撰 稿 人**　（以姓氏拼音为序）

陈王澍　邓逸妍　冯晓奕

钱建军　吴若璇　严　涛

杨宗浩　张小洁　赵清斌

周　烁

**主编助理**　陈王澍

# 中国公司法三十年：照射进现实的理想主义

1993 年 12 月 29 日，第八届全国人民代表大会常务委员会第五次会议审议通过了《中华人民共和国公司法》。时隔整整三十年后的同日，2023 年 12 月 29 日，第十四届全国人民代表大会常务委员会第七次会议通过了第六次修改、第二次修订后的《中华人民共和国公司法》。修订后的新公司法删除了 2018 年公司法中 16 个条文，新增和修改了 228 个条文，其中实质性修改 112 个条文，是迄今为止规模最大的一次修改。时光移转，这部凝结了几代法律人心血的法律，转眼已然步入而立之年。在这三十年间，全国公司从寥寥无几发展至 4800 多万家，是中国经济快速发展的坚定支撑。正如立法机关在《公司法（修订草案）》审议说明中开门见山地指出，公司是最重要的市场主体。

1993 年公司法制定之后，1999 年、2004 年对个别条款进行了修正，2005 年进行了全面修订，2013 年、2018 年又对公司资本制度进行了两次重要修正。本轮公司法修改工作肇始于 2018 年。2018 年 9 月 7 日，第十三届全国人大常委会公布了立法规划，公司法被作为第二类项目列入修改日程，属于“需要抓紧工作、条件成熟时提请审议的法律草案”，由委员长会议提请审议。2019 年 5 月，全国人大常委会法制工作委员会组成了由各相关部门、部分专家学者参加的公司法修改起草组，并组成了工作专班，正式启动了第六次公司法修改工作。本轮公司法修改致力于实现公司法的结构性改革，是一项浩大的系统性工程。什么是公司法的结构性改革，如何实现公司法的结构性改革，都是非常宏大且充满挑战的问题。在立法任务繁重的背景之下，立法机关肩负着完善中国公司法的历史使命和责任，主动启动本轮公司法修订工作，致力于进行大刀阔斧的改革,凸显了这部市场经济基本法的重要价值与独特魅力。

“在几百年公司法的历史上,中国确是一个后来者。我们可能是世界上最年轻的公司法制定国,但在固守传统和崇信教条方面,我们又显得过于老成。我们本来没有传统的包袱和历史的积淀,但我们却无意地套上了传统和历史的枷锁,接受了过时的或不适于本土环境的法律规则。由此,更新观念,顺应时势,以现代理念和制度改革现行中国公司法制度已是大势所趋。”[①]这是一种照射进现实的理想主义,具有持续穿越时光的力量。三十年后的今天,第六次修改后的新公司法已经是一部中国特色现代企业制度的基本法,是一部被深度重构的现代化公司法。

理想的公司法是我们绘制新公司法画卷的原点。我们时常用“心中有山水,笔下存河川”来描述画家和画作之间的关系,画者心中山水不同,笔下河川各异。公司法亦然,“每个人眼中都有一部自己理想的公司法”。不同的前见很大程度上决定了大家对公司法修订的期待和愿景是迥异的。这里所说的“大家”,不仅仅包括立法者和公司法学者,更包括公司领域的从业者、司法者、执法者、监管者,等等。究竟什么样的公司法是理想的公司法,得到的答案不一而足。

自2005年公司法修订以来,我国公司法领域呈现出了丰富的商事实践创新。对赌协议对公司资本制度带来了体系性的挑战,出资加速到期纠纷对注册资本认缴制本身带来了巨大冲击,公司并购市场的风云变幻,资本市场中董事、监事、高级管理人员等的卸责与苛责同时存在,营商环境优化为公司法修订提出了新的要求等。自2012年启动商事制度改革以来,广泛触及了证照制度、简易注销、强制注销、企业名称登记管理等诸多领域;国有企业改革的进一步深化,对公司治理的整体架构、组织机构设置、权力分配、责任承担等均有映射,公司法规范供给已然不足;资本市场中,协议控制架构(VIE)、中国存托凭证(CDR)、特殊目的收购公司(SPAC)等方兴未艾,其中涉及大量的公司治理和资本规则,尚需公司法协同推进。面对不断发展的商事实践,司法实践中也不断形成新的公司诉讼裁判规则,持续型塑着公司法律制度体系。

面对前述实践需求,本轮公司法修订始终贯穿着三条鲜明的价值主线,这是我们理解新公司法的三把钥匙,分别是坚持效率优先与放松管制、尊重路径

---

① 赵旭东:《中国公司法的修订与改革》,载《法学论坛》2003年第2期。

依赖与适度创新、立足本土语境与务实修法。

首先,新公司法坚持效率优先与放松管制。自1993年以来,公司治理中“三会一层”的超稳定结构,在本轮公司法修订中被突破。本轮公司法修订引入了选择制基础上的单层制方案,公司组织机构是公司治理现代化改革的“基础设施”。在此基础上,通过“突出董事会在公司治理中的地位”,以董事会为中心的公司权力配置模式意味着更为自治、高效的公司治理架构。易言之,董事会中心主义是现代公司法的标准配置,也为里程碑意义的授权资本制奠定了公司治理的基础。基于单层制改革和董事会中心,董事义务的具体化、董事责任的扩张、监督权力的重新配置、法定代表人制度改革等始得展开。新公司法第1条开宗明义地增加“弘扬企业家精神”,作为公司治理核心的董事会和董事,是企业家精神最重要的践行者。新公司法中引入电子通信方式的会议与表决,增加公司的法定信息公示事项,肯认电子营业执照的效力,新增类别股、无面额股等,增加简易减资、简易注销、简易合并等简化规则,进一步放松管制,提升公司运行效率。

其次,新公司法尊重路径依赖与适度创新。面对巨量的现存公司,新公司法选择在尊重制度稳定的基础上进行审慎创新,避免给公司造成过高的制度转换成本。比如,当前有限公司和股份公司二分的公司类型格局已显迟滞面,产生了公司类型的改革需求。对此,新公司法基于对存量公司的尊重,并未将公司类型破旧立新,而是在具体制度上对二者予以细化完善,包括法定资本制与授权资本制的分别适用、将股东压制的救济措施引入封闭型股份公司、允许小型股份公司简化治理结构等,实质上优化了两类公司的区分安排。再如,包括新增股东压制时的回购请求权、查阅会计账簿的权利、增加股东双重代表诉讼和查阅权穿越行使制度、降低股份公司提案权比例、新增同比例减资的原则规定等,都是对我国公司法实践经验的系统总结和立法回应。

最后,新公司法立足本土语境与务实修法。自2014年修改公司法实施注册资本认缴登记制,取消出资期限、最低注册资本和首期出资比例以来,方便了公司设立,激发了创业活力,公司数量增加迅速。但实践中也出现股东认缴期限过长,影响交易安全、损害债权人利益的情形。对此,新公司法改采限期认缴制,明确全体股东认缴的出资额应当按照公司章程的规定自公司成立之日起5年内缴足。这是对实践中认缴制本身所产生的客观现实问题的理性回应。比如,新公司法将国家出资公司设专章规定,但章名明确为“组织机构的特别规定”,彰显了国家出资公司与普通公司在其他公司法规则上的一体平等适用。面对法定代表人制度所产生的选任范围过窄、抑制董事会权力等问题,新公司法通过扩大选任范围、明确辞任和补任规则、明确变更文件和签署主体、修改章程记载事项等,予以针对性地解决。再如,股份公司改采实缴制、催缴失权、加速到期、简化有限责任公司股权转让模式、明确股东变动模式、明确股权转让后的义务承担等,都是对本土问题的务实回应。

新公司法颁行后,整个社会将出现新一轮学习、宣传和阐释、研究新公司法的热潮,全国各地、各部门、各系统,尤其是公司企业、律师事务所、国家机关、法律院校等都将面临重新学习和实施、适用新公司法的任务,现有的各种公司法的教材和读物也都需要根据新公司法进行全面的修订和更新。值此时机,我们以新公司法的内容和结构为基础,组织编写了这套“新公司法释义与解读系列”丛书,从不同角度系统解析新公司法的法理基础、制度内涵与适用要义。本丛书共5本,每本书根据不同领域、不同专业背景和不同业务的读者情况和需求,按不同内容、不同体例、不同深度和不同风格分别编写,包括:《新公司法条文释解》、《新公司法重点热点问题解读:新旧公司法比较分析》、《新公司法讲义》、《新公司法适用与最高人民法院公布案例解读》和《新公司法诉讼实务指南》。

本丛书编写作者主要由中国政法大学公司法修改课题研究小组的老师和研究人员组成,同时为反映其突出的实务特色,特别邀请了全国人大常委会法工委、最高人民法院和地方高级人民法院、国家市场监督管理总局、中国证监会等相关国家机关及部分律师事务所的实务界专家参与本书编写。

经由本轮公司法修订,我国公司法已经开始从吸收和融合域外规则,走向基于本土资源的制度改革之路。本轮公司法的修订,不仅仅是对过去三十年中国公司法理论和经验的系统总结,更是奠定了未来十数年乃至数十年的司法适用和理论阐释的新起点。本丛书试图提供新公司法的解释体系,也是向中国公司法三十年的致敬与祝愿。

赵旭东　刘　斌

2024年1月10日

# 凡　例

| 文件名称 | 文号 | 发布/修订/修正日期 | 生效日期 |
| --- | --- | --- | --- |
| 《中华人民共和国民法典》(简称《民法典》) | 中华人民共和国主席令第45号 | 2020年5月28日 | 2021年1月1日 |
| 《中华人民共和国民法通则》(2009年修正)(简称《民法通则》)(已废止) | 中华人民共和国主席令第18号 | 2009年8月27日 | 2009年8月27日 |
| 《中华人民共和国公司法》(2023年修订)(简称新《公司法》) | 中华人民共和国主席令第15号 | 2023年12月29日 | 2024年7月1日 |
| 《中华人民共和国公司法》(2018年修正)(简称原《公司法》或2018年《公司法》) | 中华人民共和国主席令第15号 | 2018年10月26日 | 2018年10月26日 |
| 《中华人民共和国公司法》(2013年修正)(简称2013年《公司法》) | 中华人民共和国主席令第8号 | 2013年12月28日 | 2014年3月1日 |
| 《中华人民共和国公司法》(2005年修订)(简称2005年《公司法》) | 中华人民共和国主席令第42号 | 2005年10月27日 | 2006年1月1日 |
| 《中华人民共和国公司法》(简称1993年《公司法》) | 中华人民共和国主席令第16号 | 1993年12月29日 | 1994年7月1日 |
| 《中华人民共和国民事诉讼法》(2023年修正)(简称《民事诉讼法》) | 中华人民共和国主席令第11号 | 2023年9月1日 | 2024年1月1日 |
| 《中华人民共和国反不正当竞争法》(2019年修正)(简称《反不正当竞争法》) | 中华人民共和国主席令第29号 | 2019年4月23日 | 2019年4月23日 |
| 《中华人民共和国企业破产法》(简称《企业破产法》) | 中华人民共和国主席令第54号 | 2006年8月27日 | 2007年6月1日 |

续表

| 文件名称 | 文号 | 发布/修订/修正日期 | 生效日期 |
|---|---|---|---|
| 《中华人民共和国证券法》(2019 年修订)(简称《证券法》) | 中华人民共和国主席令第 37 号 | 2019 年 12 月 28 日 | 2020 年 3 月 1 日 |
| 《中华人民共和国保险法》(2015 年修正)(简称《保险法》) | 中华人民共和国主席令第 26 号 | 2015 年 4 月 24 日 | 2015 年 4 月 24 日 |
| 《中华人民共和国会计法》(2017 年修正)(简称《会计法》) | 中华人民共和国主席令第 81 号 | 2017 年 11 月 4 日 | 2017 年 11 月 5 日 |
| 《中华人民共和国企业国有资产法》(简称《国有资产法》) | 中华人民共和国主席令第 5 号 | 2008 年 10 月 28 日 | 2009 年 5 月 1 日 |
| 《中华人民共和国招标投标法》(2017 年修正)(简称《招标投标法》) | 中华人民共和国主席令第 86 号 | 2017 年 12 月 27 日 | 2017 年 12 月 28 日 |
| 《中华人民共和国拍卖法》(2015 年修正)(简称《拍卖法》) | 中华人民共和国主席令第 24 号 | 2015 年 4 月 24 日 | 2015 年 4 月 24 日 |
| 《中华人民共和国商业银行法》(简称《商业银行法》) | 中华人民共和国主席令第 34 号 | 2015 年 8 月 29 日 | 2015 年 10 月 1 日 |
| 最高人民法院《关于适用〈中华人民共和国公司法〉若干问题的规定(一)》(2014 年修正)(简称《公司法司法解释(一)》) | 法释〔2014〕2 号 | 2014 年 2 月 20 日 | 2014 年 3 月 1 日 |
| 最高人民法院《关于适用〈中华人民共和国公司法〉若干问题的规定(二)》(2020 年修正)(简称《公司法司法解释(二)》) | 法释〔2020〕18 号 | 2020 年 12 月 29 日 | 2021 年 1 月 1 日 |
| 最高人民法院《关于适用〈中华人民共和国公司法〉若干问题的规定(三)》(2020 年修正)(简称《公司法司法解释(三)》) | 法释〔2020〕18 号 | 2020 年 12 月 29 日 | 2021 年 1 月 1 日 |
| 最高人民法院《关于适用〈中华人民共和国公司法〉若干问题的规定(四)》(2020 年修正)(简称《公司法司法解释(四)》) | 法释〔2020〕18 号 | 2020 年 12 月 29 日 | 2021 年 1 月 1 日 |
| 最高人民法院《关于适用〈中华人民共和国公司法〉若干问题的规定(五)》(2020 年修正)(简称《公司法司法解释(五)》) | 法释〔2020〕18 号 | 2020 年 12 月 29 日 | 2021 年 1 月 1 日 |

续表

| 文件名称 | 文号 | 发布/修订/修正日期 | 生效日期 |
| --- | --- | --- | --- |
| 最高人民法院《关于适用〈中华人民共和国民法典〉总则编若干问题的解释》(简称《民法典总则编解释》) | 法释〔2022〕6号 | 2022年2月24日 | 2022年3月1日 |
| 最高人民法院《关于适用〈中华人民共和国民法典〉合同编通则若干问题的解释》(简称《民法典合同编通则解释》) | 法释〔2023〕13号 | 2023年12月4日 | 2023年12月5日 |
| 最高人民法院《关于适用〈中华人民共和国民法典〉有关担保制度的解释》(简称《民法典担保制度解释》) | 法释〔2020〕28号 | 2020年12月31日 | 2021年1月1日 |
| 最高人民法院《关于适用〈中华人民共和国企业破产法〉若干问题的规定(一)》(简称《企业破产法解释(一)》) | 法释〔2011〕22号 | 2011年9月9日 | 2011年9月26日 |
| 最高人民法院《关于适用〈中华人民共和国民事诉讼法〉的解释》(2022修正)(简称《民诉解释》) | 法释〔2022〕11号 | 2022年4月1日 | 2022年4月10日 |
| 最高人民法院《关于印发〈全国法院民商事审判工作会议纪要〉的通知》(简称《九民纪要》) | 法〔2019〕254号 | 2019年11月8日 | 2019年11月8日 |
| 《全国法院审理债券纠纷案件座谈会纪要》(简称《债券纠纷会议纪要》) | 法〔2020〕185号 | 2020年7月15日 | 2020年7月15日 |
| 《中华人民共和国城镇集体所有制企业条例》(2016年修订)(简称《城镇集体所有制企业条例》) | 中华人民共和国国务院令第666号 | 2016年2月6日 | 2016年2月6日 |
| 《中华人民共和国乡村集体所有制企业条例》(2011年修订)(简称《乡村集体所有制企业条例》) | 中华人民共和国国务院令第588号 | 2011年1月8日 | 2011年1月8日 |
| 《中华人民共和国市场主体登记管理条例》(简称《市场主体登记管理条例》) | 中华人民共和国国务院令第746号 | 2021年7月27日 | 2022年3月1日 |

续表

| 文件名称 | 文号 | 发布/修订/修正日期 | 生效日期 |
|---|---|---|---|
| 《中华人民共和国市场主体登记管理条例实施细则》(简称《市场主体登记管理条例实施细则》) | 国家市场监督管理总局令第52号 | 2022年3月1日 | 2022年3月1日 |
| 《上海证券交易所股票上市规则》(2023年修订) | | 2023年8月4日 | 2023年9月4日 |
| 《深圳证券交易所股票上市规则》(2023年修订) | | 2023年8月4日 | 2023年9月4日 |
| 《北京证券交易所股票上市规则(试行)》(简称《北京证券交易所股票上市规则》) | | 2023年8月4日 | 2023年9月4日 |
| 《中华人民共和国公司法(修订草案)(一次审议稿)》(简称《公司法(修订草案一审稿)》) | | 2021年12月24日 | |
| 《中华人民共和国公司法(修订草案)(二次审议稿)》(简称《公司法(修订草案二审稿)》) | | 2022年12月30日 | |
| 《中华人民共和国公司法(修订草案)(三次审议稿)》(简称《公司法(修订草案三审稿)》) | | 2023年9月1日 | |

说明:正文中出现的法律文件简称规则同上或于文中第一次出现处标注。

# 目　　录

## 第一章　公司诉讼总则

一、公司诉讼的概念、现状及变化　001
二、公司诉讼的成因及特征　003
三、公司诉讼的主要类型　009
四、《公司法》修改对公司诉讼的影响　012

## 第二章　公司设立相关诉讼

案由 1 | 公司设立纠纷　018
案由 2 | 发起人责任纠纷　033

## 第三章　公司出资相关诉讼

案由 1 | 股东出资纠纷　038

案由 2 新增资本认购纠纷 074
案由 3 股东失权异议纠纷 087

## 第四章 股东资格及权益保护相关诉讼

案由 1 股东资格确认纠纷 096
案由 2 股东名册记载纠纷 110
案由 3 请求变更公司登记纠纷 124
案由 4 股东知情权纠纷 137
案由 5 请求公司收购股份纠纷 150
案由 6 公司盈余分配纠纷 165
案由 7 损害股东利益责任纠纷 174

## 第五章 股权转让相关诉讼

案由 1 股权转让纠纷 183
案由 2 上市公司收购纠纷 217

## 第六章 公司决议相关诉讼

案由 1 公司决议效力确认纠纷 227

案由 2　公司决议撤销纠纷　248
案由 3　公司决议不成立纠纷　258

## 第七章　公司权益保护相关诉讼

案由 1　损害公司利益责任纠纷　269
案由 2　公司关联交易损害责任纠纷　291
案由 3　公司证照返还纠纷　316

## 第八章　债权人利益保护相关诉讼

案由 1　股东损害公司债权人利益责任纠纷　327
案由 2　实际控制人损害公司债权人利益责任纠纷　344
案由 3　董事、高级管理人员损害公司债权人利益责任纠纷　354

## 第九章　公司变更相关诉讼

案由 1　公司合并纠纷　364
案由 2　公司分立纠纷　375
案由 3　公司增资纠纷　382
案由 4　公司减资纠纷　393

## 第十章　公司解散与清算相关诉讼

案由 1 | 公司解散纠纷 410
案由 2 | 清算责任纠纷 420

CHAPTER 01

# 第一章

# 公司诉讼总则

## 一、公司诉讼的概念、现状及变化

### （一）公司诉讼的概念

所谓“公司诉讼”，是指因公司在设立、运营、变更、消灭过程中与公司相关利益主体之间基于出资合同、公司章程和公司法上的权利义务产生纠纷，而依据《公司法》等相关法律通过民事诉讼程序进行的纠纷解决活动，主要包括因股东与股东之间纠纷引发的诉讼，因股东与公司之间纠纷引发的诉讼，因公司或股东与公司高级管理人员之间纠纷引发的诉讼，也包括公司债权人基于与公司的债权而对公司股东、公司高级管理人员提起的公司股东和高级管理人员损害公司债权人利益的诉讼，还包括以股权/股份为标的，当事人之间纠纷引发的诉讼。

公司诉讼属于民商事诉讼的一种，但又不同于传统的民商事案件，具有鲜明的特点，如很多案件既涉及程序问题，又涉及实体问题；既涉及公司法，又涉及民法基本理论，甚至关涉行政法、刑法，具有交叉案件的性质。公司诉讼所呈现的极强的综合性、系统性，与涉诉主体多元、交易结构复杂直接相关，其基础则源于公司作为商事主体及公司法的特殊性。其中，公司不同于一般的民事主体，也与其他商事主体具有显著差异。首先，公司是以营利为目的的企业组织；其次，公司具有独立法人地位；再次，公司是以股东投资为基础组成的社团法人；最后，公司是依法定条件和程序成立的企业法人。而公司法是规定各种公司的设立、活动、解散以及其他对内、对外关系的法律规范的总称。公司法与其他部门法相比，具有组织法和行为法的结合，以及强制性和任意性结合等特点。

(二)公司诉讼的现状及变化

基于对中国裁判文书网 2013 至 2023 年[①]最高人民法院《民事案件案由规定》(2020)下全部 24 个"与公司有关纠纷"案由所涉案件的大数据分析,公司诉讼的现状及变化呈现如下特点:

1. 案件数量总体处于高位,但 2021 年后有明显下降

从案件总数上来看,2013 年到 2023 年的 10 年间,人民法院共审结公司诉讼案件 391878 件,其中,一审案件 321595 件,二审案件 114274 件,再审 11598 件。2013 年至 2021 年,公司诉讼案件数量持续高速增长,由 2013 年的 4619 件,增加至 2020 年的 85778 件。但自 2021 年开始,公司诉讼案件下降明显,其中 2021 年下降 20.3%,2022 年下降 42.13%,2023 年下降 70.58%。该趋势应与裁判文书的公开率下降密切相关。

从案件标的额分布来看,包括财产给付内容的公司诉讼案件共有 177182 件,其中,标的为 5 万元以下的 73637 件,占比 41.56%;标的为 5 万到 10 万元的 11065 件,占比 6.24%;标的为 10 万到 20 万元的 14151 件,占比 7.99%;标的为 20 万到 50 万元的 20396 件,占比 11.51%;标的为 50 万到 100 万元的 13950 件,占比 7.87%;标的为 100 万元以上的 43986 件,占比 24.83%。可见,公司诉讼的标的金额主要分布在 5 万元以下及 100 万元以上,大标的金额的案件较多。

2. 案件主要集中于四个案由,凸显了争议集中点

2013 年至 2023 年,公司诉讼案件主要分布在四个案由:股权转让纠纷 205930 件,占比 41.58%;股东资格确认纠纷 41205 件,占比 8.32%;股东损害公司债权人利益责任纠纷 31982 件,占比 6.46%;股东知情权纠纷 25542 件,占比 5.16%。其中,股权转让纠纷案件系最传统的公司类纠纷案由类型,多数股权转让的原因为纯粹财产转让,基于股权转让合同履行引起争议,诉讼请求多为支付股权转让款,履行回购义务等财产诉求,因此基数较大。股东损害公司债权人利益责任纠纷案件近年多发的主要原因则在于,对于《公司法司法解释(二)》规定的股东怠于履行清算人义务,恶意处置公司财产或骗取注销登记的责任,以及《公司法司法解释(三)》规定的股东抽逃出资、瑕疵出资的责任,公司债权人可以起诉直接追究股东责任。因此,很多公司债权人同时针对股东提

① 统计区间自 2013 年 1 月 1 日至 2023 年 11 月 27 日。

起诉讼，导致此类案件数量较多。而股东知情权纠纷则是很多其他公司诉讼提起的“前置”或“配套”诉讼，尤其是在股东派生诉讼中，股东往往需要通过知情权诉讼来获取相关信息和资料，以支持其决定采取适当行动。

3. 公司诉讼的分布与商业活动的活跃度及相关法律的完善密切相关

公司诉讼反映了商业活动的活跃度，经济活动越活跃的地区，因公司纠纷而产生的公司诉讼的数量越多。2013 年至 2023 年，公司诉讼案件数量排名前 10 的省或直辖市分别为：广东（53702 件）、上海（45160 件）、江苏（44311 件）、北京（38142 件）、浙江（33326 件）、山东（32243 件）、四川（27040 件）、河南（23608 件）、湖南（19024 件）与湖北（16101 件），与各省经济发展状况密切相关。因此，对公司诉讼进行妥善处理，是改善营商环境，保障市场经济良好有序发展的必要基础。

同时，公司诉讼的数量及类型也与法律法规的不断完善密不可分。在《公司法司法解释（二）》《公司法司法解释（三）》实施后，债权人追究股东清算、出资等责任的法律依据进一步明确，债权人提起此类诉讼有法可依，案件数量明显增加，从 2013 年的 102 件，暴增至 2021 年的 6399 件；2016 年年底公布的《公司法司法解释（四）》新增了公司决议不成立制度，在公司决议纠纷中涉及不成立争议的案件在 2017 年后明显增加，从 2016 年的 168 件增加至 2017 年的 389 件，至 2020 年已达 1 年 1159 件。在新《公司法》颁布后，公司诉讼在类型上的分布也将会受到有关规定调整而变化。

## 二、公司诉讼的成因及特征

### （一）公司诉讼的成因

广义的公司诉讼，是指公司为一方主体参与的全部诉讼活动，但广义上的公司诉讼包含诸多并不能体现公司和公司法特殊性的诉讼活动。例如，公司对外签署的买卖合同纠纷、公司与员工之间的劳动纠纷等。狭义的公司诉讼，是指请求权基础为公司法规范，通常涉及公司治理，相关涉诉主体为公司的主要利益相关方，如股东、债权人、高管等的诉讼活动。虽然新《公司法》引入了利益相关者保护理论，将与公司有间接利害关系的次要利益相关者的利益，如公司职工、消费者、供应商、政府、社区等的利益作为公司经营活动应考量的因素，[①]

① 参见新《公司法》第 20 条第 1 款：“公司从事经营活动，应当充分考虑公司职工、消费者等利益相关者的利益以及生态环境保护等社会公共利益，承担社会责任。”

但间接利益相关者与公司之间的权利义务关系并不直接为公司法所规制。因此,其与公司间产生的纠纷并不属于狭义的公司纠纷。

公司与公司直接利益相关者之间,公司直接利益相关者自身之间均存在着错综复杂的关系,他们共同建构、参与了绝大多数的商业活动和经济生产,一旦在权责划分、利益分配、经营开展等方面存在冲突,就会引发纠纷,进而会导致相关主体寻求通过公权力介入的诉讼方式解决争议。这种冲突通常包括如下几方面:

1. 股东与股东之间的冲突

股东与股东之间的冲突主要体现为控制股东与中小股东之间的利益冲突。股东平等原则是现代公司立法所奉行的基本原则之一,是民法平等原则在公司法领域的具体体现,也是平等保护投资者利益,调动投资者积极性的客观需要。然而,公司的股权结构往往导致大股东对公司过度控制,中小股东受到欺压的情况,因此,特别需要建立对中小股东特别保护的法律规则,以实现股东事实上的平等。我国公司法中的许多规定都是这一原则的体现和要求,如少数股东的股东会召集权和主持权、股东表决权的限制、累积投票制、异议股东股份回购请求权、股东代表诉讼制度等。

虽然公司法为了避免控制股东的压迫行为,在治理结构、救济途径等方面作出了保护中小股东的制度设计,但在实践中仍不乏控制股东不当侵害中小股东利益的行为,从而导致控制股东与中小股东之间产生冲突,进而引发纠纷和诉讼。当然,由于控制股东的利益往往与公司利益是一致的,也存在中小股东滥用权利损害控制股东及公司利益的情形。

2. 股东与公司之间的冲突

公司法人制度的创立使公司获得了独立人格,并赋予股东以有限责任,从而极大地刺激了投资者的积极性,对经济的发展起着巨大的推动作用。然而现实生活中,在观念和制度上将公司独立人格和股东有限责任绝对化,使得公司法人制度在充分发挥其经济价值的同时,也为各种各样滥用公司法人人格谋取不正当利益的行为提供了可乘之机。其中最明显且影响重大的就是公司股东滥用公司独立人格和股东有限责任,使公司法人制度本身所具有的社会伦理价值无法实现,导致本应平衡的公司法人人格制度的利益体系向股东一方倾斜。尤其是对于公司的控制股东,虽然其作为公司大部分剩余财产的所有者,通常与公司利益具有一致性，但仍可能为实现个人利益的最大化，侵害公司的法人财产，如通过关联交易等方式侵害公司利益。

3. 股东与管理层之间的冲突

所有权与管理权的分离，是现代公司制度的基础设计之一。股东作为公司的所有者，并不一定直接管理公司，而是有权选择具有专业知识和技能的管理者来管理公司。公司股东和管理人员的关系，正如被代理人和代理人的关系。代理人往往追求现金报酬和非现金利益，代理人持股越少，把公司财产用于个人消费的愿望就越强，而开拓公司业务的努力就越弱，节约时间、精力和避免冒险才符合代理人的个人最大利益。为防止管理层损害股东利益，降低制定、监督和执行代理关系产生代理成本，公司法设置了一系列的制度，但代理成本及背后股东与管理层之间的利益冲突却是持续存在的。这种代理冲突在不可调和后，就会引发诉讼。

4. 公司、公司股东与债权人之间的冲突

公司股东与公司债权人之间对于公司财产存在利益冲突，债权人希望其债权到期时，公司有足够的现金能够偿还债务，而股东则希望能够在公司经营的过程中收回其投资并获取超额收益。特别是在股东承担有限责任的情况下，常常出现股东与公司人格混同，股东过度支配与控制公司，公司注册资本显著不足等股东滥用公司法人独立地位和股东有限责任，导致公司债权人利益受损的情形，由此引发了公司债权人对公司股东、公司提起的诉讼。

5. 以股份/股权为标的，当事人之间的冲突

在股权转让纠纷、上市公司收购纠纷等以股份/股权为标的的纠纷中，存在一方当事人并非公司的股东、高级管理人员等利益相关方，而是公司外其他主体的情况。在该等交易中，当事人均希望以更低价格获取更大利益，由此对股份/股权的价值、交割、权利行使等事项产生了争夺或冲突，导致相关公司诉讼纠纷的产生。这类纠纷属于公司治理之外的纠纷，但在公司诉讼中占有很大比重。

### （二）公司诉讼的特征

公司作为商事主体的特殊性及公司法的特殊性决定了公司诉讼具有不同于一般民商事诉讼的特点，以下将从诉讼法律关系、诉讼主体、诉讼程序和诉讼结果的角度分析公司诉讼的特点。

1. 公司诉讼的法律关系复杂，纠纷类型多样

公司诉讼案件往往包含多个法律关系，既有关于公司内部治理的股东与股东、股东与公司、公司与高管人员之间的关系，又有公司外部债权人与公司、股东之间的关系；既涉及当事人承担责任的实体问题，又涉及认定公司决策程序是否合法的程序问题，在同一诉讼中往往存在多个利益主体权利义务的交叉，利益关系相对复杂。如确认股权转让协议无效纠纷表面看是伪造股东签名所致，但其中可能涉及代理或代持等深层次关系。另外，公司案件涉及利益主体多元化，一旦利益格局有所变动，就可能影响到与公司相关联的案外人的利益。

2. 公司诉讼多层面法律问题交织，法律适用难度大

由于公司涉及利益主体广泛，公司、股东、董事、监事、高级管理人员及其他相关方相互影响和制衡，带来了公司法律关系、合同法律关系、担保法律关系、侵权法律关系的交叉、杂糅，法律适用复杂，在具体案件处理中存在大量与《民法典》各编以及其他部门法交叉的问题。例如，公司对外担保问题既涉及《公司法》规定，也涉及《民法典》物权编及其司法解释的规定；夫妻一方转让股权问题，也涉及《民法典》婚姻家庭编及其司法解释的规定。此外，在部分案件中还可能涉及刑法、行政法的问题。尤其是在公司控制权争夺案件中，参与方往往会交叉运用民事、行政及刑事手段相互博弈，包括：民事程序上，起诉要求返还公司证照印章，通过公司决议罢免法定代表人，诉请撤销法定代表人的变更登记等；行政程序上，起诉要求公司登记机关变更登记，主张撤销公司登记机关的登记等；刑事程序上，主张董事、高管涉嫌挪用资金、职务侵占等。法律关系的交叉杂糅，既给诉讼参与方如何选择诉讼策略、诉讼请求方面带来困扰，也对司法裁判者就如何全面分析案件，条分缕析处理纠纷提出了相当高的要求。

3. 公司诉讼的诉讼主体兼具多元化和特定性

公司诉讼案件中，公司的发起人、股东、董事、监事、高级管理人员以及公司外部债权人都可以成为案件的当事人。诉讼当事人一方在两人以上的情况非常普遍，此时往往会提出多个诉讼请求，既有确认之诉，又有给付和变更之诉；既有本诉，又有反诉。第三人参加诉讼的情况也时常发生。如公司解散之诉中，原告往往是某一股东或数个股东，被告为公司，而其他未参加诉讼的股东应当依法被追加为第三人，因此此类诉讼当事人的数量不稳定，存在多个甚至众多潜在当事人的可能性，这使公司诉讼法律关系更为复杂。

同时,公司诉讼主体也具有一定的特定性,每一种公司诉讼类型的诉讼主体的范围相对特定。例如,公司决议撤销纠纷案件中,原告仅能为公司股东,而被告必然为公司;又如,公司知情权诉讼中,原告为股东或为在持股期间合法权益受到损害的原股东,被告只能是公司。

4. 公司诉讼的程序相对复杂,存在不少特殊规定

公司法的组织性及社团性等特点决定了公司诉讼程序的复杂性和特殊性,尤其在股东代表诉讼中,还涉及公司内部程序的履行。公司诉讼的程序具体有如下特点:

其一,诉讼程序相对复杂。公司诉讼多为形成之诉,且往往与公司治理相关,涉及股东、高级管理人员、债权人等利益相关方利益,牵一发而动全身。因此,公司诉讼在程序上进行了多种设计,以平衡公司经营与对利益相关者的保护。例如,在股东代表诉讼、知情权诉讼、强制解散诉讼中,均规定了原告股东的最低持股比例及时间要求。此外,为避免滥诉影响公司正常经营管理,鼓励在竭尽公司内部解决机制后再行司法介入,公司法对于股东代表诉讼以及股东知情权诉讼等,还特别规定了前置程序,要求相关当事人只有在完成前置程序的情况下,才有权作为适格原告提起诉讼。

其二,举证责任分配存在特殊性。我国奉行“民商合一”的立法体例,公司类纠纷案件的举证责任分配亦遵循民事诉讼“谁主张,谁举证”的一般原理。但具体到案件适用中,公司内外各参与方的信息获取能力不一,尤其对于涉及公司内部信息的资料,诉讼各方更是存在天然的信息不对称性。因此,在不少公司类纠纷案件中,举证责任分配无法简单套用一般普通民事案件的分配标准,需要裁判者结合基本法理、证据掌握情况、信息获取成本等因素综合判断,随之也带来了举证责任分配的难题。以法人人格否认案件为例,应当在原告承担初步举证责任后,由被告公司及股东承担举证责任。

其三,诉讼时效和起诉期间具有特殊性。部分公司诉讼在起诉期间上有特殊规定,起诉期间相对较短,目的在于维护公司经营的稳定和保护交易安全。例如,公司决议撤销之诉的除斥期间为决议作出后的 60 日,未被通知参加的股东知道或应当知道决议作出的 60 日内,可以请求人民法院撤销;异议股东未能与公司达成股权收购协议的,可以自决议作出之日起 90 日内提起诉讼。部分公司诉讼不受诉讼时效的限制,如与股东出资相关的诉讼,包括在出资纠纷中

请求未履行或未全面履行出资义务的股东履行出资义务,请求抽逃出资的股东返还出资等。

其四,公司纠纷的管辖具有特殊性。《民事诉讼法》第27条规定:“因公司设立、确认股东资格、分配利润、解散等纠纷提起的诉讼,由公司住所地人民法院管辖。”因此,大部分公司诉讼均适用该特殊地域管辖规定,由公司住所地人民法院管辖。其原因在于:一是公司股东等利益相关方可能来自不同地区,如果由被告住所地管辖,将可能导致以利益相关方为被告的诉讼管辖权过于分散;二是大部分公司诉讼都涉及公司治理和公司运营,由公司住所地人民法院管辖更易查明案件事实。虽然大部分公司诉讼适用特殊地域管辖规定,但该规定并非专属管辖情形,因此不排除当事人的协议管辖约定。换言之,当事人对于所涉公司纠纷的管辖另有约定的,应当从其约定,但不能违反级别管辖的规定。

其五,部分公司纠纷的不可仲裁性。目前,无论是《仲裁法》《公司法》,还是《民事诉讼法》等,均未对公司法纠纷的可仲裁性作出明确规定。近年的司法实践,也对两项涉及公司法纠纷可仲裁性的问题进行了回应,一类是公司解散之诉,另一类是仿照股东代表诉讼的股东代表仲裁。就公司解散之诉而言,司法实践通常认为,对于公司解散案件,仲裁机构无权受理,即使在股东协议或章程中约定了仲裁管辖,亦属无效;而股东为公司利益以自己的名义提起的诉讼,应当受到公司与第三人签订的合法有效仲裁协议的约束,刻意排除法院管辖。①对于其他类型的公司诉讼是否可以仲裁,目前仍存在一定争议,有待司法实践的发展明确。

5. 公司诉讼往往呈现“串案”“连环诉讼”的特点

公司的法人组织形式兼具人合性和资合性,内部涉及股东、法定代表人、董事、监事、高级管理人员的权利分配,外部涉及与债权人的交易往来,利益相关方广泛,很多问题牵一发而动全身,并非在个案中能够解决。尤其是当公司内部治理出现问题,股东之间出现冲突时,往往会带来一系列诉讼。加之诉讼涉及的问题广泛、复杂,容易形成在公司类纠纷案件中常见的“连环诉讼”。例如,当公司内部治理机制失灵,股东之间出现矛盾,相互之间无法协作配合时,知情

① 参见张子学:《公司法纠纷可仲裁性初步研究》,载《中国政法大学学报》2019年第4期。

权诉讼往往最先出现，成为中小股东了解公司情况、搜集证据的手段。知情权得到满足后，对公司经营不满的股东可能会进一步提起公司决议效力纠纷、损害股东利益责任纠纷、公司解散纠纷等一系列诉讼。

## 三、公司诉讼的主要类型

### （一）按照诉权性质进行划分：直接诉讼与派生诉讼

按照诉权性质进行划分，公司诉讼可以分为直接诉讼和派生诉讼。该分类主要针对的是公司诉讼中由股东提起的诉讼。

1. 直接诉讼

股东直接诉讼，是指股东为自己的利益，以自己的名义向公司或者其他权利侵害人提起的诉讼。与新《公司法》第 189 条规定的股东代表诉讼相比，二者在产生的根据、所受的限制、维护的利益、诉讼结果的归属等方面存在不同。

新《公司法》第 4 条第 2 款规定，公司股东依法享有资产收益、参与重大决策和选择管理者等权利。股东作为公司的出资人，有权维护自己在公司的合法权益。对于公司的董事、高级管理人员违反法律、行政法规或者公司章程的规定，损害股东合法权益的行为，股东可以依照新《公司法》和《民事诉讼法》的规定，向人民法院提出民事诉讼，维护自己的合法权益。与代表诉讼不同，直接诉讼的结果直接归属于股东。基于公司法人的独立性，公司财产不等于股东财产，股东利益与公司利益并非始终一致。因此，若公司财产利益受损，即使股东利益间接受损，原则上只能由公司作为原告提起损害公司利益之诉，股东仅在公司无法提起时有机会提起代表诉讼，股东权益间接受损不能提起直接诉讼。

对于股东直接诉讼的范围，域外规定不尽一致。有范围规定较宽的，如美国规定了 10 余种股东可以直接诉讼的情形，包括请求支付合法宣布的股利或强制性股利之诉、行使表决权之诉、股东协议违反之诉、强制公司解散之诉等；有范围规定较窄的，如德国、日本，《德国股份公司法》及有关判例确认股东可以提起股东成员权之诉、股东会决议无效和撤销之诉，《日本公司法》规定了股东会决议撤销、无效、不存在 3 种诉讼。从理论上来说，股东直接诉讼的范围应该非常广泛，凡是基于股东身份的合法权利受到了不法侵害，股东都可以向法院提起诉讼，这样更有利于保护股东利益，尤其是中小股东的利益。

2. 派生诉讼

派生诉讼,又称股东代表诉讼,是指在公司合法权益受到董事、高级管理人员或者他人的侵害时,股东为了保护公司的利益以自己的名义向法院提起的诉讼。

新《公司法》第189条规定了较为详细的派生诉讼制度。根据该条的规定,公司董事、高级管理人员违反公司法规定,给公司造成损害的,有限责任公司的股东、股份有限公司连续180日以上单独或者合计持有公司1%以上股份的股东可以书面请求监事会提起诉讼;有限责任公司未设监事会的,股东可以书面请求监事提起诉讼。监事违反公司法规定,给公司造成损害的,有限责任公司的股东、股份有限公司连续180日以上单独或者合计持有公司1%以上股份的股东可以书面请求董事会提起诉讼;有限责任公司未设董事会的,股东可以书面请求执行董事提起诉讼。监事会、监事、董事会、执行董事在收到股东书面请求后拒绝提起诉讼,或者在30日内未提起诉讼,或者情况紧急,不立即提起诉讼将会使公司利益受到难以弥补的损害的,有限责任公司的股东、股份有限公司连续180日以上单独或者合计持有公司1%以上股份的股东有权为了公司利益以自己的名义直接向法院提起诉讼。

根据新《公司法》的规定,股东提起派生诉讼需具备两个条件:

一是股东应具备相应的资格。不同类型的公司,对提起诉讼的股东资格的要求也不一致。我国新《公司法》对有限责任公司提起诉讼的股东资格没有特别要求,董事、高级管理人员违反规定给公司造成损害的,只要是有限责任公司的股东,就有权提起诉讼。股份有限公司,则对提起诉讼的股东资格作出了限制性规定,即提起有关请求和诉讼的股份有限公司股东,应当是连续180日以上单独或合计持有公司1%以上股份的股东。对股东资格之所以作出如此限制性规定,是因为要防止股东滥用诉讼权,引发对公司的滥诉,对公司利益造成损害。

二是要竭尽公司内部救济原则。当董事、高级管理人员违反规定给公司造成损害时,股东并没有当然地提起派生诉讼的权利。新《公司法》要求在股东董事会、执行董事或监事会、监事对侵害人提起诉讼却遭到拒绝时,或者在收到请求后的30日内未提起诉讼时,或者在情况紧急,不立即提起诉讼将会使公司利益受到难以弥补的损害时,股东才有权为了公司利益以自己的名义直接向法院提起诉讼。换言之,在竭尽公司内部救济后,有关机关或人员没有提起诉讼的前提下,股东方可提起派生诉讼。新法之所以作如此规定,是因为法律赋予股东提起诉讼权,究其实质是对代表机关不履行职责的一种补救措施。

此外,新《公司法》还确立了双重派生诉讼制度,即公司股东不仅可以针对公司的董事、监事、高级管理人员提起代表诉讼,还可以针对公司的全资子公司的董事、监事、高级管理人员提起。双重代表诉讼可以理解为将两个诉讼合二为一:(1)母公司股东提起的代表诉讼,取代了母公司的诉讼权利;(2)代表母公司作为子公司股东,取得了子公司的诉讼权利。现代公司治理模式正由单一公司向母子公司集团迅速转变,企业集团已然成为公司成长的标准样态,双重代表诉讼制度正是顺应公司治理模式变化的必然产物,有利于解决当母公司拒绝提起单一代表诉讼时,母公司股东无法寻求救济的困境。但新《公司法》的双重派生诉讼制度只适用于全资子公司,在非全资母子公司之间不存在其适用的余地,理由在于:在非全资子公司中尚存在着其他股东,当子公司董事、监事、高级管理人员损害公司利益时,由其他股东提起单一代表诉讼即可。在存在其他救济途径的情况下,避开该救济路径而设置双重代表诉讼制度不仅不符合立法目的,也会增加公司的代理成本。

(二)按照争议事项及所保护法益的不同进行分类:九大类型

所谓类型化,即指从逻辑上和实践中通过分析事物的共同特征,根据评估活动需求确定相应的评估标准,并据此对相关概念分类进而构建类型化体系的一种方法。对于公司诉讼,根据其争议事项、所保护的法益的不同,可以进行类型化。

最高人民法院《民事案件案由规定》从案由角度,将公司诉讼类型细化为24个"与公司有关的纠纷"案由,该案由是人民法院收案、审理案件的基本依据。在该24个案由的基础上,可以将相关诉讼综合划分为九大类型,分别为:(1)公司设立相关诉讼;(2)公司出资相关诉讼;(3)股东资格及权益保护相关诉讼;(4)股权转让相关诉讼;(5)公司决议相关诉讼;(6)公司权益保护相关诉讼;(7)公司债权人保护相关诉讼;(8)公司变更相关诉讼;(9)公司解散与清算相关诉讼。

其中,公司设立相关诉讼,涵盖公司设立纠纷(271)和发起人责任纠纷(273)2个三级案由,主要涉及在公司设立期间及设立后所产生的一系列纠纷;

公司出资相关纠纷,涵盖股东出资纠纷(265)、新增资本认购纠纷(266)2个三级案由,主要涉及在公司股东出资前后、新增资本认购及优先认购权行使中所产生的纠纷;股东资格及权益保护相关诉讼,涵盖股东资格确认纠纷(262)、股东名册记载纠纷(263)、请求变更公司登记纠纷(264)、股东知情权纠纷(267)、请求公司收购股份纠纷(268)、公司盈余分配纠纷(274)、损害股东利益责任纠纷(276)7个三级案由,主要涉及在股东资格的确认、记载、登记,以及股东相关权利的保护和行使期间产生的纠纷;股权转让相关诉讼,涵盖股权转让纠纷(269)、上市公司收购纠纷(285)2个三级案由,主要涉及在股权转让和上市公司收购期间产生的纠纷;公司决议相关诉讼,涵盖公司决议纠纷(270)及其下2个四级案由公司决议效力确认纠纷和公司决议撤销纠纷,主要涉及公司董事会、股东会等决议是否无效、可撤销所产生的纠纷;公司权益保护相关诉讼,涵盖损害公司利益责任纠纷(276)、公司关联交易损害责任纠纷(278)、公司证照返还纠纷(272)3个三级案由,主要涉及因公司利益或财产受侵害所产生的纠纷;公司债权人保护相关诉讼,涵盖损害公司债权人利益责任纠纷(277)及其下2个四级案由股东损害公司债权人利益责任纠纷和实际控制人损害公司债权人利益纠纷,主要涉及因股东或实际控制人滥用公司法人独立地位和股东有限责任,损害公司债权人利益所产生的纠纷;公司变更相关诉讼,涵盖公司增资纠纷(282)、公司减资纠纷(281)、公司合并纠纷(279)、公司分立纠纷(280)4个三级案由,主要涉及在公司注册资本增减及合并分立期间产生的纠纷;公司解散与清算相关诉讼,涵盖公司解散纠纷(283)、清算责任纠纷(284)2个三级案由,主要涉及在公司清算、解散期间所产生的纠纷。此外,新《公司法》将原规定在司法解释中的公司决议不成立制度上升为法律,新增了董事、高级管理人员在故意、重大过失损害债权人利益的情况下应承担赔偿责任,以及股东在被催缴失权后可以提出异议的规定,我们认为需新增公司决议不成立纠纷和董事、高级管理人员损害债权人利益纠纷,以及股东失权异议纠纷3个案由。

本书将按照上述分类进行章节安排,并对每一个案由所涉公司诉讼的理解适用、法律依据及相关实务问题进行详细介绍。

### 四、《公司法》修改对公司诉讼的影响

新《公司法》颁布后,公司诉讼的内容、类型及所依据的实体规范将产生诸

多重大变化,我们认为主要有如下几个方面:

1. 明确并强化了经营管理人员的义务和责任

新《公司法》增加了经营管理人员承担赔偿责任的类型,规定在经营管理人员违反忠实义务时公司享有归入权,以及新增了经营管理人员对第三人责任的规定。公司经营管理人员利用其职权损害公司、股东或债权人利益的情况屡见不鲜,尤其是新《公司法》强化了以董事会为中心的管理层的权利,为此,新《公司法》也相应地对公司经营管理人员明确并施加了更为细化的义务和责任。

新《公司法》第 180 条明确规定了经营管理人员对公司负有忠实义务,应当采取措施避免自身利益与公司利益冲突,不得利用职权谋取不正当利益。另外,其还负有勤勉义务,执行职务应当为公司的最大利益尽到管理者通常应有的合理注意。

因此,基于经营管理人员的忠实和勤勉义务,新《公司法》增加了董事承担责任的情形,包括:董事的催缴出资责任;董事、监事、高级管理人员对股东抽逃出资的责任;董事、监事、高级管理人员对违规分配利润的责任;董事、监事、高级管理人员对股东违规减资的责任;董事、监事、高级管理人员对违法财务资助的责任。

此外,新《公司法》还规定了董事对第三人的责任,改变了原《公司法》和《民法典》第 61 条和第 1191 条对于公司法定代表人、工作人员因执行职务造成他人损害的,对第三人责任承担内外区分的立场,突破性地规定了董事在存在故意或重大过失时对第三人的直接责任,基于我国公司治理的具体情况对法人机关理论作出了适应性更新。

在债权人权益保护、公司权益保护、股东权益保护相关类型诉讼中,公司经营管理人员作为被告或共同被告,被要求承担责任的情形将增多。而公司董事、高级管理人员对外部第三人承担责任的诉讼通常不属于公司诉讼,但公司在承担责任后向董事、高级管理人员追偿的,应属于新《公司法》在董事对第三人的责任的基础上引发的一种新类型的公司诉讼。

2. 强化对控股股东、实际控制人的规制和责任承担

新《公司法》第 192 条规定,公司的控股股东或实际控制人即使并未直接实施损害公司或其他股东利益的行为,但通过其在公司中的影响力,指示公司董事与高级管理人员从事了相应的行为的,公司或其他股东不仅可以直接追究董

事与高级管理人员的责任,还可以要求作出指示的公司控股股东或实际控制人与董事和高管承担连带责任。

根据该规定,在公司利益保护、股东利益保护相关诉讼中,除公司董事、高级管理人员外,控股股东、实际控制人也可能会作为被告被要求承担赔偿责任。此外,在控股股东、实际控制人与其他责任主体之间,也可能因责任分摊产生追偿纠纷。

3. 新增催缴失权制度及异议之诉程序

新《公司法》第 51 条和第 52 条规定了有限责任公司股东出资的催缴失权制度,是指在公司成立后,董事会经核查股东出资情况,发现股东未按期足额缴纳公司章程规定的出资,向该股东发出书面催缴书催缴出资后,在不少于 60 日的宽限期内该股东仍未履行出资义务的,公司经董事会决议可以向该股东发出书面失权通知,自通知发出之日起,该股东丧失其未缴纳出资股权的制度。

新《公司法》在规定公司有权使股东失去未缴纳出资股权的同时,也规定了被失权股东的救济制度,即股东失权异议之诉。新《公司法》第 52 条第 3 款规定,股东对失权有异议的,应当自收到失权通知之日起 30 日内,向人民法院提起诉讼。股东失权异议之诉,既不同于股东资格确认之诉,也不同于公司决议相关诉讼,是针对公司催缴失权行为能否对股东发生失权效果而产生的诉讼。

4. 新增公司变更股东名册义务及诉权保障

股东名册是股东向公司主张股东权利的重要凭证,因此,本条要求公司在知晓股权转让事实后,应当承担变更股东名册以及应转让人要求办理公司变更登记的程序性义务。原《公司法》没有明确公司未履行该程序性义务时的法律责任。

新《公司法》第 86 条新增规定,股东转让其股权的,应当书面通知公司,请求变更股东名册;需要办理变更登记的,并请求公司向登记机关办理变更登记。公司拒绝或者在合理期限内不予答复的,转让人、受让人可以依法向人民法院提起诉讼。因此,基于新《公司法》的前述规定,在股东名册记载纠纷案由下,将增加股东请求公司变更股东名册之诉。

5. 新增非公开发行股份有限公司的异议回购请求权

原《公司法》仅在第 142 条第 1 款第 4 项以例外规定方式,规定股份有限公司股东对股东大会作出的公司合并、分立决议持异议,可要求公司收购其股份,而未同有限责任公司对异议回购请求权作单独规定。在我国股权结构较为集中的态势下，股份有限公司亦可能发生重大变更，使得异议股东在公司设立伊始的合理期待落空，进而产生通过公司回购其股份进而退出公司的利益需求。

为此，新《公司法》第161条第1款、第2款对非公开发行股份有限公司股东的异议回购权进行了单独规定：其一，公司连续5年不向股东分配利润，而公司该5年连续盈利，并且符合该法规定的分配利润条件；其二，公司转让主要财产；其三，公司章程规定的营业期限届满或者章程规定的其他解散事由出现，股东会通过决议修改章程使公司存续的情况下，异议股东可以要求公司收购其股份。自股东会决议作出之日起60日内，股东与公司不能达成股份收购协议的，股东可以自股东会决议作出之日起90日内向人民法院提起诉讼。

6. 扩张法人人格否认制度至横向否认

新《公司法》第23条第2款规定，公司股东利用其控制的两个以上公司实施前款规定行为的，各公司应当对任一公司的债务承担连带责任，将法人人格否认制度由纵向否认扩张至横向否认。所谓纵向法人人格否认，是指否认公司的法人人格，使股东对公司债务承担连带责任；所谓横向法人人格否认，是指否认各关联公司的法人人格，使关联公司之间对对方的债务负连带责任。

在损害公司债权人利益责任纠纷案件中，如控股股东或实际控制人控制多个子公司或者关联公司，滥用控制权使多个子公司或者关联公司财产边界不清，财务混同，利益相互输送，丧失人格独立性，沦为控制股东逃避债务、非法经营，甚至违法犯罪的工具，人民法院可以综合案件事实，否认子公司或者关联公司法人人格，判令承担连带责任。

7. 强化瑕疵出资股东及其股权转让后的出资责任

自2013年我国实施注册资本的完全认缴制以来，非破产情形下股东出资义务能否加速到期，以及未届出资期限股东转让股权后的出资责任分配问题，所涉理论争议频仍，裁判实践分歧巨大，已然成为公司法上的重大悬疑问题之一。是否承认出资义务加速到期，如何设定加速到期的条件与后果，如何安排股权转让后的出资责任，是本轮公司法修订中的重点事项。

新《公司法》第54条、第88条强化了股东的出资责任，对该等事项进行了回应和规定。首先，第54条规定在公司不能清偿到期债务的情况下，股东出资应被加速到期，而无须实质存在破产原因；其次第88条第1款规定，对于未届出资期限转让股权的股东，如受让方未能按期缴纳出资，则出让股东应对未缴纳出资承担补充责任。上述规定修正了此前在完全认缴制下，司法实践保护认缴期限利益的倾向，就加速到期的适用不再要求存在破产原因或延长出资期限的情况，就转让股东承担转让后的出资义务也不再考虑其是否具备逃废债恶意，大大降低了债权人寻求出资责任保护的难度。

8. 扩张查阅权范围至会计凭证及全资子公司

会计账簿是指以经过审核会计凭证为根据，由一系列格式化且相互联系的账页所组成的簿籍；会计凭证则是记录各项经济业务发生或完成情况的书面证明，包括原始凭证和记账凭证。财务会计报告、会计账簿和会计凭证三者在内容上存在紧密的联系，会计报告是指以会计账簿为主要资料来源编制的反映企业特定期间财务状况及其他会计信息的文件。从会计凭证到会计账簿再到会计报告存在一个信息传递和信息整理的过程。其间，在会计主体人为因素的干扰下，会计信息失真的可能性不断增大，相关文件的真实性与可信度也随之降低。

新《公司法》第 57 条第 2 款及第 110 条第 2 款，将股东查阅权的范围进行了扩大，其中有限责任公司股东的查阅权范围增加了股东名册和会计凭证，股份有限公司股东的查阅权范围增加了会计账簿和会计凭证。

此外，为了更加高效地维护母公司股东的合法权益，辅助母公司股东提起双重代表诉讼，新《公司法》确立了股东查阅权穿越行使的制度。新《公司法》第 57 条第 5 款及第 110 条第 3 款规定了股东可以查阅、复制公司全资子公司相关材料，该等资料的范围与对公司的查阅权一致。

因此，新《公司法》颁布后，在股东知情权纠纷案件中，将会出现大量查阅会计账簿、会计凭证的请求，对于具体查阅范围、查阅目的及查阅形式的审查，将极大考验人民法院的审理能力。同时，还会出现由全资子公司查阅权行使引发的股东知情权诉讼与双重代表诉讼接续提起的情况。这也将有利于中小股东参与公司治理与监督，对控股股东、实际控制人等损害中小股东利益的行为产生抑制。

9. 简化股权转让限制规则

原《公司法》规定有限责任公司股东对外转让股权需要先征得其他股东同意，但实践中存在诸多问题：其一，同意权与优先购买权的意思表示重叠，实际作用相似,导致规则重复,程序空转;其二,实质上,优先购买权赋予了其他股东对同意权的“后悔权”,股东可能在同意后又通过行使优先购买权阻止股权对外转让;其三,同意权阶段易存在较长时间的不确定状态,且其规则与优先购买权规则之间存在悖论;其四,实践中,同意权阶段常被跳过,损害同意权的形态实际已被损害优先购买权的形态所吸收。

由此,新《公司法》第 84 条删除了原《公司法》中,有限责任公司股权转让需征得其他股东同意的要求,由“其他股东同意权 + 优先购买权”的双层模式转向“其他股东的优先购买权”的单层模式。有限责任公司股东自愿向他人转让股权的,既可以向公司其他股东转让,也可以向公司股东以外的人转让。该规定的调整将对股权转让纠纷中股权转让效力等问题的认定产生重大影响。

10. 调整利润分配时间限制

司法实践中,经常存在着股东会决议的利润分配方案未记载利润分配时间的情况,如此长时间的利润待分配决议和公司不确定性的经营风险,对中小股东来说无疑是巨大的法律风险。虽然,《公司法司法解释(五)》将利润分配完成时间限制为不超过 1 年,但该期限仍然过长。为此,新《公司法》在《公司法司法解释(五)》的基础上,将分配时间进一步缩减为 6 个月,但公司章程、股东会决议另有规定的除外。此外,新《公司法》未按照《公司法司法解释(五)》要求决议载明的利润分配完成时间不得超过章程规定的利润分配完成时间。因此,实践中,应允许公司章程和股东会决议载明的分配完成时间超过 6 个月的期限限制,以及股东会决议获代表 2/3 以上表决权的情况下,可以载明超过公司章程规定的分配完成期限。该规定的调整将对公司盈余分配纠纷中的股利分配请求能否获得支持,以及决议效力相关纠纷中的股利分配决议是否有效产生影响。

CHAPTER 02

# 第二章

# 公司设立相关诉讼

## 案由 1 公司设立纠纷

### 适用指引

#### 一、公司设立纠纷概述

公司设立是公司发起人为促成公司成立并取得法人资格,依照《公司法》规定的条件和程序所进行的一系列行为的总称。公司设立涵盖从公司发起、筹建到成立等一系列过程,具有连续性。虽然公司设立具体包括的内容会因公司类型不同而有所区别,但所有这些行为都是以取得公司法人资格为目标而展开的,统称设立行为。

新《公司法》第 43 条规定,有限责任公司设立时的股东可以签订设立协议,明确各自在公司设立过程中的权利和义务。第 93 条第 2 款规定,发起人应当签订发起人协议,明确各自在公司设立过程中的权利和义务。有限责任公司和股份有限公司设立的主体用语作了区分,根据《公司法司法解释(三)》第 1 条的规定,凡是为设立公司而签署公司章程、向公司认购出资或者股份并履行公司设立职责的人,都应当认定为公司的发起人,包括有限责任公司设立时的股东,本书将“设立时的股东”与“发起人”统称为“发起人”。

公司设立过程中,公司、发起人、外部第三人之间往往会产生多种法律纠纷。通常有如下几类纠纷。

(一)发起人协议相关纠纷

公司设立是发起人以组建公司为共同目的而为的一系列行为。在公司设立过程中，发起人通常会共同订立发起人协议，实践中发起人协议的名称多种多样，但其实质均是为了设立公司而订立的协议，也可叫公司设立协议。根据新《公司法》第93条第2款的规定，股份有限公司的发起人在公司设立过程中应当签订发起人协议，以明确各自在公司设立过程中的权利和义务，但是一人股份有限公司除外；对于有限责任公司的发起人，《公司法》虽未强制要求其签订发起人协议，但实践中发起人往往会自愿达成口头、书面等多种形式的发起人协议，以明确各自在公司设立过程中的权利和义务。虽然发起人协议名称为协议，但该类协议相关纠纷并不单纯是合同纠纷，其中还约定了设立公司过程中相互的权利义务，因此，各方因履行公司设立协议而引发的纠纷不仅适用《民法典》中的合同编的调整，亦要受到我国《公司法》的调整。实践中，在公司设立协议履行、违约、撤销、无效、解除等情形下，均存在发起人协议纠纷。

（二）因发起人以自己或公司的名义对外签订合同，或发起人履行公司设立职责造成他人损害而引发的纠纷

根据新《公司法》第44条、《民法典》第75条和《公司法司法解释（三）》第2条和第3条的规定，发起人以设立中公司名义对外签订合同的，合同相对人可以请求设立后的公司承担合同责任；发起人利用设立中公司的名义为自己的利益与相对人签订合同的，善意相对人依然可以请求设立后的公司承担合同责任；发起人为设立公司以自己的名义对外签订合同的，合同相对人可选择请求设立后的公司或发起人承担合同责任。需要注意的是，若合同相对人请求发起人承担责任，该纠纷案由应属发起人责任纠纷；因该费用为发起人为设立公司垫付的费用，发起人在承担责任后可向公司进行追偿，此时纠纷案由应属公司设立纠纷。除了合同相对人请求公司承担合同责任外，发起人或公司亦有权请求合同相对人承担合同责任，此时纠纷的案由应属于公司设立纠纷。司法实践中，因此类纠纷案由系因合同产生的纠纷，法院通常会将此类纠纷案由定为合同类纠纷案由，但此类纠纷案由与合同类纠纷案由不同的是，此类纠纷中的合同是为了设立公司产生的合同，在法律关系上具有特殊性。[①] 因此将此类纠纷案由定为公司设立纠纷较为妥当。

---

① 参见杨万明主编、最高人民法院研究室编著：《最高人民法院新民事案件案由规定理解与适用》（下），人民法院出版社2021年版，第755页。

除了合同责任外，根据新《公司法司法解释（三）》第5条第1款的规定，发起人因履行公司设立职责造成他人损害的，受害人有权请求设立后的公司承担责任，此时纠纷的案由应属于公司设立纠纷。

（三）发起人就设立费用与公司产生的纠纷

发起人为了公司的设立，可能会以自己的名义或公司的名义对外签订合同，在公司未成立时，发起人会以自己的财产履行这些合同。根据《民法典》第75条第1款等法律及司法解释的规定，发起人为设立公司从事的民事活动，其法律后果由公司承受。因此，在公司成立后，发起人可以就其承担的设立费用向公司进行追偿。

（四）在公司设立失败时，发起人就公司设立费用分担、经营产生的利润分配产生的纠纷

在公司设立失败时，发起人需要对设立公司行为所产生的费用和债务承担连带责任，责任既包括合同责任也包括侵权责任。部分发起人在承担连带责任后可进行责任的内部分担。

公司设立纠纷在《民事案件案由规定》中为三级案由，第271项，是《公司法》赋予发起人、公司、外部债权人在公司设立阶段中重要的权利救济手段。案由反映案件所涉及的民事法律关系的性质，是对当事人诉争的法律关系性质进行的概括，人民法院在民事立案审查阶段，可以根据原告诉讼请求涉及的法律关系性质，确定相应的个案案由。

## 二、公司设立纠纷的诉讼主体

（一）原告

1. 发起人

发起人作为公司设立纠纷的原告主要有以下情形：一是部分发起人依据发起人协议向其他发起人主张权利的情形；二是因发起人对外签订合同，请求合同相对人承担合同责任的情形；三是在公司成立情形下，发起人向公司追偿为设立公司垫付费用的情形。

2. 公司

公司作为公司设立纠纷的原告主要有以下情形：公司依据发起人对外签订的合同请求合同相对人承担责任的情形。

3. 外部债权人

外部债权人作为公司设立纠纷的原告主要有以下情形：一是外部债权人依据发起人对外签订的合同请求公司承担合同责任的情形；二是外部债权人在因发起人履行公司设立职责而遭受损害时请求设立后的公司承担责任的情形。

(二)被告

1. 发起人

发起人作为公司设立纠纷的被告主要有以下情形：发起人依照发起人协议向其他发起人承担责任的情形。

2. 公司

公司作为公司设立纠纷的被告主要有以下情形：一是发起人向公司追偿为设立公司垫付费用的情形；二是外部债权人依据发起人对外签订的合同请求公司承担合同责任的情形；三是外部债权人在因发起人履行公司设立职责而遭受损害时请求设立后的公司承担责任的情形。

3. 外部债务人

外部债务人作为公司设立纠纷的被告主要有以下情形：公司或发起人依据发起人对外签订的合同要求外部债务人承担合同责任的情形。

## 三、公司设立纠纷的管辖

因公司设立纠纷提起的诉讼，根据《民事诉讼法》第 27 条的规定，由公司住所地人民法院管辖。公司住所地是指公司主要办事机构所在地。公司办事机构不明确的，由其注册地人民法院管辖。若公司设立失败，此时不存在公司的住所地，应根据民事诉讼一般地域管辖的规则确定案件的管辖法院。因该案由项下当事人常常因发起人协议、发起人对外签订的合同产生纠纷，纠纷本质为合同纠纷，根据《民事诉讼法》第 24 条的规定，案件可由合同履行地或被告住所地的人民法院管辖。发起人履行设立职责造成他人损害的，案件可由侵权行为地或被告住所地的人民法院管辖。当事人之间约定了协议管辖条款的，则由协议约定的人民法院管辖，但违反级别管辖和专属管辖的除外。

## 四、公司设立纠纷与发起人责任纠纷的区别

最高人民法院《民事案件案由规定》规定了“公司设立纠纷”与“发起人责

任纠纷”两个相互独立的案由。对“公司设立纠纷”与“发起人责任纠纷”进行区分的意义在于,两个案由对于管辖的规定不尽相同,因此,区分两案由对于确定诉讼管辖具有重要意义。

公司设立纠纷指的是因发起人为组建公司并使其取得法人资格而依法完成一系列法律行为引发的纠纷。《公司法》等相关法律法规对公司的设立规定了严格的法定条件和程序,为了使公司具备上述法定条件,发起人必须作出一系列相关法律行为。公司设立纠纷一般指因公司设立行为而产生的除发起人责任之外的各种法律争议。发起人责任是指发起人在公司设立过程中,因公司不能成立对债权人所应承担的责任或者在公司成立时发起人自身的过失行为致使公司利益受损时应当承担的责任。例如,在募集设立的股份有限公司设立时应发行的股份未募足,或者发行股份的股款缴足后,发起人在30日内未召开成立大会的,发起人需对其他认股人承担股款和利息返还义务;在公司设立失败时,发起人需对设立行为所产生的费用和债务承担连带责任;在公司成立后,发起人需要对其他发起人的瑕疵出资承担连带责任等。认定案由属于发起人责任纠纷还是公司设立纠纷,关键在于发起人是否对外(公司、认股人、外部债权人等)承担责任,若是发起人对其他发起人承担责任,则依然属于公司设立纠纷。

综上所述,第一,要看所涉争议发生的事由及时间。公司设立纠纷涉及的争议仅发生在公司设立过程中,设立终局后所产生的问题,如成立后抽逃出资等,不适用于公司设立纠纷;发起人责任纠纷则不涉及事由发生时间的问题,无论是在公司设立过程中,抑或在公司设立成功或失败后,均可能产生发起人责任纠纷。第二,要看原被告的法律关系。如果原被告同属于发起人,因设立公司而在内部相互之间产生争议,应当由公司设立纠纷案由进行调整和规范;如果原告系案外债权人且诉请承担责任的对象系发起人,则应由发起人责任纠纷案由进行规范。第三,在实践中,发起人为设立公司以自己名义对外订立合同,由此产生的纠纷,往往按照外部法律关系确定案由,例如,房屋租赁合同纠纷、装修装饰合同纠纷。

### 五、公司设立纠纷与股东出资纠纷的区别

股东出资纠纷是指股东在公司设立或增加资本时,因虚假出资、不足额出

资、逾期出资、抽逃出资等行为引发的纠纷。公司设立纠纷是指因公司设立行为产生的除发起人责任以外的纠纷。在公司设立过程中,若是发起人根据发起人协议要求其他发起人按时足额缴纳出资,则应为在公司设立过程中产生的纠纷,案由应定为公司设立纠纷;若是在公司成立后,公司或发起人起诉要求其他发起人按时足额缴纳出资,则该纠纷的案由应定为股东出资纠纷。

## 主要规范依据

**《民法典》**

**第七十五条** 设立人为设立法人从事的民事活动,其法律后果由法人承受;法人未成立的,其法律后果由设立人承受,设立人为二人以上的,享有连带债权,承担连带债务。

设立人为设立法人以自己的名义从事民事活动产生的民事责任,第三人有权选择请求法人或者设立人承担。

**《公司法》**

**第四十三条** 有限责任公司设立时的股东可以签订设立协议,明确各自在公司设立过程中的权利和义务。

**第四十四条** 有限责任公司设立时的股东为设立公司从事的民事活动,其法律后果由公司承受。

公司未成立的,其法律后果由公司设立时的股东承受;设立时的股东为二人以上的,享有连带债权,承担连带债务。

设立时的股东为设立公司以自己的名义从事民事活动产生的民事责任,第三人有权选择请求公司或者公司设立时的股东承担。

设立时的股东因履行公司设立职责造成他人损害的,公司或者无过错的股东承担赔偿责任后,可以向有过错的股东追偿。

**第九十一条** 设立股份有限公司,可以采取发起设立或者募集设立的方式。

发起设立,是指由发起人认购设立公司时应发行的全部股份而设立公司。

募集设立,是指由发起人认购设立公司时应发行股份的一部分,其余股份向特定对象募集或者向社会公开募集而设立公司。

**第九十二条** 设立股份有限公司，应当有一人以上二百人以下为发起人，其中应当有半数以上的发起人在中华人民共和国境内有住所。

**第九十三条** 股份有限公司发起人承担公司筹办事务。

发起人应当签订发起人协议，明确各自在公司设立过程中的权利和义务。

**第九十四条** 设立股份有限公司，应当由发起人共同制订公司章程。

**第九十六条** 股份有限公司的注册资本为在公司登记机关登记的已发行股份的股本总额。发起人认购的股份缴足前，不得向他人募集股份。

法律、行政法规以及国务院决定对股份有限公司注册资本最低限额另有规定的，从其规定。

**《公司法司法解释(三)》**

**第一条** 为设立公司而签署公司章程、向公司认购出资或者股份并履行公司设立职责的人，应当认定为公司的发起人，包括有限责任公司设立时的股东。

**第二条** 发起人为设立公司以自己名义对外签订合同，合同相对人请求该发起人承担合同责任的，人民法院应予支持；公司成立后合同相对人请求公司承担合同责任的，人民法院应予支持。

**第三条** 发起人以设立中公司名义对外签订合同，公司成立后合同相对人请求公司承担合同责任的，人民法院应予支持。

公司成立后有证据证明发起人利用设立中公司的名义为自己的利益与相对人签订合同，公司以此为由主张不承担合同责任的，人民法院应予支持，但相对人为善意的除外。

**第四条** 公司因故未成立，债权人请求全体或者部分发起人对设立公司行为所产生的费用和债务承担连带清偿责任的，人民法院应予支持。

部分发起人依照前款规定承担责任后，请求其他发起人分担的，人民法院应当判令其他发起人按照约定的责任承担比例分担责任；没有约定责任承担比例的，按照约定的出资比例分担责任；没有约定出资比例的，按照均等份额分担责任。

因部分发起人的过错导致公司未成立，其他发起人主张其承担设立行为所产生的费用和债务的，人民法院应当根据过错情况，确定过错一方的责任范围。

**第五条** 发起人因履行公司设立职责造成他人损害,公司成立后受害人请求公司承担侵权赔偿责任的,人民法院应予支持;公司未成立,受害人请求全体发起人承担连带赔偿责任的,人民法院应予支持。

公司或者无过错的发起人承担赔偿责任后,可以向有过错的发起人追偿。

**第六条** 股份有限公司的认股人未按期缴纳所认股份的股款,经公司发起人催缴后在合理期间内仍未缴纳,公司发起人对该股份另行募集的,人民法院应当认定该募集行为有效。认股人延期缴纳股款给公司造成损失,公司请求该认股人承担赔偿责任的,人民法院应予支持。

## 相关问题

### 一、如何判断发起人具有设立公司的合意?

公司设立纠纷是发起人为组建公司而依法完成一系列法律行为所引发的纠纷,所以公司设立纠纷这一案由隐含的前提条件是发起人达成设立公司的合意。如果当事人仅仅达成一种合作关系,但并没有达成设立公司的合意,则不在公司设立纠纷这一案由下。至于如何认定当事人双方达成了设立公司的合意,应当从协议的法律实质出发,根据当事人之间实际存在的法律关系的性质,相应确定个案的案由。

如在海南融元实业有限公司与海南金凯汽车工业有限公司合作开发房地产合同纠纷上诉案[(2012)琼民二终字第211号]中,一审法院将案由确定为公司设立纠纷,上诉人和被上诉人对案由产生争议,二审法院将案由变更为房地产合同纠纷。对案由的适用问题,二审法院认为:双方《项目合作协议》约定,金凯公司以自有的30亩国有工业用地使用权作为出资,融元公司提供变更土地用途及建设所需全部资金,双方共同设立项目公司进行房地产开发建设,并按比例分配房产。这一约定说明融元公司与金凯公司所签订的《项目合作协议》为合作开发房地产协议,双方设立项目公司进行房地产开发仅系合作的一种方式,即紧密型合作。因此,金凯公司认为该协议名为合作,实为公司设立协议的主张不能成立。从法院说理中可以看出,对公司设立纠纷这一案由的判断,应从实质上详细分析当事人之间的法律关系;对于协议类书面文件效力的认定,不应局限于协议的名称,而是要从协议的法律实质出发,确定是否具有设立公司的目的。公司发起人达成设立公司的合意是认定公司设立纠纷的前提,若当事人之间仅有达成合作关系的合意,则不宜认定为公司设立纠纷。

## 二、如何判断发起人协议是否有效?

实务中,发起人协议也称合作经营协议,或共同投资协议,是由全体发起人签订,确定各发起人之间有关设立公司的权利义务的书面文件,其内容一般包括:发起人的基本情况,拟设立公司的名称、住所、注册资本、经营范围,发起人的投资数额与方式,发起人的权利义务等。

发起人协议的效力问题在性质上属于合同争议,应当参照《民法典》中合同编的相关规定进行处理。若发起人协议符合当事人的意思表示,主要条款得以清晰规定,且合同形式齐备,没有违反法律、行政法规的强制性规定,可认定为有效。即使可能存在公司未获得名称核准、注册资本金额、出资期限等方面的问题,这些问题也可以在后续履行过程中进行完善,不会对设立公司合同的效力产生影响。

如在河南新美景客车制造有限公司、金润新动力科技发展有限公司等公司设立纠纷民事申请再审审查案[(2021)最高法民申4983号]中,河南新美景公司与金润新动力公司在公司设立的《合作意向书》上加盖公章,并分别由双方代表签字,对设立新公司的生产能力、双方入股及持股份额、后续厂房建设交付、公司迁址等作出明确约定,后续原告就《合作意向书》的履行向法院提起诉讼。法院认为,就《合作意向书》的效力而言,双方就共同设立新公司意思表示明确,即使相关公司未能取得名称核准,存在注册资本金额、出资期限等问题,均可在后续履行过程中完善,不影响《合作意向书》的效力。

## 三、发起人协议与公司章程的关系为何?二者规定不一致时,以何为准?

1. 发起人协议与公司章程的一般关系

发起人协议是在公司设立过程中,由发起人订立的约定发起人之间权利义务以及与公司设立相关事项的协议,而公司章程是由发起人制定并对公司、股东、公司经营管理人员具有约束力的调整公司内部组织关系和经营行为的自治规则。二者规范目的和时间不一致,与公司章程相比,发起人协议重在明晰和规范发起人在公司设立阶段的权利义务,而公司章程规范成立后的公司及其成员行为。

对于二者的关系,在实践中有两种观点。第一种观点认为,发起人协议规范的是公司设立阶段发起人之间的权利义务,在公司成立以后,发起人协议对公司成员不再具有约束力,其相应的功能随即让位于公司章程。第二种观点认为,发起人协议在公司成立后并不会失效,其与公司章程是并行有效的两种法律文件。我们倾向于第二种观点,章程可能会覆盖或吸纳发起人协议中的相关条款,但股东投资协议实际承担了公司章程之外的规则性协议的功能,所以公司章程生效并不意味着股东投资协议必然失效。在我国公司法立法中也体现了这一点,新《公司法》第 99 条规定,发起人不按照其认购的股份缴纳股款或者作为出资的非货币财产的实际价额显著低于所认购的股份的,其他发起人与该发起人在出资不足的范围内承担连带责任。这一规定表明,在公司成立后发起人协议的法律效力仍被确认,所以公司成立后,发起人协议在没有被修改、变更、解除以及与公司章程的内容相悖的情况下,其效力并不自然终止或被公司章程的效力所取代,只是在具体个案的司法诉讼中,二者具有不同的证明和适用对象。发起人协议主要就是约束发起人的协议,对发起人有效;而公司成立后,通过增资等方式新加入的股东仅受公司章程的约束。

实践中通常存在的情形是,发起人协议约定了股东权利义务,而后的公司章程与该协议不矛盾或未改变协议。因为发起人协议对股东具有一定的约束力,所以该协议不可对抗公司但可以对抗股东,如果股东不按协议行事,则构成对其他股东违约,需要承担违约责任。

在上海宏胜物业有限公司与陈某某公司决议纠纷上诉案[(2012)沪二中民四(商)终字第 65 号]中,双方就公司股东投资协议的效力存续与否产生异议。法院认为,股东投资协议通常是指在公司设立之前,由所有投资者共同制定的协议,其主要目的是明确发起人设立公司的意图,确定公司的基本性质和结构,以及协调和分配发起人之间的权利和义务关系。这种协议本质上是一种合同,受到我国合同法一般规定的监管。在公司设立过程中,由认缴注册资本的股东签署的公司章程具有公司自治规范的性质,受到我国《公司法》的规范,对签署股东、公司、公司董事和监事等人员具有规范和约束力。

从上述案例可以看出,在实际操作中,发起人协议的订立涵盖了多方面的事项。这些事项可能包括公司设立前的事务，同时也可能涉及公司成立后股东之间、公司与股东之间的权利义务关系，以及公司治理结构的具体内容。由于各种原因，例如股东之间达成的特殊约定，或者在发起人协议中存在不适合纳入公司章程的内容，或者需遵循公司章程样本格式，发起人协议的一些事项可能并未被全部纳入公司章程中。在这种情况下，股东投资协议实际上充当了公司章程之外的规范性协议的角色。因此，在公司完成设立后，由所有投资者共同制定的股东投资协议仍然具有法律效力。协议中的涉及公司成立后股东之间、股东与公司之间的权利义务关系的内容，只要不违反法律、法规的强制规定或与公司章程相冲突，就对所有签署协议的投资股东依法具有规范和约束力。

2. 发起人协议与公司章程规定不一致的适用问题

发起人协议与设立时的公司章程都是股东之间达成合意的体现，因此若两个文件中的条款有冲突：第一，找寻发起人协议与章程中有无对冲突的约定，有约定的应当从其约定；第二，没有约定的应当探寻发起人之间真实的合意；第三，若二者均为真实的意思表示，股东在后一致签署的文件视为改变在先制定的条款。

以股权份额的规定为例，若发起人协议与章程规定的不一致，股东与公司或股东之间对所持股权份额发生争议时，应作如下处理：

第一，考察有无在两份文件规定不一致时的处理办法或特别约定。如在北京优宝互动科技有限公司与王某股东出资纠纷上诉案［（2020）京03民终119号］中，公司的两位发起人在成立公司前签订《合作协议》，约定公司的出资方式和出资金额，并且约定公司章程的内容与协议内容不一致的，以该协议为准。之后，双方对出资问题产生争议。法院认为，虽然该协议的签订时间早于公司章程的形成时间，但因发起人在签订《合作协议》时并未有公司章程，而且公司自始仅有一份向工商登记机关备案的公司章程，故《合作协议》中记载的公司章程，显然是指公司在成立时向工商登记机关备案的公司章程。因此，就公司发起人内部而言，应当以《合作协议》约定的内容确定双方的出资额、出资方式和出资时间。

第二，若二者不一致，应视为制定在后的公司章程变更了发起人协议的约定，以变更后的内容为准。浙江省高级人民法院在其指导意见中规定：如果对于相同的事项，设立协议与公司章程有不同的规定，甚至产生冲突，设立协议应让位于公司章程。如在张某山诉孟某成股东出资案[(2011)延民初字第4403号]中,公司设立协议与章程对于股东出资问题规定不一致。法院认为,公司设立协议主要调整的是公司设立前公司投资者之间的权利义务关系,如有违反须向对方承担违约责任;公司章程是《公司法》规定的要式法律文件,效力及于公司成立后的整个存续期间,公司章程均需在工商登记部门进行公示,其内容为公众所知悉,故应当以公司章程的约定为准确定股东的出资义务。因此,如果发起人协议和章程规定不一致,应视为章程更改了之前的权利义务安排,以章程为准。

## 四、公司设立阶段,发起人能否单方解除发起人协议?

发起人签订协议约定共同设立公司,在公司未成立还处于申请设立阶段时,可能存在下列情形:某方发起人经营状况发生变化无法继续参与;继续投资设立公司不满足设立公司的目的或者不符合公司的经营方向;对其他发起人失去信任等。此时部分发起人不愿继续设立公司,其能否单方要求解除已经签订生效的发起人协议?

发起人协议的解除在性质上属于合同争议,有协商解除、约定解除和法定解除3种情形,规定在《民法典》第562条和第563条。协商解除是指在合同生效后,未履行或未完全履行之前,当事人以解除合同为目的,经协商一致,订立一个解除原来合同的协议;约定解除是指双方在原合同中约定,当发生某种情况时,一方或双方可以依约定解除合同。协商解除和约定解除规定在《民法典》第562条中:当事人协商一致,可以解除合同。当事人可以约定一方解除合同的事由。解除合同的事由发生时,解除权人可以解除合同。法定解除是法律直接规定了解除合同的条件,当条件具备时,一方可以直接将合同解除,主要规定在《民法典》第563条第1款"有下列情形之一的,当事人可以解除合同:(一)因不可抗力致使不能实现合同目的;(二)在履行期限届满前,当事人一方明确表示或者以自己的行为表明不履行主要债务;(三)当事人一方迟延履行主要债务,经催告后在合理期限内仍未履行;(四)当事人一方迟延履行债务或者有其他违约行为致使不能实现合同目的;(五)法律规定的其他情形"。由此可见,如果其他发起人有违约行为,或者延迟设立公司,则一方发起人有权解除合同。

司法实践中,若公司未成立且发起人也不愿继续履行协议,法院一般会认为合同目的不能实现,从而允许一方当事人解除协议。发起人协议有其特殊性,因为在协议中既包含了发起人的财产(各方投入的资金),也包含发起人的身份权利(股东身份)。公司作为资合和人合的结合体,股东之间的相互信任也是公司成立和正常经营的必要条件,如果有发起人反悔,从保护其他股东的角度要求其继续履行合同,势必导致公司股东之间的争议,对于公司成立后的经营不利。如在于某某、李某某等公司设立纠纷案[(2022)鲁02民终10191号]中,法院认为,根据双方当事人的陈述和提供的证据,青岛贝格教育咨询服务有限公司并未实际成立,虽双方当事人均主张系对方原因导致公司未予设立,但对此均未提交证据证实导致公司不能设立的原因。李某某设立公司成为股东的合同目的不能实现,对于其要求解除案涉《股东入股合作协议书》的诉讼请求,应予以支持。

**五、在公司设立过程中,如果其他发起人以恶意手段转移或侵占出资份额,受害的发起人是否有权要求侵权者在公司成立后返还其股权?**

对这一问题,应当分两步分析。第一,因公司已成立,注册资本、股东投资有重大变化,原出资份额代表的权利已经行使完毕,不能返还,也无法恢复原状,发起人的出资权益在公司成立后不必然转化为股权,故不能支持返还股权的请求。第二,在公司设立过程中,发起人对未来成立的公司享有出资权益。发起人所有的出资份额因被转让给他人而丧失,其利益受到损害,有权要求侵权人承担侵权责任。由于在成立后无法获取股权,侵权人应对侵害的份额予以折价赔偿。赔偿的出资权益损失包括直接损失和间接损失两部分。直接损失是在公司设立过程中应取得财产的损失,其应取得财产可能产生的投资收益应作为其间接损失。

如在山西御花园时代广场有限公司等与山煤国际能源集团通海煤焦有限公司等侵害企业出资人权益纠纷案[(2015)民二终字第56号]中,对于出资权益的返还问题,法院认为,御花园公司与五阳集运站拟设立的山西大平公司与2006年8月10日成立的山西大平公司之间有延续性,但二者又不完全等同,前者只是拟设立中的公司,公司成立前具备合伙性质,后者是已经设立的公司。御花园公司所有的出资份额因被转让给他人而丧失,御花园公司的利益受到损害。但御花园公司被侵害的是其对山西大平公司的出资权益,而非对山西大平公司的股权,所以不能支持御花园公司返还股权的请求。五阳集运站等侵占御花园公司对山西大平公司的出资份额,因山西大平公司已成立,注册资本、股东投资有重大变化,原出资份额代表的权利已经行使完毕,不能返还,也无法恢复原状,故应折价赔偿。通过上述案例可以看出,在公司设立过程中,发起人之间是合伙性质,发起人享有的是出资权益;公司设立完成,股东享有的是股东权利。当发起人未成为公司股东时,原出资权益并不必然转化为设立后的公司股权,返还股权的请求无法得到支持,只能赔偿对应的价款。

## 六、公司设立不能时如何认定发起人责任及利益分配?

1. 公司设立不能的情况下,发起人之间应如何进行责任承担?

公司设立不能的原因较为复杂,对于发起人责任承担问题,应分三步分析。第一步,先看发起人之间有无约定,在公司设立过程中发起人可以签订协议明确约定需要共同享有的权利和责任的分担,如果对责任承担、投资款返还等事项有明确约定,应遵循意思自治。第二步,若无约定,看发起人有无过错,根据《公司法司法解释(三)》第 4 条第 3 款,因部分发起人的过错导致公司未成立,其他发起人主张其承担设立行为所产生的费用和债务的,人民法院应当根据过错情况,确定过错一方的责任范围。第三步,若发起人均无过错,根据《公司法司法解释(三)》第 4 条第 2 款,应按照约定的责任承担比例分担责任;没有约定责任承担比例的,按照均等份额分担责任。

如在周某与吴某、郑某公司设立纠纷案①中,周某、吴某、郑某三方签订公司股份合作协议书,约定共同出资成立邓州市某养殖公司。吴某投入 13 万元,周某出具凭条一份,载明收到吴某 13 万元投资款。郑某以实物出资,但未评估作价。后邓州市某养殖公司未在工商部门办理注册登记,没有依法设立。吴某向周某追要投资款。法院经审理认为,周某、吴某、郑某三方签订公司股份合作协议书,约定按比例出资,目的是成立公司,虽然三方合作开展了部分业务,但公司因故至今未能成立,判决周某返还吴某 13 万元投资款。

---

① 参见《南阳中院 2021 年度中小投资者保护十大典型案例》(下),载天平南阳网,http://mp.weixin.qq.com/s/zqkpSKZKKCYFufplWGj4pA。

2. 公司设立不能的情况下,发起人之间如何分配所产生的收益?

根据权利义务相一致的原则,公司设立阶段的收益分配,应当比照适用有关债务承担的规定。因此,公司设立不能的情况下,发起人有权按照出资比例主张分配公司设立阶段所产生的收益。

如在王某诉李某军、尤某军等12人公司设立纠纷案[(2012)陕民再字第00010号]中,王某与李某军等12人商定成立秦安公司,王某以现金出资,李某军等12人以其在秦安磁选厂的合伙财产出资,从约定作出后到秦安磁选厂停产前,秦安磁选厂以设立中的秦安公司的名义从事生产经营。原被告双方对经营期间的利润、资产分配产生了争议,法院认为,《公司法司法解释(三)》第4条规定了在公司设立不能时,发起人按出资比例承担该设立阶段产生的债务的情形,但并未规定设立中公司在公司设立阶段从事经营活动产生的盈利应如何分配。根据权利义务相一致的法理以及民法的公平原则,对公司设立阶段的债权分配,应比照适用债务承担的规定,发起人有权按照出资比例分配公司设立阶段从事经营行为所产生的盈利,故王某有权按照出资比例参与分配在其参与经营的73天中产生的利润及资产。

# 案由 2 发起人责任纠纷

## 适用指引

### 一、发起人责任纠纷概述

发起人作为筹划和实施公司设立行为，履行出资义务，对公司设立行为承担相应义务和责任之人，依法应当对公司承担责任。发起人责任是指发起人在公司设立过程中，因公司不能成立，对公司所应承担的责任，或者在公司设立成功时发起人自身的过失行为致使公司利益受损时应当承担的责任。在实践中，发起人责任纠纷主要有以下情形：

1. 在公司不能成立的情况下，发起人为设立公司实施的行为对外承担责任的情形。

2. 在公司成立过程中或公司成立后，发起人为设立公司以自己的名义对外签订合同，第三人作为合同相对人选择发起人承担责任的情形。

3. 发起人履行设立职责造成他人损害，或为自己的利益以公司的名义对外签订合同，公司为发起人的行为承担责任后，向发起人追偿的情形。

### 二、发起人责任纠纷的诉讼主体

(一)原告

1. 认股人

认股人作为发起人责任纠纷的原告是在募集设立的股份有限公司不能成立时，认股人根据新《公司法》第 105 条请求发起人返还股款及利息的情形。

2. 公司

公司作为发起人责任纠纷的原告主要有以下情形：一是设立时的股东因履行公司设立职责造成他人损害的，公司承担赔偿责任后，可以向有过错的股东追偿;二是在公司设立时,发起人为了自己的利益,以公司的名义对外签订合同,公司承担责任后可向发起人进行追偿。

3. 外部债权人

外部债权人作为发起人责任纠纷的原告主要是外部债权人依据发起人对外签订的合同请求发起人承担合同责任的情形。

(二)被告

在发起人责任纠纷中,因责任主体为发起人,故诉讼中的被告为发起人。

## 三、发起人责任纠纷的管辖

因发起人责任而产生的纠纷,适用民事诉讼一般地域管辖的规则,由发起人经常居住地的法院管辖。若因发起人是否承担合同责任而产生纠纷,可由发起人经常居住地或合同履行地法院管辖;当事人之间约定协议管辖的,由协议约定的法院管辖,但违反专属管辖和级别管辖的除外。若因发起人是否承担侵权责任而产生纠纷,可由发起人经常居住地或侵权行为地的法院管辖。

## 主要规范依据

**《公司法》**

**第四十四条** 有限责任公司设立时的股东为设立公司从事的民事活动,其法律后果由公司承受。

公司未成立的,其法律后果由公司设立时的股东承受;设立时的股东为二人以上的,享有连带债权,承担连带债务。

设立时的股东为设立公司以自己的名义从事民事活动产生的民事责任,第三人有权选择请求公司或者公司设立时的股东承担。

设立时的股东因履行公司设立职责造成他人损害的,公司或者无过错的股东承担赔偿责任后,可以向有过错的股东追偿。

**第一百零五条** 公司设立时应发行的股份未募足,或者发行股份的股款缴足后,发起人在三十日内未召开成立大会的,认股人可以按照所缴股款并加算银行同期存款利息,要求发起人返还。

发起人、认股人缴纳股款或者交付非货币财产出资后,除未按期募足股份、发起人未按期召开成立大会或者成立大会决议不设立公司的情形外,不得抽回其股本。

**《公司法司法解释(三)》**

**第二条** 发起人为设立公司以自己名义对外签订合同,合同相对人请求该发起人承担合同责任的,人民法院应予支持;公司成立后合同相对人请求公司承担合同责任的,人民法院应予支持。

**第三条** 发起人以设立中公司名义对外签订合同,公司成立后合同相对人请求公司承担合同责任的,人民法院应予支持。

公司成立后有证据证明发起人利用设立中公司的名义为自己的利益与相对人签订合同,公司以此为由主张不承担合同责任的,人民法院应予支持,但相对人为善意的除外。

**第四条** 公司因故未成立,债权人请求全体或者部分发起人对设立公司行为所产生的费用和债务承担连带清偿责任的,人民法院应予支持。

部分发起人依照前款规定承担责任后,请求其他发起人分担的,人民法院应当判令其他发起人按照约定的责任承担比例分担责任;没有约定责任承担比例的,按照约定的出资比例分担责任;没有约定出资比例的,按照均等份额分担责任。

因部分发起人的过错导致公司未成立,其他发起人主张其承担设立行为所产生的费用和债务的,人民法院应当根据过错情况,确定过错一方的责任范围。

**第五条** 发起人因履行公司设立职责造成他人损害,公司成立后受害人请求公司承担侵权赔偿责任的,人民法院应予支持;公司未成立,受害人请求全体发起人承担连带赔偿责任的,人民法院应予支持。

公司或者无过错的发起人承担赔偿责任后,可以向有过错的发起人追偿。

相关问题

## 一、"为设立公司"如何界定?

根据新《公司法》第44条的规定,公司成立不能的情况下,发起人为设立公司从事的活动,法律后果由发起人承受;发起人为二人以上的,享有连带债权,承担连带债务。发起人为设立公司,如果以自己的名义对外签订合同,合同的相对人有选择权,其可选择由发起人承担合同责任,也可选择由公司承担合同责任。这是此次公司法修订的新增条文,吸收了《公司法司法解释(三)》第2条至第5条以及《民法典》第75条的内容,对公司发起人为设立公司所实施行为的法律后果分配与承担问题作出规定。需要探讨的是,如何界定该条中的"为设立公司"?

我们认为,"为设立公司"这一规定的侧重点在于区分公司利益和个人利益,所以,对这一概念本身应当作较为宽泛的解释,即凡法律上、经济上属于公司设立所必需的行为均可认为是设立公司的行为。如发起人租赁发起事务的筹备处、认股书及其他文件的印刷,根据法律规定聘请资产评估师等,由于设立中的公司尚不具有独立的法律人格,其在法律性质上被认为是发起人之间的合伙。如公司顺利成立,依照同一体说,设立过程中所产生的债权债务由设立后的公司承继。当公司设立失败时,发起人对发起行为所产生的后果承担无限连带责任。

## 二、在发起人以自己的名义订立合同时,合同相对人已向公司请求承担责任,能否再次向发起人要求承担责任?

发起人是设立中公司的代表机关和执行机关,对外代表设立中公司进行民事活动。在发起人对外订立合同,相对人不知道发起人是为设立中公司的利益时,相对人享有选择权。相对人行使选择权后,法律后果表现为不得撤回,所以合同相对人一经选定由该发起人或者公司承担合同责任后,不得再行变更。这是为了平衡相对人利益保护与发起人的责任。

如在山东省青岛市中级人民法院审理的青岛海都集团有限公司与青岛中

山巴黎春天百货有限公司、青岛四季春天百货有限公司等发起人责任纠纷案[(2014)青民二商终字第979号]中,上诉人中山百货公司与原审被告四季商业公司作为发起人成立了原审被告四季百货公司。在四季百货公司成立前,上诉人与四季商业公司给被上诉人海都集团公司出具了承诺函,承诺在四季百货公司成立后6个月和12个月时分2次付清最多600万元的装修款;四季百货公司在成立后,与被上诉人签订了3份协议书,确认了装修款数额为600万元,确认已分3次向被上诉人支付了装修款300万元,还有300万元未支付。法院认为,被上诉人通过与四季百货公司签订协议的形式确认了在四季百货公司成立前自身与发起人签订的承诺函内容,且四季百货公司已向被上诉人履行了部分义务,代表着被上诉人已通过其行为选择了向四季百货公司主张权利,被上诉人就不能再根据《公司法司法解释(三)》第2条的规定要求发起人承担责任。

CHAPTER 03

# 第三章

# 公司出资相关诉讼

## 案由1 股东出资纠纷

### 适用指引

#### 一、股东出资纠纷概述

股东出资，是指股东(包括发起人和认股人)在公司设立或者增加资本时，为取得股份或股权，根据协议的约定以及法律和章程的规定向公司交付财产或履行其他给付义务。出资是股东的基本义务，对出资的各种法律规定和要求构成了系统的股东出资制度。股东一般是通过签署公司设立协议(或发起人协议)或认股书的形式约定其各自的出资比例或金额，出资条款是构成公司设立协议的主要内容之一，同时，出资又是《公司法》规定的股东必须承担的法定义务。作为公司成立的条件，公司设立必须制定章程，而出资义务的分配则是公司章程的必备事项，不论股东之间作何种约定，都不能免除股东的出资义务。当股东违反出资义务，或者因公司不能清偿到期债务，公司或公司已到期债权人主张股东出资义务加速到期时，与此有关的利害关系人之间往往会产生纠纷和诉讼，在司法实践中常见的股东出资纠纷包括以下几种类型：

(一)因股东未履行或未全面履行出资义务而产生的纠纷

股东未履行出资义务是指股东根本未出资，具体又可分为拒绝出资、不能出资、虚假全部出资。拒绝出资，是指股东在设立协议或认股协议成立且生效后拒绝按规定出资；不能出资，是指股东因客观条件的变化而不能履行出资义务，如出资的非专利技术在出资前泄密，出资的房地产在办理财产权移转手续前毁损或灭失；虚假出资，是指宣称其已经出资而事实上并未出资，其性质为欺诈行为，如以无实际货币的虚假银行进账单、对账单或者以虚假的实物投资手续骗取验资报告和公司登记。

股东未全面履行出资义务是指股东未完全履行或不适当履行出资义务。未完全履行，又可称为未足额履行，是指股东只履行了部分出资义务，未按规定数额足额交付，包括货币出资的不足，出资的实物、知识产权等非货币的价值显著低于章程所确定的价额等。不适当履行，是指出资的时间、形式或手续不符合规定，包括迟延出资和瑕疵出资。迟延出资是指股东不按规定的期限交付出资或办理实物等财产权的转移手续。新《公司法》规定有限责任公司全体股东认缴的出资额由股东按照公司章程的规定自公司成立之日起 5 年内缴足，股份有限公司股东出资则由认缴制改为实缴制。瑕疵出资可以分为标的物瑕疵和出资行为瑕疵。标的物瑕疵是指股东交付的非货币出资的财产存在权利或物的缺陷，如所缴纳的财产存在着第三人的合法权利或不符合约定的质量标准等。出资行为瑕疵是指出资行为不完整，只交付了出资的标的物而未办理相应的权属变动手续，或者只办理了权属变动手续而未交付出资的标的物。《公司法司法解释(三)》第 7 条至第 11 条分别对在实践中经常出现的几种瑕疵出资行为的认定作了具体的规定。

当股东未履行或未全面履行出资义务，公司或其他股东有权要求其向公司依法全面履行出资义务，给公司造成损失的，还应承担赔偿责任。公司债权人有权请求未履行或者未全面履行出资义务的股东在未出资本息范围内对公司债务不能清偿的部分承担补充赔偿责任。如果股东在公司设立时未履行或者未全面履行出资义务，公司、其他股东、公司债权人有权要求公司发起人与该股东承担连带责任，发起人承担责任后可向该股东进行追偿，发起人亦有权请求该股东依照发起人协议承担违约责任。根据新《公司法》第 51 条第 1 款的规定，公司董事会有义务在公司成立后对股东的出资情况进行核查，发现股东未按期足额缴纳公司章程规定的出资的，应当由公司向该股东发出书面催缴书，催缴出资；根据《公司法司法解释(三)》第 13 条第 4 款的规定，公司在增资时，公司的董事、高管对股东出资义务的履行负有勤勉义务。需要注意的是，新《公司法》对行使催缴职责的主体作了与《公司法司法解释(三)》不同的规定，将行使催缴职责的主体限定为董事会，后续司法解释可能会作出相应的调整。若公司的董事会违反催缴义务，给公司造成损失，公司、其他股东、公司债权人有权要求负有责任的董事承担相应责任；董事承担责任后，可以向未履行或未全面履行出资义务的股东追偿。

除了上述主体的责任外，根据新《公司法》第257条第2款的规定，承担资产评估、验资或者验证的机构因其出具的评估结果、验资或者验证证明不实，给公司债权人造成损失的，除能够证明自己没有过错的外，在其评估或者证明不实的金额范围内承担赔偿责任。

（二）因股东抽逃出资而产生的纠纷

抽逃出资是指股东在公司成立后违法将出资收回的行为。《公司法司法解释（三）》第12条根据实践情况，规定以下几种行为可以认定为抽逃出资行为：（1）制作虚假财务会计报表虚增利润进行分配；（2）通过虚构债权债务关系将其出资转出；（3）利用关联交易将出资转出；（4）其他未经法定程序将出资抽回的行为。上述行为本质上都是在没有合法根据的情况下将公司财产转移给股东，虽然具备了民事交易、利润分配等形式上看似合法的理由，但都是为了实现股东抽逃出资的目的。

当股东抽逃出资时，公司或者其他股东有权请求其向公司返还出资本息，协助抽逃出资的其他股东、董事、高级管理人员或者实际控制人对此承担连带责任。公司债权人有权请求抽逃出资的股东在抽逃出资本息范围内对公司债务不能清偿的部分承担补充赔偿责任，协助抽逃出资的其他股东、董事、高级管理人员或者实际控制人对此承担连带责任。在司法实践中，还存在第三人为股东代垫资金进行出资，股东出资后即将出资抽逃的情形，此时第三人与抽逃出资的股东构成共同侵权，应当与抽逃出资的股东承担连带赔偿责任。[①] 上述责任主体承担责任后，可根据《民法典》第178条的规定主张对责任进行内部分担。

---

① 2011年《公司法司法解释（三）》第15条规定："第三人代垫资金协助发起人设立公司，双方明确约定在公司验资后或者在公司成立后将该发起人的出资抽回以偿还该第三人，发起人依照前述约定抽回出资偿还第三人后又不能补足出资，相关权利人请求第三人连带承担发起人因抽回出资而产生的相应责任的，人民法院应予支持。"2014年修正的《公司法司法解释（三）》删除了此条，但最高人民法院认为，虽该条司法解释被删除，代垫资金的第三人依然需要和抽逃出资的股东承担连带责任。参见最高人民法院民事裁定书，（2017）最高法民申4642号。

（三）因股东出资义务加速到期而产生的纠纷

股东出资义务加速到期最早见于2007年6月开始施行的《企业破产法》第35条，该条规定了人民法院受理破产申请后出资义务加速到期的规则。自2008年5月起施行的《公司法司法解释（二）》第22条规定了公司解散时出资义务加速到期的规则。在此两种情形下，之所以可以加速到期，系因为破产和解散均需要进行债权债务的清理，甚至会导致公司不复存在（重整与和解除外）。为了配合认缴制改革，最高人民法院于2019年印发的《九民纪要》第6条增加规定了两种加速到期的例外情形：（1）公司作为被执行人的案件，人民法院穷尽执行措施无财产可供执行，已具备破产原因，但不申请破产的；（2）在公司债务产生后，公司股东（大）会决议以其他方式延长股东出资期限的。新《公司法》第54条进一步拓宽了加速到期制度的适用情形，该条规定："公司不能清偿到期债务的，公司或者已到期债权的债权人有权要求已认缴出资但未届出资期限的股东提前缴纳出资。"

在适用股东出资义务加速到期制度时需要注意以下几点：第一，公司不能清偿到期债务是指公司停止支付到期债务，并非公司的资产不足以清偿到期债务，所以无论是主观意愿上的停止支付，抑或客观能力导致的停止支付，均在此列。第二，有权请求股东出资义务加速到期的主体是公司和已到期债权的债权人，其他股东不是请求股东出资义务加速到期的权利人。第三，已认缴出资但未届出资期限的股东需按权利主体的请求向公司提前缴纳出资，而非向债权人，也即"入库原则"。第四，由于在新《公司法》下股份有限公司实行实缴制，所以股东出资义务加速到期制度只适用于有限责任公司的股东。

（四）因未出资股权转让而产生的出资纠纷

实践中，当公司负担大量债务时，股东可能会通过转让股权的方式来逃避其出资义务，此时如何将出资责任在股权转让人与受让人之间进行分配因涉及股东的出资期限是否届满，股权的受让人对股东出资情况是否知情等问题，利益关系较为复杂。《公司法司法解释（三）》第18条对已届期瑕疵股权转让的出资责任作了规定，但未规定未届期股权转让的出资责任。

在新《公司法》生效之前的司法实践中，法院对已届期瑕疵股权转让和未届期股权转让的出资责任进行了分别处理。对于前者，法院直接适用《公司法司法解释（三）》第18条的规定，对于后者，由于《公司法解释（三）》第18条在文义上并不能覆盖未届期股权转让，面对各种客观情况，各法院只能在存在法律漏洞的前提下，依照扩张性解释或利益衡量等原理作出不同的判决，裁判观点为股权转让人需承担责任与不承担责任两种，且判决数量比例相当。一种观点认为，股权转让人需与受让人共同承担责任，裁判理由主要包括：(1)出资义务不可转让说。该说认为，虽然股权依合同发生了转移，但出资义务未发生转移，所以转让人需承担责任。(2)预期违约说。该说认为，未届期股权转让人转让股权，该行为表示其对法定义务的“预期违约”，所以转让人需承担责任。(3)出资义务加速到期说。该说认为，未届期股权转让人转让股权时，其不再享有期限利益，所以转让人需承担责任。(4)逃废出资义务说。该说认为，未届期股权转让人恶意转让股权的行为，侵害了公司和债权人的合法权益，所以转让人需承担责任。另一种观点认为，股权转让人无须与受让人共同承担责任，裁判理由主要有：(1)期限利益说。该说认为，未届期股权转让人享有期限利益，即使受让人不履行出资义务，转让人也无须承担责任。(2)出资责任转移说。该说认为，未届期股权转让时出资责任亦发生转让，所以转让人无须承担责任。(3)不存在损害债权人利益情形说。该说认为，未届期股权转让人转让股权时为善意，不违反法律的强制性规定，不存在出资义务加速到期的情形，所以转让人无须承担责任。(4)无因果关系说。该说认为，未届期股权转让人转让股权的行为与转让之后的公司债务无因果关系，所以转让人无须承担责任。①

为统一裁判规范，新《公司法》在《公司法司法解释(三)》第18条的基础上对未届期股权转让时的出资责任作了规定。新《公司法》第88条规定：“股东转让已认缴出资但未届出资期限的股权的，由受让人承担缴纳该出资的义务；受让人未按期足额缴纳出资的，转让人对受让人未按期缴纳的出资承担补充责任。未按照公司章程规定的出资日期缴纳出资或者作为出资的非货币财产的实际价额显著低于所认缴的出资额的股东转让股权的，转让人与受让人在出资不足的范围内承担连带责任；受让人不知道且不应当知道存在上述情形的，由转让人承担责任。”针对已届期瑕疵股权转让，根据《民法典》第178条及《公司法司法解释(三)》第18条第2款的规定，股权受让人承担责任后可向转让人追

① 参见刘茵、张清：《论执行异议之诉追加转让股权原股东中的“未履行出资义务”标准》，载《法律适用》2023年第3期。

偿。虽然新《公司法》未规定追究股权转让人和受让人责任的权利主体，但根据《公司法司法解释（三）》第 13 条、第 18 条的规定，此时的权利人不仅包括公司和公司已到期债权的债权人，还应包括其他股东。在适用该条款时，还应当注意以下几点：

第一，根据新《公司法》第 88 条第 2 款的规定，在已届期的瑕疵股权转让中，原则上受让人需与转让人承担连带责任，只有受让人不知道或不应当知道股权转让人未按照公司章程规定的出资日期缴纳出资或者作为出资的非货币财产的实际价额显著低于所认缴的出资额时，才能免责。相较于《公司法（修订草案三审稿）》，该款的表述有所改变。《公司法（修订草案三审稿）》第 88 条第 2 款规定："未按期足额缴纳出资或者作为出资的非货币财产的实际价额显著低于所认缴的出资额的股东转让股权的受让人知道或者应当知道存在上述情形的，在出资不足的范围内与该股东承担连带责任。"我们认为，条款表述的改变意味着证明责任分配的改变。根据《公司法（修订草案三审稿）》第 88 条第 2 款，原告请求受让人承担责任需证明受让人知道或应当知道转让人瑕疵出资的情况；而根据新《公司法》第 88 条第 2 款，原则上受让人需与转让人承担连带责任，只有受让人证明自己不知道或不应当知道转让人瑕疵出资的情况才能免责。相较而言，新《公司法》对该举证责任的分配比较合理，因为在股权转让时，受让人一般都会调查股东的出资情况，若受让人未就股东出资情况尽到合理注意义务，其应当就此承担责任。但若股东瑕疵出资非常隐蔽或受让人遭受欺诈，则受让人可主张不知道或不应当知道该情况而免责。

第二，新《公司法》第 88 条未对股权多次转让的复杂情形作出规定。对此，我们认为，对于已届期瑕疵股权的转让，若受让人知道或应当知道股权转让人未按期足额缴纳出资或者作为出资的非货币财产的实际价额显著低于所认缴的出资额的，应当一并承担连带责任；对于未届期股权的转让，由于法律未将股权转让人的主观恶意作为责任构成要件，且转让人承担的是补充责任，为平衡各方主体的利益，权利人应当逐级追究前手的补充责任。

第三，新《公司法》第 88 条第 2 款并未将股东抽逃出资的情形纳入规制的范围，我们认为，有必要将该款类推适用于股东抽逃出资的情形。因为股东抽逃出资给公司造成的损害在结果上与股东瑕疵出资相同，而且股东在抽逃出资的情形中具有更大的主观恶性。但由于股东抽逃出资往往具有隐蔽性，股权受让人容易以不知道或不应当知道转让人抽逃出资为由而免责。

第四，在未届期的股权转让中，股权转让人对补充责任的承担享有“先诉抗辩权”。“先诉抗辩权”不是原告在起诉股权受让人之前不能将股权转让人一并起诉，而是股权转让人承担责任应以股权受让人无财产可供执行为条件，所以原告在起诉时可将股权转让双方一并起诉至法院。若原告只起诉股权受让人，法院可只列其为被告；若原告只起诉股权转让人，法院应驳回原告的起诉。若原告将股权转让双方一并起诉并获得胜诉，法院应在判项中载明股权转让人只在原告依法申请法院对股权受让人的财产强制执行仍未获清偿后，才对未获清偿部分承担补充责任。在执行阶段，股权转让人只有在法院对作为被执行人的股权受让人裁定终结执行或者终结本次执行程序后才承担责任，但是参照一般保证人的责任承担规则，符合《民法典》第 687 条规定的情形时，权利人可直接请求股权转让人承担责任。①

第五，在已届期的瑕疵股权转让中，债权人往往会在起诉公司并获得胜诉判决后，根据最高人民法院《关于民事执行中变更、追加当事人若干问题的规定》（以下简称《执行变更追加规定》）第 19 条②的规定以追加被执行人的方式追究股权转让人的责任。但能否适用《执行变更追加规定》第 17 条③追究股权受让人的责任，最高人民法院认为，由于执行程序对效率的追求，为避免执行程序中对实体权利义务的判断与当事人之间的实际法律关系出现明显背离，因此，执行法院在执行程序中追加股东为被执行人，应当以股东承担责任的事实

① 《民法典》第 687 条规定：“当事人在保证合同中约定，债务人不能履行债务时，由保证人承担保证责任的，为一般保证。一般保证的保证人在主合同纠纷未经审判或者仲裁，并就债务人财产依法强制执行仍不能履行债务前，有权拒绝向债权人承担保证责任，但是有下列情形之一的除外：（一）债务人下落不明，且无财产可供执行；（二）人民法院已经受理债务人破产案件；（三）债权人有证据证明债务人的财产不足以履行全部债务或者丧失履行债务能力；（四）保证人书面表示放弃本款规定的权利。”

② 《执行变更追加规定》第 19 条规定：“作为被执行人的公司，财产不足以清偿生效法律文书确定的债务，其股东未依法履行出资义务即转让股权，申请执行人申请变更、追加该原股东或依公司法规定对该出资承担连带责任的发起人为被执行人，在未依法出资的范围内承担责任的，人民法院应予支持。”

③ 《执行变更追加规定》第 17 条规定：“作为被执行人的营利法人，财产不足以清偿生效法律文书确定的债务，申请执行人申请变更、追加未缴纳或未足额缴纳出资的股东、出资人或依公司法规定对该出资承担连带责任的发起人为被执行人，在尚未缴纳出资的范围内依法承担责任的，人民法院应予支持。”

具有外观上的明显性为基础。[①] 由于受让人是否知道或者应当知道转让股东未履行或者未全面履行出资义务这一事实，通常不具有外观上的明显性，因此，一般不宜在执行程序中依据《执行变更追加规定》第 17 条规定，由执行法院裁定追加股权受让人为被执行人。但是，如上所述，新《公司法》生效后，在已届期的瑕疵股权转让中，原告无须证明股权受让人知道或应当知道转让人瑕疵出资的情况，而应当由股权受让人证明其不知道或不应当知道转让人瑕疵出资的情况，从而进行免责。因此，法院的裁判观点可能会有所改变，即在执行程序中可适用《执行变更追加规定》第 17 条追究股权受让人的责任。

在未届期的股权转让中，债权人往往会根据《执行变更追加规定》第 17 条的规定以追加被执行人的方式追究股权受让人的责任。但能否适用《执行变更追加规定》第 19 条追究股权转让人的责任，对此，有观点认为如果有证据证明原股东系恶意转让股权以逃避出资义务，则即使该原股东转让股权时未届出资期限，但其恶意转让股权的行为，侵害了公司和债权人的合法权益，应认定该原股东仍属于《执行变更追加规定》第 19 条中"未依法履行出资义务即转让股权"的情形，所以可以追加股权转让人为被执行人。[②] 但需要注意的是，新《公司法》生效后，股权转让人承担补充责任并不以其主观恶意为要件，且新《公司法》新增了股东出资义务的加速到期制度。因此只要公司不能清偿到期债务，债权人向股权受让人主张出资义务的加速到期，若股权受让人未履行出资义务，此时就可以追加股权转让人为被执行人。

## 二、股东出资纠纷的诉讼主体

### （一）原告

1. 公司

公司作为股东出资纠纷中的原告主要在以下 6 种情形中：第一，公司请求未履行或未完全履行的股东依法全面履行出资义务，并就给公司造成的损失承担赔偿责任；第二，股东在公司设立时未履行或未全面履行义务，公司请求发起

① 参见最高人民法院民事判决书，(2021)最高法民再 218 号。

② 参见刘茵、张清：《论执行异议之诉追加转让股权原股东中的"未履行出资义务"标准》，载《法律适用》2023 年第 3 期。

人与被告股东承担连带责任;第三,当公司董事会未履行催缴义务给公司造成损失时,公司请求负有责任的董事承担相应责任;第四,当公司不能清偿到期债务时,公司请求股东出资义务加速到期;第五,公司请求抽逃出资的股东向公司返还出资本息,协助抽逃出资的其他股东、董事、高级管理人员、实际控制人或代垫资金的第三人对此承担连带责任;第六,公司请求未届期股权转让人或已届期瑕疵股权的受让人承担责任。

2. 其他股东

其他股东作为股东出资纠纷中的原告主要是在以下6种情形:第一,其他股东请求未履行或未完全履行的股东依法全面履行出资义务,并就给公司造成的损失承担赔偿责任;第二,股东在公司设立时未履行或未全面履行义务,其他股东请求发起人与被告股东承担连带责任;第三,当公司董事会未履行催缴义务给公司造成损失时,其他股东请求负有责任的董事承担相应责任;第四,其他股东请求抽逃出资的股东向公司返还出资本息,协助抽逃出资的其他股东、董事、高级管理人员、实际控制人或代垫资金的第三人对此承担连带责任;第五,发起人依据发起人协议请求未履行或未全面履行出资义务的股东承担违约责任;第六,其他股东请求未届期股权转让人或已届期瑕疵股权的受让人承担责任。

需要注意的是,第一,其他股东请求违反出资义务的股东、负有责任的董事、股权转让人或受让人向公司承担责任并不以其他股东已全面履行出资义务为前提,但其他股东依据发起人协议请求违反出资义务的股东承担违约责任的除外;第二,虽然其他股东请求违反出资义务的股东承担出资责任与股东派生诉讼的机理相似,即其他股东为了公司的利益提起诉讼,诉讼利益最后归属公司,但其他股东提起诉讼并不受股东派生诉讼规则的限制。

3. 公司债权人

债权已到期的公司债权人作为股东出资纠纷中的原告主要是在以下7种情形:第一,公司债权人请求未履行或未完全履行的股东在未出资本息范围内对公司债务不能清偿的部分承担补充赔偿责任;第二,股东在公司设立时未履行或未全面履行义务,公司债权人请求发起人与被告股东承担连带责任;第三,当公司董事会未履行催缴义务给公司造成损失时,公司债权人请求负有责任的董事承担相应责任;第四,当公司不能清偿到期债务时,公司债权人请求股东出资义务加速到期;第五,公司债权人请求抽逃出资的股东在抽逃出资本息范围内对公司债务不能清偿的部分承担补充赔偿责任,协助抽逃出资的其他股东、董事、高级管理人员、实际控制人或代垫资金的第三人对此承担连带责任;第六,当承担资产评估、验资或者验证的机构因其出具的评估结果、验资或者验证证明不实,给公司债权人造成损失时,公司债权人请求上述主体在其评估或者证明不实的金额范围内承担赔偿责任;第七,公司债权人请求未届期股权转让人或已届期瑕疵股权的受让人承担责任。

4. 追偿主体

追偿主体是指因股东违反出资义务而承担责任的主体,其有权向违反出资义务的股东进行追偿。追偿主体作为股东出资纠纷中的原告主要是在以下 4 种情形:第一,当公司董事会未履行催缴义务给公司造成损失时,负有责任的董事承担责任后向未履行或未全面履行出资义务的股东追偿;第二,股东在公司设立时未履行或未全面履行义务,发起人承担连带责任后向未履行或未全面履行出资义务的股东追偿;第三,协助抽逃出资的其他股东、董事、高级管理人员、实际控制人或代垫资金的第三人承担连带责任后向抽逃出资的股东追偿;第四,未届期股权转让人或已届期瑕疵股权的受让人承担责任后向未履行或未全面履行出资义务或抽逃出资的股东追偿。

(二)被告

1. 股东

股东作为股东出资纠纷中的被告主要是在以下 5 种情形:第一,股东未履行或未全面履行出资义务或抽逃出资,相关主体请求该股东承担责任;第二,股东在公司设立时未履行或未全面履行出资义务,相关主体请求发起人与被告股东承担连带责任;第三,在有限责任公司不能清偿到期债务时,公司或者已到期债权的债权人要求该股东提前缴纳出资;第四,发起人依据发起人协议请求未履行或未全面履行出资义务的股东承担违约责任;第五,相关主体承担责任后向未履行或未全面履行出资义务或抽逃出资的股东进行追偿。

2. 公司的董事、监事、高级管理人员

公司的董事、监事、高级管理人员作为股东出资纠纷案件的被告有两种情形:第一,当公司董事会未履行催缴义务给公司造成损失时,相关主体请求负有责任的董事承担相应责任;第二,相关主体请求协助抽逃出资的董事、高级管理人员与被告股东承担连带责任。

3. 公司的控股股东、实际控制人、其他股东、代垫资金的第三人

公司的控股股东、实际控制人、其他股东、代垫资金的第三人作为股东出资纠纷案件的被告主要是因为他们协助股东抽逃出资，相关主体可请求他们与被告股东承担连带责任。

4. 承担资产评估、验资或者验证的机构

承担资产评估、验资或者验证的机构作为股东出资纠纷案件的被告主要是因为其出具的评估结果、验资或者验证证明不实，给公司债权人造成损失，公司债权人请求其在其评估或者证明不实的金额范围内承担赔偿责任。

5. 股权转让人或受让人

股权转让人或受让人作为股东出资纠纷案件的被告有两种情形：第一，在未届期的股权转让中，当受让人未按期足额缴纳出资时，权利人请求转让人对受让人未按期缴纳的出资承担补充责任；第二，在已届期瑕疵股权转让中，权利人请求受让人与转让人承担连带责任。

（三）第三人

凡是与案件审理结果有法律上利害关系或者对原、被告之间争议的诉讼标的享有独立请求权的主体，都可作为第三人参加诉讼。前者如在公司债权人或其他股东请求被告股东或其他主体承担责任时，公司可作为无独立请求权的第三人参加诉讼；后者如对作为股东出资的非货币财产享有特定权利（如所有权）的主体可通过起诉的方式作为有独立请求权的第三人参加诉讼。

## 三、股东出资纠纷的管辖

因股东出资纠纷提起的诉讼，不属于《民事诉讼法》第 27 条、《民诉解释》第 22 条规定的特殊地域管辖的诉讼，应以《民事诉讼法》中的关于地域管辖的一般原则确定案件的管辖法院。如果因股东间的出资协议产生纠纷，则由被告住所地或合同履行地人民法院管辖；如果因股东抽逃出资产生纠纷，则由被告住所地或侵权行为地人民法院管辖。如果当事人之间约定了协议管辖条款，则以协议管辖优先，但违反专属管辖或级别管辖的除外。

## 四、股东出资纠纷的举证责任

《公司法司法解释(三)》第 20 条规定:"当事人之间对是否已履行出资义务发生争议,原告提供对股东履行出资义务产生合理怀疑证据的,被告股东应当就其已履行出资义务承担举证责任。"股东出资纠纷中的原告有公司债权人、其他股东、公司,不同的原告对公司财务状况的知情程度不同,因此在认定原告是否提供了产生合理怀疑的初步证据时,对公司、其他股东和公司债权人的要求应当有所区别。[①] 此外,因股东出资是股东的作为义务,将举证责任分配给股东更有利于查明案件事实,所以,该条司法解释是对股东未履行或未全面履行出资义务的举证责任的规定,不是对抽逃出资的举证责任的规定;在股东违反禁止抽逃出资的不作为义务时,应当由原告承担举证责任。关于因未出资股权转让而产生的出资纠纷中的举证责任,见前文论述。

## 五、股东出资纠纷的诉讼时效

根据《公司法司法解释(三)》第 19 条和最高人民法院《关于审理民事案件适用诉讼时效制度若干问题的规定》第 1 条第 3 项的规定,相关主体请求未履行或未全面履行或抽逃出资的股东承担责任不适用诉讼时效制度,但是公司的债权人需要在其债权的诉讼时效期间内主张权利。

对于其他相关责任,如发起人对股东在公司设立时未履行或未全面履行出资义务承担的连带责任,有关主体协助股东抽逃出资的连带责任,在公司董事会未履行催缴义务时相关董事的责任,未届期股权转让人或已届期瑕疵股权转让受让人责任,是否适用诉讼时效制度,法律和司法解释未作明确规定。我们认为,在法律没有特别规定时应当适用一般法的规定,即在《公司法》及司法解释未作特别规定时,根据《民法典》第 188 条的规定,其他相关责任应当适用诉讼时效制度。

在股东出资纠纷中适用诉讼时效制度应当注意以下几点:第一,最高人民法院《关于审理民事案件适用诉讼时效制度若干问题的规定》第 15 条第 2 款规定:"对于连带债务人中的一人发生诉讼时效中断效力的事由,应当认定对其他

---

① 参见最高人民法院民事裁定书,(2020)最高法民申 6668 号。

连带债务人也发生诉讼时效中断的效力。”根据“举轻以明重”的法律适用原则，虽然被告股东的责任不适用诉讼时效，但若出现诉讼时效中断事由，应当认定该事由对与其承担连带责任的主体发生诉讼时效中断的效力。第二，在未届期股权转让中，出资义务人是股权受让人，股权转让人对受让人未按期缴纳的出资承担补充责任。此时，对股权受让人的出资责任不适用诉讼时效制度；对股权转让人承担的补充责任应当适用诉讼时效制度，但诉讼时效的起算点应于其“先诉抗辩权”消灭时起算。至于股权转让人是否享有类似保证责任中的“保证期间”，新《公司法》未作规定，相关规则有待随着司法实践的发展而完善。第三，在已届期瑕疵股权转让中，出资义务人是股权转让人，受让人原则上与其承担连带责任，该连带责任适用上述第一点诉讼时效中断规则。第四，公司董事会未履行催缴义务，负有责任的董事对公司损失承担的相应责任系因其违反勤勉义务而对公司或公司债权人承担的责任，责任性质为侵权责任，应当适用诉讼时效制度。

## 六、股东出资纠纷与其他相关纠纷的区别

### （一）股东出资纠纷与公司设立纠纷的区别

股东出资纠纷是指股东在公司设立或增加注册资本时，虚假出资、不足额出资、逾期出资、抽逃出资等行为引发的纠纷。公司设立纠纷是指因公司设立行为产生的除发起人责任以外的纠纷。在公司设立过程中，若是发起人依据发起人协议要求其他发起人按时足额缴纳出资，则应为公司设立过程中产生的纠纷，案由应定为公司设立纠纷；若是在公司成立后，公司或发起人起诉要求其他发起人按时足额缴纳出资，则该纠纷的案由应定为股东出资纠纷。

### （二）股东出资纠纷与新增资本认购纠纷的区别

新增资本认购纠纷是指因有限责任公司新增资本认购，股份有限公司发行新股认购产生的纠纷。在实践中，新增资本认购纠纷可能发生在新出资人与公司之间，也可能发生在原股东与公司之间，主要包括因股东或者公司之外的其他人起诉要求确认享有公司股权和因行使优先认股权产生的纠纷。股东出资纠纷规范的是股东违反出资义务的各种情形；而新增资本认购纠纷规范的则是在公司新增注册资本时，除股东出资纠纷之外的相关纠纷。

(三)授权资本制下的股东出资纠纷

新《公司法》规定股份有限公司可以采用授权资本制,即董事会可在公司章程或股东会决议的授权下决定公司的新股发行。新《公司法》第152条第1款规定:“公司章程或者股东会可以授权董事会在三年内决定发行不超过已发行股份百分之五十的股份。但以非货币财产作价出资的应当经股东会决议。”第153条规定:“公司章程或者股东会授权董事会决定发行新股的,董事会决议应当经全体董事三分之二以上通过。”由于新《公司法》对董事会决定发行新股的权限和程序作了严格的限制,董事会作出的新股发行决议可能存在效力瑕疵。因此,因授权资本制的发行程序、效力而产生的相关纠纷不属于出资纠纷,而属于公司决议纠纷。但是,若股东认购公司发行的股份后产生出资问题,则属于股东出资纠纷。

## 主要规范依据

**《公司法》**

**第四十七条** 有限责任公司的注册资本为在公司登记机关登记的全体股东认缴的出资额。全体股东认缴的出资额由股东按照公司章程的规定自公司成立之日起五年内缴足。

法律、行政法规以及国务院决定对有限责任公司注册资本实缴、注册资本最低限额、股东出资期限另有规定的,从其规定。

**第四十八条** 股东可以用货币出资,也可以用实物、知识产权、土地使用权、股权、债权等可以用货币估价并可以依法转让的非货币财产作价出资;但是,法律、行政法规规定不得作为出资的财产除外。

对作为出资的非货币财产应当评估作价,核实财产,不得高估或者低估作价。法律、行政法规对评估作价有规定的,从其规定。

**第四十九条** 股东应当按期足额缴纳公司章程规定的各自所认缴的出资额。

股东以货币出资的,应当将货币出资足额存入有限责任公司在银行开设的账户;以非货币财产出资的,应当依法办理其财产权的转移手续。

股东未按期足额缴纳出资的，除应当向公司足额缴纳外，还应当对给公司造成的损失承担赔偿责任。

**第五十条** 有限责任公司设立时，股东未按照公司章程规定实际缴纳出资，或者实际出资的非货币财产的实际价额显著低于所认缴的出资额的，设立时的其他股东与该股东在出资不足的范围内承担连带责任。

**第五十一条** 有限责任公司成立后，董事会应当对股东的出资情况进行核查，发现股东未按期足额缴纳公司章程规定的出资的，应当由公司向该股东发出书面催缴书，催缴出资。

未及时履行前款规定的义务，给公司造成损失的，负有责任的董事应当承担赔偿责任。

**第五十三条** 公司成立后，股东不得抽逃出资。

违反前款规定的，股东应当返还抽逃的出资；给公司造成损失的，负有责任的董事、监事、高级管理人员应当与该股东承担连带赔偿责任。

**第五十四条** 公司不能清偿到期债务的，公司或者已到期债权的债权人有权要求已认缴出资但未届出资期限的股东提前缴纳出资。

**第八十八条** 股东转让已认缴出资但未届出资期限的股权的，由受让人承担缴纳该出资的义务；受让人未按期足额缴纳出资的，转让人对受让人未按期缴纳的出资承担补充责任。

未按照公司章程规定的出资日期缴纳出资或者作为出资的非货币财产的实际价额显著低于所认缴的出资额的股东转让股权的，转让人与受让人在出资不足的范围内承担连带责任；受让人不知道且不应当知道存在上述情形的，由转让人承担责任。

**第九十六条** 股份有限公司的注册资本为在公司登记机关登记的已发行股份的股本总额。在发起人认购的股份缴足前，不得向他人募集股份。

法律、行政法规以及国务院决定对股份有限公司注册资本最低限额另有规定的，从其规定。

**第九十七条** 以发起设立方式设立股份有限公司的，发起人应当认足公司章程规定的公司设立时应发行的股份。

以募集设立方式设立股份有限公司的，发起人认购的股份不得少于公司章程规定的公司设立时应发行股份总数的百分之三十五；但是，法律、行政法规另有规定的，从其规定。

**第九十八条** 发起人应当在公司成立前按照其认购的股份全额缴纳股款。

发起人的出资，适用本法第四十八条、第四十九条第二款关于有限责任公司股东出资的规定。

**第九十九条** 发起人不按照其认购的股份缴纳股款，或者作为出资的非货币财产的实际价额显著低于所认购的股份的，其他发起人与该发起人在出资不足的范围内承担连带责任。

**第一百条** 发起人向社会公开募集股份，应当公告招股说明书，并制作认股书。认股书应当载明本法第一百五十四条第二款、第三款所列事项，由认股人填写认购的股份数、金额、住所，并签名或者盖章。认股人应当按照所认购股份足额缴纳股款。

**第一百零一条** 向社会公开募集股份的股款缴足后，应当经依法设立的验资机构验资并出具证明。

**第一百零五条** 公司设立时应发行的股份未募足，或者发行股份的股款缴足后，发起人在三十日内未召开成立大会的，认股人可以按照所缴股款并加算银行同期存款利息，要求发起人返还。

发起人、认股人缴纳股款或者交付非货币财产出资后，除未按期募足股份、发起人未按期召开成立大会或者成立大会决议不设立公司的情形外，不得抽回其股本。

**第一百零七条** 本法第四十四条、第四十九条第三款、第五十一条、第五十二条、第五十三条的规定，适用于股份有限公司。

**《公司法司法解释（三）》**

**第七条** 出资人以不享有处分权的财产出资，当事人之间对于出资行为效力产生争议的，人民法院可以参照民法典第三百一十一条的规定予以认定。

以贪污、受贿、侵占、挪用等违法犯罪所得的货币出资后取得股权的，对违法犯罪行为予以追究、处罚时，应当采取拍卖或者变卖的方式处置其股权。

**第八条** 出资人以划拨土地使用权出资，或者以设定权利负担的土地使用权出资，公司、其他股东或者公司债权人主张认定出资人未履行出资义务的，人民法院应当责令当事人在指定的合理期间内办理土地变更手续或者解除权利负担;逾期未办理或者未解除的,人民法院应当认定出资人未依法全面履行出资义务。

**第九条** 出资人以非货币财产出资,未依法评估作价,公司、其他股东或者公司债权人请求认定出资人未履行出资义务的,人民法院应当委托具有合法资格的评估机构对该财产评估作价。评估确定的价额显著低于公司章程所定价额的,人民法院应当认定出资人未依法全面履行出资义务。

**第十条** 出资人以房屋、土地使用权或者需要办理权属登记的知识产权等财产出资,已经交付公司使用但未办理权属变更手续,公司、其他股东或者公司债权人主张认定出资人未履行出资义务的,人民法院应当责令当事人在指定的合理期间内办理权属变更手续;在前述期间内办理了权属变更手续的,人民法院应当认定其已经履行了出资义务;出资人主张自其实际交付财产给公司使用时享有相应股东权利的,人民法院应予支持。

出资人以前款规定的财产出资,已经办理权属变更手续但未交付给公司使用,公司或者其他股东主张其向公司交付、并在实际交付之前不享有相应股东权利的,人民法院应予支持。

**第十一条** 出资人以其他公司股权出资,符合下列条件的,人民法院应当认定出资人已履行出资义务:

(一)出资的股权由出资人合法持有并依法可以转让;

(二)出资的股权无权利瑕疵或者权利负担;

(三)出资人已履行关于股权转让的法定手续;

(四)出资的股权已依法进行了价值评估。

股权出资不符合前款第(一)、(二)、(三)项的规定,公司、其他股东或者公司债权人请求认定出资人未履行出资义务的,人民法院应当责令该出资人在指定的合理期间内采取补正措施,以符合上述条件;逾期未补正的,人民法院应当认定其未依法全面履行出资义务。

股权出资不符合本条第一款第(四)项的规定,公司、其他股东或者公司债权人请求认定出资人未履行出资义务的,人民法院应当按照本规定第九条的规定处理。

**第十二条** 公司成立后,公司、股东或者公司债权人以相关股东的行为符合下列情形之一且损害公司权益为由,请求认定该股东抽逃出资的,人民法院

应予支持:

(一)制作虚假财务会计报表虚增利润进行分配;

(二)通过虚构债权债务关系将其出资转出;

(三)利用关联交易将出资转出;

(四)其他未经法定程序将出资抽回的行为。

**第十三条** 股东未履行或者未全面履行出资义务,公司或者其他股东请求其向公司依法全面履行出资义务的,人民法院应予支持。

公司债权人请求未履行或者未全面履行出资义务的股东在未出资本息范围内对公司债务不能清偿的部分承担补充赔偿责任的,人民法院应予支持;未履行或者未全面履行出资义务的股东已经承担上述责任,其他债权人提出相同请求的,人民法院不予支持。

股东在公司设立时未履行或者未全面履行出资义务,依照本条第一款或者第二款提起诉讼的原告,请求公司的发起人与被告股东承担连带责任的,人民法院应予支持;公司的发起人承担责任后,可以向被告股东追偿。

股东在公司增资时未履行或者未全面履行出资义务,依照本条第一款或者第二款提起诉讼的原告,请求未尽公司法第一百四十七条第一款规定的义务而使出资未缴足的董事、高级管理人员承担相应责任的,人民法院应予支持;董事、高级管理人员承担责任后,可以向被告股东追偿。

**第十四条** 股东抽逃出资,公司或者其他股东请求其向公司返还出资本息、协助抽逃出资的其他股东、董事、高级管理人员或者实际控制人对此承担连带责任的,人民法院应予支持。

公司债权人请求抽逃出资的股东在抽逃出资本息范围内对公司债务不能清偿的部分承担补充赔偿责任、协助抽逃出资的其他股东、董事、高级管理人员或者实际控制人对此承担连带责任的,人民法院应予支持;抽逃出资的股东已经承担上述责任,其他债权人提出相同请求的,人民法院不予支持。

**第十五条** 出资人以符合法定条件的非货币财产出资后,因市场变化或者其他客观因素导致出资财产贬值,公司、其他股东或者公司债权人请求该出资人承担补足出资责任的,人民法院不予支持。但是,当事人另有约定的除外。

**第十六条** 股东未履行或者未全面履行出资义务或者抽逃出资,公司根据公司章程或者股东会决议对其利润分配请求权、新股优先认购权、剩余财产分配请求权等股东权利作出相应的合理限制，该股东请求认定该限制无效的，人民法院不予支持。

**第十七条** 有限责任公司的股东未履行出资义务或者抽逃全部出资，经公司催告缴纳或者返还，其在合理期间内仍未缴纳或者返还出资，公司以股东会决议解除该股东的股东资格，该股东请求确认该解除行为无效的，人民法院不予支持。

在前款规定的情形下，人民法院在判决时应当释明，公司应当及时办理法定减资程序或者由其他股东或者第三人缴纳相应的出资。在办理法定减资程序或者其他股东或者第三人缴纳相应的出资之前，公司债权人依照本规定第十三条或者第十四条请求相关当事人承担相应责任的，人民法院应予支持。

**第十九条** 公司股东未履行或者未全面履行出资义务或者抽逃出资，公司或者其他股东请求其向公司全面履行出资义务或者返还出资，被告股东以诉讼时效为由进行抗辩的，人民法院不予支持。

公司债权人的债权未过诉讼时效期间，其依照本规定第十三条第二款、第十四条第二款的规定请求未履行或者未全面履行出资义务或者抽逃出资的股东承担赔偿责任，被告股东以出资义务或者返还出资义务超过诉讼时效期间为由进行抗辩的，人民法院不予支持。

**第二十条** 当事人之间对是否已履行出资义务发生争议，原告提供对股东履行出资义务产生合理怀疑证据的，被告股东应当就其已履行出资义务承担举证责任。

**第二十六条** 公司债权人以登记于公司登记机关的股东未履行出资义务为由，请求其对公司债务不能清偿的部分在未出资本息范围内承担补充赔偿责任，股东以其仅为名义股东而非实际出资人为由进行抗辩的，人民法院不予支持。

名义股东根据前款规定承担赔偿责任后，向实际出资人追偿的，人民法院应予支持。

**第二十八条** 冒用他人名义出资并将该他人作为股东在公司登记机关登记的，冒名登记行为人应当承担相应责任；公司、其他股东或者公司债权人以未履行出资义务为由，请求被冒名登记为股东的承担补足出资责任或者对公司债务不能清偿部分的赔偿责任的，人民法院不予支持。

**《九民纪要》**

**6.【股东出资应否加速到期】**在注册资本认缴制下,股东依法享有期限利益。债权人以公司不能清偿到期债务为由,请求未届出资期限的股东在未出资范围内对公司不能清偿的债务承担补充赔偿责任的,人民法院不予支持。但是,下列情形除外:

(1)公司作为被执行人的案件,人民法院穷尽执行措施无财产可供执行,已具备破产原因,但不申请破产的;

(2)在公司债务产生后,公司股东(大)会决议或以其他方式延长股东出资期限的。

## 相关问题

### 一、与股东出资财产相关的问题

新《公司法》第48条规定:"股东可以用货币出资,也可以用实物、知识产权、土地使用权、股权、债权等可以用货币估价并可以依法转让的非货币财产作价出资;但是,法律、行政法规规定不得作为出资的财产除外。对作为出资的非货币财产应当评估作价,核实财产,不得高估或者低估作价。法律、行政法规对评估作价有规定的,从其规定。"依此规定,除货币出资外,股东也可以用非货币的财产出资,只是非货币财产的出资必须具备可以用货币估价和可以依法转让两个要件。需要注意的是,对于股权、债权、知识产权、非专利技术等无形财产,由于其价值不明确且容易波动,为了避免纠纷,股东在出资时最好及时委托具有合法资质的评估机构对上述财产进行评估。此外,根据《公司法司法解释(三)》第10条的规定,股东以需要办理权属变更手续的财产出资的,需要交付公司使用并办理权属变更手续才能被认定已经履行了出资义务,股东将上述财产交付公司使用才能享有相应的股东权利,否则即使股东办理了权属变更手续,但若未将财产交付公司使用,其也不享有相应的股东权利。

在实务中,股东出资财产的问题容易引发争议,详细分析如下。

#### (一)股东能否以劳务出资?

《公司法》对股东以非货币财产出资的形式作了限制,非货币财产必须可以用货币估价并可以依法转让。劳务虽可以用货币估价,但不能依法转让,所以,股东不得以劳务出资。司法实践中,可能会出现如下情形:公司发起人在发起人协议中约定部分发起人以劳务进行出资,并对其劳务出资对应的持股比例作了约定,但是公司章程或公司对外公示的股东出资信息显示以劳务出资的股东是以货币或其他符合要求的非货币财产进行出资的,此时若发生股东出资纠纷,如何认定股东的出资义务?

我们认为,其一,若纠纷发生在发起人之间,法院一般会尊重发起人之间的合意,认为发起人之间关于部分发起人以劳务进行出资的约定合法有效,其他发起人不得要求以劳务出资的发起人履行货币或其他非货币财产出资义务。例如,在北京市第三中级人民法院审理的(2020)京 03 民终 119 号案中,某公司的两位发起人签订了合作协议,约定发起人甲以货币方式出资 1000 万元,占公司 50% 的股份,发起人乙以某云平台原创项目创始人及本项目平台产品创新研发、技术开发、市场运营、企业挂办理等技术方式出资,占公司 40% 的股份,并且约定公司章程的内容与协议内容不一致的,以该协议为准。公司成立后,公司章程载明,发起人甲认缴出资 600 万元,发起人乙认缴出资为 400 万元,出资方式均为货币。发起人甲履行出资义务后以公司的名义起诉至法院,要求发起人乙按照公司章程的规定履行出资义务。法院认为,发起人甲和发起人乙作为公司仅有的两位股东,在成立公司前签订合作协议,约定成立公司的出资方式和出资金额,并且约定公司章程的内容与协议内容不一致的,以协议内容为准。公司主张公司章程是对合作协议出资的调整,但综合本案来看,欠缺调整的合意,如按公司主张,无法解决合作协议与公司章程约定冲突的问题,而该冲突背后,实质上是股东之间内部纠纷,因此,应当以合作协议约定的内容确定双方的出资额、出资方式和出资时间。故法院未支持发起人甲的诉讼请求。

其二,若不是发起人之间产生的纠纷,而是股东与公司、公司债权人或其他股东之间的纠纷,则应当以公司章程或公司对外公示的股东出资信息来认定股东的出资义务,股东承担出资责任后,可依据发起人协议向其他发起人追偿。例如,在北京市第二中级人民法院审理的(2022)京 02 民终 3337 号案中,某公司与股东甲约定:股东甲以劳务作价形式出资 50 万元,公司与股东甲签订劳动合同,在股东甲为公司工作的期间,公司不向股东甲发放工资,以每月应向其发放的 2 万元工资抵扣股款。后股东甲通过股权受让,公司增资等方式增加其持股比例。公司在登记机关备案的公司章程载明,股东甲认缴出资 100 万元,出资期限为 2040 年 12 月 31 日,出资方式为货币。因公司无法清偿到期债务,且人民法院穷尽执行措施无财产可供执行,已具备破产原因,但不申请破产,公司债权人请求股东甲出资义务加速到期以清偿公司的到期债务。法院认为,首先,公司股东、非公司企业法人出资人、农民专业合作社(联合社)成员不得以劳务、信用、自然人姓名、商誉、特许经营权或者设定担保的财产等作价出资;其次,公司备案的公司章程具有公示公信力,对公司及股东甲具有拘束力;最后,公司虽尚有资产,但现有证据不能证明公司能够将财产变现、清偿债务,且公司作为被执行人的执行案件因穷尽执行措施无财产可供执行,已被人民法院裁定终结本次执行程序,债权人的债权至今未获清偿,故应当认定公司明显缺乏清偿能力。综上,法院支持公司债权人请求股东甲出资加速到期,在其未出资的范围内对公司债务承担补充责任的请求。

此外,实务中还存在股东利用公司发放的劳务报酬履行货币出资义务的情况,若股东向公司提供的劳务真实,且公司发放的劳务报酬是合理的对价,则可认定该股东履行或部分履行了出资义务。

(二)股东能否以集体建设用地使用权出资?

公司法允许股东以土地使用权进行出资,以国有土地使用权出资在实务中争议不大,但对能否以集体建设用地使用权出资在实务中存在疑虑。要解决这一问题,首先需要厘清集体土地的分类。根据 2019 年《土地管理法》第 4 条第 2 款等的规定,集体土地分为集体所有的农用地、集体所有的建设用地和集体所有的未利用地。根据 2019 年《土地管理法》第 59 条的规定,集体建设用地又可分为乡镇企业用地、公益设施、公共事业用地、宅基地等类型。此处的乡镇企业用地是指农村集体经济组织依据 2019 年《土地管理法》第 60 条兴办企业或者与其他组织、个人以土地使用权入股、联营等形式共同举办企业所使用的土地。需要注意的是,2019 年《土地管理法》新增"集体经营性建设用地"的概念,其含义应当是除宅基地、公益设施、公共事业等用地之外的建设用地。[①] 我们认为,乡镇企业用地与集体经营性用地范围存在重合,重合的部分应当以土地利用总体规划、城乡规划确定的范围为准。

---

① 参见陈小君:《〈土地管理法〉修法与新一轮土地改革》,载《中国法律评论》2019 年第 5 期。

早在1998年的《土地管理法》第60条就允许农村集体经济组织以集体建设用地使用权出资兴办企业,2004年、2019年的《土地管理法》延续了这一规定。根据2019年《土地管理法》第60条的规定,农村集体经济组织可以使用乡(镇)土地利用总体规划确定的建设用地兴办企业或者与其他单位、个人以土地使用权入股、联营等形式共同举办企业,但需要符合法定的程序,具体程序。一是,该集体用地应为符合乡(镇)土地利用总体规划的集体建设用地,涉及占用农用地的,应当依照《土地管理法》第44条的规定办理审批手续;二是,农村集体经济组织和意向用地者应当持有关批准文件,向县级以上地方人民政府自然资源主管部门提出申请,按照省、自治区、直辖市规定的批准权限,由县级以上地方人民政府批准;三是,农村集体经济组织和意向用地者还应办理集体建设用地使用权登记。此外,需要注意的是,在2019年《土地管理法》施行之前,虽然集体经济组织可以用集体建设用地使用权入股,但是根据2004年《土地管理法》第63条的规定,除因破产、兼并等情形致使土地使用权依法发生转移外,集体土地使用权不得出让、转让或者出租用于非农建设。也就是说,法律未明确规定农村集体经济组织作为股东是否可以转让股权或股份。

2019年《土地管理法》第63条破除了原法关于集体土地使用权不得出让、转让或出租用于非农业建设的规定,开创性地规定了集体经营性建设用地使用权的入市流转制度。根据该条第1款的规定,土地利用总体规划、城乡规划确定为工业、商业等经营性用途,并经依法登记的集体经营性建设用地,土地所有权人可以通过出让、出租等方式交由单位或个人使用。同时,该条第3款规定,通过出让等方式取得的集体经营性建设用地使用权可以转让、互换、出资、赠与或者抵押,但法律、行政法规另有规定或者土地所有权人、土地使用权人签订的书面合同另有约定的除外。集体经营性建设用地使用权的出让、出租等,应当经本集体经济组织成员的村民会议2/3以上成员或者2/3以上村民代表的同意,并应当签订书面合同。集体经营性建设用地的出租,集体建设用地使用权的出让及其最高年限、转让、互换、出资、赠与、抵押等,参照同类用途的国有建设用地执行。具体办法由国务院制定。

综上所述,集体建设用地使用权可以作为股东出资财产,但限于乡镇企业用地或集体经营性用地,并且《土地管理法》分别规定了第60条和第63条两条并列的路径,前者是1998年保留的制度,后者是2019年新增的制度。但二者存在衔接,也即如果农村集体经济组织依据《土地管理法》第60条出资设立了公司,作为出资财产的乡镇企业用地符合第63条规定的集体经营性建设用地流转的条件,则农村集体经济组织作为股东可以转让其持有股权或股份。

(三)股东能否以土地经营权出资?

2018年《农村土地承包法》第9条将土地承包经营权分离为土地承包权与土地经营权,并且允许承包人流转其承包地的土地经营权,由他人经营。第36条规定:"承包方可以自主决定依法采取出租(转包)、入股或者其他方式向他人流转土地经营权,并向发包方备案。"同时,《农村土地承包法》和《民法典》都规定,通过招标、拍卖、公开协商等方式承包农村土地,经依法登记取得权属证书的,可以依法采取出租、入股、抵押或者其他方式流转土地经营权。《农村土地承包法》第38条规定:"土地经营权流转应当遵循以下原则:(一)依法、自愿、有偿,任何组织和个人不得强迫或者阻碍土地经营权流转;(二)不得改变土地所有权的性质和土地的农业用途,不得破坏农业综合生产能力和农业生态环境;(三)流转期限不得超过承包期的剩余期限;(四)受让方须有农业经营能力或者资质;(五)在同等条件下,本集体经济组织成员享有优先权。"承包人以土地经营权出资的,应当签订书面合同并向发包方备案。实务中,农户的土地经营权可以依法直接对公司和农民专业合作社出资,还可以先出资设立农民专业合作社,再由农民专业合作社以土地经营权出资设立公司。①

(四)股东能否以知识产权的使用权出资?

根据《民法典》第123条第2款的规定,知识产权是权利人依法就作品、发明、实用新型、外观设计、商标等法律规定的客体享有的专有的权利。知识产权具有财产属性,权利人可以许可他人使用,许可又分为独占许可、排他许可和普通许可,由此被许可人获得知识产权的使用权。新《公司法》第48条规定股东可以知识产权出资,但未规定股东是否可以知识产权使用权出资,即股东通过许可公司使用知识产权的方式进行出资,或者以他人许可使用的知识产权使用权出资。对此,实务中存在争议,一种观点认为,股东不得以知识产权使用权出资,因为根据公司法对非货币出资的要求,以知识产权出资应当办理财产权的

---

① 参见农业农村部、国家发展改革委、财政部、中国人民银行、国家税务总局、国家市场监督管理总局《关于开展土地经营权入股发展农业产业化经营试点的指导意见》(农产发〔2018〕4号)。

转移手续，这种财产权应为专有权，而不只是其中的使用权，使用权的许可是无须办理产权转移手续的。另一种观点认为，股东可以知识产权使用权出资，因为以知识产权使用权出资完全符合《公司法》第 48 条对非货币财产出资需"可以用货币估价并可以依法转让"的要求。实务中也有地方出台了规范性文件，允许股东以知识产权使用权进行出资，如湖南省于 2014 年 12 月 9 日颁布的科学技术厅、湖南省工商行政管理局、湖南省知识产权局《关于支持以专利使用权出资登记注册公司的若干规定（试行）》（已失效）允许股东以专利使用权出资。

我们认为，股东可以知识产权的使用权出资，因为新《公司法》第 48 条明确规定股东可以债权出资，知识产权使用权的本质是债权，且法律、行政法规并未排除知识产权的使用权可作为出资财产。至于《公司法》第 49 条第 2 款规定"以非货币财产出资的，应当依法办理其财产权的转移手续"，此处的财产权转移手续应当作广义的理解，既包括所有权、知识产权等权利的权属变更手续，也包括签订出资协议等手续。不过股东在用知识产权或使用权出资时需重视对其进行财产评估，否则将面临因非货币财产出资不实而承担责任的风险。

（五）如何认定股东以违法犯罪所得的非货币财产出资的效力？

根据《公司法司法解释（三）》第 7 条相关规定，出资人以不享有处分权的财产出资，出资效力应当参照《民法典》第 311 条关于善意取得的规定予以认定。以违法犯罪所得货币出资取得股权的，鉴于货币财产作为种类物和可替代物的特性，应当认定出资有效，追究违法犯罪人的责任时，可对股权进行相应的处置。但是，对于以违法犯罪所得的非货币财产（俗称"赃物"）出资的法律效力，该条司法解释没有明确规定，学理上有不同的观点，司法实践中也存在较大困惑。

以违法犯罪所得的非货币财产出资的效力问题，实质上就是违法犯罪所得的非货币财产是否适用善意取得的问题。对于这个问题，学理上有不同的观点。有的主张"赃物"是法律禁止流通物，不适用善意取得。有的主张"赃物"也适用善意取得，认为："赃物带有的法律属性使其不能在市场上流通，但法律属性是隐性的，不为人知的。赃物本身并无特殊标志，它置于公开市场之中，人们难以辨认该物是否属于赃物。对第三人苛加辨别该物是否属于赃物的义务显得十分地不合理，也难于操作。这种情况之下，若因出让人的违法犯罪行为而使善意购买该物的受让人利益得不到保护,除了不利于维护交易安全外,也有违公平原则。”①

我国法律已确立善意取得制度,《民法典》第 311 条规定了善意取得的三个要件:第一,受让人受让该不动产或者动产时是善意的;第二,以合理的价格转让;第三,转让的不动产或者动产依照法律规定应当登记的已经登记,不需要登记的已经交付给受让人。从以上善意取得构成要件来看,并不涉及无权处分的财产来源是否合法。因此,无权处分人处分违法犯罪所得财产的,只要符合善意取得的构成要件,受让人即取得该财产的所有权,除非法律另有明确规定。

根据我国《刑法》和《刑事诉讼法》的有关规定,违法犯罪所得应予追缴,以补偿受害人损失,但是,对于违法犯罪所得是否适用善意取得,没有明确规定。但有关司法解释肯定了违法犯罪所得的善意取得,如最高人民法院、最高人民检察院、公安部和国家工商行政管理局《关于依法查处盗窃、抢劫机动车案件的规定》(公通字〔1998〕31 号)第 12 条规定:对明知是赃车而购买的,应将车辆无偿追缴;对违反国家规定购买车辆,经查证是赃车的,公安机关可以根据《刑事诉讼法》第 110 条和第 114 条②规定进行追缴和扣押。对不明知是赃车而购买的,结案后予以退还买主。

综上,我国现行法律规定没有禁止违法犯罪所得非货币财产的善意取得,如果出资人以违法犯罪所得的非货币财产出资设立公司,只要符合《民法典》第 311 条关于善意取得的构成要件,就应当认定出资有效,公司依法取得该非货币财产的所有权。对违法犯罪人追究责任时,可以对股权进行相应的处置,以补偿受害人的损失。

## 二、与股东履行出资义务相关的问题

### (一)股东实际出资形式与章程规定出资形式不符的,如何认定出资效力?

在出资问题上,由于出资形式的多样化,在实务运作中时常会发生股东实际出资与章程规定的出资形式不相符合的问题,最常见的是章程中规定股东以

① 杨立新、梁清:《物权法规则适用》,吉林人民出版社 2007 年版,第 72 页。

② 现已修改为《刑事诉讼法》第 137 条和第 141 条。

货币出资,但实际出资却以非货币财产替代,此时能否认定股东已履行出资义务,实务中经常产生争议。从法理上讲,股东的出资应与公司章程所规定的出资相一致,这种一致性不仅表现为出资数额上的一致,而且还表现为出资方式上的一致。这是由公司章程的性质决定的,公司章程是全体发起人共同制定的,处理公司内外关系和经营活动的基本规则,且股东出资方式是公司章程必要记载事项。股东未按章程规定的出资方式履行出资义务,是一种违反公司章程的行为。因此,从这一意义上说,股东出资方式的随意改变,不应认定为股东已履行出资义务,否则对公司的经营行为、对出资者之间内部关系的处理,以及对债权人债权的保护都会带来一定的影响。

如山东省高级人民法院在(2022)鲁民终450号民事判决书中指出,股东以划拨土地使用权进行出资并交付公司使用,但未办理土地变更手续以及土地使用权的变更登记;公司因具备破产原因申请破产而进入破产清算程序,管理人进而要求股东全面履行出资义务。法院认为,原则上,公司应当按照公司章程约定的出资形式,要求未全面履行出资义务的出资人或者股东履行出资义务。但是本案已查明,涉案土地性质为划拨土地,属于历史遗留问题,需缴纳土地出让金并经相关行政部门审批后方有可能办理出让及变更使用权人。鉴于公司已进入破产清算程序,政府对于划拨科研用地不予办理过户登记,故涉案土地使用权过户至公司名下具有客观障碍。基于公司资本维持原则,为维护公司债权人利益并减少当事人诉累,公司关于股东按照出资时的实物资产的评估价值,以全面履行出资义务的请求亦符合《公司法司法解释(三)》第13条的精神,应予支持。

但是,公司初始章程毕竟是由发起人协商一致的文件,发起人可以修改公司章程,将股东的出资方式由货币改为非货币财产,以此办理公司设立申请;公司设立后,股东会可以作出特别决议,修改公司章程中关于股东出资方式的规定,但是出资方式的变更不得减损公司的注册资本,否则应履行相应的减资程序。除此之外,若公司章程规定股东以非货币财产进行出资,但发生法律上或事实上不能履行,或者出资标的不适于强制执行或者履行费用过高的情形时,根据《民法典》第577条、第580条的规定,类似合同中的违约责任,股东也可用货币替代非货币财产进行出资。①

(二)发起人协议、公司章程、公司公示信息对股东出资事项规定不一致时,以何者为准?

该问题可分为三部分回答:其一,部分发起人追究其他发起人的出资责任是以股东间发起人协议为准,还是以公司章程为准;其二,公司追究股东的出资责任是以发起人协议为准,还是以公司章程为准;其三,公司债权人追究股东的出资责任是以发起人协议为准,还是以公司章程为准。

第一个问题,因为发起人协议与设立时的公司章程都是发起人之间达成合意的体现,因此若两个文件中对条款冲突的解决有约定的应当从其约定,没有约定的应当探寻股东间真实的合意。一般来说,若股东间没有另外约定,因公司章程成立在后,视为股东间真实的意思或是对发起人协议的变更。第二个问题,公司章程是规定公司组织及活动基本规则的文件,公司应当依据公司章程追究股东的出资责任。第三个问题,公司债权人是基于公司章程中的股东出资信息或经公示的股东出资信息与公司进行交易。新《公司法》第40条规定,公司应当按照规定将有限责任公司股东认缴和实缴的出资额、出资方式和出资日期、股份有限公司发起人认购的股份数通过统一的企业信息公示系统公示。因此,为了保护债权人对公示信息的信赖,债权人追究股东的出资责任时,应当以经公示的股东出资信息为准,股东出资信息未公示的,应当以公司章程为准。

(三)如何理解非货币财产出资的风险负担规则?

风险是指标的物因不可归责于当事人的事由致使标的物毁损灭失的不利状态。风险负担是指风险发生后,这种不利状态或损失由谁承担。《公司法司法解释(三)》第15条规定:"出资人以符合法定条件的非货币财产出资后,因市场变化或者其他客观因素导致出资财产贬值,公司、其他股东或者公司债权人请求该出资人承担补足出资责任的,人民法院不予支持。但是,当事人另有约

① 《民法典》第577条规定:"当事人一方不履行合同义务或者履行合同义务不符合约定的,应当承担继续履行、采取补救措施或者赔偿损失等违约责任。"第580条规定:"当事人一方不履行非金钱债务或者履行非金钱债务不符合约定的,对方可以请求履行,但是有下列情形之一的除外:(一)法律上或者事实上不能履行;(二)债务的标的不适于强制履行或者履行费用过高;(三)债权人在合理期限内未请求履行。有前款规定的除外情形之一,致使不能实现合同目的的,人民法院或者仲裁机构可以根据当事人的请求终止合同权利义务关系,但是不影响违约责任的承担。"

定的除外。"该条中"因市场变化或者其他客观因素导致出资财产贬值"即股东出资中的风险,该风险在股东出资后由公司承担。可问题在于,如何判断"股东出资后"这个时间节点?是以非货币财产权属变更手续办理完毕为准,还是以非货币财产交付公司占有使用为准?

《民法典》第 604 条规定:"标的物毁损、灭失的风险,在标的物交付之前由出卖人承担,交付之后由买受人承担,但是法律另有规定或者当事人另有约定的除外。"股东出资虽不同于买卖合同,但也可以类比于买卖合同,股东用其出资以换取公司的股权。司法解释所说的"股东出资后"应当是指非货币财产"交付后",也即转移财产的占有。股东将非货币财产交付公司占有使用后,公司对财产进行管领,虽然财产所有权可能尚未转移,但相较股东而言,公司更有利于防范风险,且《公司法司法解释(三)》第 10 条规定,出资人以房屋、土地使用权或者需要办理权属登记的知识产权等财产出资,已经交付公司使用但未办理权属变更手续,出资人自其实际交付财产给公司使用时享有相应股东权利;相反,出资人以上述财产出资,已经办理权属变更手续但未交付给公司使用,出资人在实际交付之前不享有相应股东权利。也就是说股东将财产交付公司后便享有股东权利,相应地,出资财产的风险由公司负担,这符合交易公平的理念。

(四)公司能否以股东的股息抵销其出资义务?

首先应明确的是,"股息"是指未履行或未全面履行出资义务的股东在其实际出资的范围内应获取的股息,或者抽逃出资的股东就未抽逃的出资部分所应分取的股息。新《公司法》第 210 条第 4 款规定:"公司弥补亏损和提取公积金后所余税后利润,有限责任公司按照股东实缴的出资比例分配利润,全体股东约定不按照出资比例分配利润的除外;股份有限公司按照股东所持有的股份比例分配利润,公司章程另有规定的除外。"《公司法司法解释(三)》第 16 条也规定:"股东未履行或者未全面履行出资义务或者抽逃出资,公司根据公司章程或者股东会决议对其利润分配请求权、新股优先认购权、剩余财产分配请求权等股东权利作出相应的合理限制,该股东请求认定该限制无效的,人民法院不予支持。"所以,原则上未履行或未全面履行出资义务的股东就其应出资而未出资的部分无权分取股息,抽逃出资的股东就其已抽逃的部分也无权取得股息,此时,他们虽然有股东身份,但由于其出资存在瑕疵,所以只能在实际出资的范围内行使相应的利润分配请求权。

在未履行或未全面履行出资义务的行为人已经取得股东资格的情况下,行为人对其违反出资义务的行为应向公司承担责任。无论这种责任认定为违约责任还是其他责任,都表现为公司可向股东追缴出资。同时,虽然股东出资不足,但由于其已经取得股东资格,就应在出资范围内享有相应的利润分配请求权。就该部分股息,公司有权主张以其抵销股东的出资。理由如下:

公司与股东是互享债权的债权人。未履行或未全面履行出资义务的股东对公司承担的补足出资的义务,其实是股东对公司的债务;同时,公司对股东在其实际出资范围内支付股息的义务,从性质上说,也是公司对股东的金钱之债。《民法典》第 568 条规定:“当事人互负债务,该债务的标的物种类、品质相同的,任何一方可以将自己的债务与对方的到期债务抵销;但是,根据债务性质、按照当事人约定或者依照法律规定不得抵销的除外。当事人主张抵销的,应当通知对方。通知自到达对方时生效。抵销不得附条件或者附期限。”第 569 条规定:“当事人互负债务,标的物种类、品质不相同的,经协商一致,也可以抵销。”因此,当股东的货币出资不足时,公司可主张以其股息抵销出资;当股东的非货币出资不足时,公司与该股东协商一致后也可以其股息抵销出资。

抽逃出资是指股东在公司成立后违法将出资收回的行为。股东出资是公司资产的重要组成部分,公司依法享有返还财产请求权,抽逃出资的股东应当向公司承担返还所抽逃出资的义务。在此情形中,抽逃出资的股东仍有权就未抽逃的部分取得股息,基于与上述相同的原理,公司可以直接扣留股东的股息以抵销被其抽逃的出资。

(五)公司清算时,能否以公司对股东所负债务抵销股东的出资义务?

该问题中涉及了两个法律关系,一是股东对公司的出资义务,二是公司对股东承担的债务。首先,根据《公司法司法解释(二)》第 22 条的规定,公司解散时,股东尚未缴纳的出资均应作为清算财产,股东尚未缴纳的出资,包括到期应缴未缴的出资,以及分期缴纳尚未届满缴纳期限的出资。其中,应缴未缴的出资包括因股东应负未履行或未全面履行出资义务或抽逃出资而承担的责任。股东出资义务未届缴纳期限的应当加速到期以对公司的债权债务关系、公司现存的法律事务做出了结。其次,对于公司欠股东的债务也应在清算时予以满足。此时,股东作为债权人,与其他债权人一样,有权通过清算程序要求公司偿还债务。

我们认为,未履行出资义务的股东不得以其对公司的债权直接抵偿其对公司的出资义务。首先,未履行出资义务的股东作为债权人与其他普通债权人的地位是平等的,公司应以其全部财产作为对外承担债务的物质基础,即公司应用其所有的财产,包括实际拥有的和应该拥有的财产,保障所有的债权人平等地受到清偿(假设不存在享有物权担保的债权人)。其次,根据新《公司法》第236条的规定,公司财产对公司债务的清偿是有先后顺序的,应当按照清算费用、职工的工资、社会保险费用和法定补偿金、缴纳所欠税款、公司普通债务的先后顺序清偿,清偿后有剩余的才由股东按出资比例进行分配。最后,如果允许未履行出资义务的股东直接以其对公司的债权抵销其对公司的出资义务,则意味着股东作为债权人的债权没有经过清算程序优先于其他债权得到了满足,造成了该股东与其他债权人事实上的地位不平等,尤其当公司的财产不足以清偿所有债权人的债权时,将公司欠股东的债务直接认定为未实际出资的股东对公司的出资,更是破坏了"债权的平等性"。因此,未履行出资义务的股东应与其他债权人通过清算程序按比例地实现债权。

## 三、与抽逃出资相关的问题

### (一)如何区分股东借款与股东抽逃出资?

股东抽逃出资,是指股东在公司成立后违法将出资收回的行为。股东借款,是指股东向公司借款的行为,股东为债务人,公司为债权人。股东抽逃出资与股东借款是两种根本不同的法律关系,不应仅以股东向公司借款就认定股东构成抽逃出资。关于股东抽逃出资的认定,《公司法司法解释(三)》第12条明确规定,股东具有下列情形之一且损害公司权益的,应认定为抽逃出资:(1)制作虚假财务会计报表虚增利润进行分配;(2)通过虚构债权债务关系将其出资转出;(3)利用关联交易将出资转出;(4)其他未经法定程序将出资抽回的行为。该条司法解释的规定比较抽象,而且从条文本身来看,也并不能直接得出股东借款不构成抽逃出资的结论。因此,实践中对股东借款和抽逃出资的区分和界定,仍存在较多的模糊认识,有必要进一步厘清。

我们认为,股东抽逃出资和股东借款在以下几个方面存在根本区别:第一,是否存在真实的债权债务法律关系不同。股东抽逃出资情形下,股东与公司之间不存在真实的债权债务关系;在股东借款情形下,股东与公司之间存在真实合理的资金借贷法律关系。第二,是否损害公司及利益相关者的权益不同。股东抽逃出资,造成公司财产相应减少,从而损害公司及利益相关者的权益;股东向公司借款,公司因此对股东享有相应的借款债权,公司财产总额并未减少,并不损害公司及利益相关者的权益。第三,公司财务会计记载及报表处理不同。股东抽逃出资情形下,公司财务会计账簿及报表等不做欠款账务处理;在股东借款情形下,公司财务会计账簿及报表将股东借款作为应收账款处理。第四,法律后果与责任承担不同。股东抽逃出资,抽逃出资的股东以及协助抽逃出资的相关主体应当对公司、其他股东乃至公司债权人承担相应的民事责任,情节严重时还需承担刑事责任;股东向公司借款,就资金借贷法律关系来讲,仅需对公司承担相应的民事责任,如果在借款过程中违反有关金融管理、财务管理规定,应承担相应的行政责任。

以上仅从外在表现方面对股东借款和抽逃出资进行了比较,实践中,往往还存在股东以向公司借款为名,实施抽逃出资的行为,一般表现为股东从公司转移资金后,公司财务将其处理为挂账长期不还,或者经过一段时间后做坏账处理。此时,单从表面现象来看,基本符合股东借款的外在特征,如何区分并认定是股东借款还是股东抽逃出资,是目前司法实践中的一个难题。我们认为,结合《公司法司法解释(三)》第12条规定,应当以是否损害公司权益作为认定股东抽逃出资的根本标准。具体来讲,股东虽然名义上是向公司借款,但久借不还,实质上造成公司财产减损或者债务增加,致使公司因缺乏必要的资金而发生严重经营困难,甚至导致公司不能清偿债务,从而损害公司权益,进而损害公司其他股东和债权人利益的,应当认定为抽逃出资行为。

(二)股东抽逃出资不能证明必然存在股东与公司人格混同,但可作为判断是否混同的考量因素

公司法人人格否认需要股东有滥用公司法人独立地位及股东有限责任的行为,且该行为需达到严重损害债权人利益的程度。《九民纪要》规定了3种常见的股东滥用权利的行为,分别是人格混同、过度支配与控制和资本显著不足。其中,人格混同最根本的判断标准是公司是否有独立意思和独立财产,最主要的表现是公司的财产与股东的财产是否混同且无法区分。股东抽逃出资不能充分表明股东与公司人格混同,但可作为股东与公司人格混同的考量因素。要认定公司与股东人格混同,还需要综合多方面因素判断公司是否具有

独立意思、公司与股东的财产是否混同且无法区分、是否存在其他混同情形等。如在最高人民法院在(2019)最高法民终960号民事判决书中指出,公司股东以公司向其偿还借款的名义抽逃公司的注册资本,且抽逃的数额大于其本人的实缴出资额。现公司不能偿还到期债务,债权人认为公司股东滥用公司法人独立地位和股东有限责任,逃避债务,严重损害其利益,请求股东对公司债务承担连带责任。法院认为,公司股东仅存在单笔转移公司资金的行为,尚不足以否认公司独立人格的,不应依据《公司法》第20条第3款(新《公司法》第23条第1款)判决公司股东对公司的债务承担连带责任。但该行为客观上转移并减少了公司资产,降低了公司的偿债能力。在股东抽逃出资的数额大于其实际出资额时,应根据"举重以明轻"的原则参照《公司法司法解释(三)》第14条关于股东抽逃出资情况下的责任形态的规定,判决公司股东对公司债务不能清偿的部分在其转移资金的金额及相应利息范围内承担补充赔偿责任。

## 四、循环增资中的股东出资问题

循环增资分为体内循环增资与体外循环增资。体内循环增资是指这样一种情况,A公司向B公司增资,B公司收到A公司的出资财产后又用该笔财产向A公司进行增资,如此不断地循环往复;体外循环增资是指,A公司向B公司增资,B公司收到A公司的出资财产后又以借款或其他形式交还A公司,A公司又以该笔财产继续向B公司增资,如此不断地循环往复。实务中情况可能更为复杂,还会有更多的公司参与循环增资。循环增资会导致公司的注册资本在形式上越来越多,但其清偿能力并未实质性地增加。因体内循环增资与体外循环增资行为性质不同,以下分别进行讨论。

首先,关于体内循环增资。新《公司法》第14条规定;"公司可以向其他企业投资。法律规定公司不得成为对所投资企业的债务承担连带责任的出资人的,从其规定。"第15条规定,公司对外投资需按照章程规定由董事会或股东会决议。虽然我国公司法原则上不允许公司持有本公司的股份,但体内循环增资与库存股不同,其股权结构是交叉持股关系,各成员都享有独立法人的资格。因此可以判断,原则上,公司法允许公司之间进行体内循环增资。但是,新《公司法》第141条规定:"上市公司控股子公司不得取得该上市公司的股份。上市公司控股子公司因公司合并、质权行使等原因持有上市公司股份的,不得行使所持股份对应的表决权,并应当及时处分相关上市公司股份。”该条在禁止上市公司交叉持股的同时也禁止了体内循环增资,以维护广大公众投资者及债权人的利益。一些部门规章、规范性文件也对上市公司的交叉持股或循环增资作了限制,如《上海证券交易所股票上市规则》第 3. 4. 15 条规定:“上市公司控股子公司不得取得该上市公司发行的股份。确因特殊原因持有股份的,应当在 1 年内消除该情形。前述情形消除前,相关子公司不得行使所持股份对应的表决权。”此外,金融行业的监管部门也对公司间的循环增资有所规定,如《保险公司股权管理办法》第 35 条第 2 款规定:“严禁挪用保险资金,或者以保险公司投资信托计划、私募基金、股权投资等获取的资金对保险公司进行循环出资。”

其次,体外循环增资行为的性质不可一概而论,关键在于判断股东出资后又将出资取回的行为是否属于抽逃出资以及股东在出资时有无出资意思。若股东与公司之间存在真实的交易,股东将出资款取回的行为不属于抽逃出资;此时若股东又以该款项向公司进行增资,且股东存在真实的出资意思,则该增资行为有效。需要注意的是,新《公司法》第 163 条规定了股份有限公司的禁止财务资助制度,若违反本条规定为他人取得本公司股份提供财务资助,给公司造成损失,则负有责任的董事、监事、高级管理人员应当承担赔偿责任;如果董事、高级管理人员主观上对违法财务资助行为的实施具有故意或重大过失时,董事或高级管理人员需对公司债权人承担赔偿责任。

我们所讨论的体外循环增资更多的是这种情况,即股东出资后短时间内又将出资取回,如此循环往复。在这种情形下,股东在出资后短时间内又将出资款抽回,说明股东无真实的出资意思,且公司亦未对股东的出资行为形成合理信赖,所以股东的行为构成虚假出资,股东需在其虚假出资的范围内继续履行出资义务,给公司造成损失的还应承担赔偿责任;至于股东的行为是否构成抽逃出资,我们认为因股东并未实际出资,所以不构成抽逃出资。在该情形中,因公司董事会未对股东进行催缴,甚至放任股东进行体外循环增资,所以负有责任的董事应当对该股东给公司造成的损失承担相应责任。

综上所述,我国《公司法》原则上允许公司之间进行体内循环增资,公司间的循环增资不属于虚假出资,但是对于上市公司或金融领域的公司,为了维护金融秩序与安全,公司间进行体内循环增资可能会被认定为增资无效;对于体外循环增资,则需判断公司与股东之间是否存在真实交易以及股东的出资意思来认定行为的性质以及相应的责任。此外,需要注意的是,虽然公司法原则上允许公司之间进行体内循环增资,但公司股东很可能会利用公司的体内循环增资进行抽逃出资,例如A公司对B公司进行出资后,A公司的股东利用其控制关系又将自己的股权转让给B公司,此时A公司与B公司呈交叉持股关系。抽逃出资需要实质性地审查公司注册资本有无减少,虽然行为人不再享有股权,但已经将B公司的注册资本抽逃,A公司持有的B公司的股权价值也同步减少,因此,行为人的行为依然构成抽逃出资。

## 五、有限责任公司股东不按实缴出资比例分红、认购新增资本,修改股东出资期限需经全体股东一致同意

新《公司法》第210条第4款规定:"公司弥补亏损和提取公积金后所余税后利润,有限责任公司按照股东实缴的出资比例分配利润,全体股东约定不按照出资比例分配利润的除外;股份有限公司按照股东所持有的股份比例分配利润,公司章程另有规定的除外。"第227条第1款规定:"有限责任公司增加注册资本时,股东在同等条件下有权优先按照实缴的出资比例认缴出资。但是,全体股东约定不按照出资比例优先认缴出资的除外。"第65条规定:"股东会会议由股东按照出资比例行使表决权;但是,公司章程另有规定的除外。"由于有限责任公司股东的分红权、新增资本认购权是财产性权利,所以,《公司法》规定按股东出资实缴比例进行分配;又由于这两项权利都是股东的自益权,一方面为了防止大股东利用多数决压迫小股东,另一方面又要维护公司自治,所以,《公司法》规定股东不按实缴出资比例分红、认购新增资本的,应当由全体股东一致同意。对于修改股东出资期限,由于涉及公司章程的修改,公司法规定公司章程的修改是股东会的特别决议事项,需经代表2/3以上表决权的股东通过。但是,实践中,大股东可能会滥用表决权延长股东出资期限以逃避出资义务,或缩短股东出资期限以剥夺小股东的期限利益,而小股东的期限利益关涉到其对自身资金的利用与安排。所以,法院一般认为修改股东出资期限不适用股东会多数决,应当由全体股东一致同意。

如上海市第二中级人民法院在(2019)沪02民终8024号民事判决书中指出,公司发起人在公司设立前的合作协议书中约定,发起人甲拟出资额为700万元,且应在协议签署后的3日内全部实缴至公司。但公司章程规定,发起人

甲认缴出资150万元,出资时间为2037年7月1日。2018年11月18日,公司召开股东会,并以代表三分之二以上表决权的股东通过的股东会决议将公司各股东的出资期限由2037年7月1日修改为2018年12月1日。因股东甲未参会且对该决议不满,遂起诉至法院请求确认该决议无效。法院认为,修改股东出资期限不能适用资本多数决,而需要全体股东一致同意。其理由是:其一,股东的出资期限利益,是公司资本认缴制的核心要义,系公司各股东的法定权利,如允许公司股东会以多数决的方式决议修改出资期限,则占资本多数的股东可随时随意修改出资期限,从而剥夺其他中小股东的合法权益;其二,修改股东出资期限直接影响各股东的根本权利,其性质不同于公司增资、减资、解散等事项,后者决议事项一般与公司直接相关,但并不直接影响公司股东之固有权利;其三,公司经营过程中,如有法律规定的情形需要各股东提前出资或加速到期,系源于法律规定,而不能以资本多数决的方式,以多数股东意志变更各股东之间形成的一致意思表示。故法院认定公司股东会关于修改股东出资期限事项的决议无效。

# 案由 2 新增资本认购纠纷

适用指引

## 一、新增资本认购纠纷概述

该案由规定的是有限责任公司新增资本认购、股份有限公司发行新股认购产生的纠纷。增加资本,简称增资,是指公司基于筹集资金,扩大经营等目的,依照法定的条件和程序增加公司的资本总额。公司新增的资本将由原股东或新出资人认购。实践中,新出资人与公司、原股东与公司、新出资人与原股东往往会因公司新增资本的认购发生纠纷,大致有以下类型。

(一)原股东或者新出资人起诉要求确认享有公司股权

按照《公司法》及司法解释的相关规定,在公司增资时,出资人只要能够证明其已经认缴或认购公司新发资本,且不违反法律法规强制性规定,人民法院应依法判决确认该出资人享有公司股权。出资人已依法履行出资义务的,但公司未按照法律的规定向出资人签发出资证明书、交付股票、将出资人记载于股东名册、修改公司章程并向公司登记机关申请变更登记的,出资人有权请求公司履行上述义务。

(二)因行使优先认股权产生的纠纷

由于有限责任公司具有人合性质,其股东比较固定,股东之间具有相互信赖、比较紧密的关系。因此,公司法赋予了有限责任公司股东在公司增资时以其实缴出资比例优先认购的权利,但是,全体股东约定不按照出资比例优先认缴出资的除外。公司法规定股份有限公司的股东不享有新股优先认购权,公司章程另有规定或者股东会决议赋予股东优先认购权的除外。如果公司与新出资人违反这一规定,权利受到损害的股东有权针对公司和新出资人提起诉讼。

## 二、新增资本认购纠纷的诉讼主体

(一)原告

1. 公司

公司成为新增资本认购纠纷诉讼中的原告,往往是在公司依据增资协议主张权利的纠纷中。公司新增资本时,往往会与新出资人签订增资协议,若因增资协议发生纠纷,公司主张权利的,如主张确认合同已解除,公司便可作为原告提起诉讼。需要注意的是,如果公司请求新出资人履行增资协议规定的出资义务,则应属于股东出资纠纷。

2. 原股东

原股东作为新增资本认购纠纷诉讼中的原告主要有两种情形:其一,原股东因其优先认购权受到侵害而寻求救济。在股东享有优先认购权的情况下,公司增资容易侵害股东的优先认购权,此时股东便可提起诉讼以维护自身合法权益。其二,原股东有时会参与公司增资协议的签订,成为合同当事人,若因增资协议发生纠纷,其便可作为原告提起诉讼维护自身合法权益。需要注意的是,原股东请求新出资人履行增资协议规定的出资义务的,应属于股东出资纠纷。

3. 新出资人

新出资人成为新增资本认购纠纷诉讼中的原告主要是因增资协议产生的纠纷。新出资人会与公司签订出资协议,在合同的履行过程中,往往会产生多种纠纷。例如,新出资人在依法履行出资义务后,公司不向其签发出资证明书、交付股票、不将新出资人记载于股东名册、不修改章程并向公司登记机关申请变更登记。又如,若合同因符合法定或约定的情形而解除,新出资人能否主张返还出资,返还的话会不会构成股东抽逃出资。在上述情形中,新出资人都可作为原告提起诉讼以维护自身合法权益。

(二)被告

1. 公司

公司成为新增资本认购纠纷诉讼中的被告有两种情形:其一,公司与新出资人签订的增资协议损害原股东的优先认购权时,公司应当作为被告参加诉讼;其二,新出资人依据增资协议向公司主张权利时,公司应当作为被告参加诉讼。

2. 原股东

原股东成为新增资本认购纠纷诉讼中的被告主要是在新出资人依据增资协议向原股东主张权利的情形，如新出资人与原股东在增资协议中约定了“对赌条款”，当对赌条件成就时，新出资人请求原股东承担财产补偿义务的情形。

（三）第三人

凡是与案件审理结果有法律上利害关系或者对原、被告之间争议的诉讼标的享有独立请求权的主体，都可作为第三人参加诉讼，如新出资人。新出资人成为新增资本认购纠纷诉讼中的第三人主要是在新出资人与公司签订的增资协议损害原股东的优先认购权的情形。此时若原股东主张行使优先认购权，将直接影响到其与公司签订的增资协议能否实际履行。因此，新出资人可申请或经法院通知作为无独立请求权的第三人参加诉讼。

## 三、新增资本认购纠纷的管辖

《民事诉讼法》第 27 条规定了公司案件的特殊地域管辖规则，《民诉解释》第 22 条扩充了该条的适用范围，该条规定：“因股东名册记载、请求变更公司登记、股东知情权、公司决议、公司合并、公司分立、公司减资、公司增资等纠纷提起的诉讼，依照民事诉讼法第二十七条规定确定管辖。”新增资本认购纠纷与公司增资、股东名册记载、请求变更公司登记有关，因此，原则上由公司住所地人民法院管辖。同时，新增资本认购纠纷往往还涉及出资人与公司的增资协议，在这种情形下可由被告住所地或合同履行地人民法院管辖。如果当事人之间约定了协议管辖条款，则以协议管辖优先，但违反专属管辖或级别管辖的除外。

## 四、新增资本认购纠纷与其他纠纷的区别

### （一）新增资本认购纠纷与股东出资纠纷的区别

新增资本认购纠纷，是指有限责任公司新增资本认购、股份有限公司发行新股认购产生的纠纷，主要包括股东或者公司之外的其他人起诉要求确认享有公司股权和因行使优先认股权产生的纠纷。股东出资纠纷规范的是股东违反出资义务的各种情形，而新增资本认购纠纷规范的则是公司新增注册资本时，

除股东出资纠纷之外的相关纠纷。[①]

(二)新增资本认购纠纷与公司增资纠纷的区别

新增资本认购纠纷,是指有限责任公司新增资本认购、股份有限公司发行新股认购产生的纠纷,主要包括股东或者公司之外的其他人起诉要求确认享有公司股权和因行使优先认股权产生的纠纷。公司增资纠纷主要是公司在增加资本过程中因增资行为而引起的民事纠纷,主要包括公司增资决议效力纠纷、股东优先认缴权纠纷、增资协议纠纷3种类型。可以看出,公司增资纠纷主要类型中的第一类也可归入公司决议纠纷,而第二类和第三类也可归入新增资本认购纠纷。因此,新增资本认购纠纷与公司增资纠纷案由之间存在重合。

## 主要规范依据

**《公司法》**

**第五十五条** 有限责任公司成立后,应当向股东签发出资证明书,记载下列事项:

(一)公司名称;

(二)公司成立日期;

(三)公司注册资本;

(四)股东的姓名或者名称、认缴和实缴的出资额、出资方式和出资日期;

(五)出资证明书的编号和核发日期。

出资证明书由法定代表人签名,并由公司盖章。

**第五十六条** 有限责任公司应当置备股东名册,记载下列事项:

(一)股东的姓名或者名称及住所;

(二)股东认缴和实缴的出资额、出资方式和出资日期;

(三)出资证明书编号;

(四)取得和丧失股东资格的日期。

---

① 参见杨万明主编、最高人民法院研究室编著:《最高人民法院新民事案件案由规定理解与适用(下)》,人民法院出版社2021年版,第745页。

记载于股东名册的股东，可以依股东名册主张行使股东权利。

**第一百零二条** 股份有限公司应当制作股东名册并置备于公司。股东名册应当记载下列事项：

（一）股东的姓名或者名称及住所；

（二）各股东所认购的股份种类及股份数；

（三）发行纸面形式的股票的，股票的编号；

（四）各股东取得股份的日期。

**第一百五十条** 股份有限公司成立后，即向股东正式交付股票。公司成立前不得向股东交付股票。

**第二百二十七条** 有限责任公司增加注册资本时，股东在同等条件下有权优先按照实缴的出资比例认缴出资。但是，全体股东约定不按照出资比例优先认缴出资的除外。

股份有限公司为增加注册资本发行新股时，股东不享有优先认购权，公司章程另有规定或者股东会决议决定股东享有优先认购权的除外。

**《公司法司法解释（三）》**

**第二十一条** 当事人向人民法院起诉请求确认其股东资格的，应当以公司为被告，与案件争议股权有利害关系的人作为第三人参加诉讼。

**第二十二条** 当事人之间对股权归属发生争议，一方请求人民法院确认其享有股权的，应当证明以下事实之一：

（一）已经依法向公司出资或者认缴出资，且不违反法律法规强制性规定；

（二）已经受让或者以其他形式继受公司股权，且不违反法律法规强制性规定。

**第二十三条** 当事人依法履行出资义务或者依法继受取得股权后，公司未根据公司法第三十一条、第三十二条的规定签发出资证明书、记载于股东名册并办理公司登记机关登记，当事人请求公司履行上述义务的，人民法院应予支持。

**《公司法司法解释（四）》**

**第十八条** 人民法院在判断是否符合公司法第七十一条第三款及本规定

所称的“同等条件”时，应当考虑转让股权的数量、价格、支付方式及期限等因素。

**第十九条** 有限责任公司的股东主张优先购买转让股权的，应当在收到通知后，在公司章程规定的行使期间内提出购买请求。公司章程没有规定行使期间或者规定不明确的，以通知确定的期间为准，通知确定的期间短于三十日或者未明确行使期间的，行使期间为三十日。

**第二十一条** 有限责任公司的股东向股东以外的人转让股权，未就其股权转让事项征求其他股东意见，或者以欺诈、恶意串通等手段，损害其他股东优先购买权，其他股东主张按照同等条件购买该转让股权的，人民法院应当予以支持，但其他股东自知道或者应当知道行使优先购买权的同等条件之日起三十日内没有主张，或者自股权变更登记之日起超过一年的除外。

前款规定的其他股东仅提出确认股权转让合同及股权变动效力等请求，未同时主张按照同等条件购买转让股权的，人民法院不予支持，但其他股东非因自身原因导致无法行使优先购买权，请求损害赔偿的除外。

股东以外的股权受让人，因股东行使优先购买权而不能实现合同目的的，可以依法请求转让股东承担相应民事责任。

## 相关问题

### 一、侵害原股东优先认购权的决议是否有效？

公司增资属于股东会的特别决议事项，但新《公司法》规定股份有限公司可实行授权资本制，董事会可在权限范围内决定公司的新股发行。新《公司法》第25条规定：“公司股东会、董事会的决议内容违反法律、行政法规的无效。”在新增资本认购纠纷中，有限责任公司的原股东往往会以股东会决议侵害其优先认购权主张公司增资决议无效。对于侵害原股东优先认购权的决议是否无效，关键在于《公司法》对于股东优先认购权的规定是否属于效力性强制规定，对此司法实践中有不同的看法。

部分法院认为，侵害股东优先认购权的股东会决议无效。如浙江省湖州市中级人民法院在(2021)浙05民终1046号民事判决书中认为，股东优先认缴公司新增资本的权利属于形成权,股东按其出资比例认缴新增资本是法定的、固有的权利。公司决议若剥夺原股东对新增资本的优先认缴权,违反了《公司法》第34条(新《公司法》第227条)的规定,故侵害股东优先认购权的股东会决议无效。

部分法院认为,侵害股东优先认购权的股东会决议若无其他法定无效事由,应当认定为有效。如北京市高级人民法院在(2019)京民申6018号民事裁定书中进行了详细的说理:《公司法》第22条第1款(新《公司法》第25条)"决议内容违反法律、行政法规的无效",应理解为决议内容违反了法律、行政法规的效力性强制性规定的,才可以认定无效,法律法规的规定是否属于效力性强制性规定需要从形式和实质两方面进行判断:

首先,就形式识别方法而言,可根据立法所用语言对法条进行识别,判断标准在于是否允许公司参与各方另行约定。对于典型的任意性规定,立法者会以一些标示性语言来表明其性质,比如,"可以""由公司章程规定""依照公司章程的规定""全体股东约定的除外"等,对于此类规定,当事人可以作出不同于法律规定的事务安排,当事人的自由意志可以优先于立法者的意志。根据上述标准对《公司法》第34条(新《公司法》第227条)进行识别,可以看出该条属于任意性规定而非强制性规定。其次,就实质识别方法而言,可根据违反规定是否损害国家利益或社会公共利益对法条进行识别。法律、行政法规虽未规定违反将导致法律行为无效,但违反该规定使法律行为继续有效将损害国家利益或社会公共利益的,应当认定该规定系效力性强制性规定。股东与公司之间关于侵害股东优先认购权的决议效力的争议,属于公司内部的纠纷,是私主体之间民事利益的调整关系,究其根本,受到影响的也只是股东个人的利益,不涉及国家利益或社会公共利益。综上,《公司法》第34条(新《公司法》第227条)不属于效力性强制性规定。此外,法院还指出,认定侵害股东优先认购权的股东会决议是否有效还应从公司增资目的的正当性,以及原股东是否可以行使其他权利进行救济的角度进行考量。

可以看出,新《公司法》第227条(原《公司法》第34条)是否属于效力性强制规范不可一概而论,一方面需要考虑有限责任公司对外增资给公司经营发展所带来的利益,另一方面也需考虑维护原股东的利益,司法实践的发展将会进一步丰富具体的裁判规则。不过可以肯定的是,若股份有限公司的章程中规定了股东的新股认购权,如果公司的增资决议侵害了股东的优先认购权,那么股东可以依据新《公司法》第 26 条请求法院撤销该公司决议。

## 二、公司增资决议效力瑕疵会对增资协议效力产生什么影响?

公司增资属于股东会的特别决议事项,需经全体股东或出席会议的股东所持表决权的 2/3 以上通过。同时,新《公司法》规定,股份有限公司可实行授权资本制,董事会可在授权范围内决定公司的新股发行。董事会决定发行股份导致公司注册资本、已发行股份数发生变化的,对公司章程该项记载事项的修改不需再由股东会表决。因此,公司增资亦可能由获授权发行股份的股份有限公司的董事会,通过董事会决议方式决定。

根据新《公司法》第 28 条第 2 款规定:"股东会、董事会决议被人民法院宣告无效、撤销或者确认不成立的,公司根据该决议与善意相对人形成的民事法律关系不受影响。"因此,即使公司内部决议存在效力瑕疵,只要新出资人在与公司签订协议时为善意,那么,协议的效力就不受决议效力瑕疵的影响。例如,在最高人民法院审理的(2010)民提字第 48 号案中,法院认为,公司决议因违反国家禁止性法律规范存在效力瑕疵,但作为合同相对方的新出资人并无审查公司意思形成过程的义务,公司对外达成协议应受其表示行为的制约。增资协议是公司与新出资人作出的一致意思表示,不违反国家禁止性法律规范,且新出资人按照协议约定支付了相应对价,没有证据证明双方恶意串通损害他人利益,因此增资协议有效。

需要注意的是,如果公司进行的是内部增资,即由公司原股东增资,公司原股东参与股东会决议的表决。在此情形下,通常难以证明原股东属于善意,因而不能适用前述新《公司法》第 28 条的规定,将会影响据此作出的增资协的效力。此外,并非所有的公司增资事项都需要签订增资协议,如对于资本公积金、未分配利润转增注册资本以及原股东一致同意以同比例货币方式增资的情形,因不涉及公司外部的第三人,交易内容较为简单,公司可以直接通过股东会决议的方式明确各增资事项。

## 三、侵害原股东优先认购权的增资协议是否有效?

《九民纪要》第 9 条规定,在有限责任公司股东的股权对外转让中,股权转让协议侵害了其他股东的优先购买权并不当然导致协议无效,还需结合其他影响合同效力的事由来进行判定。法院支持其他股东行使优先购买权的,虽然股东以外的股权受让人关于继续履行股权转让合同的请求不能得到支持,但不影响其依约请求转让股东承担相应的违约责任。新增资本优先认购权同股权转让的优先购买权同样都是为了维护有限责任公司的人合性,参照《九民纪要》的该条规定,增资协议侵害了原股东的优先认购权并不当然导致协议无效,还需结合其他影响合同效力的事由来进行判定。法院支持原股东行使优先认购权的,虽然新出资人关于继续履行增资协议的请求不能得到支持,但不影响其依约请求公司承担相应的合同责任。

### 四、原股东能否只请求确认增资决议及增资协议的效力而不主张行使优先认购权?

根据《公司法司法解释(四)》第 21 条第 2 款的规定,在有限责任公司股东股权对外转让中,其他股东仅提出确认股权转让合同及股权变动效力等请求,未同时主张按照同等条件购买转让股权的,人民法院不予支持,但其他股东非因自身原因导致无法行使优先购买权,请求损害赔偿的除外。法院不支持其他股东只请求股权转让合同及股权变动效力等请求,是因为其他股东此时没有诉的利益。但在公司增资中,原股东可以仅提出确认增资决议及增资协议效力等请求,而不主张优先认购权,从而维护自己的持股比例。

### 五、原股东能否超出其实缴出资比例行使优先认购权?

根据《公司法》规定,在有限责任公司股东对外转让股权时,其他股东可以在同等条件下优先购买全部被转让的股权,两名以上股东行使优先购买权的,协商确定各自的购买比例,协商不成的,按照转让时各自的出资比例行使优先购买权。对于公司新增资本,公司法规定股东在同等条件下有权优先按照实缴的出资比例认缴出资,但全体股东约定不按照出资比例优先认缴出资的除外。可以看出,在股权转让中,公司法赋予了股东阻止外人加入公司的权利;在公司增资中,公司法赋予了股东股权不被稀释的权利。至于在公司增资时,原股东有无阻止外人加入公司的权利,司法实践中存在争议。我们认为,从法条文义来看,在全体股东无另外约定时,原股东不应享有该权利,也就是说,原股东不能超出其实缴出资比例优先于新出资人认购其他股东放弃认购的公司新增资本,至于其他股东放弃认购的公司新增资本应由谁认购,应交由公司自主决定。如最高人民法院在(2009)民二终字第3号民事判决书中认为,由于公司增资扩股行为与股东对外转让股份行为确属不同性质的行为,意志决定主体不同,因此二者对有限责任公司人合性要求不同。在已经充分保护股东认缴权的基础上,原股东在公司此次增资中利益并没有受到损害。当股东个体更大利益与公司整体利益或者有限责任公司人合性与公司发展相冲突时,应当由全体股东按照公司章程规定方式进行决议,从而有个最终结论以便各股东遵循。因此,法院并未支持原股东主张优先认购其他股东放弃认购的公司新增资本的请求。

## 六、优先认购权能否转让?

关于新增资本的优先认购权能否转让,法律并未规定,但可以从立法精神中推导出来。首先,新《公司法》第227条规定有限责任公司全体股东可以约定不按照出资比例优先认缴出资,股份有限公司章程或股东会决议可以赋予股东优先认购权,说明关于优先购买权允许股东自治。所以有限责任公司全体股东对优先认购权的转让有约定的,约定优先;股份有限公司章程或股东会决议对优先认购权的转让有规定的,规定优先。其次,在没有约定或规定的情况下,应当允许股东在内部转让优先认购权,因为这种行为并不会破坏公司的人合性,即使不承认这一点,股东完全可以自己行使优先认购权后再将股权或股份转让给其他股东。最后,在没有约定或规定的情况下,在有限责任公司中不应允许股东将优先认购权对外转让,因为这种行为会破坏公司的人合性;在股份有限公司中还需结合章程对股份转让的规定来进行判断。

## 七、新出资人成为公司股东后,是否可以增资协议解除为由要求返还股款?

公司与新出资人签订的增资协议,既有契约法上的法律效果,也有组织法上的法律效果。在契约法上,若合同的解除条件成就,则应当允许解除合同,合同因违约而解除的,合同的解除并不免除违约方的违约责任;在组织法上,若新出资人成为公司股东,原则上合同的解除并不能直接否认新出资人的股东身份,股东依法还需承担出资义务,若股东出资不足或抽逃出资,公司只能通过股东除名或催缴失权制度解除其股东资格，例外是《公司法司法解释（三）》第6条规定股份有限公司的认股人未按期缴纳所认购的股款，经公司发起人催缴后在合理期间内仍未缴纳，公司发起人对该股份另行募集的行为有效。至于新出资人何时成为公司股东，理论上存在争议。我们认为，因增资协议解除主要发生在公司与新出资人之间，新《公司法》第86条第2款规定，“股权转让的，受让人自记载于股东名册时起可以向公司主张行使股东权利”，新《公司法》第102条同样要求股份有限公司也需制备股东名册，因此，应当以股东名册记载的股东信息来判断股东是否具有股东资格；若公司不制备股东名册，则需判断“公司是否认可”，以此认定股东名册是否变更，进而判断股权是否发生了变动。[①] 如最高人民法院在（2019）最高法民申3945号民事裁定书中认为，对于增资协议终止解除的后果，应当依据合同约定、履行情况和合同性质来综合判定。新出资人系根据合同所涉的股权转让、公司注册资本增加等约定内容，先后通过行政审批、工商变更以及缴纳出资等履约行为合法取得了股东资格，尚无证据证明该股东资格因法定或约定等事由被剥夺。而公司提出的否定新出资人股东资格、退还出资款等主张将涉及公司设立、股东出资、确认股东资格等公司与股东之间的组织关系，可能引发公司资本减少、股东持股比例变化等重大事项的纠纷。故法院没有支持公司提出的请求否定新出资人股东资格、退还出资款等再审主张。

## 八、如何认定原股东放弃新增资本认购权？

在公司增资时，原股东放弃新增资本认购权可通过其明示或默示的行为来进行认定。原股东明示放弃新增资本认购权的行为，如公司进行定向增资，原股东在股东会对公司增资事项表决同意，在公司与新出资人签订增资协议时，原股东在增资协议上签名；公司单独向原股东征询其是否放弃新增资本认购权时，原股东明确放弃。需要注意的是，新《公司法》虽未规定公司增资时公司以何种方式将公司的增资事项通知原股东，但我们认为，可以参照适用股权转让的通知方式，即公司就新增资本事项以书面或者其他能够收悉的合理方式通知其他股东，具体可以股东会会议通知、单独的书面通知等方式，但务必要载明新

---

① 参见最高人民法院民事审判第二庭编著：《〈全国法院民商事审判工作会议纪要〉理解与适用》，人民法院出版社2019年版，第135页。

增资本认购的同等条件。公司应就履行了上述通知义务负举证责任,否则不得视为原股东放弃了优先认购权。原股东默示放弃新增资本认购权的行为,如原股东提出的优先认购条件不满足公司确定的同等条件,原股东不在合理期间内行使优先认购权。以下对这两种行为的认定作具体的探讨。

其一,原股东提出的优先认购条件需满足公司确定的同等条件,否则视为该股东放弃优先认购权。《公司法司法解释(四)》第18条规定:"人民法院在判断是否符合公司法第七十一条第三款及本规定所称的'同等条件'时,应当考虑转让股权的数量、价格、支付方式及期限等因素。"该条规定的是股权转让时"同等条件"如何认定,新增资本认购权虽与股权转让的优先购买权有所不同,但也可以参照适用上述条款。"同等条件",是指对增资协议的达成有实质影响的因素。首先,关于新增资本认购的数量。由于原股东只能在其实缴出资比例的范围内行使优先认购权,对其实缴出资比例范围外的新增资本,原股东不享有优先认购权,当然,若是公司同意,原股东也可以对该部分进行认购。其次,关于新增资本认购的价格,原股东应当以高于或同等于公司确定的价格进行主张优先认购权。对于特定物出资,应考量公司对该特定物是否有特殊需要来认定是否可以货币进行折算。若公司与新出资人或大股东恶意串通以虚高的价格损害小股东的优先认购权,则小股东可以主张按照公司与新出资人或大股东之间真实的价格行使优先认购权。再次,关于支付方式,原股东应当以与公司确定的支付方式同等或更优的支付方式主张优先认购权,但若公司确定的支付方式并非公司特殊需要且明显不合理,有大股东侵害小股东优先认购权的嫌疑的,应当重新确定其他合理的支付方式为同等条件。最后,关于履行期限,原股东主张优先认购权的履行期限不得长于公司确定的履行期限,但若公司与新出资人或大股东约定的履行期限较短且明显不合理,应当重新确定其他合理的履行期限为同等条件。对于上述因素以外的其他因素,如新出资人的身份、作为合同对价的非公司经营所需的特定物等,一般不应作为衡量同等条件的因素。但对于公司经营发展所必需的技术秘密、销售渠道等合同条件,亦可作为同等条件予以考量,原股东确实不能提供同等条件的,不得行使优先认购权。①

---

① 参见杜万华主编、最高人民法院民事审判第二庭编:《商事审判指导》2017年第1辑,人民法院出版社2018年版,第43—44页。

其二，原股东应当在合理期间内行使优先认购权，否则视为该股东放弃优先认购权。《公司法司法解释（四）》第19条和第21条规定了有限责任公司股东的股权对外转让中，其他股东行使优先购买权的期间，也即公司章程有规定的以章程的规定为准；章程没有规定的以转让股权的股东的通知为准；通知确定的期间短于30日的，行使期间为30日；通知没有确定行使期间的，其他股东应当自知道或者应当知道行使优先购买权的同等条件之日起30日内行使；股权转让变更登记之日起超过1年的法院将不支持其他股东的优先购买权。虽然法律和司法解释没有规定公司增资时原股东优先认购权的期间，但可参照上述规定来进行判断，且公司的增资需要召开会议来决定，可结合会议的通知来判断股东是否知道或应当知道行使优先认购权的同等条件。

# 案由3 股东失权异议纠纷

## 适用指引

### 一、股东失权异议纠纷概述

新《公司法》第51条和第52条规定了有限责任公司股东出资的催缴失权制度。催缴失权制度，是指公司成立后，董事会经核查股东出资情况，发现股东未按期足额缴纳公司章程规定的出资，由公司向该股东发出书面催缴书催缴出资后，在不少于60日的宽限期内该股东仍未履行出资义务的，公司经董事会决议可以向该股东发出书面失权通知，自通知发出之日起，该股东丧失其未缴纳出资股权的制度。新《公司法》在规定公司有权使股东失去未缴纳出资股权的同时，也规定了被失权股东的救济制度，也即股东失权异议之诉，新《公司法》第52条第3款规定："股东对失权有异议的，应当自收到失权通知之日起三十日内，向人民法院提起诉讼。"股东失权异议纠纷主要分为两类，一是关于失权条件是否满足的纠纷，二是关于失权程序是否完备的纠纷。关于催缴失权程序，我们作如下说明：

（一）作出催缴或失权通知的主体

根据新《公司法》第51条和第52条的规定，向股东发出催缴和失权的主体是公司，但内部决策机构是董事会，催缴义务人是负有责任的董事。明确这点是想说明：若作出催缴或失权通知的主体不适格，则该通知的法律效力可能存在瑕疵。

首先，公司向股东发出催缴通知或失权通知，属于公司对外实施的民事法律行为，前者为行使请求权，后者为行使形成权。虽然股东是公司股东会的成员，但是催缴通知或失权通知不同于股东会或董事会会议通知，前者是公司作为独立的主体向股东行使权利，需由公司法定代表人或授权代理人为之，后者是公司决议的形成过程,需由法定主体召集。

其次,根据新《公司法》第51条和第52条,有限责任公司成立后,董事会应当对股东的出资情况进行核查;在公司向股东发出失权通知前,应当作出董事会决议。可以看出,不管是对股东出资情况的核查以及催缴,还是公司向股东发出失权通知,公司内部的决策机构都是董事会。

最后,根据新《公司法》第51条第2款,董事会未履行催缴义务,给公司造成损失的,负有责任的董事应当承担赔偿责任。需要特别注意的是,上述责任并非一律由全体董事承担,而只有负有责任的董事才须承担赔偿责任。当公司章程、决议或者其他内部文件,对董事的职责有分工时,那么,分管催缴股东出资的董事应承担赔偿责任,若公司章程、决议或者其他内部文件对董事的职责没有分工,就由全体董事承担连带赔偿责任。

(二)催缴失权的适用范围

《公司法(修订草案一审稿)》第46条规定的催缴失权制度,适用于"股东未按期足额缴纳出资"和"作为出资的非货币财产的实际价额显著低于所认缴的出资额"两种情形。而后,《公司法(修订草案二审稿)》第51条、《公司法(修订草案三审稿)》第51条以及新《公司法》第51条,将催缴失权制度的适用范围限缩至"股东未按期足额缴纳出资"这一种情形。

从法理上分析,出资和股权互为对价。股东向公司出资,公司向股东交付股权,这意味着,只要股东不出资,那么公司就不应该向其交付股权,其也就不应享有股东权利。循此,无论是新《公司法》第51条规定的"股东未按期足额缴纳出资",还是《公司法(修订草案一审稿)》第46条规定的"作为出资的非货币财产的实际价额显著低于所认缴的出资额",抑或《公司法司法解释(三)》第17条规定的"抽逃全部出资",在法理上,只要股东没有依法依约足额缴纳出资,或者虽然已经缴纳了出资但却抽逃出资,就无权享有未缴纳出资范围内的股权。

由于新《公司法》第51条将催缴失权制度的适用范围限缩至"股东未按期足额缴纳出资"这一种情形,新《公司法》颁布后,就其他出资瑕疵情形能否适用催缴失权制度仍有待司法实践的检验。

(三)催缴失权与加速到期的衔接适用

对于加速到期和催缴失权制度之间的关系,有观点认为,二者可以同时适用,先加速到期后可再发生催缴失权后果,以督促股东履行其出资义务;有观点持反对立场,认为加速到期不能适用催缴失权制度,其理由在于加速到期时失权规则已经宣告失败,股东应当确定性地履行其出资义务。前述两个观点均有其合理之处,前者强调以失权为手段,督促股东缴纳出资,给予其相当之压力;后者则力求避免失权股东出局后进一步恶化公司清偿能力,导致未出资股东金蝉脱壳。

从制度逻辑来看,出资义务加速到期后的股权,实际上出资义务的履行期限已经届至,如果此时股东不能完成出资义务,则可以构成新《公司法》第 51 条第 1 款规定的"股东未按期缴纳出资",并适用后续条款规定的法律后果。问题在于,公司已经陷入了停止支付之困难境地,此时,董事会在进行催缴时固然无须多虑,但其决定失权时却不得不慎重,因为失权决定可能导致公司清偿能力雪上加霜,继而损害公司利益,触发董事违背信义义务的法律责任。此时,如果有其他股东或投资者既具有受让意愿,也具有出资能力,董事会通过失权决定后将股份转让至有出资能力的受让人,法律上也无禁止之必要。

(四)股东失权的程序

新《公司法》第 52 条第 1 款规定:"股东未按照公司章程规定的出资日期缴纳出资,公司依照前条第一款规定发出书面催缴书催缴出资的,可以载明缴纳出资的宽限期;宽限期自公司发出催缴书之日起,不得少于六十日。宽限期届满,股东仍未履行出资义务的,公司经董事会决议可以向该股东发出失权通知,通知应当以书面形式发出。自通知发出之日起,该股东丧失其未缴纳出资的股权。"该条第 2 款规定:"依照前款规定丧失的股权应当依法转让,或者相应减少注册资本并注销该股权;六个月内未转让或者注销的,由公司其他股东按照其出资比例足额缴纳相应出资。"该条第 3 款规定:"股东对失权有异议的,应当自接到失权通知之日起三十日内,向人民法院提起诉讼。"

本条第 1 款第 1 句规定,公司发出的书面催缴书,可以载明缴纳出资的宽限期;宽限期自公司发出催缴书之日起,不得少于 60 日。值得注意的是,本条第 1 款对宽限期的期限仅规定了下限——公司发出催缴书之日起 60 日,而未对其上限作出规定,应由各公司董事会根据实际情况确定。催缴书中载明股东出资宽限期的最长时间具有必要性,否则即难以确定其何时届满、公司何时向股东发出失权通知。据此,本条第 1 款第 1 句中的"可以"应当理解为"应当",即董事会发出的催缴书中都应载明股东出资的最长期限;若催缴书中未载明股东出资的宽限期，则应当以60日为准。

本条第1款第2句规定，宽限期届满，股东仍未履行出资义务的，公司可以向该股东发出失权通知，通知应当以书面形式发出，自通知发出之日起，该股东丧失其未缴纳出资的股权。需要注意的是，宽限期满后，股东仍未履行出资义务的，该股东并不当然丧失股权。公司可以向该股东发出书面失权通知，也可以不向该股东发出书面失权通知，是否要发出书面失权通知，需借由公司董事会的商业判断。只有在公司董事会经过商业判断，认为需要向该股东发出书面失权通知时才发出通知，通知发出后，该股东方丧失未足额缴纳出资部分的股权。该股东丧失股权的时间点为公司发出失权的书面通知之时。根据本条第1款第2句的规定，公司只能就股东未履行出资义务的全部股权发出失权通知，不能仅就部分未履行出资义务的股权发出失权通知。

根据本条第2款的规定，股东未缴纳出资部分的股权应当被转让或注销，以保证股东认缴出资额等于公司登记的注册资本。然而，该部分股权在6个月内未转让或者注销的，公司其他股东应当按照其出资比例足额缴纳相应出资，以遵守资本确定原则的要求。需要注意的是，股东丧失其未缴纳出资的股权并不免除其对其他已经履行出资义务的股东和公司已到期债权的债权人的责任。其他已履行出资义务的股东仍可依据股东出资协议或发起人协议要求该股东承担违约责任。在失权股权未办理法定减资程序或者其他股东或者第三人缴纳相应的出资之前，已到期债权的债权人仍可要求该股东在其未出资或已抽逃出资的本息范围内承担补充赔偿责任。

根据本条第3款的规定，股东对失权有异议的，应当自收到失权通知之日起30日内，向人民法院提起诉讼。该款规定的30日应理解为除斥期间，不得中断或延长。如股东未能在30日内提起失权异议，则丧失对失权行为提出异议的权利。存在争议的是，股东未提起失权异议的，还能否通过其他途径寻求救济，例如提起股东资格确认之诉，或针对董事会决议提出决议撤销、无效或不成立之诉。对此，我们认为，30日经过后，股东就不能再寻求其他途径的救济。除非所提起的决议之诉等与失权事由本身无关。

关于股东失权异议纠纷的案由需要进行特别说明，现行《民事案件案由规定》中二级案由“与公司有关的纠纷”下未规定“股东失权异议纠纷”这一案由。股东失权异议纠纷是新《公司法》增加的催缴失权制度而产生的纠纷类型，后续随着案由规定的修改,“股东失权异议纠纷”应会成为独立的三级案由以供适用,故本书将股东失权异议纠纷作为新增案由予以介绍。

## 二、股东失权异议纠纷的诉讼主体

### (一)原告

股东失权异议纠纷是因股东对公司发出的失权通知存在异议而引发的纠纷,所以被通知失权的股东是诉讼中的原告。

### (二)被告

因公司是股东失权通知发出的主体,所以应当以公司作为诉讼中的被告。

### (三)第三人

凡是与案件审理结果有法律上利害关系或者对原、被告之间争议的诉讼标的享有独立请求权的主体,都可作为第三人参加诉讼。公司发出股东失权的通知后,会对失权股权进行处置,公司可能会进行减资,也可能将失权股权转让给他人或由公司其他股东按照其出资比例足额缴纳相应出资。因股东是否失权关系到对该股权的处置能否继续进行,所以对失权股权处置有利害关系的人均可作为诉讼中的第三人,如公司减资程序中的债权人,失权股权转让的受让人以及按照出资比例足额缴纳相应出资的其他股东。

## 三、股东失权异议纠纷的管辖

股东失权异议纠纷不属于《民事诉讼法》第 27 条和《民诉解释》第 22 条规定的公司案件的特殊地域管辖,应根据《民事诉讼法》第 22 条规定的一般地域管辖规则确定案件的管辖法院,因股东是对公司的失权通知提出异议,被告为公司,所以应当以公司住所地的法院为案件的管辖法院。根据《民诉解释》第 3 条的规定,法人或者其他组织的住所地是指法人或者其他组织的主要办事机构所在地,法人或者其他组织的主要办事机构所在地不能确定的,法人或者其他组织的注册地或者登记地为住所地。

## 四、股东失权异议纠纷与其他纠纷的区别

### (一)股东失权异议纠纷与股东资格确认纠纷的区别

股东失权异议之诉是指股东不满公司对其发出的失权通知而提起的诉讼,

诉讼的类型为形成之诉。根据新《公司法》第 52 条第 1 款的规定，股东自失权通知发出之日起便丧失其未缴纳出资的股权，且该条第 3 款还规定了股东提出异议的除斥期间，据此可以认定股东向法院提起失权异议之诉目的是否定失权通知的效力，但在此之前失权通知便已经生效。股东资格确认之诉的类型为确认之诉，即确认原告是否享有股东资格。

（二）股东失权异议纠纷与公司决议纠纷的区别

在公司对股东进行催缴失权的过程中，公司董事会不仅会对股东出资的催缴作出决议，股东未在宽限期内足额缴纳出资时，公司董事会还会对股东失权作出决议。在股东失权异议之诉中，法院需审查失权行为的全过程，包括被失权的股东是否按期足额缴纳公司章程规定的出资，公司是否对股东进行过书面催缴，公司发出的失权通知是否经过不少于 60 日的宽限期，被失权的股权是否与股东未缴纳出资的部分相对应，以及公司董事会催缴和失权的决议效力等问题。而在公司决议纠纷中，法院只需审查公司股东会或董事会的决议是否存在不成立、可撤销或无效的事由，从而确定公司决议的效力。

## 主要规范依据

### 《公司法》

**第五十一条** 有限责任公司成立后，董事会应当对股东的出资情况进行核查，发现股东未按期足额缴纳公司章程规定的出资的，应当由公司向该股东发出书面催缴书，催缴出资。

未及时履行前款规定的义务，给公司造成损失的，负有责任的董事应当承担赔偿责任。

**第五十二条** 股东未按照公司章程规定的出资日期缴纳出资，公司依照前条第一款规定发出书面催缴书催缴出资的，可以载明缴纳出资的宽限期；宽限期自公司发出催缴书之日起，不得少于六十日。宽限期届满，股东仍未履行出资义务的，公司经董事会决议可以向该股东发出失权通知，通知应当以书面形式发出。自通知发出之日起，该股东丧失其未缴纳出资的股权。

依照前款规定丧失的股权应当依法转让，或者相应减少注册资本并注销该股权;六个月内未转让或者注销的,由公司其他股东按照其出资比例足额缴纳相应出资。

股东对失权有异议的,应当自接到失权通知之日起三十日内,向人民法院提起诉讼。

## 相关问题

### 一、催缴失权与股东除名制度的关系

《公司法司法解释(三)》第 17 条规定了股东除名制度,即有限责任公司的股东未履行出资义务或者抽逃全部出资,经公司催告缴纳或者返还,其在合理期间内仍未缴纳或者返还出资,公司可以通过股东会决议解除该股东的股东资格。同时,应办理相应的减资或者替代出资程序。

催缴失权制度是新《公司法》创设的新制度,除名制度是《公司法司法解释(三)》规定的制度。二者有如下异同。

(一)相同点

二者在功能上类似,都在于使未按时足额缴纳出资的股东,失去相应的股东权利。

(二)差异点

1. 适用范围不同

催缴失权制度仅适用于一种情形,即股东未按期足额缴纳公司章程规定的出资,但是如上所述,通过解释,该制度也可适用于股东作为出资的非货币财产的实际价额显著低于所认缴的出资额以及抽逃出资的情形。而除名制度适用于两种情形,一是股东未履行出资义务,二是股东抽逃全部出资。

2. 催缴义务人不同

催缴失权制度下,催缴义务人是董事,若董事会怠于履行催缴义务给公司造成损失的,负有责任的董事须对公司承担赔偿责任。而在除名制度下,催缴义务的主体是公司,具体执行公司事务的董事、高级管理人员均可能成为催缴义务人。

3. 决定主体不同

催缴失权制度下,催缴和失权决定是由董事会作出,通知是由公司作出。而在除名制度下,作出除名决定的是股东会。

4. 法律效果不同

催缴失权制度下,未按期足额缴资的股东,经公司催缴和发送失权通知后,丧失的是其未足额缴纳部分的股权,而不是全部股权。而在除名制度下,由于其仅适用于股东完全未履行出资义务和股东抽逃全部出资的情形,其丧失的是全部股权,进而也就当然丧失了股东资格。

除此之外,催缴失权的程序比股东除名更加细化,如新《公司法》第 52 条第 1 款规定了催缴宽限期不得少于 60 日;股东自公司书面失权通知发出之日起,丧失其未缴纳出资的股权。在对失权股权的处理上,股东催缴失权比股东除名更具可操作性,新《公司法》第 52 条第 2 款规定失权股权 6 个月内未转让或者注销的,则由公司其他股东按照其出资比例足额缴纳相应出资。

## 二、股东失权异议获法院支持后对失权股权的处置行为会产生何种影响?

新《公司法》第 52 条第 2 款规定:“依照前款规定丧失的股权应当依法转让,或者相应减少注册资本并注销该股权;六个月内未转让或者注销的,由公司其他股东按照其出资比例足额缴纳相应出资。”问题在于,若股东提起失权异议之诉并得到了法院的支持,但公司已经将失权股权进行了处置,此时该如何处理?我们认为,若法院支持了股东失权的异议,那该股东则恢复其原有的持股地位,至于公司对股权的处置行为,应当分类进行讨论。

首先,若公司将该部分股权转让给他人,由于股东恢复其原有的持股地位,公司不再具有处分该部分股权的权利,并且公司在将股权转让给他人时,股权仍登记在原股东名下,因此股权受让人也不具备可信赖的权利外观,不能因此善意取得该部分股权。所以,若该部分股权已经办理了股东名册的变更或公司变更登记,则原股东有权向公司主张变更股东名册或公司登记。由于股权转让合同无法继续履行,公司需对股权受让人承担违约责任。董事会作出的失权决议给公司造成损失的,负有责任的董事应承担相应的赔偿责任。

其次,若公司就该部分股权减少了相应的注册资本,由于减少相应注册资本的目的是注销该部分股权,股东可以公司的减资决议侵害其股权为由请求确认公司的决议无效,若公司已经办理了股权注销登记,那么股东可以请求公司申请撤销变更登记。

最后,若该部分股权由公司其他股东按照其出资比例足额缴纳相应出资,该处置行为等同于将该部分股权进行内部转让,其法律效果与上述股权转让效果相同。

CHAPTER 04

# 第四章

# 股东资格及权益保护相关诉讼

## 案由1 股东资格确认纠纷

### 适用指引

#### 一、股东资格确认纠纷概述

股东资格又称股东地位，是指各民事主体作为公司股东的一种身份和地位。具有股东资格就意味着股东享有包括自益权和共益权在内的各项权利；同时，还需要承担股东应当承担的相应义务，主要是指在出资范围内对公司债务承担责任。确定民事主体是否有股东资格往往是处理与公司有关的纠纷的前提问题，因而股东资格确认纠纷时有发生。股东资格确认纠纷即股东与其他股东或公司之间就股东资格是否存在，或持有股权数量、比例等产生争议而引起的纠纷。

从诉讼请求来看，股东资格确认之诉包括股东资格积极（正向）确认之诉和股东资格消极（反向）确认之诉。从起因来看，常见的股东资格确认纠纷主要包括：隐名代持关系中名义出资人与实际出资人之间的股东资格确认纠纷、因股权转让而发生的股东资格确认纠纷、因瑕疵出资股东被除名导致的股东资格确认纠纷、因离婚等原因导致的共有股权股东资格确认纠纷、围绕股东资格继承发生争议而导致的股东资格确认纠纷、因被冒用身份登记为股东而导致的股东资格确认纠纷、股权让与担保中债权人和债务人发生争议导致的股东资格确认纠纷等。

在各种原因导致的股东资格确认纠纷中,股权代持导致的股东资格确认纠纷最为常见。以上海第二中级人民法院对2016年—2020年股东资格确认纠纷的统计为例,股权代持导致的股东资格确认纠纷占比50%。发生股权代持的动因常为以下情况:第一,实际股东自身障碍(如金融机构股东资质、外商投资政策限制、竞业禁止限制、躲避债务);第二,利用名义股东优势(资源、税收)或者为名义股东增信(出国、贷款);第三,突破公司股东人数限制(代职工持股)、避免成为一人公司;第四,股东内部、家庭内部股权分配。股权转让可能导致代持的发生,具体有三种情况:第一,"实转形不转",指转让人代受让人持有股权,形成了股权转让与代持关系的双重合意,类似于动产的占有改定,受让人为实际股东,但形式上股东名册及工商登记中的股东仍为转让人;第二,"形转实不转",指受让人代转让人持有股权,形式上股东名册记载、公司登记机关登记的股东为受让人,但转让人仍为实际股东,股东资格实际上并未发生变动;第三,涉及第三人的股权代持,指股权转让过程中,受让人与第三人之间形成股权代持关系。①

在股东资格确认纠纷中,争议常围绕以下问题展开:当事人是否具有出资的意思;当事人向公司投入财产的行为可否被认定为向公司出资;当事人是否实际行使股东权利;是否存在冒名股东等。

## 二、股东资格确认纠纷的诉讼主体

在股东资格确认纠纷中,通过提起诉讼确认自己享有股东资格是常见情况。此外,根据股东资格确认纠纷中的诉讼请求之不同,名义股东、公司等其他主体也有可能作为股东资格确认之诉的原告请求确认他人系公司之股东。以下就几种常见情况对股东资格确认纠纷的诉讼主体进行简要梳理。

### (一)当事人起诉请求确认其具有或不具有股东资格

当事人起诉请求确认其股东资格是股东资格确认纠纷中最常见的诉讼请求。根据《公司法司法解释(三)》第21条规定,当事人(原告)向人民法院起诉请求确认其股东资格的,应当以公司为被告,与案件争议股权有利害关系的人作为第三人参加诉讼。当事人起诉请求确认其不具有股东资格时,诉讼主体与

① 参见上海市第二中级人民法院:《2016—2020年股东资格确认类案件审判白皮书》。

上述情况相同,即应当以公司为被告,与案件争议股权有利害关系的人作为第三人参加诉讼。

(二)当事人起诉请求确认他人的股东资格

当事人提起股东资格确认之诉,请求确认他人具有股东资格,通常会面临的问题是,该当事人是否可作为适格原告,换句话说,能否在股东资格确认之诉中请求确认他人具有股东资格。根据《民事诉讼法》第122条规定,原告应与本案有直接利害关系。如果请求确认他人具有股东资格的当事人就该请求有直接利害关系,则其可以成为原告。

例如,股权代持关系中,公司的名义股东可以作为原告起诉,请求法院确认实际出资人系公司股东。在上海鑫琀汇投资中心(有限合伙)(以下简称鑫琀汇)与北京金汇联合投资有限公司等股东资格确认纠纷案[(2022)京02民终12285号]中,二审法院确认,原审原告长城资产为原审被告鑫琀汇代持北京金汇联合投资有限公司股权的事实,并维持了一审法院关于支持原审原告长城资产关于确认原审被告鑫琀汇系北京金汇联合投资有限公司股东等请求的判决。

又如,实际出资人的债权人可以作为原告,请求确认实际出资人具有股东资格。上海市第二中级人民法院在其发布的《2016—2020年股东资格确认类案件审判白皮书》中指出:“实际股东的债权人可以成为提起确认之诉的适格主体,确认实际股东享有股东资格,并且存在胜诉的可能。原因在于:第一,债权人撤销权之诉不足以充分保障实际股东债权人的利益。如果股权代持发生在债权之后,债务人通过代持的手段,无偿或者低价转移财产给名义股东,可以通过债权人撤销权之诉,实现权利救济。然而,如果股权代持关系发生在债权之前,那么债权人撤销权之诉将不再适用,实际股东的债权人可提起确认股东资格之诉。第二,股东资格客观上的状态。不论实际股东是否提起诉讼,实际股东是否享有股东资格的客观状态是确定的。如果股东资格客观上归属于实际股东,那么该股权理应成为清偿债权的责任财产,实际股东的债权人作为股东资格确认之诉的原告,存在直接利害关系。第三,实际股东缺乏确认股东资格的意愿。实际股东未清偿到期债权,无其他财产的,可以预见确认股东资格后,股权将被冻结、清偿债权,此时,实际股东缺乏显名的动力,而债权人已无其他救济渠道,因此,应当赋予实际股东的债权人确认实际股东享有股东资格的原告主体地位。”①

(三)公司起诉请求确认某民事主体系其股东

公司能否起诉请求确认某民事主体系其股东?司法实践中,不同法院对此问题的处理不同。在部分判决中,法院认为,公司可以为股东资格确认之诉的适格原告,例如,在中铁信托有限责任公司、福建省时代华奥动漫有限公司与公司有关的纠纷二审案[(2017)最高法民辖终80号]中,法院认为,本案所涉股东资格确认之诉,与最高人民法院《公司法司法解释(三)》第21条所规范的事件类型并不相同,且中铁信托公司是否为华奥动漫公司的股东,直接决定了华奥动漫公司在本案中所主张的中铁信托公司应当返还所抽逃的出资、赔偿华奥动漫公司的损失等诉讼请求能否成立,故上诉人中铁信托公司关于华奥动漫公司不具有确认股东资格之诉的法律利益,不能成为本案适格原告的上诉理由不能成立,本院不予支持。②

亦有相反观点认为,公司作为独立法人,其对股东投入到公司的股本出资享有财产权,其对基于出资形成的股权不享有任何法律上的权利,而股东资格确认本质上是对股权归属问题的解决,所以公司关于确认股东资格的请求无诉之利益,并非适格原告。③

具有股东资格不仅意味着对公司享有一系列股东权利,还意味着对公司负有出资等一系列义务,还意味着对公司享有依据盈余分配决议请求分红等权利,事关公司的利益。所以,确认股东资格不仅仅是确定股权归属的问题,公司对于确认股东资格同样有诉的利益,可以作为股东资格确认之诉的原告。此时,被告不再是公司,而是被公司认为是其股东的民事主体。

---

① 上海市第二中级人民法院:《2016—2020年股东资格确认类案件审判白皮书》。

② 公司作为原告请求确认某民事主体是或者不是该公司股东的案例还可见中科建设开发总公司、鑫控集团有限公司股东资格确认纠纷二审案[(2018)最高法民辖终369号],在该案中,法院认为:“本案系股东资格确认纠纷。鑫控公司向一审法院起诉请求确认中科公司不享有鑫控公司股东资格,并要求中科公司、森华公司配合办理相应减资手续,将鑫控公司注册资本从10亿元减至1.5亿元。一审法院依据工商登记信息显示的中科公司对鑫控公司认缴出资额8.5亿元确定本案诉讼标的额,并无不当。”

③ 参见德州博诚商务信息有限公司、张某霞股东资格确认纠纷案,山东省德州市中级人民法院民事裁定书,(2021)鲁14民终1270号。

## 三、股东资格确认纠纷的管辖

《民事诉讼法》第 27 条规定："因公司设立、确认股东资格、分配利润、解散等纠纷提起的诉讼，由公司住所地人民法院管辖。"依据此规定，因股东资格确认纠纷提起的诉讼，由公司住所地人民法院管辖。公司住所地是指公司主要办事机构所在地。根据《民诉解释》第 3 条规定，公司办事机构所在地不明确的，由其注册地人民法院管辖。

## 四、股东资格确认纠纷中股东资格的认定

判断是否取得股东资格，应结合公司章程、股东名册、公司登记、出资情况、出资证明书、是否实际行使股东权利等因素，充分考虑当事人实施民事法律行为的真实意思表示，综合得出结论。

### (一)股东资格的形式认定

当处理公司内部股东资格确认纠纷时，以公司股东名册作为确认股权的依据，股东名册变更是股权变动的生效要件。当对外发生纠纷涉及股东资格确认时，以工商登记作为确认股权的依据，即公司登记变更是股权变动的对抗要件。然而，在股权的形式认定和实质认定问题上，《公司法》以股东名册、公司登记确认股东资格解决的只是股权形式认定问题，是法律从形式上对股东资格作出的推定，这与股权的实质认定并不矛盾。在纠纷中当事人完全可以根据相关协议等证据来证明自己的股东身份，从而要求法院对自己的股东身份作出实质认定，推翻法律形式上的推定，变更股东名册，行使股东权利。①

### (二)股东资格的实质认定

《公司法司法解释(三)》第 22 条概括了股东资格的实质认定条件。该条规定："当事人之间对股权归属发生争议，一方请求人民法院确认其享有股权的，应当证明以下事实之一：(一)已经依法向公司出资或者认缴出资，且不违反法律法规强制性规定；(二)已经受让或者以其他形式继受公司股权，且不违反法律法规强制性规定。"

---

① 参见赵旭东主编：《商法学》(第 4 版)，高等教育出版社 2019 年版，第 181 页。

1. 依法向公司出资或者认缴出资

主张原始取得股权,应证明其已依法向公司出资或者认缴出资。如果仅向公司交付财产或者移转财产权利,而不存在换取公司股权的意思表示或合意,则不能认为满足《公司法司法解释(三)》第22条规定的第1项条件。

在涉及瑕疵出资的情况下,不能仅以股东瑕疵出资为由主张该股东不具备股东资格。在因增资取得股权的情况下,公司经股东会决议增资,并与第三人签订增资协议,应认为该第三人已"依法向公司出资或者认缴出资"。如果公司未经股东会决议与第三人签订增资协议收取股款,即使已经办理股东名册、公司登记变更的,该第三人仍不能取得股东资格,但股东会事后决议追认,或者享有公司2/3以上表决权的股东实际认可该第三人享有并行使股东权利的除外。

2. 受让或者以其他形式继受公司股权

主张因转让、继承、公司合并等方式继受取得股权,应证明"已经受让或者以其他形式继受公司股权"。关于有限责任公司股权转让,新《公司法》对于向股东以外的人转让股权的规定相较于原《公司法》有一定不同,新《公司法》第84条第2款规定:"股东向股东以外的人转让股权的,应当将股权转让的数量、价格、支付方式和期限等事项书面通知其他股东,其他股东在同等条件下有优先购买权。股东自接到书面通知之日起三十日内未答复的,视为放弃优先购买权。两个以上股东行使优先购买权的,协商确定各自的购买比例;协商不成的,按照转让时各自的出资比例行使优先购买权。"

股东资格确认纠纷中,较为复杂的情况是隐名代持。《公司法司法解释(三)》第24条对隐名代持作了规定。根据该条,如代持合同无法律规定的无效情形,人民法院应当认定该合同有效;实际出资人与名义股东因投资权益的归属发生争议,实际出资人以其实际履行了出资义务为由向名义股东主张权利的,人民法院应予支持。如果实际出资人主张显名,应按照新《公司法》第84条第2款关于向股东以外的人转让股权的相关规定的思路来处理,即实际出资人主张显名,名义股东以外的其他股东可在同等条件下行使优先购买权。

## 主要规范依据

**《公司法》**

**第五十二条** 股东未按照公司章程规定的出资日期缴纳出资，公司依照前条第一款规定发出书面催缴书催缴出资的，可以载明缴纳出资的宽限期；宽限期自公司发出催缴书之日起，不得少于六十日。宽限期届满，股东仍未履行出资义务的，公司经董事会决议可以向该股东发出失权通知，通知应当以书面形式发出。自通知发出之日起，该股东丧失其未缴纳出资的股权。

依照前款规定丧失的股权应当依法转让，或者相应减少注册资本并注销该股权；六个月内未转让或者注销的，由公司其他股东按照其出资比例足额缴纳相应出资。

股东对失权有异议的，应当自收到失权通知之日起三十日内，向人民法院提起诉讼。

**第五十六条** 有限责任公司应当置备股东名册，记载下列事项：

（一）股东的姓名或者名称及住所；

（二）股东认缴和实缴的出资额、出资方式和出资日期；

（三）出资证明书编号；

（四）取得和丧失股东资格的日期。

记载于股东名册的股东，可以依股东名册主张行使股东权利。

**第八十六条** 股东转让股权的，应当书面通知公司，请求变更股东名册；需要办理变更登记的，并请求公司向公司登记机关办理变更登记。公司拒绝或者在合理期限内不予答复的，转让人、受让人可以依法向人民法院提起诉讼。

股权转让的，受让人自记载于股东名册时起可以向公司主张行使股东权利。

**第八十七条** 依照本法转让股权后，公司应当及时注销原股东的出资证明书，向新股东签发出资证明书，并相应修改公司章程和股东名册中有关股东及其出资额的记载。对公司章程的该项修改不需再由股东会表决。

**第九十条** 自然人股东死亡后，其合法继承人可以继承股东资格；但是，公司章程另有规定的除外。

**第一百零二条** 股份有限公司应当制作股东名册并置备于公司。股东名册应当记载下列事项：

(一)股东的姓名或者名称及住所；

(二)各股东所认购的股份种类及股份数；

(三)发行纸面形式的股票的，股票的编号；

(四)各股东取得股份的日期。

**第一百五十九条** 股票的转让，由股东以背书方式或者法律、行政法规规定的其他方式进行；转让后由公司将受让人的姓名或者名称及住所记载于股东名册。

股东会会议召开前二十日内或者公司决定分配股利的基准日前五日内，不得变更股东名册。法律、行政法规或者国务院证券监督管理机构对上市公司股东名册变更另有规定的，从其规定。

**第一百六十七条** 自然人股东死亡后，其合法继承人可以继承股东资格；但是，股份转让受限的股份有限公司的章程另有规定的除外。

**《公司法司法解释(三)》**

**第二十一条** 当事人向人民法院起诉请求确认其股东资格的，应当以公司为被告，与案件争议股权有利害关系的人作为第三人参加诉讼。

**第二十二条** 当事人之间对股权归属发生争议，一方请求人民法院确认其享有股权的，应当证明以下事实之一：

(一)已经依法向公司出资或者认缴出资，且不违反法律法规强制性规定；

(二)已经受让或者以其他形式继受公司股权，且不违反法律法规强制性规定。

**第二十四条** 有限责任公司的实际出资人与名义出资人订立合同，约定由实际出资人出资并享有投资权益，以名义出资人为名义股东，实际出资人与名义股东对该合同效力发生争议的，如无法律规定的无效情形，人民法院应当认定该合同有效。

前款规定的实际出资人与名义股东因投资权益的归属发生争议，实际出资人以其实际履行了出资义务为由向名义股东主张权利的，人民法院应予支持。

名义股东以公司股东名册记载、公司登记机关登记为由否认实际出资人权利的，人民法院不予支持。

实际出资人未经公司其他股东半数以上同意，请求公司变更股东、签发出资证明书、记载于股东名册、记载于公司章程并办理公司登记机关登记的，人民法院不予支持。

**第二十八条** 冒用他人名义出资并将该他人作为股东在公司登记机关登记的，冒名登记行为人应当承担相应责任；公司、其他股东或者公司债权人以未履行出资义务为由，请求被冒名登记为股东的承担补足出资责任或者对公司债务不能清偿部分的赔偿责任的，人民法院不予支持。

**《九民纪要》**

**28.【实际出资人显名的条件】** 实际出资人能够提供证据证明有限责任公司过半数的其他股东知道其实际出资的事实，且对其实际行使股东权利未曾提出异议的，对实际出资人提出的登记为公司股东的请求，人民法院依法予以支持。公司以实际出资人的请求不符合公司法司法解释（三）第24条的规定为由抗辩的，人民法院不予支持。

## 相关问题

### 一、如何理解新《公司法》中股东资格继承的相关规定？

对于有限责任公司股权的继承，新《公司法》第90条规定："自然人股东死亡后，其合法继承人可以继承股东资格；但是，公司章程另有规定的除外。"对于股份有限公司股份的继承，新《公司法》第167条规定："自然人股东死亡后，其合法继承人可以继承股东资格；但是，股份转让受限的股份有限公司的章程另有规定的除外。"相比于原《公司法》，新《公司法》对于股份有限公司股份继承及其限制作了规定。对以上规定的理解与适用，应把握以下几点：

第一，对于股东资格的继承，以"可以继承"为原则。只要章程没有限制，合法继承人即于自然人死亡时继承股东资格。例如，在成都天艺置业有限公司、郑某1股东资格确认纠纷二审案[（2019）川01民终16906号]中，法院指出：

"本案中郑某1、郑某2系基于继承而取得相关股权,根据《中华人民共和国公司法》第七十五条的规定,在公司章程未作禁止性规定时,自然人股东死亡的事实发生之时,其继承人便自然继承其股东资格,不属于必须召开股东会作出决议的事项。"

第二,通常情况下,股权继承是全面的继承,包括对股东身份的继承和对股权中的财产性权利的继承。即使章程可对股权继承另有规定,也不能限制对股权中的财产性权利的继承。例如,在潘某、周某与吴某平、江苏扬州建工建设集团有限公司损害股东利益责任纠纷二审案[(2018)苏10民终811号]中,法院认为:"股权是一种复合性权利,既具有财产权属性,又具有身份权属性,具体包括股东的身份权、经营管理权、股份收益权、股份转让权等权利……有限责任公司的自然人股东死亡后,其继承人对股权的继承是全面的、概括的继承,既可以继承股权的财产性权利,也可以继承股权的身份权(即股东资格)。当然,基于有限责任公司的人合性,公司章程可以对股东资格的继承作出限制性的规定,但不影响股权财产性权利的继承。"如果公司通过章程排除了股东资格的继承,可通过由其他股东受让该部分股权或公司回购等方式保障自然人股东的合法继承人的财产性权利。①

## 二、股权让与担保中债权人是否可以取得股东资格?

股权让与担保中,因公司登记获得权利外观的债权人,其地位究竟是有担保的债权人,还是因具有权利外观而属于股东?此问题关乎债权人是否享有股东权利,也影响到公司债权人的利益。从《九民纪要》相关规定来看,获得权利外观的债权人,其法律地位是债权人而非股东。②《九民纪要》第71条第1款规定:"债务人或者第三人与债权人订立合同,约定将财产形式上转让至债权人名下,债务人到期清偿债务,债权人将该财产返还给债务人或第三人,债务人到期

① 参见最高人民法院审理的启东市建都房地产开发有限公司、周某股东资格确认纠纷案[(2018)最高法民终88号],在该案中,法院指出:"排除股东资格继承后,标的股权如何处理属于公司治理事项,不影响本案股东资格的判断。建都公司作为有限责任公司,具有独立的法人人格和治理结构,案涉股权排除继承后,究竟是由公司回购还是由其他股东受让,均可通过公司自治实现。这两种方式均有利于打破公司僵局,维持公司的人合性和封闭性,体现公司意志,保护股东权益。"

② 参见最高人民法院民事审判第二庭编著:《〈全国法院民商事审判工作会议纪要〉理解与适用》,人民法院出版社2019年版,第402页。

没有清偿债务，债权人可以对财产拍卖、变卖、折价偿还债权的，人民法院应当认定合同有效。合同如果约定债务人到期没有清偿债务，财产归债权人所有的，人民法院应当认定该部分约定无效，但不影响合同其他部分的效力。”

另外，《民法典担保制度解释》第 69 条规定：“股东以将其股权转移至债权人名下的方式为债务履行提供担保，公司或者公司的债权人以股东未履行或者未全面履行出资义务、抽逃出资等为由，请求作为名义股东的债权人与股东承担连带责任的，人民法院不予支持。”最高人民法院在关于担保制度的司法解释中，亦对债权人是否取得股东权利持否定态度。

以上思路一以贯之地体现在司法审判中。在余某平、徐某等股东资格确认纠纷案[（2020）最高法民申 3880 号]中，法院指出：“二审法院认定双方之间签订的书面《股权转让协议》不具有股权转让的真实意思表示，而是以债务担保为目的，应认定为股权让与担保，有事实及法律依据。余某平、徐某、李某友以双方未签订书面形式的股权让与担保合同为由，主张案涉担保不具有法律效力，不能成立。鸿荣公司由熊某民及哦客公司共同出资设立，并无其他股东，熊某民、哦客公司与余某平、徐某签订《股权转让协议》，对案涉股权转让真实意思为股权让与担保均系明知。余某平、徐某受让鸿荣公司股权虽已办理工商变更登记，实质上享有的仅为担保物权，并不享有股东权利。熊某民、哦客公司主张其作为股权真实权利人，要求确认股权变更登记不发生股权变动的法律效力，二审法院予以支持并无不当。”

### 三、出资来源是否影响股东资格？

《公司法司法解释(三)》第 7 条第 1 款规定，出资人以不享有处分权的财产出资，当事人之间对于出资行为效力产生争议的，人民法院可以参照民法典第三百一十一条①的规定予以认定。根据该条款，如果是以不享有处分权的财产

① 《民法典》第 311 条规定：“无处分权人将不动产或者动产转让给受让人的，所有权人有权追回；除法律另有规定外，符合下列情形的，受让人取得该不动产或者动产的所有权：（一）受让人受让该不动产或者动产时是善意；（二）以合理的价格转让；（三）转让的不动产或者动产依照法律规定应当登记的已经登记，不需要登记的已经交付给受让人。受让人依据前款规定取得不动产或者动产的所有权的，原所有权人有权向无处分权人请求损害赔偿。当事人善意取得其他物权的，参照适用前两款规定。”

出资，公司可以善意取得该财产，该出资人具有股东资格，同时因其无权处分行为向权利人承担损害赔偿责任。

对于通过借贷而取得用于出资的款项的出资人，其可因向公司认缴出资享有股东资格，使用借贷而取得的款项向公司实缴出资不影响其享有股东资格。例如，在赵某炜、李某文、缪某瑜与安徽苏乐医药材料有限公司、华某、王某总股权转让纠纷申请再审案［（2016）最高法民申 2001 号］中，法院指出："二审判决系根据合作协议、公司验资报告和工商登记等证据认定该项事实，缪某瑜、赵某炜、李某文虽然申请法院调取银行划款进账凭证等证据，但该证据即使可以证明王某总的出资系借款所得，与本案争议法律关系亦不属于同一范畴，不影响本案关于王某总系凯瑞公司股东事实的认定。缪某瑜、赵某炜、李某文以二审法院未就王某总出资来源进行审查为由，认为二审判决认定王某总享有凯瑞公司股东权益错误的申请再审理由不能成立。"

《公司法司法解释（三）》第 7 条第 2 款规定："以贪污、受贿、侵占、挪用等违法犯罪所得的货币出资后取得股权的，对违法犯罪行为予以追究、处罚时，应当采取拍卖或者变卖的方式处置其股权。"在姜某松、蔡某铭等与李某柱、茆某琪股权转让纠纷申请再审案［（2014）民申字第 1702 号］中，法院阐明了《公司法司法解释（三）》第 7 条第 2 款背后的原理："关于以违法犯罪所得的资金出资是否导致出资无效的问题，由于货币是种类物，货币占有人推定为货币所有人，因此货币出资投入公司后，公司作为善意相对人即对该笔货币出资享有所有权，出资相应转化为公司的独立财产，故出资资金来源非法并不影响出资行为的有效性，亦不影响出资人据此取得的初始股东资格。对于以违法犯罪所得的资金进行出资的行为，司法机关应当追究、处罚该违法犯罪行为，并有权以拍卖或者变卖的方式处置股权，即追缴出资人已经取得的股权，剥夺其股东资格。"

使用违法犯罪所得的非货币财产进行出资，能否因此取得股权？公司资本认缴制下，股东可因认缴出资而取得股东资格。如果股东使用违法犯罪所得的非货币财产进行实缴出资并且该非货币财产被公司善意取得，则使用该非货币财产进行实缴出资而形成的该部分股权将会被追缴。最高人民法院《关于适用〈中华人民共和国刑事诉讼法〉的解释》第 443 条规定："被告人将依法应当追缴的涉案财物用于投资或者置业的，对因此形成的财产及其收益，应当追缴。被告人将依法应当追缴的涉案财物与其他合法财产共同用于投资或者置业的，对因此形成的财产中与涉案财物对应的份额及其收益,应当追缴。”如果公司对于该非货币出资并非善意,则其不能取得对非货币财产的权利,该非货币财产将被追缴。此时,公司可以依据新《公司法》相关规定向该股东催缴出资,甚至发出失权通知。

## 四、在哪些情形下,股东会丧失其股东资格?

出现下列情形之一的,股东将丧失其股东资格:

1. 合法转让其所持有的股权

股东转让其所持有公司的全部股权的,丧失股东资格。

2. 未按期足额缴纳公司章程规定的出资

新《公司法》第 51 条第 1 款规定:“有限责任公司成立后,董事会应当对股东的出资情况进行核查,发现股东未按期足额缴纳公司章程规定的出资的,应当由公司向该股东发出书面催缴书,催缴出资。”第 52 条第 1 款规定:“股东未按照公司章程规定的出资日期缴纳出资,公司依照前条第一款规定发出书面催缴书催缴出资的,可以载明缴纳出资的宽限期;宽限期自公司发出催缴书之日起,不得少于六十日。宽限期届满,股东仍未履行出资义务的,公司经董事会决议可以向该股东发出失权通知,通知应当以书面形式发出。自通知发出之日起,该股东丧失其未缴纳出资的股权。”

3. 因未履行出资义务或者抽逃全部出资而被除名

《公司法司法解释(三)》第 17 条第 1 款规定:“有限责任公司的股东未履行出资义务或者抽逃全部出资,经公司催告缴纳或者返还,其在合理期间内仍未缴纳或者返还出资,公司以股东会决议解除该股东的股东资格,该股东请求确认该解除行为无效的,人民法院不予支持。”

股东除名和失权制度存在以下不同:一是适用情形不同。除名适用于股东完全未履行出资义务、股东抽逃全部出资两种情形。失权适用于未按期足额缴纳,举轻明重,当然也适用于完全未履行出资义务。二是决策机构不同。除名由股东会决定,而失权由董事会决定。三是法律效果不同。除名的法律效果是股东丧失股东资格。失权的法律效果是股东丧失其未缴纳出资的股权。当股东失去部分股权时,仍保有股东资格;当股东失去全部股权时,股东丧失其股东资格。

4. 因违法犯罪而被剥夺股权的

例如，股东使用违法犯罪所得向公司出资而取得的股权，被司法机关依法追缴。

5. 法律规定的其他事由

例如，股东死亡的，失去民事权利能力和行为能力，自然丧失股东资格和股权。

# 案由 2 股东名册记载纠纷

适用指引

## 一、股东名册记载纠纷概述

### (一)股东名册及其效力

股东名册是公司按照公司法的要求置备的,用以记载股东及其持股情况等内容的簿册。新《公司法》第 56 条第 1 款在 2018 年《公司法》第 32 条第 1 款的基础上,增加"取得和丧失股东资格的日期"作为有限责任公司股东名册记载事项。依据新《公司法》第 56 条第 1 款,有限责任公司股东名册记载的事项为股东的姓名或者名称及住所,股东认缴和实缴的出资额、出资方式和出资日期,出资证明书编号,取得和丧失股东资格的日期。新《公司法》第 102 条将 2018 年《公司法》第 130 条第 1 款"各股东所持股份数"更新为"各股东所认购的股份种类及股份数",规定股份有限公司股东名册记载的事项为,股东的姓名或者名称及住所,各股东所认购的股份种类、股份数,股票的编号(如发行纸面形式的股票),各股东取得股份的日期。上市公司的股东名册较为特殊,《证券法》规定证券登记结算机构负责证券持有人名册登记,证券持有人名册的主要内容包括证券持有人姓名或名称、一码通账户号码、证券账户号码、身份证明文件号码、持有证券数量、证券持有人通信地址等信息。上市公司从证券登记结算机构获取证券持有人名册中的信息,据以制作股东名册。①

① 《证券持有人名册业务实施细则》第 6 条规定:"本公司向上市公司、挂牌公司提供以下持有人名册服务:(一)每月向证券发行人提供截至上月最后一个交易日、本月 10 日和本月 20 日(该日为非交易日的,应为该日前一个交易日)的按证券总规模(其中普通股与优先股分别计算股本,下同)统计的前 200 名持有人名册、按流通证券规模统计的前 100 名持有人名册。(二)发生证券初始登记或增发、配股、股份回购等证券规模变动时,本公司根据证券发行人的申请,向其提供按证券总规模统计的前 10 名持有人名册。(三)发生按照法律法规、部门规章及规范性文件、证券交易场所业务规则等明确规定需披露或报告的情况、发生股东大会、权益派发、并购重组、合并分立等公司行为、发生证券交易转让场所规定的异常波动情形、有权机关要求证券发行人核查持有人名册以及本公司认可的其他情形时,本公司根据证券发行人的申请,向其提供持有人名册。"

公司置备股东名册的作用主要在于明确股东身份和股权归属、便于公司接受查询、向股东发放股利、登记股东股权的转让、与股东进行联络及接受有关部门的审查监督。公司股东名册之所以重要，是因为其以下两方面的法律效力：一是股东名册是股东的行权依据。记载于股东名册的股东，可以依股东名册主张行使股东权利。因此，发生股权转让，如果未将受让人的姓名或名称及住所等信息记载于股东名册，受让人将无法向公司主张股东权利。新《公司法》第86条第2款规定："股权转让的，受让人自记载于股东名册时起可以向公司主张行使股东权利。"二是股东名册具有免责效力。股东名册上记载着股东的姓名或者名称和股东的住所，因此，公司依法对股东名册上记载的股东履行了通知、送达、公告、支付股利、分配公司剩余财产等义务，可免除其相应的责任。需要说明的是，有限责任公司股东名册只是一种证权文件，不具有创设权利的效力。因此，如果异议者能够成功地举证股东名册上记载的民事主体并非股东，即意味着该民事主体的股东资格被否认，公司可以并且应该停止对该民事主体履行义务。

（二）股东名册记载纠纷

正是因为股东名册具有上述的效力，所以在发生股权转让或者其他应当变更股东名册记载事项的情况时，变更股东名册记载尤为重要。如果因为公司或者转让方等方面的原因导致未进行及时变更，极有可能导致股东名册记载纠纷。股东名册记载纠纷多为以下几种情形：一是因公司不履行记载义务而导致股东名册记载纠纷。股东名册由公司保管、维护，公司在股权转让后怠于变更股东名册就可能导致股东名册记载纠纷。公司对股东名册记载中的错误未及时更正，亦可导致股东名册记载纠纷。二是在股权转让情形下，转让人怠于协助办理股东名册变更，此时亦可导致股东名册记载纠纷。股权转让情形下，应由转让人向公司申请作相应变更，公司对符合法律规定与公司章程规定的转让，应将受让人及其持股情况等信息记载于股东名册。转让人怠于向公司申请，可能导致受让人起诉转让人请求其配合协助。三是由股权代持关系引发的股东名册记载纠纷，即实际出资人与名义出资人就股权代持发生争议，实际出资人向公司请求将其记载于股东名册。需要说明的是，股东名册记载纠纷在有限责任公司和股份有限公司中均可能发生。

## 二、股东名册记载纠纷的诉讼主体

股东名册由公司保管、维护，在股东名册记载事项发生变更时，公司有义务及时准确完成变更。关于股东名册记载的争议，意味着当事人对公司履行该等义务的异议，所以在股东名册记载纠纷中，应以公司作为被告。例如公司设立后，公司未及时、准确地在股东名册中记载某股东的出资额等信息，则该股东应以公司为被告提起诉讼。

在股权转让后公司应及时修改股东名册中记载的相应内容[①]，因此，在股权转让后公司未及时办理股东名册变更而导致的股东名册记载纠纷中，受让人作为原告请求公司修改股东名册中相应内容的，应以公司为被告，并可将转让人作为第三人[②]；如果转让人对此不予配合，可以将其作为共同被告，请求其履行协助配合义务。[③] 如果转让人请求从公司股东名册中涤除，则转让人为原告，公司为被告。在转让人与受让人之间的股权转让受到公司及转让人之外的原股东的否认的情形下，转让人与受让人还可以一同作为原告，请求公司修改股东名册。[④]

在由股权代持关系引发的股东名册记载纠纷中，实际出资人与名义出资人就股权代持发生争议，实际出资人向公司请求将其记载于股东名册，应以公司为被告，可将名义出资人作为第三人，亦可将其作为共同被告请求其履行协助配合义务。

---

① 新《公司法》第87条规定："依照本法转让股权后，公司应当及时注销原股东的出资证明书，向新股东签发出资证明书，并相应修改公司章程和股东名册中有关股东及其出资额的记载。对公司章程的该项修改不需再由股东会表决。"

② 参见上诉人A公司与被上诉人蒲某、第三人D公司因股东名册记载纠纷案，上海市第一中级人民法院民事判决书，(2012)沪一中民四(商)终字第801号；陆某妹与湖州市石化石油有限公司股东名册记载纠纷案，浙江省湖州市中级人民法院民事判决书，(2014)浙湖商终字第142号。

③ 参见罗1、罗2股东名册记载纠纷案，四川省广元市中级人民法院民事判决书，(2018)川08民终1049号；广州信联智通实业股份有限公司、姚某芸股东名册记载纠纷案，广东省广州市中级人民法院民事判决书，(2020)粤01民终25816号。

④ 参见宁国市大华市场发展有限责任公司、张某诒、黄某江与徐某、舒某辉、杨某霞股东名册记载纠纷案，安徽省宣城市中级人民法院民事判决书，(2017)皖18民终492号。

## 三、股东名册记载纠纷的管辖

《民事诉讼法》第 27 条规定:“因公司设立、确认股东资格、分配利润、解散等纠纷提起的诉讼,由公司住所地人民法院管辖。”《民诉解释》第 22 条规定:“因股东名册记载、请求变更公司登记、股东知情权、公司决议、公司合并、公司分立、公司减资、公司增资等纠纷提起的诉讼,依照民事诉讼法第二十七条规定确定管辖。”根据以上规定,因股东名册记载纠纷提起的诉讼,由公司住所地人民法院管辖。公司住所地是指公司主要办事机构所在地。公司办事机构所在地不明确的,由其注册地人民法院管辖。

需要说明的是,尽管有《民事诉讼法》及其司法解释上述关于公司诉讼特殊地域管辖的规定,然而特殊地域管辖不能排除协议管辖,双方可以通过协议约定选择被告住所地、合同履行地、合同签订地、原告住所地等与争议有实际联系的地点的人民法院管辖,但是不得违反民事诉讼法关于级别管辖和专属管辖的规定。[①] 因此,股东名册记载纠纷,可以由双方协议选择与争议有实际联系的地点的人民法院管辖。

### 主要规范依据

**《公司法》**

**第五十六条** 有限责任公司应当置备股东名册,记载下列事项:

(一)股东的姓名或者名称及住所;

---

① 在冀中能源峰峰集团有限公司、山东泰山能源有限责任公司合同纠纷二审案[(2019)最高法民辖终 458 号]中,法院指出:“公司诉讼的管辖属于特殊地域管辖,根据民事诉讼法第三十四条的规定,除级别管辖或者专属管辖不能以协议方式约定外,属于特殊地域管辖的纠纷并不排斥协议管辖。”在上海振华重工(集团)股份有限公司、上海振华重工启东海洋工程股份有限公司与南通华浮港务有限公司案[(2016)最高法民辖终 154 号]中,法院指出:“《增资协议书》第 17 条第 2 项明确约定相关争议向甲方即振华集团住所地人民法院提起诉讼。该约定符合《中华人民共和国民事诉讼法》第三十四条和《最高人民法院关于适用〈中华人民共和国民事诉讼法〉的解释》第三十条第一款关于协议管辖的规定,应据此确定管辖法院。《中华人民共和国民事诉讼法》第二十六条和《最高人民法院关于适用〈中华人民共和国民事诉讼法〉的解释》第二十二条是关于特殊地域管辖的规定,不同于《中华人民共和国民事诉讼法》第三十三条规定的专属管辖。特殊地域管辖不能排除协议管辖。”

（二）股东认缴和实缴的出资额、出资方式和出资日期；

（三）出资证明书编号；

（四）取得和丧失股东资格的日期。

记载于股东名册的股东，可以依股东名册主张行使股东权利。

**第八十六条** 股东转让股权的，应当书面通知公司，请求变更股东名册；需要办理变更登记的，并请求公司向公司登记机关办理变更登记。公司拒绝或者在合理期限内不予答复的，转让人、受让人可以依法向人民法院提起诉讼。

股权转让的，受让人自记载于股东名册时起可以向公司主张行使股东权利。

**第八十七条** 依照本法转让股权后，公司应当及时注销原股东的出资证明书，向新股东签发出资证明书，并相应修改公司章程和股东名册中有关股东及其出资额的记载。对公司章程的该项修改不需再由股东会表决。

**第一百零二条** 股份有限公司应当制作股东名册并置备于公司。股东名册应当记载下列事项：

（一）股东的姓名或者名称及住所；

（二）各股东所认购的股份种类及股份数；

（三）发行纸面形式的股票的，股票的编号；

（四）各股东取得股份的日期。

**第一百四十七条** 公司的股份采取股票的形式。股票是公司签发的证明股东所持股份的凭证。

公司发行的股票，应当为记名股票。

**第一百五十九条** 股票的转让，由股东以背书方式或者法律、行政法规规定的其他方式进行；转让后由公司将受让人的姓名或者名称及住所记载于股东名册。

股东会会议召开前二十日内或者公司决定分配股利的基准日前五日内，不得变更股东名册。法律、行政法规或者国务院证券监督管理机构对上市公司股东名册变更另有规定的，从其规定。

**《证券法》**

**第一百四十七条** 证券登记结算机构履行下列职能：

（一）证券账户、结算账户的设立；
（二）证券的存管和过户；
（三）证券持有人名册登记；
（四）证券交易的清算和交收；
（五）受发行人的委托派发证券权益；
（六）办理与上述业务有关的查询、信息服务；
（七）国务院证券监督管理机构批准的其他业务。

**《公司法司法解释（三）》**

**第二十三条** 当事人依法履行出资义务或者依法继受取得股权后，公司未根据公司法第三十一条、第三十二条的规定签发出资证明书、记载于股东名册并办理公司登记机关登记，当事人请求公司履行上述义务的，人民法院应予支持。

**第二十四条** 有限责任公司的实际出资人与名义出资人订立合同，约定由实际出资人出资并享有投资权益，以名义出资人为名义股东，实际出资人与名义股东对该合同效力发生争议的，如无法律规定的无效情形，人民法院应当认定该合同有效。

前款规定的实际出资人与名义股东因投资权益的归属发生争议，实际出资人以其实际履行了出资义务为由向名义股东主张权利的，人民法院应予支持。名义股东以公司股东名册记载、公司登记机关登记为由否认实际出资人权利的，人民法院不予支持。

实际出资人未经公司其他股东半数以上同意，请求公司变更股东、签发出资证明书、记载于股东名册、记载于公司章程并办理公司登记机关登记的，人民法院不予支持。

**《上市公司章程指引》**

**第三十一条** 公司依据证券登记机构提供的凭证建立股东名册，股东名册是证明股东持有公司股份的充分证据。股东按其所持有股份的种类享有权利，承担义务；持有同一种类股份的股东，享有同等权利，承担同种义务。

注释：公司应当与证券登记机构签订股份保管协议，定期查询主要股东资料以及主要股东的持股变更(包括股权的出质)情况,及时掌握公司的股权结构。

**第三十二条** 公司召开股东大会、分配股利、清算及从事其他需要确认股东身份的行为时,由董事会或股东大会召集人确定股权登记日,股权登记日收市后登记在册的股东为享有相关权益的股东。

**第五十一条** 对于监事会或股东自行召集的股东大会,董事会和董事会秘书将予配合。董事会将提供股权登记日的股东名册。

**《证券持有人名册业务实施细则》**

**第三条** 本公司根据证券账户的记录,确认证券持有人持有证券的事实,办理持有人名册的登记。

**第四条** 本公司提供的持有人名册主要内容包括证券持有人姓名或名称、一码通账户号码、证券账户号码、身份证明文件号码、持有证券数量、证券持有人通讯地址等信息。

## 相关问题

### 一、公司资本认缴制语境下,如何理解《公司法司法解释(三)》第23条关于股东名册记载等纠纷的规定中"当事人依法履行出资义务"?

《公司法司法解释(三)》第23条规定:"当事人依法履行出资义务或者依法继受取得股权后,公司未根据公司法第三十一条、第三十二条的规定签发出资证明书、记载于股东名册并办理公司登记机关登记,当事人请求公司履行上述义务的,人民法院应予支持。"该条明确了在股东名册记载纠纷中,"当事人依法履行出资义务或者依法继受取得股权"可作为法院支持原告关于公司进行股东名册记载或变更的事实依据,"依法履行出资义务"与"依法继受取得股权"分别对应原始取得、继受取得股权的情形。

在公司资本认缴制下,公司设立登记时投资者不必一次性足额缴纳出资,仅需认缴出资,并按照法律、行政法规等规定和公司章程的规定确定实际缴纳出资的期限、出资方式等。当事人认缴出资后,只要未届出资期限,其未履行出资义务也丝毫不影响其取得股东资格。因此，可以从解释论的角度出发，将该条规定的“依法履行出资义务”解释为认缴出资后，依法律、行政法规、国务院决定等以及公司章程中规定的出资时间、数额等要求履行出资义务即可，履行出资义务符合法律、行政法规、国务院决定等以及公司章程中规定即为“依法”履行。该条并不要求在发生诉讼时已经实缴其所有认缴出资。[①]

以有限责任公司为例，新《公司法》第 47 条规定：“有限责任公司的注册资本为在公司登记机关登记的全体股东认缴的出资额。全体股东认缴的出资额由股东按照公司章程的规定自公司成立之日起五年内缴足。法律、行政法规以及国务院决定对有限责任公司注册资本实缴、注册资本最低限额另有规定的，从其规定。”有限责任公司在章程中规定实缴出资的期次、数额。如果某有限责任公司章程规定全体股东分期实缴出资，那么即使原告尚未进行实缴出资，只要不违反法律、行政法规等规定和公司章程中关于分期实缴出资的规定，就应认为其不违反“依法履行出资义务”的要求。

《公司法司法解释（三）》第 22 条可作为上述分析的印证。该条规定：“当事人之间对股权归属发生争议，一方请求人民法院确认其享有股权的，应当证明以下事实之一：（一）已经依法向公司出资或者认缴出资，且不违反法律法规强制性规定；（二）已经受让或者以其他形式继受公司股权，且不违反法律法规强制性规定。”从该条来看，最高人民法院并未将完成实缴出资作为享有股权的前提，原告能证明“已经依法向公司出资或者认缴出资，且不违反法律法规强制性规定”即可获得法院支持。该条规定的思路与前文对“依法履行出资义务”的分析一致。

在司法实践中，法院亦不以实际出资作为享有股东资格的前提。例如，在王某与辽宁华龙贸易有限公司、辽宁金域食府餐饮有限公司股东资格确认纠纷申请再审案[（2015）民申字第 373 号]中，法院认为：“依据我国公司法一贯采取的有限责任公司股东出资要求看，股东是否实际出资，并不影响其股东资格的确认，只是可能产生未实际出资的股东应当向公司补足出资款项以及向已经

---

① 即使出资后抽逃出资，也不必然丧失股东资格。例如，在范某美、聂某春执行异议之诉再审案[（2019）最高法民申 1326 号]中，法院指出：“本案中，即使洪国安抽回出资，其只承担返还出资本息的责任，而并不据此丧失股东资格。”

实际出资的股东承担未实际出资或者出资不足的违约责任的法律后果而已。”

## 二、关于股东名册记载纠纷中公司作为被告可主张的抗辩事由有哪些?

公司作为股东名册记载纠纷中的被告,可能主张的抗辩事由中以下几种较为常见。

### (一)诉讼时效抗辩是否适用于股东名册记载纠纷

关于诉讼时效是否适用于股东名册记载纠纷,存在一定争议。司法实践中曾有法院以诉讼时效为由对原告请求公司进行股东名册记载或变更的主张不予支持。近年来,更多的法院倾向于否定诉讼时效在股东名册记载纠纷中适用。从传统民法理论及最高人民法院《关于审理民事案件适用诉讼时效制度若干问题的规定》(2020 年修正)来看,股东名册记载纠纷中不应适用诉讼时效抗辩。

### (二)股东名册可记载的股东人数存在上限

新《公司法》第 42 条规定:“有限责任公司由一个以上五十个以下股东出资设立。”这意味着有限责任公司股东不超过 50 个。在有限责任公司的股东名册记载纠纷中,如果原告起诉时公司已有 50 个股东,那么法院支持原告关于进行股东名册记载的诉讼请求将与关于有限责任公司人数的相关规定矛盾。法院会因此对原告的诉讼请求不予支持。例如,在马某芳与远东控股集团有限公司股东名册记载纠纷二审案[(2015)锡商终字第 00544 号]中,法院指出:“有限责任公司应当置备股东名册,记载股东的姓名或者名称及住所、股东的出资额、出资证明书编号,并将股东的姓名或者名称向公司登记机关登记,此为有限责任公司的法定义务。但公司在履行上述法定义务时需严格遵守法律规定,包括《中华人民共和国公司法》第二十四条规定的有限责任公司股东不得超过五十个的人数限制。”

### (三)被告公司已注销或破产清算

如果股东名册记载纠纷中,被告公司已经注销或者破产清算,则原告主张公司进行股东名册记载的权利消灭。例如,在邹某贵与宜宾市龙兴科技有限公司股东名册记载纠纷申请再审案[(2015)川民申字第 901 号]中,法院指出:“现宜宾龙兴科技有限公司已经清算注销,邹某贵关于在该公司股东名册上记载股东身份的主张已经不能实现,可依法另案主张相关权利。”法院裁定驳回了一审原告、二审上诉人邹某贵的再审申请。

## 三、根据新《公司法》的规定，代持关系中实际出资人显名的条件有哪些？

围绕代持关系中的实际出资人关于记载于股东名册、办理公司登记机关登记等请求，《公司法司法解释（三）》第24条第3款曾按照2018年《公司法》中有限责任公司股东对外转让股权的相关规定[①]的思路作了以下规定："实际出资人未经公司其他股东半数以上同意，请求公司变更股东、签发出资证明书、记载于股东名册、记载于公司章程并办理公司登记机关登记的，人民法院不予支持。"《九民纪要》对该规定作了进一步明确："实际出资人能够提供证据证明有限责任公司过半数的其他股东知道其实际出资的事实，且对其实际行使股东权利未曾提出异议的，对实际出资人提出的登记为公司股东的请求，人民法院依法予以支持。公司以实际出资人的请求不符合公司法司法解释（三）第24条的规定为由抗辩的，人民法院不予支持。"

相较于2018年《公司法》，新《公司法》关于有限责任公司股东对外转让股权的规定有所修改，即删去了"经其他股东过半数同意"的相关内容，保留优先购买权规则。新《公司法》第84条第2款规定："股东向股东以外的人转让股权的，应当将股权转让的数量、价格、支付方式和期限等事项书面通知其他股东，其他股东在同等条件下有优先购买权。股东自接到书面通知之日起三十日内未答复的，视为放弃优先购买权。两个以上股东行使优先购买权的，协商确定各自的购买比例；协商不成的，按照转让时各自的出资比例行使优先购买权。"在上述规定的思路下，就实际出资人主张显名的请求应把握以下几点：

首先，实际出资人请求显名，不必再经公司其他股东半数以上或过半数同意。实际出资人显名，对于其他股东而言如同名义股东将股权转让给实际出资人，因此，实际出资人主张显名应符合股权转让相关条件。新《公司法》对于有

---

① 2018年《公司法》第71条第2款规定："股东向股东以外的人转让股权，应当经其他股东过半数同意。股东应就其股权转让事项书面通知其他股东征求同意，其他股东自接到书面通知之日起满三十日未答复的，视为同意转让。其他股东半数以上不同意转让的，不同意的股东应当购买该转让的股权；不购买的，视为同意转让。"需要说明的是，新《公司法》中没有规定"经其他股东过半数同意"的条件。

限责任公司股权转让不再设“经其他股东过半数同意”的条件,实际出资人主张显名的条件应随之调整。

其次,实际出资人请求显名,其他股东有优先购买权。新《公司法》第 84 条第 2 款对于有限责任公司股东对外转让股权,规定了优先购买权规则。因此,实际出资人请求显名,其他股东有优先购买权。关于优先购买权规则的适用,需要说明的是,若某一股东作为另一股东所持股权的实际出资人,其要自己成为该部分股权的显名股东,应适用新《公司法》第 84 条第 1 款关于股权内部转让规则的规定。如果名义股东为他人持有股权,但是后者没有向名义股东支付用于取得股权的价款,其他股东行使优先购买权应按照市场价格确定该部分股权的价格条件,除非各方另有约定。

最后,关于“其他股东”的范围。实际出资人主张显名,“其他股东在同等条件下有优先购买权”。如果为其代持股权的名义股东是全部在册股东(如一人有限责任公司名义股东为他人代持),应如何适用“其他股东半数以上同意”的条件?如果名义股东既代持股权又自持股权,该名义股东是否属于“其他股东”之一?如果代持股权的名义股东或者被代持股权的实际出资人一方有多个民事主体,且代持股权的名义股东同时为自己持股,发生纠纷时应如何裁判?

对于以上问题,可以从司法实践中对《公司法司法解释(三)》第 24 条第 3 款的适用来寻找线索。司法实践中,法院从保护有限责任公司人合性的考虑出发,对于代持股权的名义股东是全部在册股东的情况,认为实际出资人主张显名“无须其他股东半数以上同意”①。对于名义股东同时为自己持有股权的情况,法院通常认为,该名义股东不在“其他股东”之列,如在朱某中、江西松柏实业有限公司股权转让纠纷二审案[(2019)赣民终 180 号]中,公司股东吴某和蔡某分别持股 80.01% 和 19.99%,其中蔡某为原审原告朱某中代持公司 10% 的股权,法院认为,“其他股东”为吴某,因吴某未同意,朱某中显名的主张未得到

① 参见莱阳泰鑫矿业有限公司、青岛泰鑫矿业有限公司股东资格确认纠纷案,最高人民法院民事判决书,(2018)最高法民再 475 号。类似的裁判思路还可参见宁夏泰和房地产有限公司、平罗翔龙工贸有限公司与刘某霞股东资格确认纠纷案,宁夏回族自治区高级人民法院民事裁定书,(2017)宁民申 428 号。

支持。后朱某中向上级法院申请再审，再审申请被驳回。[①] 在部分案例中，法院对“其他股东”的解释有一定的不同，但是在其解释思路或判决结果中一定程度上体现了保护有限责任公司人合色彩的倾向。例如，在刘某、怀化市富美机动车驾驶员培训有限公司等股东资格确认纠纷二审案[（2022）湘12民终96号]中，法院虽然认为陈某作为名义股东属于“其他股东”之一，但是从严把握对“半数以上”的解释，认为“半数以上”是指多于半数而不含半数本数。

## 四、记载于股东名册是不是股权转让中股权变动的标志？

相比于原《公司法》，新《公司法》对股权转让中受让人得向公司主张行使股东权利的时点作了明确规定。新《公司法》第86条第2款规定：“股权转让的，受让人自记载于股东名册时起可以向公司主张行使股东权利。”在新《公司法》未以其他条款对股权变动作出明确规定的情况下，第86条第2款是否意味着当受让人被记载于股东名册时股权发生变动？第86条第1款规定：“股东转让股权的，应当书面通知公司，请求变更股东名册；需要办理变更登记的，并请求公司向公司登记机关办理变更登记。公司拒绝或者在合理期限内不予答复的，转让人、受让人可以依法向人民法院提起诉讼。”第86条第1款提及了股权转让中的几个重要节点，即通知送达公司、变更股东名册、办理变更登记，第86条第2款是否意味着该条款选择了以上三者中变更股东名册作为股权变动的标志？

从该规定的文义来看，该规定明确了受让人何时可向公司主张行使权利。在特定场合中，取得权利的时点与行使权利的时点可以分离。例如，继承人因继承而取得不动产后，如未进行变更登记，则不可转让该不动产。这意味着，取得权利的时点与行使权利的时点可以分离。股权变动同理。因此，即使第86条第2款将记载于股东名册作为股东行使股东权利的凭据，亦无法从该规定中得出股权在变更股东名册时发生变动的结论。

如果以变更股东名册作为股权变动的标志，则意味着负责变更股东名册的

---

① 名义股东同时为自己代持股权的案例中，认为名义股东不属于“其他股东”的判决比较常见，如在成都市容宣市场经营管理有限公司与程某某、杨某某股东名册记载纠纷二审案[（2013）成民终字第5254号]中，法院指出：“隐名出资人要被确认为股东，涉及其他股东对‘新的陌生股东’的接受，需要经过公司其他股东认可，以保证有限责任公司的人合性不被其破坏。”可见，法院认为《公司法司法解释（三）》第24条第3款的“其他股东”不包括持有争议股权的显名股东。

公司将决定股权是否变动、何时变动,本应基于转让人和受让人双方合意而成立、生效、履行的股权转让合同,将不得不受限于公司意志的干预。如果公司怠于变更股东名册,或者转让人怠于进行相应的配合协助,可能会导致诚信履约的受让人迟迟不能行使股东权利,因此仅以变更股东名册时点作为股权变动的时点,难谓公平。第 86 条第 1 款规定公司拒绝或在合理期限内不予答复股东变更股东名册、办理变更登记的请求时的救济,其规范意旨正在于此。

总之,股东名册并不能作为判断股权是否变动的唯一依据。股权是否变动、何时变动还应结合其他因素综合判断,对此问题,本书将在第五章中作进一步分析和讨论。

### 五、如何理解新《公司法》第 86 条第 1 款中的"合理期限"?

根据新《公司法》第 86 条第 1 款[①]规定,股权转让后,对于变更股东名册等请求,公司应在"合理期限"内答复。"合理期限"是新《公司法》第 86 条第 1 款在原《公司法》第 73 条基础上新增的一项内容。以下结合相关规定及实践情况,对如何判断公司是否超过"合理期限"未予答复的问题稍作分析。

"合理期限"是公司对变更股东名册等请求作答复的合理期限,如果公司拒绝该等请求,应在"合理期限"内作答复。而且,转让人就股权转让情况通知公司后,公司应将受让人记载于股东名册并适时办理变更登记,或者作出拒绝的答复,两种情况的用时应是一致的。如果公司选择办理变更股东名册以及向公司登记机关办理变更登记,亦应在"合理期限"内行动,否则,在合理期限经过之后,既未办理变更又不明示拒绝,等同于在"合理期限"内未予答复。因此,确定公司作出答复的合理期限,实质上等同于确定公司办理股东名册变更的合理期限。[②] 这意味着,新《公司法》第 86 条第 1 款在规定公司答复变更股东名册等请求的合理期限的同时,其实也以此为基准,对公司办理股东名册变更以及向公司登记机关

---

① 新《公司法》第 86 条第 1 款规定:"股东转让股权的,应当书面通知公司,请求变更股东名册;需要办理变更登记的,并请求公司向公司登记机关办理变更登记。公司拒绝或者在合理期限内不予答复的,转让人、受让人可以依法向人民法院提起诉讼。"

② 如果公司选择办理变更股东名册以及向公司登记机关办理变更登记,但是没有在"合理期限"内行动,则在合理期限经过之后,公司既未办理股东名册变更又不明示拒绝,等同于在"合理期限"内未予答复。因此,公司作出答复的合理期限不应短于公司办理股东名册变更的合理期限。但是,相比于公司办理股东名册变更,公司作出答复不需要耗用更多的时间。因此,两者的用时应当是基本一致的。

办理变更登记提出了时间要求。

从实际情况来看,办理股东名册变更的时点应早于办理公司登记变更的时点,结合《市场主体登记管理条例》关于后者的时间要求,可以确定变更股东名册的用时可控制在30日内。股权转让后,应由转让方(原股东)向董事会或公司章程规定的公司内部组织机构(以下简称公司内部登记机构)申请股东变更登记,若转让符合新《公司法》及公司章程规定,公司内部登记机构应同意变更并记载于股东名册,然后到市场监督管理部门办理变更登记。因此,办理股东名册变更的时点应早于办理公司登记变更的时点。《市场主体登记管理条例》第24条对公司登记变更提出了时限要求。该条规定:“市场主体变更登记事项,应当自作出变更决议、决定或者法定变更事项发生之日起30日内向登记机关申请变更登记。市场主体变更登记事项属于依法须经批准的,申请人应当在批准文件有效期内向登记机关申请变更登记。”结合以上对实践中办理股东名册变更的时点与公司登记变更时点孰早的讨论,可以确定变更股东名册的用时可控制在30日之内。

司法实践中,法院如果在股东名册记载纠纷等与公司有关的纠纷中支持了原告关于变更股东名册的诉讼请求,那么也会在判决书中明确公司变更股东名册应在多少日内完成。例如,在陆某妹与湖州市石化石油有限公司股权转让纠纷一审案[(2013)湖吴商初字第1205号]中,法院判决:“限被告湖州市石化石油有限公司于本判决生效后一个月内变更股东(原告陆某妹拥有被告湖州市石化石油有限公司14%的股份)、向原告陆某妹签发出资证明书、记载于股东名册、记载于公司章程并办理公司登记机关登记。”目前,法院对于股权转让导致的股东名册记载纠纷中公司签发出资证明书、变更股东名册设置的时限要求不一,有7日内、10日内,也有15日内、30日或1个月内。

综合以上分析来看,正常情况下,公司在30日内完成变更股东名册完全可行。考虑到公司确认应办理股东名册变更并完成变更与公司确认不应办理股东名册变更并作答复用时应所差无几,公司在30日内足以完成对于变更股东名册等请求的答复。超过30日未予答复,即新《公司法》第86条第1款规定的所谓“在合理期限内不予答复”。考虑到办理股东名册变更或作出拒绝变更的答复可能并不需要30日之久,且司法实践中常有以7日、10日或15日作为办理股东名册变更时限的情形,可以认为,在留出公司必要的工作用时后,将“合理期限”确定为一个比30日更短的时间区间亦属合理。

# 案由 3 请求变更公司登记纠纷

## 适用指引

### 一、请求变更公司登记纠纷概述

公司登记是公司登记机关对公司经营中重要事项的记载。根据新《公司法》第 32 条规定,公司登记事项包括名称,住所,注册资本,经营范围,法定代表人的姓名,有限责任公司股东、股份有限公司发起人的姓名或者名称;公司登记事项由公司登记机关通过统一的企业信息公示系统向社会公示。新《公司法》第 34 条第 2 款规定,公司登记事项未经登记或者未经变更登记,不得对抗善意相对人,此即公司登记具有的公示公信效力。此外,根据《市场主体登记管理条例》第 9 条,公司董事、监事、高级管理人员等事项,应向公司登记机关办理备案。备案后,社会公众可通过公开渠道查询。

请求变更公司登记纠纷是股东或其他与公司登记有利害关系的主体(如法定代表人)对于公司登记中记载的事项请求变更而产生的纠纷。引发请求变更公司登记纠纷的原因多种多样,如通过转让、继承等方式继受股权而转让人或公司未办理公司登记,被冒名登记为公司股东,公司变更法定代表人而未进行变更登记等情形均可导致请求变更公司登记纠纷。从请求的内容来看,此类纠纷中常见的诉讼请求有变更股东登记、变更法定代表人登记、变更注册资本登记等。虽然公司董事、监事、高级管理人员并非新《公司法》规定的公司登记事项,但是,实践中对于请求涤除董事、监事、高级管理人员登记的诉讼,法院也以请求变更公司登记纠纷作为案由来处理。实践中,还有少量诉讼请求为请求变更公司住所登记①、变更公司名称登记②。

## 二、请求变更公司登记纠纷的诉讼主体

请求变更公司登记纠纷的原告应为公司股东等与工商登记存在利害关系且对该等工商登记存在异议的一方。根据请求变更公司登记纠纷起因的不同，原告可能是股权转让情形下的受让人或转让人、公司选任新的法定代表人但未及时变更登记情形下的原法定代表人等。

请求变更公司登记纠纷的被告即公司。如因原法定代表人或者股东等主体拒不配合，导致无法变更公司登记的，也可以将其列为共同被告请求其承担协助配合义务。

## 三、请求变更公司登记纠纷的管辖

《民事诉讼法》第 27 条规定："因公司设立、确认股东资格、分配利润、解散等纠纷提起的诉讼，由公司住所地人民法院管辖。"《民诉解释》第 22 条规定："因股东名册记载、请求变更公司登记、股东知情权、公司决议、公司合并、公司分立、公司减资、公司增资等纠纷提起的诉讼，依照民事诉讼法第二十七条规定确定管辖。"根据以上规定，因请求变更公司登记纠纷提起的诉讼，由

① 以变更公司住所登记为诉讼请求或诉讼请求之一的案例参见中国北车集团济南机车车辆厂与济南东方新兴车辆有限公司等与公司有关的纠纷二审案[(2015)济商终字第 237 号]，在该案中，法院认为："《中华人民共和国公司登记管理条例》第四条第一款规定，工商行政管理机关是公司登记机关。第十条规定，公司的登记事项应当符合法律、行政法规的规定。不符合法律、行政法规规定的，公司登记机关不予登记。第十二条规定，公司的住所是公司主要办事机构所在地。经公司登记机关登记的住所只能有一个。公司的住所应当在其公司登记机关辖区内。由上述规定可以看出，公司住所登记由工商行政管理机关主管，且应系公司主要办事机构所在地。公司登记的目的在于公示，以便于与公司进行交易的其他主体能够知悉，故在公司主要办事机构所在地未改变之前，公司住所地的变更登记并非完全属于由股东会决议范围，故即使股东会决议被确认无效，也非当然能够进行公司住所地变更登记。公司住所地变更登记属于工商行政机关主管范围，北车集团的起诉不符合《中华人民共和国民事诉讼法》第一百一十九条第(四)项之规定。"在狄某英、宿某明等请求变更公司登记纠纷民事二审案[(2021)苏 02 民终 7112 号]中，二审法院认可了一审法院的以下观点："根据《中华人民共和国公司登记管理条例》的规定，公司住所登记由工商行政管理机关主管，且应系公司主要办事机构所在地。公司住所登记的目的在于公示，以便于与公司进行交易的其他主体能够知悉，故在公司主要办事机构所在地未改变之前，公司住所地的变更登记并非完全属于股东会决议范围。"

② 参见陈某、锦州北方航海仪器有限公司请求变更公司登记纠纷案，辽宁省锦州市中级人民法院民事裁定书，(2021)辽 07 民终 1753 号；杨某军等与北京张某伟商业管理有限公司等请求变更公司登记纠纷案，北京市第二中级人民法院民事判决书，(2021)京 03 民终 8481 号。

公司住所地人民法院管辖。公司住所地是指公司主要办事机构所在地。公司主要办事机构所在地不明确的,由其注册地或者登记地人民法院管辖。

需要说明的是,尽管《民事诉讼法》及其司法解释有上述关于公司诉讼特殊地域管辖的规定,但特殊地域管辖不能排除协议管辖,双方可以通过协议约定选择被告住所地、合同履行地、合同签订地、原告住所地等与争议有实际联系的地点的人民法院管辖,但是不得违反《民事诉讼法》关于级别管辖和专属管辖的规定。① 因此请求变更公司登记纠纷,可以由双方协议选择与争议有实际联系的地点的人民法院管辖。

## 四、请求变更公司登记纠纷与其他与公司有关的纠纷的联系

### (一)请求变更公司登记纠纷与股东资格确认纠纷

由请求变更公司登记纠纷与股东资格确认纠纷导致的诉讼中的诉讼请求不同,二者分别属于给付之诉和确认之诉。请求变更公司登记纠纷是股东等有利害关系的主体对于公司登记中记载的事项请求予以变更而产生的纠纷,纠纷中当事人的诉讼请求是请求公司向公司登记机关办理变更登记。股东资格确认纠纷是股东与其他股东或公司之间就股东资格是否存在,或持有股权数量、比例等产生争议而引起的纠纷。在股东资格确认之诉中,当事人的诉讼请求是确认某民事主体是否系公司股东。

在原告请求将其登记为公司股东或涤除股东登记的请求变更公司登记纠纷中,在确定公司是否应当进行变更登记之前,应确认该原告是否具有股东资格。因此,确认股东资格和办理变更登记紧密关联,原告往往将确认股东资格

---

① 在冀中能源峰峰集团有限公司、山东泰山能源有限责任公司合同纠纷二审案[(2019)最高法民辖终458号]中,法院指出:“公司诉讼的管辖属于特殊地域管辖,根据民事诉讼法第三十四条的规定,除级别管辖或者专属管辖不能以协议方式约定外,属于特殊地域管辖的纠纷并不排斥协议管辖。”在上海振华重工(集团)股份有限公司、上海振华重工启东海洋工程股份有限公司与南通华浮港务有限公司管辖异议纠纷案[(2016)最高法民辖终154号]中,法院指出:“《增资协议书》第17条第2项明确约定相关争议向甲方即振华集团住所地人民法院提起诉讼。该约定符合《中华人民共和国民事诉讼法》第三十四条和《最高人民法院关于适用〈中华人民共和国民事诉讼法〉的解释》第三十条第一款关于协议管辖的规定,应据此确定管辖法院。《中华人民共和国民事诉讼法》第二十六条和《最高人民法院关于适用〈中华人民共和国民事诉讼法〉的解释》第二十二条是关于特殊地域管辖的规定,不同于《中华人民共和国民事诉讼法》第三十三条规定的专属管辖。特殊地域管辖不能排除协议管辖。”

和办理变更登记一并作为诉讼请求。例如，在广州宏仑机电设备有限公司、陈某媚等股东资格确认纠纷二审案[(2023)粤01民终9494号]中，原审原告在一审中请求“1.确认宋某、陈某伦、陈某昆享有陈某媚代持的宏仑公司50%股权对应的股东资格，宋某所有的股权为33.2%、陈某昆所有的股权为8.4%，陈某伦所有的股权为8.4%；2.宏仑公司、陈某媚协助宋某、陈某伦、陈某昆将工商登记在陈某媚名下的50%股权分别变更登记至宋某名下33.2%、陈某昆名下8.4%，陈某伦名下8.4%”，一审法院支持了原审原告以上两项请求，二审法院维持原判。此情形下，法院可一并审理两项诉讼请求，而不必作为两个案件分别处理。

(二)请求变更公司登记纠纷与股东名册记载纠纷

股东名册和公司登记二者主要有以下不同：一是包含的信息不同。股东名册仅记载股东及其持股情况，公司登记还包含法定代表人、公司经营范围等情况。二是知悉范围及法律效力不同。股东名册所载信息通常仅由公司、股东等特定主体掌握而不向社会公示，因此，股东名册通常在公司内部发生效力；公司登记则向社会公示而产生公示公信效力。因此，请求公司变更股东名册和办理公司登记变更各有其意义。

在股权转让等情形下，股东名册记载和办理公司登记是公司前后相继的两项义务。新《公司法》及司法解释对于公司在股权转让等情形下进行股东名册记载和办理公司登记的义务一并进行规定。新《公司法》第86条第1款规定：“股东转让股权的，应当书面通知公司，请求变更股东名册；需要办理变更登记的，并请求公司向公司登记机关办理变更登记。公司拒绝或者在合理期限内不予答复的，转让人、受让人可以依法向人民法院提起诉讼。”《公司法司法解释(三)》第24条第3款规定：“实际出资人未经公司其他股东半数以上同意，请求公司变更股东、签发出资证明书、记载于股东名册、记载于公司章程并办理公司登记机关登记的，人民法院不予支持。”实践中，原告可在诉讼中将请求公司变更股东名册和办理公司登记变更一并提出，由法院一并处理。

## 主要规范依据

**《公司法》**

**第十条**　公司的法定代表人按照公司章程的规定,由代表公司执行公司事务的董事或者经理担任。

担任法定代表人的董事或者经理辞任的,视为同时辞去法定代表人。

法定代表人辞任的,公司应当在法定代表人辞任之日起三十日内确定新的法定代表人。

**第二十八条**　公司股东会、董事会决议被人民法院宣告无效、撤销或者确认不成立的,公司应当向公司登记机关申请撤销根据该决议已办理的登记。

股东会、董事会决议被人民法院宣告无效、撤销或者确认不成立的,公司根据该决议与善意相对人形成的民事法律关系不受影响。

**第三十二条**　公司登记事项包括:

(一)名称;

(二)住所;

(三)注册资本;

(四)经营范围;

(五)法定代表人的姓名;

(六)有限责任公司股东、股份有限公司发起人的姓名或者名称。

公司登记机关应当将前款规定的公司登记事项通过国家企业信用信息公示系统向社会公示。

**第三十四条**　公司登记事项发生变更的,应当依法办理变更登记。

公司登记事项未经登记或者未经变更登记,不得对抗善意相对人。

**第三十五条**　公司申请变更登记,应当向公司登记机关提交公司法定代表人签署的变更登记申请书、依法作出的变更决议或者决定等文件。

公司变更登记事项涉及修改公司章程的,应当提交修改后的公司章程。

公司变更法定代表人的,变更登记申请书由变更后的法定代表人签署。

**第四十条**　公司应当按照规定通过国家企业信用信息公示系统公示下列

事项：

（一）有限责任公司股东认缴和实缴的出资额、出资方式和出资日期，股份有限公司发起人认购的股份数；

（二）有限责任公司股东、股份有限公司发起人的股权、股份变更信息；

（三）行政许可取得、变更、注销等信息；

（四）法律、行政法规规定的其他信息。

公司应当确保前款公示信息真实、准确、完整。

**第七十条** 董事任期由公司章程规定，但每届任期不得超过三年。董事任期届满，连选可以连任。

董事任期届满未及时改选，或者董事在任期内辞任导致董事会成员低于法定人数的，在改选出的董事就任前，原董事仍应当依照法律、行政法规和公司章程的规定，履行董事职务。

董事辞任的，应当以书面形式通知公司，公司收到通知之日辞任生效，但存在前款规定情形的，董事应当继续履行职务。

**第八十六条** 股东转让股权的，应当书面通知公司，请求变更股东名册；需要办理变更登记的，并请求公司向公司登记机关办理变更登记。公司拒绝或者在合理期限内不予答复的，转让人、受让人可以依法向人民法院提起诉讼。

股权转让的，受让人自记载于股东名册时起可以向公司主张行使股东权利。

**《公司法司法解释（三）》**

**第二十三条** 当事人依法履行出资义务或者依法继受取得股权后，公司未根据公司法第三十一条、第三十二条的规定签发出资证明书、记载于股东名册并办理公司登记机关登记，当事人请求公司履行上述义务的，人民法院应予支持。

**第二十四条** 有限责任公司的实际出资人与名义出资人订立合同，约定由实际出资人出资并享有投资权益，以名义出资人为名义股东，实际出资人与名义股东对该合同效力发生争议的，如无法律规定的无效情形，人民法院应当认定该合同有效。

前款规定的实际出资人与名义股东因投资权益的归属发生争议，实际出资人以其实际履行了出资义务为由向名义股东主张权利的，人民法院应予支持。名义股东以公司股东名册记载、公司登记机关登记为由否认实际出资人权利的，人民法院不予支持。

实际出资人未经公司其他股东半数以上同意，请求公司变更股东、签发出资证明书、记载于股东名册、记载于公司章程并办理公司登记机关登记的，人民法院不予支持。

**第二十七条** 股权转让后尚未向公司登记机关办理变更登记，原股东将仍登记于其名下的股权转让、质押或者以其他方式处分，受让股东以其对于股权享有实际权利为由，请求认定处分股权行为无效的，人民法院可以参照民法典第三百一十一条的规定处理。

原股东处分股权造成受让股东损失，受让股东请求原股东承担赔偿责任、对于未及时办理变更登记有过错的董事、高级管理人员或者实际控制人承担相应责任的，人民法院应予支持；受让股东对于未及时办理变更登记也有过错的，可以适当减轻上述董事、高级管理人员或者实际控制人的责任。

**第二十八条** 冒用他人名义出资并将该他人作为股东在公司登记机关登记的，冒名登记行为人应当承担相应责任；公司、其他股东或者公司债权人以未履行出资义务为由，请求被冒名登记为股东的承担补足出资责任或者对公司债务不能清偿部分的赔偿责任的，人民法院不予支持。

**《公司法司法解释(五)》**

**第三条** 董事任期届满前被股东会或者股东大会有效决议解除职务，其主张解除不发生法律效力的，人民法院不予支持。

董事职务被解除后，因补偿与公司发生纠纷提起诉讼的，人民法院应当依据法律、行政法规、公司章程的规定或者合同的约定，综合考虑解除的原因、剩余任期、董事薪酬等因素，确定是否补偿以及补偿的合理数额。

**《九民纪要》**

**28.【实际出资人显名的条件】**实际出资人能够提供证据证明有限责任公司过半数的其他股东知道其实际出资的事实，且对其实际行使股东权利未曾提出异议的，对实际出资人提出的登记为公司股东的请求，人民法院依法予以支持。公司以实际出资人的请求不符合公司法司法解释(三)第24条的规定为由抗辩的，人民法院不予支持。

**《市场主体登记管理条例》**

**第八条** 市场主体的一般登记事项包括：

（一）名称；

（二）主体类型；

（三）经营范围；

（四）住所或者主要经营场所；

（五）注册资本或者出资额；

（六）法定代表人、执行事务合伙人或者负责人姓名。

除前款规定外，还应当根据市场主体类型登记下列事项：

（一）有限责任公司股东、股份有限公司发起人、非公司企业法人出资人的姓名或者名称；

（二）个人独资企业的投资人姓名及居所；

（三）合伙企业的合伙人名称或者姓名、住所、承担责任方式；

（四）个体工商户的经营者姓名、住所、经营场所；

（五）法律、行政法规规定的其他事项。

**第九条** 市场主体的下列事项应当向登记机关办理备案：

（一）章程或者合伙协议；

（二）经营期限或者合伙期限；

（三）有限责任公司股东或者股份有限公司发起人认缴的出资数额，合伙企业合伙人认缴或者实际缴付的出资数额、缴付期限和出资方式；

（四）公司董事、监事、高级管理人员；

（五）农民专业合作社（联合社）成员；

（六）参加经营的个体工商户家庭成员姓名；

（七）市场主体登记联络员、外商投资企业法律文件送达接受人；

（八）公司、合伙企业等市场主体受益所有人相关信息；

（九）法律、行政法规规定的其他事项。

**第二十四条** 市场主体变更登记事项，应当自作出变更决议、决定或者法定变更事项发生之日起30日内向登记机关申请变更登记。

市场主体变更登记事项属于依法须经批准的，申请人应当在批准文件有效期内向登记机关申请变更登记。

**第二十五条** 公司、非公司企业法人的法定代表人在任职期间发生本条例第十二条所列情形之一的,应当向登记机关申请变更登记。

**第二十六条** 市场主体变更经营范围,属于依法须经批准的项目的,应当自批准之日起30日内申请变更登记。许可证或者批准文件被吊销、撤销或者有效期届满的,应当自许可证或者批准文件被吊销、撤销或者有效期届满之日起30日内向登记机关申请变更登记或者办理注销登记。

**第二十七条** 市场主体变更住所或者主要经营场所跨登记机关辖区的,应当在迁入新的住所或者主要经营场所前,向迁入地登记机关申请变更登记。迁出地登记机关无正当理由不得拒绝移交市场主体档案等相关材料。

**第二十九条** 市场主体变更本条例第九条规定的备案事项的,应当自作出变更决议、决定或者法定变更事项发生之日起30日内向登记机关办理备案。农民专业合作社(联合社)成员发生变更的,应当自本会计年度终了之日起90日内向登记机关办理备案。

## 相关问题

### 一、涤除法定代表人登记请求的条件

涤除法定代表人登记是请求公司变更登记纠纷中常见的诉讼请求之一。对于是否受理此种诉讼请求,在司法实践中,有的法院认为,公司法定代表人的任免、股东的变更均为内部自治事项,原则上应通过公司自治程序完成,法院应审慎介入公司内部治理事务,只有权利存在救济的必要且无其他途径予以救济时,司法才有必要予以适当干预。①

① 参见伊某冬与北京都宏文化传媒有限公司等请求变更公司登记纠纷案,北京市第三中级人民法院民事判决书,(2022)京03民终11334号。再如,在王某廷请求变更公司登记纠纷再审案[(2020)最高法民再88号]中,法院指出:“根据王某廷所称其自2011年5月30日即已从赛瑞公司离职,至今已近9年,足见赛瑞公司并无自行办理法定代表人变更登记的意愿。因王某廷并非赛瑞公司股东,其亦无法通过召集股东会等公司自治途径,就法定代表人的变更事项进行协商后作出决议。若人民法院不予受理王某廷的起诉,则王某廷因此所承受的法律风险将持续存在,而无任何救济途径。故,本院认为,王某廷对赛瑞公司办理法定代表人变更登记的诉讼请求具有诉的利益,该纠纷系平等主体之间的民事争议,属于人民法院受理民事诉讼的范围。”

针对变更法定代表人登记的诉讼请求，最高人民法院在韦某兵、新疆宝塔房地产开发有限公司等请求变更公司登记纠纷民事再审案[(2022)最高法民再94号]中分析了法定代表人与公司的法律关系，并指出了支持办理变更登记请求的一般条件，即“法定代表人是对外代表公司意志的机关之一，登记的法定代表人依法具有公示效力，但就公司内部而言，公司和法定代表人之间为委托法律关系，法定代表人行使代表人职权的基础为公司权力机关的授权，公司权力机关终止授权则法定代表人对外代表公司从事民事活动的职权终止，公司依法应当及时办理工商变更登记”。

依此逻辑，在法定代表人主动解除委托法律关系的情形[①]中，其在解除通知到达公司后即不再担任法定代表人，公司应当按照新《公司法》第10条第3款的要求“在法定代表人辞任之日起三十日内确定新的法定代表人”，并及时办理工商变更登记。

在特定情形下，如公司进入破产程序后，法院对于支持变更法定代表人登记的诉讼请求的态度较为谨慎。在陆某与上海友丽餐饮有限公司请求变更公司登记纠纷二审案[(2021)沪02民终8913号]中，法院认为：“虽陆某作为受托人拥有任意解除其与友丽公司间委托关系的权利，然于友丽公司破产清算之际，解除委托并非只涉及委托各方间的法律关系，还涉及与公司债权人、利益相关人之间的法律关系的处理。一审法院适用企业破产法等相关法律保护公司债权人和友丽公司的合法权益，保障债权债务的公平清理，并无不当。”

关于变更法定代表人登记的诉讼请求，是否可以因为法定代表人属于登记事项不得空缺而驳回，实践中存在不同观点。有的法院认为，“法定代表人作为依法代表法人行使民事权利，履行民事义务的主要负责人，为公司必须登记事项，不得空缺”[②]，公司应“先通过公司股东会会议作出有效决议，推选出新的……法定代表人，再办理工商变更登记”[③]。相反观点则认为，涤除原告法定

① 关于此种情形的判决，参见益阳市瑞思光学科技有限公司、张某请求变更公司登记纠纷案，湖南省益阳市中级人民法院民事判决书，(2022)湘09民终1011号。

② 参见陈某雅与上海庭凯投资管理咨询有限公司请求变更公司登记纠纷案，上海市第二中级人民法院民事判决书，(2021)沪02民终3758号。

③ 陈某雅与上海庭凯投资管理咨询有限公司请求变更公司登记纠纷案，上海市第二中级人民法院民事判决书，(2021)沪02民终3758号。

代表人职务后，被告公司可以依照法定程序另行选任法定代表人，不能以此作为原告继续担任法定代表人的理由。[①] 后一种观点不仅合理，而且在实践中有可操作性。在执行中，部分工商登记机关对于公司尚未选出新的法定代表人的情况，可在原法定代表人姓名后作“已涤除”等备注，实现了判决的顺畅执行。

## 二、涤除董事登记请求的条件

请求变更公司登记纠纷中法院审理原告涤除董事登记请求的思路与审理涤除法定代表人登记请求的思路基本一致。在公司与董事的法律关系问题上，最高人民法院民二庭相关负责人在《公司法司法解释（五）》答记者问时指出，“在我国公司法上，对董事与公司的关系并无明确的规定，但公司法理论研究与司法实践中已经基本统一认识，认为公司与董事之间实为委托关系，依股东会的选任决议和董事同意任职而成立合同法上的委托合同。既然为委托合同，则合同双方均有任意解除权，即公司可以随时解除董事职务，无论任期是否届满，董事也可以随时辞职”。“董事也可以随时辞职”体现在立法上，即新《公司法》第 70 条第 3 款“董事辞任的，应当以书面形式通知公司，公司收到通知之日辞任生效”。

新《公司法》第 70 条第 2 款规定：“董事任期届满未及时改选，或者董事在任期内辞任导致董事会成员低于法定人数的，在改选出的董事就任前，原董事仍应当依照法律、行政法规和公司章程的规定，履行董事职务。”因此，关于涤除董事登记的请求，如违反相关人数要求，则无法得到支持。司法实践中，存在特定情况下，即如果公司长期未能选出新的董事，法院会支持董事关于涤除登记的请求。例如，在单某臣、无锡洲汇商业发展有限公司请求变更公司登记纠纷二审案[（2021）苏 02 民终 4231 号]中，法院指出：“虽然《中华人民共和国公司法》第四十五条第二款规定，‘董事任期届满未及时改选，或者董事在任期内辞职导致董事会成员低于法定人数的，在改选出的董事就任前，原董事仍应当依照法律、行政法规和公司章程的规定，履行董事职务。’洲汇公司仅 3 名董事，单某臣辞职的确会出现公司董事低于法定最低人数的情形，洲汇公司也有权要求

---

① 丁某、莱芜中天绝缘材料有限公司等请求变更公司登记纠纷案，山东省高级人民法院民事判决书，（2021）鲁 01 民终 10114 号。

单某臣在提出辞职后的过渡期间继续履行董事职务。但是,这个过渡期间应当是个合理期间。从单某臣提出辞职至今已五年多,洲汇公司未进行新董事的改选,拖延办理单某臣的董事辞职事项。而且,从一、二审向洲汇公司送达诉讼文书无人签收,并需进行公告送达的情况,也可看出洲汇公司已经营不正常,不可能再行通过股东会完成董事补选。故单某臣的辞职,发生法律效力。”在郁某霞与南通爱网特实业有限公司、南通市综合电子商务产业园有限公司等请求变更公司登记纠纷二审案[(2020)苏06民终192号]中,法院对辞任的董事继续履行董事职务的条件作了进一步阐明:“要求辞任或离任董事继续履行董事职务并非不受限制,须以股东会及时进行选举并选出新的董事为前提……董事辞任、离任不能因股东会不作为而受限制。”

在公司清算期间,董事离职涉及债权人保护问题,法院对其离职和涤除登记较为谨慎。在胡某珍与上海东风商务发展有限公司请求变更公司登记纠纷二审案[(2022)沪02民终3070号]中,法院认为:“鉴于东风公司尚处于营业执照被吊销、主体资格未注销的状态,作为在职的执行董事和经理,胡某珍应当承担一定的清算义务。根据东风公司的章程,当东风公司因为违反法律、行政法规被依法撤销或责令关闭,由相关主管机关组织股东、有关机关及有关专业人员成立清算组进行清算。因东风公司不设董事会,胡某珍作为执行董事可被认定为有关机关负责清算。在无改选的情况下,胡某珍身份的涤除不仅有悖于法定义务的承担,还可能会对相关债权人造成一定的损害。”

## 三、在有限责任公司转让股权的情形下,受让人可否起诉公司登记机关请求办理变更登记?

在有限责任公司股权转让的情形下,如果公司登记机关不及时办理股东变更登记,受让人可提起行政诉讼,请求公司登记机关办理变更登记。

第一,股权转让中的受让人是该诉讼的适格原告。虽然其并非股东变更登记的行政相对人,但变更登记能否顺利完成会对其合法权益产生实际影响,故其与股东变更登记具有行政法意义上的利害关系。因此,受让人具有提起行政诉讼的原告主体资格。

第二,股权转让后,公司登记机关应当根据公司申请,依法履行登记职责。有限责任公司依法向具有登记管辖权的登记机关提出股东变更登记申请后,公司登记机关应当根据《市场主体登记管理条例》作出处理,《市场主体登记管理条例》第 19 条规定:“登记机关应当对申请材料进行形式审查。对申请材料齐全、符合法定形式的予以确认并当场登记。不能当场登记的,应当在 3 个工作日内予以登记;情形复杂的,经登记机关负责人批准,可以再延长 3 个工作日。申请材料不齐全或者不符合法定形式的,登记机关应当一次性告知申请人需要补正的材料。”公司登记机关依法负有该职责,如无正当理由而不及时办理变更登记,则法院依照《行政诉讼法》关于受案范围的规定受理受让人对该公司登记机关的起诉。

# 案由4 股东知情权纠纷

## 适用指引

### 一、股东知情权纠纷概述

股东知情权,即股东获取公司信息、了解公司情况的权利。了解掌握公司经营情况等,是股东作出商业决策的前提。

根据新《公司法》相关规定,有限责任公司股东有权查阅、复制公司章程、股东名册、股东会会议记录、董事会会议决议、监事会会议决议和财务会计报告,并可以要求查阅公司会计账簿、会计凭证。股份有限公司股东有权查阅、复制公司章程、股东名册、股东会会议记录、董事会会议决议、监事会会议决议、财务会计报告,对公司的经营提出建议或者质询;股份有限公司满足特定持股时间、比例要求的股东可以要求查阅公司的会计账簿、会计凭证。股东的知情权范围还及于公司全资子公司的相关材料。股东会要求董事、监事、高级管理人员列席会议的,董事、监事、高级管理人员应当列席并接受股东的质询。

当然,为避免股东滥用知情权而影响公司正常经营活动、损害公司利益,股东行使知情权应受到一定限制。公司有合理根据认为股东查阅会计账簿、会计凭证有不正当目的,可能损害公司合法利益的,可以拒绝提供查阅,并应当自股东提出书面请求之日起15日内书面答复股东并说明理由。

股东知情权纠纷即公司妨碍股东行使知情权而产生的纠纷。公司通常由控股股东控制,因此股东知情权纠纷多是由中小股东与大股东之间发生矛盾而引起的。股东向公司主张知情权时,公司经常以股东行使该权利存在不正当目的、会损害公司利益为由进行抗辩,导致这类纠纷矛盾突出。

### 二、股东知情权纠纷诉讼主体

股东知情权是公司股东对公司的权利,故股东知情权诉讼原告为公司股

东,被告为公司。关于股东知情权诉讼的原告,有以下几点说明:

股东知情权诉讼的原告通常应为公司的现有股东。对有限责任公司而言,原告起诉时可以提交公司股东名册或公司登记机关的登记证明其股东身份。如果原告在起诉时具有股东资格,但在诉讼过程中由于未实缴出资等原因被除名,其仍可依据新《公司法》相关规定行使知情权。[①] 如果存在股东身份争议或原告系公司隐名股东,原告应先解决股东身份问题。例如,在陈某娟、吴某刚等与盘固水泥集团有限公司股东资格确认纠纷、股东知情权纠纷再审复查与审判监督案[(2016)苏民申4432号]中,法院指出,股东知情权诉讼权利行使的主体必须是公司股东,但实际出资人陈某娟、吴某刚股东资格尚未确认,故一、二审法院判决驳回其行使知情权等诉讼请求,并无不当。再如,北京市高级人民法院《关于审理公司纠纷案件若干问题的指导意见》第16条规定:"公司的实际出资人在其股东身份未显名化之前,不具备股东知情权诉讼的原告主体资格,其已诉至法院的,应裁定驳回起诉。"

对于股份有限公司而言,股票是公司签发的证明股东所持股份的凭证,因此原告起诉时应持有股票。实务中的情况比较复杂,有些股东身份是通过受让、接受遗赠或者赠与等获得的,如果原告起诉时能够提供合理的依据,应当初步落实原告的股东身份,对公司没有证据推翻股东身份的,应当予以立案。[②]

公司原股东转让股权后无权提起股东知情权诉讼,除非其在起诉时提交初步证据证明在持股期间合法权益受到损害。《公司法司法解释(四)》第7条规

① 在洛阳市天辅建筑安装工程有限公司、沈某利股东知情权纠纷申请再审案[(2021)豫民申7549号]中,法院指出,本案中,沈某利的诉讼请求是要求天辅公司提供自2002年10月23日起至2021年3月11日的公司章程、股东会会议记录和财务会计报告供沈某利查阅、复制;提供该期间的会计账簿供沈某利查阅。天辅公司认为其于2021年5月10日已作出对沈某利的除名决议,故沈某利不具备股东身份,无权行使股东知情权。根据原审已查明事实及双方陈述内容,天辅公司系在沈某利提起本案诉讼后才作出股东会除名决议。沈某利提起本案诉讼时具有天辅公司股东身份,且沈某利申请查阅公司相关资料的时间段也是沈某利作为天辅公司的股东期间。天辅公司称将沈某利除名的原因系沈某利未缴纳50万元出资且经催告仍未缴纳。沈某利则认为其已足额缴纳出资,并在二审时提交了洛阳市鼎正会计师事务所于2001年9月27日出具的天辅公司验资报告,证明在2001年9月天辅公司注册成立时,股东的出资都是到位的。此外,双方均认可关于天辅公司2021年5月10日股东会决议效力问题,已经另行提起诉讼。故关于沈某利除名的股东会决议效力问题尚待另案诉讼根据双方主张加以明确。天辅公司在本案中未提供充分证据证明沈某利提起本案诉讼时不具有天辅公司股东资格,故原审法院认定沈某利有权按照《公司法》的相关规定行使知情权并无不当。

② 参见杜万华主编、最高人民法院民事审判第二庭编著:《最高人民法院公司法司法解释(四)理解与适用》,人民法院出版社2017年版,第173页。

定:“股东依据公司法第三十三条、第九十七条或者公司章程的规定,起诉请求查阅或者复制公司特定文件材料的,人民法院应当依法予以受理。公司有证据证明前款规定的原告在起诉时不具有公司股东资格的,人民法院应当驳回起诉,但原告有初步证据证明在持股期间其合法权益受到损害,请求依法查阅或者复制其持股期间的公司特定文件材料的除外。”①

## 三、股东知情权纠纷管辖

《民事诉讼法》第 27 条规定:“因公司设立、确认股东资格、分配利润、解散等纠纷提起的诉讼,由公司住所地人民法院管辖。”《民诉解释》第 22 条规定:“因股东名册记载、请求变更公司登记、股东知情权、公司决议、公司合并、公司分立、公司减资、公司增资等纠纷提起的诉讼,依照民事诉讼法第二十七条规定确定管辖。”根据以上规定,因股东知情权纠纷提起的诉讼,由公司住所地人民法院管辖。公司住所地是指公司主要办事机构所在地。公司主要办事机构所在地不明确的,由其注册地或者登记地人民法院管辖。

## 四、新《公司法》中股东知情权相关规定的变化

新《公司法》扩大了公司股东知情权范围,增加了公司股东行使知情权的方式。

### (一)关于股东知情权范围

对于有限责任公司,原《公司法》未明确公司股东是否可以查阅会计凭证,新《公司法》第 57 条第 2 款规定了公司股东可以要求查阅会计凭证。根据新《公司法》第 57 条第 5 款股东还可以根据前四款的规定,查阅、复制公司全资子

① 在中原银行股份有限公司、河南中汇实业集团有限公司公司盈余分配纠纷二审案[(2020)豫民终 126 号]中,法院对该条款进行了较为具体的解释:“本条结合诉的利益原则,明确规定了股东就公司法第三十三条、第九十七条规定享有的诉权,并规定了公司原股东享有的有限诉权。上述司法解释规定中的‘除外’对应的应是前文的‘驳回起诉’,即原股东有初步证据证明在持股期间其合法权益受到损害的,法院不应驳回起诉,应依法予以受理,该条规定解决的是原股东在特殊情况下的诉权问题。但‘诉权’不等同于‘胜诉权’,‘初步证据’不等同于‘实质证据’,赋予原股东诉权,并非当然地支持原股东的诉讼请求。在受理案件后,应审查原股东的证据是否能够证明在持股期间其合法权益受到损害。根据公司法解释四第八条规定,需要审查要求查阅账簿的有限责任公司股东是否有不正当目的;审查原股东是否已经查阅过或掌握其诉请的特定文件资料等情形,以认定原股东的诉讼请求是否应该得到支持。”

公司相关材料，即查阅、复制公司全资子公司的章程、股东名册、股东会会议记录、董事会会议决议、监事会会议决议和财务会计报告，查阅公司全资子公司的会计账簿、会计凭证。

新《公司法》还扩大了股份有限公司股东的知情权范围，根据新《公司法》第110条第2款，连续180日以上单独或者合计持有公司3%以上股份的股东可以要求查阅公司会计账簿、会计凭证，新《公司法》允许公司章程放松对该持股比例的约束。符合条件的股东可以根据相关规定，查阅、复制公司全资子公司相关材料，即查阅、复制公司全资子公司的章程、股东名册、股东会会议记录、董事会会议决议、监事会会议决议和财务会计报告，查阅公司全资子公司的会计账簿、会计凭证。当然，上市公司股东知情权范围应受限于《证券法》等法律、行政法规的相关规定。

(二)关于股东行使知情权的方式

1. 复制权。对于股份有限公司，新《公司法》明确了股东有权复制公司章程、股东名册、股东会会议记录、董事会会议决议、监事会会议决议、财务会计报告。实践中，对于上市公司而言，该等资料是公开资料，股东可随时复制。但是对于未上市的股份有限公司而言，根据原《公司法》，尽管股东可以查阅该等资料，但是能否复制并不明确。新《公司法》则明确了未上市的股份有限公司股东的这一权利。

2. 委托行使。新《公司法》第57条第3款、第4款明确有限责任公司股东可以委托相关中介机构查阅、复制相关材料。相比于《公司法司法解释(四)》第10条第2款，不再要求股东持法院生效判决作为依据，也不再要求中介机构开展工作时股东在场。

## 主要规范依据

### 《公司法》

**第五十七条**　股东有权查阅、复制公司章程、股东名册、股东会会议记录、董事会会议决议、监事会会议决议和财务会计报告。

股东可以要求查阅公司会计账簿、会计凭证。股东要求查阅公司会计账簿、会计凭证的，应当向公司提出书面请求，说明目的。公司有合理根据认为股东查阅会计账簿、会计凭证有不正当目的，可能损害公司合法利益的，可以拒绝提供查阅，并应当自股东提出书面请求之日起十五日内书面答复股东并说明理由。公司拒绝提供查阅的，股东可以向人民法院提起诉讼。

股东查阅前款规定的材料，可以委托会计师事务所、律师事务所等中介机构进行。

股东及其委托的会计师事务所、律师事务所等中介机构查阅、复制有关材料，应当遵守有关保护国家秘密、商业秘密、个人隐私、个人信息等法律、行政法规的规定。

股东要求查阅、复制公司全资子公司相关材料的，适用前四款的规定。

**第一百零九条**　股份有限公司应当将公司章程、股东名册、股东会会议记录、董事会会议记录、监事会会议记录、财务会计报告、债券持有人名册置备于本公司。

**第一百一十条**　股东有权查阅、复制公司章程、股东名册、股东会会议记录、董事会会议决议、监事会会议决议、财务会计报告，对公司的经营提出建议或者质询。

连续一百八十日以上单独或者合计持有公司百分之三以上股份的股东查阅公司的会计账簿、会计凭证的，适用本法第五十七条第二款、第三款、第四款的规定。公司章程对前款规定的持股比例有较低规定的，从其规定。

股东要求查阅、复制公司全资子公司相关材料的，适用前两款的规定。

上市公司股东查询、复制相关资料的，应当遵守《中华人民共和国证券法》等法律、行政法规的规定。

**第一百二十九条**　公司应当定期向股东披露董事、监事、高级管理人员从公司获得报酬的情况。

**第二百零九条**　有限责任公司应当按照公司章程规定的期限将财务会计报告送交各股东。

股份有限公司的财务会计报告应当在召开股东会年会的二十日前置备于本公司，供股东查阅；公开发行股份的股份有限公司应当公告其财务会计报告。

《公司法司法解释(四)》

**第七条** 股东依据公司法第三十三条、第九十七条或者公司章程的规定,起诉请求查阅或者复制公司特定文件材料的,人民法院应当依法予以受理。

公司有证据证明前款规定的原告在起诉时不具有公司股东资格的,人民法院应当驳回起诉,但原告有初步证据证明在持股期间其合法权益受到损害,请求依法查阅或者复制其持股期间的公司特定文件材料的除外。

**第八条** 有限责任公司有证据证明股东存在下列情形之一的,人民法院应当认定股东有公司法第三十三条第二款规定的“不正当目的”:

(一)股东自营或者为他人经营与公司主营业务有实质性竞争关系业务的,但公司章程另有规定或者全体股东另有约定的除外;

(二)股东为了向他人通报有关信息查阅公司会计账簿,可能损害公司合法利益的;

(三)股东在向公司提出查阅请求之日前的三年内,曾通过查阅公司会计账簿,向他人通报有关信息损害公司合法利益的;

(四)股东有不正当目的的其他情形。

**第九条** 公司章程、股东之间的协议等实质性剥夺股东依据公司法第三十三条、第九十七条规定查阅或者复制公司文件材料的权利,公司以此为由拒绝股东查阅或者复制的,人民法院不予支持。

**第十一条** 股东行使知情权后泄露公司商业秘密导致公司合法利益受到损害,公司请求该股东赔偿相关损失的,人民法院应当予以支持。

根据本规定第十条辅助股东查阅公司文件材料的会计师、律师等泄露公司商业秘密导致公司合法利益受到损害,公司请求其赔偿相关损失的,人民法院应当予以支持。

**第十二条** 公司董事、高级管理人员等未依法履行职责,导致公司未依法制作或者保存公司法第三十三条、第九十七条规定的公司文件材料,给股东造成损失,股东依法请求负有相应责任的公司董事、高级管理人员承担民事赔偿责任的,人民法院应当予以支持。

## 相关问题

### 一、股东行使知情权的范围

新《公司法》第 57 条、第 110 条明确了股东有权查阅、复制的文件材料范围。下文就实务中出现的关于股东知情权范围问题（如股东对其加入公司前公司特定文件材料有无知情权，公司进入破产程序后股东知情权有无变化，等等）作简要分析。

（一）关于股东对其加入公司前公司特定文件材料有无知情权的问题

对此问题，司法实践中曾有一定分歧，在褚某虹与江苏双江石化制品有限公司股东知情权纠纷案［（2014）泰中商终字第 0046 号］中，法院论证股东知情权行使的起始时间问题时指出，股东行使知情权应从取得股东资格时享有，受让取得股权的，其在受让决策前应当对公司的经营管理等股东知情权的事项进行全面的了解，在受让股权成为公司股东后无权查阅其成为股东之前的关于公司经营管理情况的相关资料。法院认为，股东行使知情权应从取得股东资格时享有，这固然没有疑问，但取得股东资格方得行使知情权并不意味着其无法查阅公司此前的文件资料，仅凭“在受让决策前应当对公司的经营管理等股东知情权的事项进行全面的了解”似不足以论证股东无权查阅其成为股东之前公司的文件资料。更多的法院判决倾向于认为，股东知情权范围及于其正式成为股东之前公司的文件资料。如在福建省飞驰科技股份有限公司、益盟国际有限公司股东知情权纠纷二审案［（2019）闽民终 1330 号］中，法院指出，由于公司运营是一个整体的、动态的、延续性的过程，无论股东通过何种方式取得公司股份，自其成为股东之日起，其有权继受前手股东的相关权利，知情权亦不例外，因此股东知情权范围及于其正式成为股东之前公司的文件资料。

（二）关于公司进入破产程序后股东知情权范围问题

公司章程、股东名册、股东会会议记录、董事会会议决议、监事会会议决议和财务会计报告是公司正常经营时常见的重要文件材料，但是进入破产程序后，债权表、债权申报登记册及债权申报材料成为各方最为重视的文件资料，问题是，公司股东是否有权要求查阅这些文件资料。根据最高人民法院《关于适用〈中华人民共和国企业破产法〉若干问题的规定(三)》第6条第3款规定,在破产期间,这些文件材料由管理人保管,债权人、债务人、债务人职工及其他利害关系人有权查阅。法院受理破产申请后,债权申报情况将影响到股东未缴足出资义务的加速到期,以及是否通过提供担保或者其他方式拯救公司的商业决策等事宜,股东应属于上述规定所称利害关系人,可以查阅债权表、债权申报登记册及债权申报材料。在西藏仙地投资管理有限公司等与中国租赁有限公司股东知情权纠纷二审案[(2022)京民终47号]中,法院指出,公司法规定的股东知情权的范围并未涉及公司进入破产程序及破产程序终结后股东享有查阅权的范围;股东与公司存在利害关系,从而有权查阅该等文件资料。

(三)对上市公司股东查阅股东名册的限制

上市公司从证券登记结算机构获得证券持有人名册,据以形成股东名册。但是上市公司从证券登记结算机构获得的证券持有人名册通常仅包含部分证券持有人的信息,且有一定时滞。因此,尽管根据新《公司法》第102条规定,股份有限公司股东名册应当记载各股东的姓名或名称、各股东的持股情况等信息,但上市公司股东从上市公司获得的股东名册通常不能包含全部股东信息,不能反映查阅当时的即时情况。证券持有人如果希望查询其本人持有的证券情况,可向证券登记结算机构申请查询。《证券登记结算管理办法》第15条第3款规定:"证券登记结算机构应当采取有效措施,方便证券持有人查询其本人证券的持有记录。"

## 二、公司股东行使知情权但未经法定前置程序的法律后果

有限责任公司股东要求查阅公司会计账簿、会计凭证的,应当向公司提出书面请求,说明目的。如果股东要求查阅会计账簿、会计凭证,但未说明目的,是否可以查阅会计账簿、会计凭证?如果在诉讼过程中,股东始终未能说明其正当目的,其查阅会计账簿、会计凭证的请求是否会得到支持?

从司法实践来看,若股东要求查阅公司会计账簿、会计凭证而未说明其正当目的,即使在诉讼中详陈其正当目的,其查阅公司会计账簿、会计凭证的诉求也难以获得法院支持。在黄某华、广州市翌骅电子材料有限公司股东知情权纠纷二审案[(2018)粤01民终15254号]中,法院指出:"本案中,黄某华通过EMS快递方式向广州翌骅住所地邮寄的《关于调取公司生产经营资料的函》中

并未说明查阅目的，无法初步判断其申请查阅广州翌骅的会计账簿具有正当目的，不符合《中华人民共和国公司法》规定的前置条件。原审法院认定黄某华未依法向广州翌骅主张权利的情况下直接起诉要求查阅会计账簿不当，并无不妥，本院予以维持。”

在贵州合润铝业新材料科技股份有限公司、周某辉股东知情权纠纷二审案[（2017）黔民终109号]中，法院认为，周某辉于2016年3月24日向公司提出要求查账的书面申请，公司在法定期限内没有回复，周某辉已履行了股东知情权的前置程序，故其向法院起诉符合法律规定，其对原《公司法》第97条规定范围的资料有权查阅，但其仅有权对其履行了前置程序之前即2016年3月24日之前的财务会计报告进行查阅。该案裁判思路与黄某华、广州市翌骅电子材料有限公司股东知情权纠纷二审案一致。

## 三、对股东行使知情权“不正当目的”的理解

《公司法司法解释（四）》第8条规定：“有限责任公司有证据证明股东存在下列情形之一的，人民法院应当认定股东有公司法第三十三条第二款规定的‘不正当目的’：（一）股东自营或者为他人经营与公司主营业务有实质性竞争关系业务的，但公司章程另有规定或者全体股东另有约定的除外；（二）股东为了向他人通报有关信息查阅公司会计账簿，可能损害公司合法利益的；（三）股东在向公司提出查阅请求之日前的三年内，曾通过查阅公司会计账簿，向他人通报有关信息损害公司合法利益的；（四）股东有不正当目的的其他情形。”

1. 关于该条第1项“股东自营或者为他人经营与公司主营业务有实质性竞争关系业务”的解释

如何理解“自营或者为他人经营”的含义？从司法实践情况来看，在与公司主营业务有实质性竞争关系业务的企业担任高级管理人员或者虽不担任高级管理人员但持有权益，会被认定为“自营或者为他人经营”与公司主营业务有实质性竞争关系业务。

如何认定“与公司主营业务有实质性竞争关系业务”的成立？判断其是否成立可从两方在产品名称及功能、市场地域等方面的利益冲突情况综合考虑。在盈之美（北京）食品饮料有限公司与泛金管理有限公司股东知情权纠纷二审案[（2020）京民终717号]中，法院就“与公司主营业务有实质性竞争关系业

务”采用了较为简明的判断逻辑，即经营范围存在重合，且存在重合的经营范围是公司利润的主要来源。

2. 关于第 2 项中“可能损害公司合法利益”的理解

第 2 项中的“可能损害公司合法利益”并不要求发生损害公司合法利益的实际后果，存在损害公司合法利益的可能性即可以导致该条第 2 项规定的“不正当目的”的成立。

该条第 2 项中“可能损害公司合法利益”表明该项旨在保护公司的合法利益，这意味着，即使股东查阅公司会计账簿是为了向他人通报有关信息，对于公司本不应得、不应有的利益，法院也不予保护。因此在司法实践中，如果股东为起诉公司或者协助执法机关调查取证而可能对公司造成不利，法院亦不认定其存在“不正当目的”。

另外，“可能损害公司合法利益”还意味着，股东为了向他人通报有关信息查阅公司会计账簿，与公司合法利益可能受损必须有法律上的因果关系。

## 四、股东协议放弃法定知情权后能否再向公司主张知情权？

《公司法司法解释（四）》第 9 条规定：“公司章程、股东之间的协议等实质性剥夺股东依据公司法第三十三条、第九十七条规定查阅或者复制公司文件材料的权利，公司以此为由拒绝股东查阅或者复制的，人民法院不予支持。”该规定对于限制股东法定知情权的安排的效力持否定态度。法定知情权具有股东固有权利的属性，不因股东主动放弃而丧失，股东只要具备股东资格，即可随时行使。

在司法实践中，法院亦秉持上述观点。例如，在嘉善鑫海精密铸件有限公司、凌某荣股东知情权纠纷二审案［（2020）浙 04 民终 3189 号］中，法院指出：“股东知情权是股东基于其股东身份所享有的固有的、法定的权利，公司的内部机构必须保障股东知情权得到切实的维护和实现。根据《最高人民法院关于适用〈中华人民共和国公司法〉若干问题的规定（四）》第九条的规定，公司不得以章程或者股东之间的协议等形式剥夺股东知情权的行使。……股东对于知情权的自由处分，仅限于股东是否实际行使，但其意思上的主动放弃并不能产生权利消灭的后果，即股东可以不行使或消极行使权利，但法定知情权既不能被剥夺，也不能由股东通过协议约定放弃，否则无效，股东只要具备股东资格，仍可随时行使知情权。”

## 五、瑕疵出资是否影响股东享有知情权?

股东基于其股东身份而享有知情权,而股东实际出资并非取得股东身份的条件,因此瑕疵出资并不必然减损股东基于股东身份而享有的知情权。

司法实践中,法院亦持此种观点。例如,在数熙科技(北京)有限公司与齐某丹股东知情权纠纷二审案[(2020)京01民终8541号]中,法院认为:“关于数熙公司主张齐某丹未完成实缴出资、应限制股东权利行使的上诉意见,股东出资瑕疵并不直接导致股东丧失股东资格、从而影响股东知情权的行使,故数熙公司仅以齐某丹存在瑕疵出资为由拒绝其行使知情权,本院不予支持。”

## 六、公司监事有检查公司财务、质询建议等职权,能否提起股东知情权诉讼?

实践中,享有知情权的股东可能同时是公司监事。新《公司法》第78条规定了监事会检查公司财务等职权,第79条还规定监事可以列席董事会会议并对董事会决议事项提出质询或者建议。问题是,监事能否提起股东知情权诉讼?

监事的该项权利与股东的知情权在权利性质、权利内容、行使方式等方面多有不同。尤需明确的是,监事是公司治理中的监督机构,其享有的该项权利是作为监督机构履行公司治理职能所需。监事会或监事履行相关职权属于公司内部治理的范畴,该权利的行使与否并不涉及监事会或监事的民事权益,故监事会或监事不具有诉权。如果提起知情权诉讼的股东同时系公司监事,应当以股东名义提起知情权诉讼。

在司法实践中,法院对以监事名义提出的行使知情权的诉讼请求不予受理。例如,在北京中天通宇科技有限公司与南某达股东知情权纠纷二审案[(2020)京03民终7082号]中,一审法院论证指出“因监事会或监事行使监督权发生的冲突,属于公司自治的范畴,不具有可诉性”,二审法院维持原判。在陈某勋、成都市翔宇房地产开发有限公司股东知情权纠纷再审案[(2016)川民申3243号]中,法院指出:“作为监事查阅公司财务账簿,公司法虽有明文规定,但监事权一般认为属于公司内部自治范畴,是否具有可诉性现在尚无明确的法律依据,故陈某勋主张作为股东和监事的双重身份而有权查阅公司财务账簿的申请理由不能成立。”

## 七、让与担保中的债权人取得股东权利外观后能否主张行使知情权?

股东让与担保中,因公司登记获得股东权利外观的债权人,其地位究竟是有担保的债权人,还是具有权利外观的股东?从《九民纪要》等相关规定来看,获得股东权利外观的债权人,其法律地位应是债权人而非股东。① 既然其并无获得股东资格的真实意思,即使取得权利外观,也并非股东,当然也就不能享有知情权等股东权利。在股东知情权纠纷中,让与担保中的债权人获得股东权利外观后主张行使知情权,法院往往通过各方真实意思确定其不具有股东身份,从而否认其享有股东权利。

例如,在董某焜、福州盈兴房地产开发有限公司股东知情权纠纷二审案[(2018)闽01民终4421号]中,法院指出:“基于案涉《股份转让协议》及《协议书》明确董某焜受让之股权性质系作为其投资之担保,且《股份转让协议》已明确约定董某焜受让股权后‘不享有按股权比例分配利润的权益和不负责按股权比例承担亏损的责任’及董某焜收回投资及回报后应将股权予以回转等约定,案涉股权转让具有让与担保性质,一审法院认定其系让与担保,认定正确。并且,上诉人董某焜亦未能举证证明其已以股东身份实际参与公司事务。故应认定董某焜并未实际作为盈兴公司股东行使股东权利,其依法不享有《中华人民共和国公司法》第三十三条所规定的公司股东知情权。”

再如,在君利信合投资管理有限公司、吉林省传奇房地产开发有限公司股东知情权纠纷二审案[(2021)吉01民终7427号]中,法院认为:“根据已生效的(2019)最高法民终798号民事判决书及编号JK20120912《借款合同》等证据材料,可以认定君利信合公司于2011年9月14日、9月15日分别向传奇房地产公司转款人民币720万元及14280万元,合计15000万元均为借款,并非君利信合公司主张的出资款。现工商登记信息体现的君利信合公司持有传奇房地产公司24%股权,系君利信合公司基于股权让与担保法律关系而取得。君利信合

① 参见最高人民法院民事审判第二庭编著:《〈全国法院民商事审判工作会议纪要〉理解与适用》,人民法院出版社2019年版,第402页。

公司仅可主张对变价后的该24%股权享有优先受偿权,而不享有股东权益。根据最高人民法院《关于适用〈中华人民共和国公司法〉若干问题的规定(四)》第7条第2款'公司有证据证明前款规定的原告在起诉时不具有公司股东资格的,人民法院应当驳回起诉'的规定,一审法院裁定驳回君利信合公司的起诉,并无不当。"

# 案由5 请求公司收购股份纠纷

## 适用指引

### 一、请求公司收购股份[①]纠纷概述

请求公司收购股份纠纷是指股东在法定或约定情形下要求公司以合理价格购买其所持股份而产生的纠纷。股东请求公司收购股份的权利或来自法定,或来自约定。其中,前者即股东依法享有的异议股东回购请求权,以及控股股东滥用股东权利严重损害公司或者其他股东利益时请求公司回购股权的权利;后者则为股东和公司之间通过协商达成的股权回购安排,较为典型的是"对赌协议"。

1. 因行使新《公司法》规定的请求公司回购股份的权利导致的纠纷

在原《公司法》的基础上,新《公司法》对股东请求公司回购股权的权利作了修订:(1)根据新《公司法》第89条第1款,在有限责任公司中,当出现特定情形[②]之一时,对股东会该项决议投反对票的股东可以请求公司按照合理的价格收购其股权。(2)新《公司法》还在原《公司法》规定的异议股东回购请求权的基础上,新增了控股股东滥用股东权利严重损害公司或者其他股东利益情形下请求公司回购股权的权利的规定(第89条第3款)。(3)新《公司法》新增了股

① 关于"股份""股权"的表述,《民事案件案由规定》中有"请求公司收购股份纠纷",也有"股权转让纠纷"。狭义的股权指有限责任公司的股东权利,股份指股份公司中的股东权利。广义上,股权也包括股份。但司法实践中并未对此作严格区分,涉及的相关表述可能出现混用情形。

② 新《公司法》第89条第1款规定了有限责任公司中触发异议股东回购请求权的3种情形:公司连续5年不向股东分配利润,而公司该5年连续盈利,并且符合本法规定的分配利润条件;公司合并、分立、转让主要财产;公司章程规定的营业期限届满或者章程规定的其他解散事由出现,股东会通过决议修改章程使公司存续。

份有限公司异议股东回购请求权的规定(第161条),当出现特定情形[①]之一时,对股东会该项决议投反对票的股东可以请求公司按照合理的价格收购其股份,公开发行股份的公司除外。与第89条相比,第161条对股份有限公司排除了"公司合并、分立"情形下的异议股东回购请求权,且未规定控股股东滥用股东权利严重损害公司或者其他股东利益情形下,中小股东享有回购请求权。(4)新《公司法》第219条规定了简易合并时,被合并的公司股东有权请求公司按照合理的价格收购其股权或者股份。

在实践中,股东与公司可能就该请求权构成要件是否满足以及如何理解该请求权的法律后果发生争议。容易引发争议的问题有:新《公司法》第89、161条第1款规定行使异议股东回购请求权需要该股东"对股东会该项决议投反对票",那么,能否以"投弃权票"代替"投反对票";在未召开股东会或者股东非因自身过错而未出席股东会的情况下,股东还能否行使异议股东回购请求权;"公司连续五年不向股东分配利润,而公司该五年连续盈利,并且符合本法规定的分配利润条件"是否要求异议股东连续5年投反对票;股东可否未经与公司磋商股权收购协议而直接起诉;如何确定收购股权的合理价格;以一定方式限制未实缴出资的股东的异议股东回购请求权是否有效,等等。

2. 股东行使协议约定的请求公司回购股份的权利导致的纠纷

在法律规定之外,股东在投资入股时可通过协商与目标公司达成一定的股权回购安排。其中最为常见的就是"对赌协议"。对赌协议又称估值调整协议,是指投资方与融资方在达成股权性融资协议时,为解决交易双方对目标公司未来发展的不确定性、信息不对称以及代理成本而设计的包含了股权回购等对未来目标公司的估值进行调整的协议。从既往的司法实践来看,投资方与公司之间的争议往往围绕投资方与公司约定的回购条款是否有效、是否可履行而展开,因此发生的纠纷也可归类为请求公司收购股份纠纷。[②]

---

① 新《公司法》第161条第1款规定了股份有限公司中触发异议股东回购请求权的3种情形:公司连续5年不向股东分配利润,而公司该5年连续盈利,并且符合本法规定的分配利润条件;公司转让主要财产;公司章程规定的营业期限届满或者章程规定的其他解散事由出现,股东会通过决议修改章程使公司存续。

② 实践中,关于此类纠纷是否属于请求公司收购股份纠纷存有分歧,既有观点认为这是合同纠纷,也有观点认为这是与公司有关的纠纷,是请求公司收购股份纠纷。

实践中,关于回购条款的设计多种多样,回购条款中的履约主体至少可以有以下6种组合:一是公司承担回购义务;二是原股东(及/或实际控制人)承担回购义务;三是公司、原股东(及/或实际控制人)承担回购义务;四是原股东(及/或实际控制人)承担回购义务,公司对此提供担保;五是公司承担回购义务,原股东(及/或实际控制人)对此提供担保;六是公司和原股东、实际控制人以外的主体承担回购义务或者提供担保。因不同的回购条款的履行而发生纠纷,其案由因回购主体之不同,或为请求公司收购股份纠纷,或为股权转让纠纷,或为合同纠纷。当公司为回购条款履约主体时,以请求公司收购股份为案由。

## 二、请求公司收购股份纠纷的诉讼主体

在因行使新《公司法》第89条、第161条等规定的请求公司回购股份的权利而导致的纠纷中,因为该权利系股东对公司的权利,故原告应为股东,被告应为公司。

在股东行使协议约定的请求公司回购股份的权利导致的纠纷中,如果股东与公司之间约定在特定条件下股东有权请求公司回购其股权,那么在诉讼中,原告应为股东,被告应为公司。

## 三、请求公司收购股份纠纷的管辖

因请求公司收购股份纠纷提起的诉讼,如争议双方未以书面协议对管辖法院作出选择,则由公司住所地人民法院管辖。公司住所地是指公司主要办事机构所在地。公司主要办事机构所在地不明确的,由其注册地或者登记地人民法院管辖。

双方可以通过协议约定选择被告住所地、合同履行地、合同签订地、原告住所地等与争议有实际联系的地点的人民法院管辖,但是不得违反民事诉讼法关于级别管辖和专属管辖的规定。

## 四、请求公司收购股份纠纷与其他纠纷的联系与区别

1. 请求公司收购股份纠纷与股权转让纠纷

公司收购股份与股权转让同样是股东退出公司的渠道,但收购股权/股份

的主体存在区别。相应地,请求公司收购股份纠纷与股权转让纠纷的一项区别就是诉讼主体的不同,在请求公司收购股份纠纷中,股东请求公司收购股份,故原被告为股东与公司;在股权转让纠纷中,因为收购股份的主体是公司其他股东或者公司股东之外的主体,因此,被告通常不是公司。

2. 请求公司收购股份纠纷与公司解散纠纷

从新《公司法》及相关司法解释的规定来看,在与公司有关的纠纷中,可导致公司回购股东股份的结果的纠纷有两种,即请求公司收购股份纠纷与公司解散纠纷。

从起因来看,前者是因为中小股东对公司重大事项持反对意见,或者是因为股东与公司约定的某种回购条件触发;后者则多起因于公司僵局。从结果来看,请求公司收购股份纠纷中原告胜诉导致公司收购其股份,公司仍然存续;公司解散纠纷可能导致公司解散,不再存续,但是在特定条件下,也可导致公司收购股东的股份。根据《公司法司法解释(二)》第 5 条,在公司解散纠纷中,当事人协商同意由公司或者股东收购股份,或者以减资等方式使公司存续,且不违反法律、行政法规强制性规定的,人民法院应予支持。这意味着公司解散纠纷也会导致公司收购股份的结果。

3. 请求公司收购股份纠纷与损害股东利益责任纠纷

在控股股东滥用股东权利严重损害其他股东利益的情形下,如果新《公司法》第 89 条第 3 款和第 21 条第 2 款所规定的请求权的构成要件都得到满足,那么利益受到侵害的中小股东既可以请求公司收购其股权/股份,也可以请求控股股东赔偿其损失,还可以同时主张两项请求,即此时两种纠纷可以并存。

## 主要规范依据

### 《公司法》

**第八十九条** 有下列情形之一的,对股东会该项决议投反对票的股东可以请求公司按照合理的价格收购其股权:

(一)公司连续五年不向股东分配利润,而公司该五年连续盈利,并且符合本法规定的分配利润条件;

（二）公司合并、分立、转让主要财产；

（三）公司章程规定的营业期限届满或者章程规定的其他解散事由出现，股东会通过决议修改章程使公司存续。

自股东会决议作出之日起六十日内，股东与公司不能达成股权收购协议的，股东可以自股东会决议作出之日起九十日内向人民法院提起诉讼。

公司的控股股东滥用股东权利，严重损害公司或者其他股东利益的，其他股东有权请求公司按照合理的价格收购其股权。

公司依照本条第一款、第三款规定的情形收购的本公司股权，应当在六个月内依法转让或者注销。

**第一百六十一条** 有下列情形之一的，对股东会该项决议投反对票的股东可以请求公司按照合理的价格收购其股份，公开发行股份的公司除外：

（一）公司连续五年不向股东分配利润，而公司该五年连续盈利，并且符合本法规定的分配利润条件；

（二）公司转让主要财产；

（三）公司章程规定的营业期限届满或者章程规定的其他解散事由出现，股东会通过决议修改章程使公司存续。

自股东会决议作出之日起六十日内，股东与公司不能达成股份收购协议的，股东可以自股东会决议作出之日起九十日内向人民法院提起诉讼。

公司依照本条第一款规定收购的本公司股份，应当在六个月内依法转让或者注销。

**第一百六十二条** 公司不得收购本公司股份。但是，有下列情形之一的除外：

（一）减少公司注册资本；

（二）与持有本公司股份的其他公司合并；

（三）将股份用于员工持股计划或者股权激励；

（四）股东因对股东会作出的公司合并、分立决议持异议，要求公司收购其股份；

（五）将股份用于转换公司发行的可转换为股票的公司债券；

（六）上市公司为维护公司价值及股东权益所必需。

公司因前款第一项、第二项规定的情形收购本公司股份的，应当经股东会决议；公司因前款第三项、第五项、第六项规定的情形收购本公司股份的，可以按照公司章程或者股东会的授权，经三分之二以上董事出席的董事会会议决议。

公司依照本条第一款规定收购本公司股份后，属于第一项情形的，应当自收购之日起十日内注销；属于第二项、第四项情形的，应当在六个月内转让或者注销；属于第三项、第五项、第六项情形的，公司合计持有的本公司股份数不得超过本公司已发行股份总数的百分之十，并应当在三年内转让或者注销。

上市公司收购本公司股份的，应当依照《中华人民共和国证券法》的规定履行信息披露义务。上市公司因本条第一款第三项、第五项、第六项规定的情形收购本公司股份的，应当通过公开的集中交易方式进行。

公司不得接受本公司的股份作为质权的标的。

**第二百一十九条** 公司与其持股百分之九十以上的公司合并，被合并的公司不需经股东会决议，但应当通知其他股东，其他股东有权请求公司按照合理的价格收购其股权或者股份。

公司合并支付的价款不超过本公司净资产百分之十的，可以不经股东会决议；但是，公司章程另有规定的除外。

公司依照前两款规定合并不经股东会决议的，应当经董事会决议。

### 《公司法司法解释（一）》

**第三条** 原告以公司法第二十二条第二款、第七十四条第二款规定事由，向人民法院提起诉讼时，超过公司法规定期限的，人民法院不予受理。

### 《公司法司法解释（二）》

**第五条** 人民法院审理解散公司诉讼案件，应当注重调解。当事人协商同意由公司或者股东收购股份，或者以减资等方式使公司存续，且不违反法律、行政法规强制性规定的，人民法院应予支持。当事人不能协商一致使公司存续的，人民法院应当及时判决。

经人民法院调解公司收购原告股份的，公司应当自调解书生效之日起六个月内将股份转让或者注销。股份转让或者注销之前，原告不得以公司收购其股份为由对抗公司债权人。

《公司法司法解释(五)》

**第五条** 人民法院审理涉及有限责任公司股东重大分歧案件时,应当注重调解。当事人协商一致以下列方式解决分歧,且不违反法律、行政法规的强制性规定的,人民法院应予支持:

(一)公司回购部分股东股份;

(二)其他股东受让部分股东股份;

(三)他人受让部分股东股份;

(四)公司减资;

(五)公司分立;

(六)其他能够解决分歧,恢复公司正常经营,避免公司解散的方式。

《九民纪要》

**(一)关于"对赌协议"的效力及履行**

实践中俗称的"对赌协议",又称估值调整协议,是指投资方与融资方在达成股权性融资协议时,为解决交易双方对目标公司未来发展的不确定性、信息不对称以及代理成本而设计的包含了股权回购、金钱补偿等对未来目标公司的估值进行调整的协议。从订立"对赌协议"的主体来看,有投资方与目标公司的股东或者实际控制人"对赌"、投资方与目标公司"对赌"、投资方与目标公司的股东、目标公司"对赌"等形式。人民法院在审理"对赌协议"纠纷案件时,不仅应当适用合同法的相关规定,还应当适用公司法的相关规定;既要坚持鼓励投资方对实体企业特别是科技创新企业投资原则,从而在一定程度上缓解企业融资难问题,又要贯彻资本维持原则和保护债权人合法权益原则,依法平衡投资方、公司债权人、公司之间的利益。对于投资方与目标公司的股东或者实际控制人订立的"对赌协议",如无其他无效事由,认定有效并支持实际履行,实践中并无争议。但投资方与目标公司订立的"对赌协议"是否有效以及能否实际履行,存在争议。对此,应当把握如下处理规则:

**5.【与目标公司"对赌"】** 投资方与目标公司订立的"对赌协议"在不存在法定无效事由的情况下,目标公司仅以存在股权回购或者金钱补偿约定为由,主张“对赌协议”无效的,人民法院不予支持,但投资方主张实际履行的,人民法院应当审查是否符合公司法关于“股东不得抽逃出资”及股份回购的强制性规定,判决是否支持其诉讼请求。

投资方请求目标公司回购股权的,人民法院应当依据《公司法》第 35 条关于“股东不得抽逃出资”或者第 142 条关于股份回购的强制性规定进行审查。经审查,目标公司未完成减资程序的,人民法院应当驳回其诉讼请求。

投资方请求目标公司承担金钱补偿义务的,人民法院应当依据《公司法》第 35 条关于“股东不得抽逃出资”和第 166 条关于利润分配的强制性规定进行审查。经审查,目标公司没有利润或者虽有利润但不足以补偿投资方的,人民法院应当驳回或者部分支持其诉讼请求。今后目标公司有利润时,投资方还可以依据该事实另行提起诉讼。

**《上市公司股份回购规则》**①

**第二条** 本规则所称上市公司回购股份,是指上市公司因下列情形之一收购本公司股份的行为:

(一)减少公司注册资本;

(二)将股份用于员工持股计划或者股权激励;

(三)将股份用于转换上市公司发行的可转换为股票的公司债券;

(四)为维护公司价值及股东权益所必需。

前款第(四)项所指情形,应当符合以下条件之一:

(一)公司股票收盘价格低于最近一期每股净资产;

(二)连续二十个交易日内公司股票收盘价格跌幅累计达到百分之二十;

(三)公司股票收盘价格低于最近一年股票最高收盘价格的百分之五十;

(四)中国证监会规定的其他条件。

---

① 涉及股份回购的部门规章、规范性文件还有《关于鼓励上市公司兼并重组、现金分红及回购股份的通知》《关于支持上市公司回购股份的意见》等。

**相关问题**

### 一、如何理解异议股东对股东会决议"投反对票"?

第一,如何理解"对股东会该项决议投反对票"?是否能以"投弃权票"代替"投反对票"?从文义解释来看,弃权票和反对票是股东对相关议案的两种不同态度,应认为不能以"投弃权票"代替"投反对票"。

第二,在未召开股东会或者股东非因自身过错而未出席股东会的情况下,股东无从行使表决权,此时是否允许未"投反对票"的股东行使异议股东回购请求权?异议股东回购请求权旨在保护异议股东的合法权益,之所以对投反对票作出规定,意在要求异议股东将反对意见向其他股东明示。非因自身过错未能参加股东会的股东,虽未对股东会决议投反对票,但明确提出反对意见的,从规范意旨考虑,应认为其仍可行使异议股东回购请求权请求公司收购其股权。

第三,如果"公司连续五年不向股东分配利润,而公司该五年连续盈利,并且符合《公司法》规定的分配利润条件",是否要求异议股东连续 5 年投反对票或表达反对意见?对此问题,如果将"对股东会该项决议投反对票"解释为连续 5 年投反对票,那么适用异议股东回购请求权的条件将过于严苛,减小对于中小股东的保护力度。此外,还可能导致中小股东出于日后适用本条的长远考虑,在 5 年中较早阶段对于不分配利润的议案投反对票,既会抑制公司再投资活动,也会引起股东之间意见龃龉,心生嫌隙。更好的解释方案是,在公司连续 5 年不向股东分配利润的情形下,在拟行使异议股东回购请求权之前最近一次股东会上投反对票,即可理解为对公司连续 5 年不向股东分配利润的反对,满足"对股东会该项决议投反对票"的要件,而此前年份的投票情况不影响股东行使异议股东回购请求权。

### 二、如何理解"公司连续五年不向股东分配利润,而公司该五年连续盈利,并且符合本法规定的分配利润条件"?

最高人民法院在周某涛、辛某荣请求公司收购股份纠纷再审案[(2017)最高法民申 2154 号]中将该规定拆分为 3 个构成要件:(1)公司连续 5 年不向股东分配利润;(2)该5年公司连续盈利;(3)符合《公司法》规定的分配利润条件,即有限责任公司在弥补亏损和提取公积金后所余税后利润依照原《公司法》第34条的规定分配。可见,行使异议股东回购请求权,需要公司不分红的情况在时间维度上有连续性,即在连续的5年中不分配利润,并且该5年中公司连续盈利。可能引发的争议是,是否要求连续5年"符合本法规定的分配利润条件"?

"本法规定的分配利润条件"易于理解,即新《公司法》第210条关于弥补亏损(如有)和提取公积金的相关规定。公司只有在弥补亏损及提取法定公积金之后,才能就剩余的税后利润进行分配。如果弥补亏损及提取法定公积金之后已无剩余,则股东无法分配,需要注意的是,这种情况未必是控股股东和公司有意造成的。

如果在连续5年中的前几年,如前3年或者前4年,公司弥补亏损(如有)及提取法定公积金之后没有剩余的税后利润可供分配给股东,即使公司连续5年盈利而连续5年未向股东分配,并且在第5年符合新《公司法》规定的分配利润条件,也难以据此认定中小股东是因为控股股东的压制而利益受损。此时,如果允许中小股东通过行使异议股东回购请求权退出公司,则超出了异议股东回购请求权的规范意旨。从以上分析来看,宜将"符合本法规定的分配利润条件"解释为连续5年均满足的要件。

## 三、如何理解"转让主要财产"?

公司转让主要财产可能触发异议股东回购请求权,但是,目前的立法和司法解释尚未就"主要财产"给出认定标准。

异议股东回购请求权是保护中小股东合理期待的重要手段。[①] 立法之所以将公司转让主要财产作为异议股东回购请求权的触发条件,是因为转让主要财产可能导致公司资产发生根本性变化,与股东原先的投资预期不符。[②] 因此,在认定公司拟转让的财产是不是公司主要财产时,应考虑该等转让是否会使股东合理期待落空。至于该等转让有利于公司,不能成为被告的抗辩理由,例如,在

---

① 参见宋燕妮、赵旭东主编:《中华人民共和国公司法释义》,法律出版社2019年版,第152页。

② 参见施天涛:《商法学》(第5版),法律出版社2018年版,第165页。

郭某华诉北京华商置业有限公司案[(2008)一中民初字第02959号]中,法院认为,公司转让的相关财产是公司进行日常经营活动所必需的物质基础,属于公司的主要财产;该等转让导致了异议股东丧失了继续留在公司的理由,其有权以此为由要求公司按照合理的价格收购其股权,对于公司提出的该等转让是最大限度维护公司和全体股东利益等答辩理由不予采纳。

司法实践中认定"主要财产"的考量因素还有拟转让资产占公司资产比重、对公司业务的影响等。在中国华融资产管理公司与贵州钢绳(集团)有限责任公司请求公司收购股份纠纷一审案[(2018)黔民初10号]中,法院从拟出售资产对公司业务的影响、占公司净资产比重等角度论证其为公司主要财产。

## 四、股东是否可以未经与公司协商收购协议内容而直接起诉?

在股东向法院提起诉讼行使异议股东回购请求权前,是否必须自股东会决议作出之日起60日内与公司协商股份收购协议?从新《公司法》第89、161条规定的文义来看,协商应是起诉的前置程序。在陈某华、湖北德克特种异型高强螺栓有限公司与公司有关的纠纷二审案[(2020)鄂02民终298号]中,法院认为,股东"应在法定期限内先与公司协商,协商不成才可向法院提起诉讼"。

司法实践中另有相反观点。在烟台市三站果品批发市场有限责任公司、柳某玲合同纠纷二审案[(2020)鲁06民终142号]中,法院认为:"与公司协商并非起诉公司要求收购股权的法定前置程序。《公司法》第七十四条并未规定协商是起诉的前置程序,只是给了公司异议股东另一个维护权益的路径,即股东可以选择协商,协商不成或者未协商都属于'不能达成股权收购协议'的情形,均可以在九十日内起诉要求公司收购股权。"

## 五、如何理解"公司的控股股东滥用股东权利,严重损害公司或者其他股东利益"?

在比较法上,发生在力量失衡甚至悬殊的股东之间的"股东压制"是导致股权回购、公司解散的原因之一。原《公司法》及其司法解释明确规定了公司势均力敌的主要股东之间发生矛盾产生"公司僵局"时的解散之诉,而对股东压制的规定则较为分散,未能列举、涵盖所有的股东压制情形和相应的救济方式。此次立法新增"公司的控股股东滥用股东权利,严重损害公司或者其他股东利益"

作为股东请求公司回购股权的情形之一,不仅丰富了回购请求权的适用情形,还为股东压制理论和规范在我国公司法上的生长提供了更加充分的空间,对于保护中小股东利益而言,意义重大。

结合股东压制相关理论和司法实践,以下从规范意旨和规范构成等维度对新《公司法》第 89 条第 3 款进行解释。从规范意旨来看,原《公司法》中规定的触发异议股东回购请求权的几种情形多与股东权利或股东合理期待利益受侵害有关[①],新增的控股股东滥用股东权利严重损害公司或者其他股东利益这一情形也不例外,是对中小股东权利和合理期待利益[②]的保护。考虑到股东权利往往可通过法律规定或协议约定得到救济,新《公司法》第 89 条第 3 款保护的股东利益主要是股东合理期待利益。对规范构成的分析梳理应充分体现这一规范意旨。

从规范构成来看,其构成要件应包括:(1)股东合理期待等股东利益受侵害;(2)控股股东滥用股东权利侵害股东利益的行为;(3)股东利益受侵害与控制股东滥用股东权利侵害股东利益的行为之间存在因果关系。除以上 3 项构成要件之外,构成要件是否还应包括违法性或者主观过错要求?我们认为,满足以上 3 项构成要件即意味着控制股东的行为不法,不必要单独列明。至于主观过错要件,过错是损害赔偿的归责事由,被压迫股东的回购请求权的法律效果不包括损害赔偿,所以,在其构成要件中不需要考虑过错这一损害赔偿归责事由。[③] 从我国司法实践来看,合理的商业目的不足以成为一项阻却原告请求的抗辩事由。[④]

## 六、如何确定收购股权的合理价格?

如果法院支持原告行使异议股东回购请求权的主张,接下来的问题是,公

---

① 参见宋燕妮、赵旭东主编:《中华人民共和国公司法释义》,法律出版社 2019 年版,第 152—153 页。

② 根据比较法上的判例和相关的总结梳理,受侵害的股东合理期待利益应是股东之间的默契或共识,并且对于原告足够重要、值得法律保护。股东的合理期待对于股东投资加入并留在公司是重要的,其内容可能会随着时间变化。

③ 参见赵清斌:《股东合理期待原则——有限责任公司股东压制的认定标准》,中国政法大学 2021 年硕士学位论文,第 24 页。

④ 参见郭某华诉北京华商置业有限公司案,北京市第一中级人民法院民事判决书,(2008)一中民初字第 02959 号。

司将以什么样的价格收购原告的股权。如果章程对此有规定，首先应按照章程规定的价格或计算价格的方式确定公司收购股权的价格。在章程未就此作出规定的情形下，评估报告和审计报告是重要的定价参考。司法实践中，不同法院根据案件实际情况作出了不同的裁量，有的法院通过司法评估或者参考会计年报确定价格，有的法院参考近期股权转让价格确定收购价格。在因被告不配合司法审计、评估导致无法出具无保留意见的正式审计报告的情形下，法院可能支持原告主张的回购价格。①

## 七、新《公司法》第89条第3款与第21条第2款关于公司控股股东滥用股东权利相关规定的关系

公司控股股东滥用股东权利严重损害其他股东利益，将触发股东对公司的回购请求权（新《公司法》第89条第3款）的适用。需要指出的是，此种情形下，新《公司法》第21条第2款规定的损害赔偿请求权的构成要件可能同时被满足。该款规定："公司股东滥用股东权利给公司或者其他股东造成损失的，应当承担赔偿责任。"两种请求权都可因公司控股股东滥用股东权利损害其他股东利益而触发，但是二者存在一定的区别。

一是规范意旨与功能不同。新《公司法》第89条第3款重在保护中小股东利益，使合理期待受到损害的中小股东从不利境地中解脱出来，而不必留在公司继续受到压迫。第21条第2款则侧重于规范控股股东行使权利的行为，通过令控股股东承担损害赔偿责任实现保护公司和中小股东的利益的效果。

二是构成要件不同。股东依据新《公司法》第89条第3款请求公司回购股权，应以控股股东滥用股东权利"严重损害公司或者其他股东利益"为前提，公司或者其他股东利益受到严重损害均可作为请求公司回购股权的事实依据。另外，请求公司回购股权不涉及归责问题，因此不以控股股东对严重损害公司或者其他股东利益之结果有过错为构成要件。依据新《公司法》第21条第2款请求损害赔偿则以控股股东滥用股东权利给其他股东造成损失为前提，如果仅仅是给公司造成损失，其他股东对控股股东没有损害赔偿请求权。适用新《公

① 参见李某骏、常州市创联生活用品有限公司等请求公司收购股份纠纷案，江苏省常州市中级人民法院民事判决书，(2020)苏04民终4071号。

司法》第21条第2款还应以控股股东对侵害其他股东权益之结果有主观过错为构成要件。

三是法律后果不同。适用新《公司法》第89条第3款的法律后果是公司收购股东的股权,公司依照该款收购本公司股权后应当在6个月内依法转让或者注销。该法律后果的责任主体是公司。适用新《公司法》第21条第2款的法律后果是控股股东承担赔偿责任,责任主体不是公司而是控股股东。

如果新《公司法》第89条第3款与第21条第2款规定的请求权的构成要件均得到满足,则利益受侵害的股东可行使其中一种请求权,也可以同时行使两种请求权,即两种请求权并行不悖。

## 八、公司能否对未完成实缴出资股东的异议股东回购请求权作出一定限制?

《公司法司法解释(三)》第16条规定:"股东未履行或者未全面履行出资义务或者抽逃出资,公司根据公司章程或者股东会决议对其利润分配请求权、新股优先认购权、剩余财产分配请求权等股东权利作出相应的合理限制,该股东请求认定该限制无效的,人民法院不予支持。"该条规定允许公司通过一定方式对出资瑕疵股东的部分股东权利进行限制。但是,允许限制的股东权利是否仅包括利润分配请求权、新股优先认购权、剩余财产分配请求权,公司是否可以对异议股东回购请求权进行限制?

行使异议股东回购请求权意味着股东取得公司因回购部分股权而返还的对价,并在公司回购其全部股权后不再具有股东身份。如果股东没有履行出资义务,则其不应向公司请求回购股权并获得任何返还。因此,应当允许公司通过一定方式(如股东会决议)限制出资瑕疵股东的异议股东回购请求权。例如,在青岛厚德房地产开发有限公司、杨某请求公司收购股份纠纷二审案[(2016)最高法民终699-4号]中,法院区分股东因增资取得的股权和因受让取得的股权,对能否以股东会决议限制异议股东回购请求权作了分析:"本案系杨某以厚德公司为被告提起的异议股东请求公司收购股份的纠纷,杨某出资情况以及厚德公司股权价值均为本案的基本事实,关系到厚德公司股东会决议能否限制杨某行使回购权以及回购价格的确定。根据目前查明的事实,杨某持有厚德公司40%的股份,其中31.39%系增资2439万元取得,8.61%系从其他股东处受让取得。对于受让取得部分,虽有生效判决认定杨某未支付股权转让对价,但该纠纷仅涉及股权转让的双方当事人，厚德公司不能通过股东会决议限制杨某行使该部分股份的回购权。但对于增资取得的31.39%股份，山东省青岛市中级人民法院于2018年11月22日作出(2016)鲁02民终8569号民事判决，认定杨某虚假出资2349万元，判决杨某向厚德公司支付。对于该部分股份，厚德公司股东会可以限制杨某在补足出资之前行使回购权。”

## 九、关于对赌协议效力及执行等问题的延伸思考①

关于对赌协议的最大分歧是对赌协议的法律效力，《九民纪要》确定了“区隔论”的全新司法对策和裁判思路，但在对赌协议的履行及其司法裁判上又形成了一系列更为复杂的深层法律问题。例如，将对赌协议的效力与履行加以分割并非合同当事人的本意，也不能完全实现合同目的；股权回购的资金来源包括哪些，不包括哪些；先回购再减资属于减资程序的正常逻辑，《九民纪要》规定的操作顺序似与此相悖；等等。

围绕对赌协议的争议和困扰源于对赌协议作为股权投资的基本定性，然而其并非纯粹的股权投资，亦非普通的债权投资，而是对各种投资要素重新配置组合形成的、介于股权投资和债权投资之间的一种特殊投资——“第三种投资”。

对赌协议遭遇的根本法律障碍和束缚在于资本维持原则以及体现该项原则的盈余分配规则和股权回购规则，走出困境、破解冲突的重要出路是针对对赌协议的商业需求作出立法回应和规则的突破与创新，即对盈余分配和股权回购规则在对赌协议问题中的适用作出除外规定。

作出此种除外规定，并辅以适当的制度衔接安排，将不会弱化或损及债权人保护。一方面，对赌协议因增资而生，对赌协议的签订和履行不仅使目标公司当即获得清偿当期债务的资金，而且还获得或增强了其持续发展的盈利能力和未来清偿债务的履行能力，这是对债权人保护的强化。另一方面，根据商事外观主义和公示主义的要求，将其不同于股权投资和债权投资的特殊性质和内容适当地披露出来，可避免对赌协议损及债权人利益。

---

① 参见赵旭东：《第三种投资：对赌协议的立法回应与制度创新》，载《东方法学》2022年第4期。

# 案由 6 公司盈余分配纠纷

## 适用指引

### 一、公司盈余分配纠纷概述

盈余分配是公司股东从公司获取回报的主要方式。股东会通过了盈余分配方案但迟迟不向股东派发红利，或者虽然公司有可供分配的税后利润，但是控股股东通过资本多数决把盈余留在公司，都可能导致公司盈余分配纠纷。依是否形成盈余分配决议，可以将公司盈余分配纠纷分为以下两种：

一是主张行使具体利润分配请求权的公司盈余分配纠纷。在有盈余分配决议的公司盈余分配纠纷中，在公司股东会作出决议时，在公司与股东之间即形成债权债务关系，公司应及时（股东会决议作出之日起 6 个月内）给付。此种情形下，股东的利润分配请求权由期待性的权利转化为确定性的权利，性质上转化为普通债权，应适用关于诉讼时效的相关规定。行使具体利润分配请求权的诉讼时效期间应当从分配利润期限届满之日起算。

二是主张行使抽象利润分配请求权的公司盈余分配纠纷。如果请求分配利润的股东未提交载明具体分配方案的股东会决议，但当有证据证明公司有盈余且存在部分股东变相分配利润、隐瞒或转移公司利润等滥用股东权利情形的，诉讼中可强制盈余分配，且不以股权回购、代位诉讼等其他救济措施为前提，在盈余分配判决未生效之前，公司不负有法定给付义务。

### 二、公司盈余分配纠纷的诉讼主体

公司盈余分配纠纷的原告为公司股东。根据《公司法司法解释（四）》第 13 条规定，一审法庭辩论终结前，其他股东基于同一分配方案请求分配利润并申请参加诉讼的，应当列为共同原告。如果原告起诉时已经将股权转让，并且在其转让前股东会已经作出利润分配决议,那么,其仍可作为原告主张权利。这是因为股东会关于利润分配的决议一经作出,股东享有的抽象性的利润分配请求权即转化为具体性的利润分配请求权,后者系独立于股东权利的普通债权,不随着股权的转让而转移,除非另有约定。

公司盈余分配纠纷的被告为公司。

### 三、公司盈余分配纠纷的管辖

因公司盈余分配纠纷提起的诉讼,依照《民事诉讼法》第27条规定,由公司住所地人民法院管辖,公司住所地是指公司主要办事机构所在地。根据相关司法解释,公司主要办事机构所在地不明确的,由其注册地或者登记地人民法院管辖。

## 主要规范依据

**《公司法》**

**第五十九条** 股东会行使下列职权:

(一)选举和更换董事、监事,决定有关董事、监事的报酬事项;

(二)审议批准董事会的报告;

(三)审议批准监事会的报告;

(四)审议批准公司的利润分配方案和弥补亏损方案;

(五)对公司增加或者减少注册资本作出决议;

(六)对发行公司债券作出决议;

(七)对公司合并、分立、解散、清算或者变更公司形式作出决议;

(八)修改公司章程;

(九)公司章程规定的其他职权。

股东会可以授权董事会对发行公司债券作出决议。

对本条第一款所列事项股东以书面形式一致表示同意的,可以不召开股东会会议,直接作出决定,并由全体股东在决定文件上签名或者盖章。

**第一百一十二条** 本法第五十九条第一款、第二款关于有限责任公司股东会职权的规定,适用于股份有限公司股东会。

本法第六十条关于只有一个股东的有限责任公司不设股东会的规定,适用于只有一个股东的股份有限公司。

**第一百七十二条** 国有独资公司不设股东会,由履行出资人职责的机构行使股东会职权。履行出资人职责的机构可以授权公司董事会行使股东会的部分职权,但公司章程的制定和修改,公司的合并、分立、解散、申请破产,增加或者减少注册资本,分配利润,应当由履行出资人职责的机构决定。

**第二百一十条** 公司分配当年税后利润时,应当提取利润的百分之十列入公司法定公积金。公司法定公积金累计额为公司注册资本的百分之五十以上的,可以不再提取。

公司的法定公积金不足以弥补以前年度亏损的,在依照前款规定提取法定公积金之前,应当先用当年利润弥补亏损。

公司从税后利润中提取法定公积金后,经股东会决议,还可以从税后利润中提取任意公积金。

公司弥补亏损和提取公积金后所余税后利润,有限责任公司按照股东实缴的出资比例分配利润,全体股东约定不按照出资比例分配利润的除外;股份有限公司按照股东所持有的股份比例分配利润,公司章程另有规定的除外。

公司持有的本公司股份不得分配利润。

**第二百一十一条** 公司违反本法规定向股东分配利润的,股东应当将违反规定分配的利润退还公司;给公司造成损失的,股东及负有责任的董事、监事、高级管理人员应当承担赔偿责任。

**第二百一十二条** 股东会作出分配利润的决议的,董事会应当在股东会决议作出之日起六个月内进行分配。

**第二百二十五条** 公司依照本法第二百一十四条第二款的规定弥补亏损后,仍有亏损的,可以减少注册资本弥补亏损。减少注册资本弥补亏损的,公司不得向股东分配,也不得免除股东缴纳出资或者股款的义务。

依照前款规定减少注册资本的,不适用前条第二款的规定,但应当自股东会作出减少注册资本决议之日起三十日内在报纸上或者国家企业信用信息公示系统公告。

公司依照前两款的规定减少注册资本后,在法定公积金和任意公积金累计额达到公司注册资本百分之五十前,不得分配利润。

**《公司法司法解释(三)》**

**第十二条** 公司成立后,公司、股东或者公司债权人以相关股东的行为符合下列情形之一且损害公司权益为由,请求认定该股东抽逃出资的,人民法院应予支持:

(一)制作虚假财务会计报表虚增利润进行分配;

(二)通过虚构债权债务关系将其出资转出;

(三)利用关联交易将出资转出;

(四)其他未经法定程序将出资抽回的行为。

**第十六条** 股东未履行或者未全面履行出资义务或者抽逃出资,公司根据公司章程或者股东会决议对其利润分配请求权、新股优先认购权、剩余财产分配请求权等股东权利作出相应的合理限制,该股东请求认定该限制无效的,人民法院不予支持。

**《公司法司法解释(四)》**

**第十三条** 股东请求公司分配利润案件,应当列公司为被告。

一审法庭辩论终结前,其他股东基于同一分配方案请求分配利润并申请参加诉讼的,应当列为共同原告。

**第十四条** 股东提交载明具体分配方案的股东会或者股东大会的有效决议,请求公司分配利润,公司拒绝分配利润且其关于无法执行决议的抗辩理由不成立的,人民法院应当判决公司按照决议载明的具体分配方案向股东分配利润。

**第十五条** 股东未提交载明具体分配方案的股东会或者股东大会决议,请求公司分配利润的,人民法院应当驳回其诉讼请求,但违反法律规定滥用股东权利导致公司不分配利润,给其他股东造成损失的除外。

**《公司法司法解释(五)》**

**第四条** 分配利润的股东会或者股东大会决议作出后,公司应当在决议载明的时间内完成利润分配。决议没有载明时间的,以公司章程规定的为准。决议、章程中均未规定时间或者时间超过一年的,公司应当自决议作出之日起一年内完成利润分配。

决议中载明的利润分配完成时间超过公司章程规定时间的,股东可以依据民法典第八十五条、公司法第二十二条第二款规定请求人民法院撤销决议中关于该时间的规定。

## 相关问题

### 一、股东行使利润分配请求权时获得法院支持的条件

从新《公司法》和相关司法解释的规定来看,盈余分配决议应满足以下要求:

首先,股东提交的盈余分配决议应具有法律效力。盈余分配决议内容不应违反新《公司法》第 210 条相关规定。根据该条,公司应当在提取当年法定公积金、弥补亏损之后向股东分配税后利润,因此,公司盈余分配决议内容应当反映当年法定公积金提取、弥补亏损的情况。另外,如果盈余分配决议内容违反章程规定,可能导致该协议可撤销。《公司法司法解释(五)》第 4 条第 2 款规定:"决议中载明的利润分配完成时间超过公司章程规定时间的,股东可以依据民法典第八十五条、公司法第二十二条第二款规定请求人民法院撤销决议中关于该时间的规定。"如果盈余分配决议中载明的利润分配完成时间超过新《公司法》第 212 条规定的 6 个月时长,则该决议中关于该时间的规定不发生效力,应以新《公司法》第 212 条和公司章程中规定的利润分配完成时间孰短来确定利润分配完成时间。

其次,股东提交的盈余分配决议内容应具体。根据《公司法司法解释(四)》第 14 条、第 15 条规定,股东据以请求公司分配利润的盈余分配决议应当内容具体。那么,应如何判断盈余分配决议内容是否具体?如在甘肃乾金达矿业开发集团有限公司、万城商务东升庙有限责任公司民事再审案[(2021)最高法民再 23 号]中,法院指出,一项具体的利润分配方案原则上应当包括待分配利润数额、分配政策、分配范围以及分配时间等具体分配事项内容,判断利润分配方案是否具体的关键在于能否综合现有信息确定主张分配的权利人根据方

案能够得到的具体利润数额。

## 二、对司法强制分配相关规定的理解

当公司有可分配的税后利润时，有的股东会希望将盈余留在公司用来获取更多收益，有的股东则希望及时分配利润实现投资利益。市场环境、行业前景等因素的变化也在影响着股东对盈余分配的态度。原则上是否进行公司盈余分配及分配多少，属于公司自治范畴，应当由股东会作出公司盈余分配的具体方案。但是，当存在部分股东变相分配利润、隐瞒或转移公司利润损害其他股东实体利益等情形时，应当由司法适度干预以制止权利滥用。

《公司法司法解释（四）》明确了存在违反法律规定滥用股东权利导致公司不分配利润给其他股东造成损失的情况时法院可进行适度干预。就其具体适用场景而言，根据《公司法司法解释（四）》答记者问，公司不分配利润，但董事、高级管理人员领取过高薪酬，或者控股股东操纵公司购买与经营无关的财物或者服务，用于其自身使用或者消费，或者隐瞒或者转移利润，等等。例如，在庆阳市太一热力有限公司、李某军公司盈余分配纠纷二审案[（2016）最高法民终528号]中，法院分析了公司在具备盈余分配条件的情况下，存在股东滥用股东权利转移公司利润的情形。法院指出："在本案中，首先，太一热力公司的全部资产被整体收购后没有其他经营活动，一审法院委托司法审计的结论显示，太一热力公司清算净收益为75973413.08元，即使扣除双方有争议的款项，太一热力公司也有巨额的可分配利润，具备公司进行盈余分配的前提条件；其次，李某军同为太一热力公司及其控股股东太一工贸公司法定代表人，未经公司另一股东居立门业公司同意，没有合理事由将5600万余元公司资产转让款转入兴盛建安公司账户，转移公司利润，给居立门业公司造成损失，属于太一工贸公司滥用股东权利，符合《最高人民法院关于适用〈中华人民共和国公司法〉若干问题的规定（四）》第十五条但书条款规定应进行强制盈余分配的实质要件。"

盈余分配数额可能会是司法强制分配中，双方存有争议的问题。在此问题上，从司法实践情况来看，法院一方面需要严格公司举证责任以保护弱势小股东的利益，另一方面需注意优先保护公司外部关系中债权人、债务人等的利益。①

还需说明的是,在救济路径选择上,请求司法强制分配不以股权回购、公司解散、代位诉讼等其他救济措施为前置程序。当公司出现满足司法强制分配条件的情形时,往往意味着部分股东利益严重受损,可能同时存在股东压迫或者公司僵局等情形,因此可供选择的救济措施还可能包括行使异议股东回购请求权,或者司法解散等。从法律规定和司法实践情况来看,请求司法强制分配不以股权回购、公司解散、代位诉讼等其他救济措施为前置程序。

## 三、公司与债权人通过协议约定对公司利润分配进行限制的法律效果

公司经营通常会涉及对外举债的情况。如果公司与债权人在协议中约定,在公司清偿全部债务前,未经债权人同意,公司不得向其股东分配利润,该约定是否有效?是否会导致公司股东会盈余分配决议效力瑕疵?

判断盈余分配的股东会决议是否有效,应以法律、行政法规和公司章程为依据。公司与债权人之间关于限制盈余分配的约定即使有效,亦不影响盈余分配决议的效力。例如,在金安桥水电站有限公司、云南华电金沙江中游水电开发有限公司公司盈余分配纠纷申请再审案(最高法民申 258 号)中,法院指出,违反该约定不导致股东会关于利润分配方案决议无效。

公司与债权人之间关于限制盈余分配的约定不影响公司盈余分配决议的效力,也即不影响股东依法享有盈余分配的权利,既然如此,该等约定不属于"行为人与相对人恶意串通,损害他人合法权益的民事法律行为",不因其涉及股东的权利而无效。

## 四、关于违法分配的法律责任问题

公司违法分配利润,可能导致股东及董事、监事、高级管理人员等主体承担法律责任。需要说明的是,虽然相关纠纷是因盈余分配而起,但其案由不是公司盈余分配纠纷,而是损害公司利益责任纠纷。

新《公司法》第 211 条规定:"公司违反本法规定向股东分配利润的,股东应

---

① 参见庆阳市太一热力有限公司、李某军公司盈余分配纠纷案,最高人民法院民事判决书,(2016)最高法民终 528 号。

当将违反规定分配的利润退还公司……”该条规定了公司违法分配利润时，股东将违反规定分配的利润退还公司的责任。

公司违反法律规定分配利润，或是由于股东会关于利润分配的决议中所载的分配方案未按照法律规定提取当年法定公积金、弥补亏损。此类情形下，股东从公司获得分红，属于《民法典》第 122 条中的“没有法律根据，取得不当利益”，应认定为一种不当得利。股东将公司违反规定分配的利润退还公司即不当得利返还。例如，在四川国栋建设集团有限公司、王某鸣与公司有关的纠纷再审案［(2020)最高法民申 3891 号］中，法院指出：“对于如构成违法分配公司资产应如何救济，根据公司法第一百六十六条第五款的规定，股东会、股东大会或者董事会违反法律规定在公司弥补亏损和提取法定公积金之前向股东分配利润的，股东必须将违反规定分配的利润退还公司。这种返还在性质上属于不当得利返还。”将其认定为不当得利返还意味着关于不当得利的相关法律规范(《民法典》合同编第二十九章等)的适用，例如，不当得利请求权是一种债权性质的请求权，权利人主张此种权利的诉讼时效为 3 年。

新《公司法》第 211 条在原《公司法》第 166 条第 5 款的规定的基础上明确，“给公司造成损失的，股东及负有责任的董事、监事、高级管理人员应当承担赔偿责任”。就股东而言，公司股东应当遵守法律、行政法规和公司章程，依法行使股东权利，不得滥用股东权利损害公司利益。公司股东滥用股东权利给公司造成损失的，应当承担赔偿责任。董事、监事、高级管理人员对公司负有勤勉义务，执行职务应当为公司的最大利益尽到管理者通常应有的合理注意。董事、监事、高级管理人员执行职务违反法律、行政法规或者公司章程的规定，给公司造成损失的，应当承担赔偿责任。当违法分配利润给公司造成损失时，股东及负有责任的董事、监事、高级管理人员应当就此承担赔偿责任。

除上述提到的法律责任之外，如果公司的分配属于《公司法司法解释(三)》第 12 条所列的“制作虚假财务会计报表虚增利润进行分配”的情形，那么，还会涉及股东抽逃出资相关纠纷。《公司法司法解释(三)》第 14 条规定：“股东抽逃出资，公司或者其他股东请求其向公司返还出资本息、协助抽逃出资的其他股东、董事、高级管理人员或者实际控制人对此承担连带责任的，人民法院应予支持。公司债权人请求抽逃出资的股东在抽逃出资本息范围内对公司债务不能清偿的部分承担补充赔偿责任、协助抽逃出资的其他股东、董事、高级管理人员或者实际控制人对此承担连带责任的,人民法院应予支持;抽逃出资的股东已经承担上述责任,其他债权人提出相同请求的,人民法院不予支持。"

# 案由 7 损害股东利益责任纠纷

## 适用指引

### 一、损害股东利益责任纠纷概述

损害股东利益责任纠纷是公司股东滥用股东权利或公司董事、高级管理人员违反法律、行政法规或者公司章程的规定，损害股东利益，应当对股东承担损害赔偿责任而与股东发生的纠纷。其本质是一种侵权纠纷。

损害股东利益责任纠纷常由以下几种情况导致：董事、高级管理人员违反法律、行政法规或者公司章程的规定损害股东利益，公司股东滥用股东权利损害其他股东利益，控股股东、实际控制人指示董事、高级管理人员从事损害股东利益的行为。

如果股东利益仅因公司控股股东、董事或高级管理人员的行为直接损害公司利益而受损，即使股东在特定条件下通过股东代表诉讼以自己的名义起诉，亦非损害股东利益责任纠纷。

### 二、损害股东利益责任纠纷的诉讼主体

在损害股东利益责任纠纷中，原告为公司股东。依据具体情况之不同，被告可能为公司股东、董事、高级管理人员等。

（一）被告为董事、高级管理人员，此时，或将公司的控股股东、实际控制人作为共同被告

新《公司法》第 190 条规定："董事、高级管理人员违反法律、行政法规或者公司章程的规定，损害股东利益的，股东可以向人民法院提起诉讼。"股东据此起诉，以董事、高级管理人员为被告。如果董事、高级管理人员损害股东利益的行为系在公司的控股股东、实际控制人指示下实施的，那么可将控股股东、实际

控制人作为共同被告,请求其承担连带责任。

(二)被告为公司股东

有观点认为,损害股东利益责任纠纷是指公司董事、高级管理人员违反法律、行政法规或者公司章程的规定,损害股东利益而产生的纠纷。① 据此定义,损害股东利益纠纷应不涉及股东之间的纠纷,损害股东利益责任纠纷的被告不会是股东。因此,在部分司法实践中,法院认为,公司股东并非损害股东利益责任纠纷的适格被告。例如,在苏某谦、周某友等与陈某、郑某成损害股东利益责任纠纷申诉案[(2015)民申字第3353号]中,法院认为,一审被告、二审被上诉人郑某成(公司股东、监事)不是公司董事,也非公司高级管理人员,故原审认定郑某成不是本案损害股东利益责任之诉的适格被告适用法律亦无不当。

也有法院将股东作为损害股东利益责任纠纷的被告,例如,在江某武、李某珍损害股东利益责任纠纷再审案[(2017)粤民申10333号]中,法院认为,江某武、李某珍明知何某标的股东身份及持股比例存在争议,仍在案件审理过程中擅自决议解散逸龙公司,并在法院二审判决生效后未经股东何某标同意注销逸龙公司,其利用股权登记未及时变更之便利而实施上述行为,属滥用股东权利,应当承担由此给股东何某标造成的损失。在此类判决中,股东滥用股东权利造成其他股东损失,被认为是导致损害股东利益责任纠纷的一种情形。

(三)被告为公司

在少数情况下,公司可能成为侵害股东利益责任纠纷的被告。② 例如,在上市公司股东所持限售股符合解除限售条件的情况下,公司未按相应规定予以配合办理引发原告损失,此时以公司作为侵害股东利益责任纠纷的被告。

## 三、损害股东利益责任纠纷的管辖

《民事诉讼法》第27条规定:"因公司设立、确认股东资格、分配利润、解散等纠纷提起的诉讼,由公司住所地人民法院管辖。"通常,涉及公司组织行为的

---

① 参见景汉朝主编:《民事案件案由新释新解与适用指南》(下册),中国法制出版社2018年版,第916~917页;人民法院出版社编著:《最高人民法院民事案件案由适用要点与请求权规范指引》(下册),人民法院出版社2019年版,第695页。

② 参见东方证券股份有限公司与皇氏集团股份有限公司损害股东利益责任纠纷案,上海金融法院民事判决书,(2020)沪74号初3479号。

纠纷,应当适用该规定确定案件管辖。但是在侵害股东利益责任纠纷中,考虑到侵害股东利益责任纠纷本质上是一种侵权责任纠纷,应根据《民事诉讼法》第29条关于侵权责任纠纷地域管辖的规定确定损害股东利益责任纠纷的管辖。

## 主要规范依据

**《公司法》**

**第二十一条** 公司股东应当遵守法律、行政法规和公司章程,依法行使股东权利,不得滥用股东权利损害公司或者其他股东的利益。

公司股东滥用股东权利给公司或者其他股东造成损失的,应当承担赔偿责任。

**第八十九条** 有下列情形之一的,对股东会该项决议投反对票的股东可以请求公司按照合理的价格收购其股权:

(一)公司连续五年不向股东分配利润,而公司该五年连续盈利,并且符合本法规定的分配利润条件;

(二)公司合并、分立、转让主要财产;

(三)公司章程规定的营业期限届满或者章程规定的其他解散事由出现,股东会通过决议修改章程使公司存续。

自股东会决议作出之日起六十日内,股东与公司不能达成股权收购协议的,股东可以自股东会决议作出之日起九十日内向人民法院提起诉讼。

公司的控股股东滥用股东权利,严重损害公司或者其他股东利益的,其他股东有权请求公司按照合理的价格收购其股权。

公司依照本条第一款、第三款规定的情形收购的本公司股权,应当在六个月内依法转让或者注销。

**第一百九十条** 董事、高级管理人员违反法律、行政法规或者公司章程的规定,损害股东利益的,股东可以向人民法院提起诉讼。

**第一百九十二条** 公司的控股股东、实际控制人指示董事、高级管理人员从事损害公司或者股东利益的行为的,与该董事、高级管理人员承担连带责任。

**第二百六十五条** 本法下列用语的含义:

（一）高级管理人员，是指公司的经理、副经理、财务负责人，上市公司董事会秘书和公司章程规定的其他人员。

（二）控股股东，是指其出资额占有限责任公司资本总额超过百分之五十或者其持有的股份占股份有限公司股本总额超过百分之五十的股东；出资额或者持有股份的比例虽然低于百分之五十，但依其出资额或者持有的股份所享有的表决权已足以对股东会的决议产生重大影响的股东。

（三）实际控制人，是指通过投资关系、协议或者其他安排，能够实际支配公司行为的人。

（四）关联关系，是指公司控股股东、实际控制人、董事、监事、高级管理人员与其直接或者间接控制的企业之间的关系，以及可能导致公司利益转移的其他关系。但是，国家控股的企业之间不仅因为同受国家控股而具有关联关系。

**《公司法司法解释（三）》**

**第二十七条** 股权转让后尚未向公司登记机关办理变更登记，原股东将仍登记于其名下的股权转让、质押或者以其他方式处分，受让股东以其对于股权享有实际权利为由，请求认定处分股权行为无效的，人民法院可以参照民法典第三百一十一条的规定处理。

原股东处分股权造成受让股东损失，受让股东请求原股东承担赔偿责任、对于未及时办理变更登记有过错的董事、高级管理人员或者实际控制人承担相应责任的，人民法院应予支持；受让股东对于未及时办理变更登记也有过错的，可以适当减轻上述董事、高级管理人员或者实际控制人的责任。

**《公司法司法解释（四）》**

**第十二条** 公司董事、高级管理人员等未依法履行职责，导致公司未依法制作或者保存公司法第三十三条、第九十七条规定的公司文件材料，给股东造成损失，股东依法请求负有相应责任的公司董事、高级管理人员承担民事赔偿责任的，人民法院应当予以支持。

《关于审理公司强制清算案件工作座谈会纪要》

**十四、关于无法清算案件的审理**

**28.** 对于被申请人主要财产、账册、重要文件等灭失,或者被申请人人员下落不明的强制清算案件,经向被申请人的股东、董事等直接责任人员释明或采取罚款等民事制裁措施后,仍然无法清算或者无法全面清算,对于尚有部分财产,且依据现有账册、重要文件等,可以进行部分清偿的,应当参照企业破产法的规定,对现有财产进行公平清偿后,以无法全面清算为由终结强制清算程序;对于没有任何财产、账册、重要文件,被申请人人员下落不明的,应当以无法清算为由终结强制清算程序。

**29.** 债权人申请强制清算,人民法院以无法清算或者无法全面清算为由裁定终结强制清算程序的,应当在终结裁定中载明,债权人可以另行依据公司法司法解释二第十八条的规定,要求被申请人的股东、董事、实际控制人等清算义务人对其债务承担偿还责任。股东申请强制清算,人民法院以无法清算或者无法全面清算为由作出终结强制清算程序的,应当在终结裁定中载明,股东可以向控股股东等实际控制公司的主体主张有关权利。

## 相关问题

**关于侵害股东利益情形的说明**

关于损害股东利益责任纠纷,尤其需要说明的是,若因公司利益受损而使得股东利益间接遭受损失,原则上应由公司作为原告提起损害公司利益责任纠纷之诉,例外情形下股东可以提起股东代表诉讼。只有当股东利益直接遭受损害的情形,股东才能以自己的名义提起损害股东利益之诉。对于公司利益遭受损害,股东根据自身股权比例,将公司的财产损害直接等同于公司股东的利益损失的,法院将不予支持。在损害股东利益责任纠纷中,常见的侵权行为有侵害股东知情权、侵害股东的股权致使其股权灭失、损害股东剩余财产分配请求权、侵害股东分红权、侵害股东参与重大事项决策的权利。

### （一）董事、高级管理人员未依法履职导致公司未依法制作或者保存相关文件资料

《公司法司法解释（四）》第12条规定："公司董事、高级管理人员等未依法履行职责，导致公司未依法制作或者保存公司法第三十三条、第九十七条规定的公司文件材料，给股东造成损失，股东依法请求负有相应责任的公司董事、高级管理人员承担民事赔偿责任的，人民法院应当予以支持。"该条规定了公司董事、高级管理人员未依法履职导致公司未依法制作或者保存相关文件资料时的责任。

该情形下，股东请求负有相应责任的公司董事、高级管理人员承担民事赔偿责任，并非在向公司主张知情权，而是在向特定公司董事、高级管理人员就其损害股东利益的行为主张民事赔偿，因此，该条规定的其实是一种损害股东利益责任纠纷的情形。换言之，根据该条起诉，应将案由确定为损害股东利益责任纠纷。

董事、高级管理人员未依法履职导致公司未制作或保存会计账簿等相关文件资料，不仅会使得股东的知情权形同虚设，还会令公司在进入清算程序后无法清算，此时股东亦得因相关主体损害其股东利益而主张权利。根据最高人民法院《关于审理公司强制清算案件工作座谈会纪要》，股东申请强制清算，人民法院以无法清算或者无法全面清算为由作出终结强制清算程序的，应当在终结裁定中载明，股东可以向控股股东等实际控制公司的主体主张有关权利。① 股东向控股股东等实际控制公司的主体主张有关权利，即涉及损害股东利益责任纠纷。例如，在章某文、北京工道控股有限公司损害股东利益责任纠纷二审案［（2020）浙06民终4047号］中，法院认为："公司法中规定的董事、高级管理人

① 根据《最高人民法院民二庭负责人就〈关于审理公司强制清算案件工作座谈会纪要〉答记者问》，因控股股东等实际控制公司的主体的原因导致无法清算或者无法全面清算，股东因无法获得应有的剩余财产分配而向控股股东等实际控制公司的主体主张有关权利时，考虑可以通过举证责任倒置来解决中小股东利益的保护问题，即在控股股东控制公司的前提下该清算不清算，或者不依法提交有关财产状况说明、债务清册、债权清册、财务会计报告以及职工工资的支付情况和社会保险费用的缴纳情况，导致无法清算或者无法全面清算，其他股东起诉请求控股股东等实际控制公司的主体返还出资并承担损失的，除非控股股东等实际控制公司的主体能够充分证明公司已经资不抵债没有剩余财产进行分配或者不能返还出资，或者虽然公司有剩余财产可供分配但数额低于权利人主张的数额，人民法院应当依法支持其诉请。

员损害股东利益时的民事赔偿责任,以董事、高级管理人员违反法律、行政法规或公司章程规定为前提。本案中,章某文既是奥克威公司持股51%的股东,同时也是该公司的董事长和法定代表人,实际掌握该公司的财产、印章和账簿、文书等资料,工道公司主张己方权利是基于章某文无法提供公司财产、账册等,实际出现工道公司出资财产灭失的后果,故一审确定本案案由为损害股东利益责任纠纷正确,本院予以照准。”

再如,在于某与李某、晋亿公司损害股东利益责任纠纷再审案[(2019)吉民申2300号]中,法院指出,在晋亿公司强制清算程序中,于某拒绝向清算组移交公司账册、印章等资料,导致晋亿公司无法清算。法院认为,于某滥用股东权利,导致晋亿公司无法清算,李某不能分得晋亿公司清算后的剩余财产,于某对给李某造成的经济损失应予赔偿。

(二)通过伪造签名等方式转让其他股东股权,致使其丧失股东身份

通过伪造签名等方式转让其他股东股权导致其他股东失去股东身份,是损害股东利益的情形之一。在李某乔损害股东利益责任纠纷申诉案[(2015)高民(商)申字第04298号]中,法院认为:“自被申请人股权被违法转移至今,已近7年,金泰宸公司的经营状态、股权结构均发生了重大变化,即便申请人将涉案股权恢复至被申请人名下,公司的人合基础亦不复存在,申请人擅自将涉案股权变更至被申请人名下的做法无法达到恢复原状的目的,且二审期间,被申请人明确表示不愿接受涉案股权、坚持要求申请人赔偿损失,在此情况下,二审法院判令申请人承担赔偿责任,所作处理并无不当,本院予以维持。”

(三)通过伪造签名等不当方式,解散和清算公司,损害股东权益

除了上述以不当方式转让其他股东的股权令其丧失股东身份外,公司控制股东、董事非法解散、清算公司,同样会使其他股东丧失股东身份。此种情形下,还可能会涉及侵害其剩余财产分配请求权。例如,在吴某与舒某损害股东利益责任纠纷申诉案[(2018)苏05民申266号]中,法院认为,公司在未告知公司股东吴某的情况下,召开股东会并作出解散公司和成立清算组的决议,相关股东会决议和清算报告中吴某的签字均非本人所签,公司清算组向公司登记部门提交的注销申请材料不具有真实性,且未实际将公司剩余财产按清算报告所载方式返还吴某,损害了其股东权益和财产权益。

再如,在江某、李某损害股东利益责任纠纷再审案[(2017)粤民申10333

号]中,法院认为,江某、李某明知何某的股东身份及持股比例存在争议,仍在案件审理过程中擅自决议解散逸龙公司,并在法院二审判决生效后未经股东何某同意注销逸龙公司,其利用股权登记未及时变更之便利而实施上述行为,属滥用股东权利,应当承担由此而给股东何某造成的损失。

(四)董事、高级管理人员未尽勤勉义务导致股东分红权受损

公司作出利润分配决议后,股东对公司享有具体的利润分配请求权。如果董事、高级管理人员未尽勤勉义务,导致本应向股东分配的利润被他人领取,那么其应向公司承担责任。股东可以行使债权人代位权,向负有相应责任的董事、高级管理人员主张责任。实践中,该情形可能被作为损害股东利益责任纠纷来处理。例如,在美国工业技术发展国际有限公司与周某林损害股东利益责任纠纷一审案[(2016)京0108民初19264号]中,法院指出,原告作为公司股东本应按照公司分配利润的决定,获得分配利润787307.63元,但是原告未取得该分配利润。公司及董事长均主张该款项已被支取,但无法说明款项去向。公司进入清算阶段后,原告对该分配利润的权利难以实现。

(五)侵害股东参与重大事项决策的权利

对于应经股东会决策的事项,控股股东等主体不召开股东会即擅自实施,剥夺了其他股东通过股东会发表意见、参与表决的权利。例如,在金陵饭店集团、阮某林与华中公司损害股东利益责任纠纷二审案[(2019)苏01民终2048号]中,法院指出:"本案中,金陵饭店集团、阮某林作为湖滨金陵饭店的控股股东及高级管理人员,利用对湖滨金陵饭店的实际控制地位,在湖滨金陵饭店就案涉园厅改造工程未形成有效的股东会决议甚至未形成有效的董事会决议的情况下,擅自决定进行案涉园厅改造工程,属于越权行为,该越权行为不仅侵犯了股东会的职权,也损害了华中公司作为股东参与重大决策的权利,且根据湖滨金陵饭店的章程,股东会决议需经全体一致同意通过,在华中公司明确反对的情况下,该越权行为也不可能由股东会决议通过,从而无法得到补正,应当予以制止,华中公司要求金陵饭店集团、阮某林立即停止侵权行为并无不当。"

(六)上市公司限制股东财产权利从而损害股东利益

上市公司损害股东利益导致损害股东利益责任纠纷。例如,在司法执行程序中取得上市公司股票而成为股东,在限售股相关承诺条件已完成的情况下,本有权要求上市公司配合办理解除限售手续,但上市公司不愿配合并突然提交

了一份此前未曾公开的隐藏承诺进行对抗。

在东方证券股份有限公司与皇氏集团股份有限公司损害股东利益责任纠纷民事一审案[(2020)沪74民初3479号]中,法院认为,原告系被告股东,在原告所持限售股符合解除限售条件的情况下,被告应依据规则予以配合办理,因为解除限售是原告对合法财产行使占有、使用、收益的合法权利,如果被告未履行或怠于履行则构成侵权,如引发原告损失,则应该赔偿原告相应损失。在该案中,法院对于原告要求被告停止对原告股东权利的侵害,并为原告所持的全部皇氏集团股份有限公司共计58410000股限售股办理解除限售手续,赔偿原告因延迟解除限售而造成的损失、业已支出的律师费的诉请均予以支持。

CHAPTER 05

# 第五章

# 股权转让相关诉讼

## 案由1 股权转让纠纷

### 适用指引

#### 一、股权转让纠纷概述

本案由所称的股权转让是指有限责任公司或股份有限公司的股东依照法律或公司章程的规定将自己的股权或股份转让给他人的行为。由于有限责任公司兼具人合性和资合性,所以公司法又将股权转让分为对内转让与对外转让。股权的对内转让是指有限责任公司的股东将股权转让给公司其他股东;股权的对外转让是指有限责任公司的股东将股权转让给股东以外的股权受让人。根据新《公司法》第84条的规定,在股权的对外转让中,公司其他股东享有优先购买权,但公司章程另有规定的除外。股份有限公司具有资合性,所以原则上股东的股份可以自由转让,但是根据新《公司法》第144条和第160条的规定,公司章程可以规定转让须经公司同意等转让受限的类别股;在股份限制转让期限内,股东不得转让股权,公司章程可以对公司董事、监事、高级管理人员的股权转让作出其他限制性规定。

股权转让纠纷是指股权转让人、受让人、其他股东之间进行股权转让而发生的纠纷,司法实践中常见的股权转让纠纷包括以下两种类型。

(一)股权转让合同纠纷

在股权转让中,双方当事人会签订股权转让合同,以明确交易过程中双方的权利义务,由此会产生股权转让合同的成立、生效、履行、违约、解除等问题,股权转让的双方当事人也往往会因上述问题而产生纠纷。股权转让合同纠纷又可分为以下几种常见的纠纷类型:

1. 股权转让合同效力纠纷

在一般情况下,股权转让合同自成立时生效,但是若存在合同无效事由或可撤销事由,一方当事人可能会主张确认股权转让合同无效或撤销股权转让合同。例如,在股权转让中,股权转让人具有信息优势,可能不如实告知受让人与股权有关的情况,如股东出资情况、公司的资产和经营情况。若受让人受让股权后发现上述情况,则很有可能会以欺诈为由撤销股权转让合同。此外,当事人也可约定对股权转让合同的生效附加条件或期限,若条件或期限不成就,一方当事人可能会主张股权转让合同不发生效力。

《民法典》第502条第2款规定,依照法律、行政法规的规定,合同应办理批准等手续的,依照其规定。现行许多法律、行政法规都规定了须经批准的股权转让合同。例如,《企业国有资产法》第53条规定,转让国有股权致使国家对该企业不再具有控股地位的,应当报请本级人民政府批准。再如,《商业银行法》第28条规定,任何单位或者个人购买商业银行5%以上股份的,必须事先取得国务院银行业监督管理机构的批准。若股权转让一方当事人不履行报批义务,股权转让合同有可能不发生效力,当事人之间由此会产生纠纷。

对此,我们将在本案由"相关问题"部分对股权转让合同的效力作进一步探讨。

2. 股权转让合同违约纠纷

股权转让合同生效后,作为股权受让人需要履行支付价款的义务,作为股权转让人则须通知公司并协助配合办理股权的权属变更手续。一方当事人不履行合同义务或者履行合同义务不符合约定时,双方当事人之间往往会产生纠纷。例如,若转让的股权对应的股东出资情况、公司资产、经营情况与合同约定不符,则受让人很有可能会追究转让人的违约责任。此外,实务中还会出现"对赌协议""附带回购条款的股权性融资"等复杂的交易模式,使得合同的履行及违约产生更大争议。对此,我们将在本案由"相关问题"部分作进一步探讨。

需要注意的是,新《公司法》第88条以及《公司法司法解释(三)》第18条对有限责任公司未出资股权转让时的出资责任作了规定,若公司、债权人等主体请求股权转让人或受让人履行出资义务,诉讼案由应属于股东出资纠纷。

3. 代持股权转让纠纷

股权代持,是指由实际出资人出资,名义股东持股的一种交易安排,是我国经济活动中常见的现象。在股权代持的情况下,实际出资人可能实际行使股东权利,也可能委托名义股东行使股东权利。在这种情况下,若名义股东对外转让股权或实际出资人对外转让股权,与之有关的利害关系人之间往往会产生纠纷。

第一,股权代持协议原则上有效,但存在例外情形。在股权代持的情形下,实际出资人与名义股东往往会签订股权代持协议。遵循《民法典》关于合同生效的一般规定以及《公司法司法解释(三)》第 24 条第 1 款规定,股权代持委托合同通常成立即生效,但也存在个别例外的无效情形:(1)存在违法事由。如实际出资人利用公司从事违法经营活动、涉嫌洗钱等。(2)为规避金融监管的股权代持协议无效。最高人民法院在(2017)最高法民终 529 号民事裁定书中认为,实际出资人通过股权代持的方式持有某保险公司超过我国法律规定比例的股权,该代持行为加大了保险公司的经营风险,进而损害了金融秩序和社会稳定,危及公共利益,所以代持协议无效。(3)上市公司的股权不得代持。新《公司法》第 140 条第 2 款明确规定禁止违反法律、行政法规的规定,代持上市公司股票。需注意的是,本条虽然规定禁止违反法律、行政法规的规定代持上市公司股票,但其内在的要求并不是对上市公司股票代持行为一概禁止,而只是对违法违规的代持行为加以禁止。因此,本条所确定的上市公司代持规范应当被理解为原则允许、例外禁止。这意味着一般情况下,个人或机构可以代持上市公司股票,并且这种代持在法律的范畴内不受限制。

第二,新《公司法》下的实际出资人显名规则有所变化。在股权代持情形下,实际出资人并非公司登记的股东,名义股东才是公司登记的股东,实际出资人可以通过显名化成为公司股东获得股权。《公司法司法解释(三)》第 24 条第 3 款规定实际出资人可经公司其他股东过半数以上同意而显名;《九民纪要》第 28 条规定了其他股东"默示同意规则",即有限公司过半数的其他股东知道实际出资人实际出资的事实,且对其实际行使股东权利未曾提出异议的,视为其他股东过半数同意实际出资人显名。上述是基于原《公司法》关于有限责任公司股权转让须经其他股东过半数同意的规定而规定的。但是,新《公司法》删除了有限责任公司股权转让须经其他股东过半数同意的规定，由此，《公司法司法解释（三）》第 24 条第 3 款的规定也将会作相应的调整。我们认为，在新《公司法》下，实际出资人显名虽无须其他股东过半数同意，但在实际出资人完全隐名的情况下，其他股东享有优先购买权，行使优先购买权的同等条件应当经股权价值评估等因素确定；在实际出资人未完全隐名的情况下，由于其他股东默示同意其作为公司股东，可视为其他股东放弃行使优先购买权。

第三，对名义股东转让股权的处理。关于名义股东转让股权，《公司法司法解释（三）》第 25 条第 1 款将这种行为定性为无权处分，参照《民法典》第 311 条关于善意取得的规定处理。值得思考的是，名义股东是公司登记的股东，其对股权的处分行为是否一概都是无权处分？对此，有观点认为，《公司法司法解释（三）》第 25 条的适用应限缩为不完全隐名情形，此时实际出资人仅对公司外部人隐名。在有证据证明实际出资人的股东身份已为其他股东的过半数认可时，虽未置备股东名册，但观念上之股东名册记载已形成，此时实际出资人实为股东，“名义股东”应为“登记股东”，问题由此归结为登记对抗而非隐名出资，如受让人符合善意取得要件，得主张善意取得股权。[①] 但是，如上所述，在新《公司法》下实际出资人显名已无须其他股东过半数同意，因此，在不完全隐名的情况下，若其他股东对实际出资人行使股东权利未提出异议，此时应当认定实际出资人为公司股东。在实际出资人完全隐名的情况下，其并非公司股东，仅通过股权代持协议与名义股东产生法律关系，因此名义股东实际就是公司的股东，名义股东对股权的处分为有权处分。

第四，对实际出资人转让股权的处理。首先，需要区分的是实际出资人转让合同权利与实际出资人转让股权。因为实际出资人与名义股东是合同关系，实际出资人有可能将其合同权利转让出去，此时的规范依据应当是《民法典》关于债权让与的规则，而我们此处讨论的是实际出资人转让公司股权的问题。其次，如名义股东转让股权一样，实际出资人转让股权也应区分为不完全隐名与完全隐名，从而给行为定性。在完全隐名出资的情况下，实际出资人转让股权属于无权处分，因为实际出资人相对于其他股东和公司而言是“陌生人”，该股权转让合同的履行离不开名义股东配合。但实际出资人可以依据股权代持协

---

① 参见李建伟、罗锦荣：《有限公司股权登记的对抗力研究》，载《法学家》2019 年第 4 期。

议要求名义股东以其名义对外转让股权给第三人,通过名义股东征询其他股东是否行使优先购买权,配合完成工商登记变更等。如果名义股东没有按照实际出资人的意思进行转让,实际出资人可以在完成显名程序后,在权利内外一致的情况下再去进行股权转让。但若其他股东在实际出资人显名的过程中行使优先购买权,那么该股权转让合同的履行将变为不可能。可见,在完全隐名的情况下,实际出资人面临着名义股东不配合和显名化失败的风险,面临着对外股权转让合同无法履行的窘境。在不完全隐名的情况下,实际出资人转让股权属于有权处分。如果名义股东不配合,那么实际出资人可以显名后再进行转让。此时,相较于完全隐名,实际出资人无法履行股权转让合同的风险极大地降低了。

4. 股权善意取得纠纷

在一般情况下,股东在转让股权时享有股权的处分权。但是,在公司登记的股东与实际股东不符时,登记股东不享有股权的处分权。对于公司登记的股东在没有处分权限的情况下转让股权的情况,《公司法司法解释(三)》第 25 条第 1 款规定:"名义股东将登记于其名下的股权转让、质押或者以其他方式处分,实际出资人以其对于股权享有实际权利为由,请求认定处分股权行为无效的,人民法院可以参照民法典第三百一十一条的规定处理。"而《民法典》第 311 条是关于无权转让与善意取得的规定。因此,相关当事人之间往往会因股权受让人能否善意取得股权而产生纠纷。代持股权转让也涉及股权善意取得,对此已在上文论述,下文将对股权善意取得的其他情形作出说明。

(1)"一股二卖"下的股权善意取得

"一股二卖",是指股东将股权转让给第一受让人后,又与第二受让人签订股权转让合同,再次转让股权的行为。根据《公司法司法解释(三)》第 27 条的规定,股东将股权转让给第一受让人后尚未向公司登记机关办理变更登记,又再次转让的,应参照《民法典》第 311 条关于善意取得的规定处理。对于该司法解释的适用,主要有两个问题:第一,如何认定第一受让人取得了公司股权,因为只有第一受让人取得股权后才会发生无权处分的问题;第二,第二受让人能否善意取得股权。

对于第一个问题,我们认为,应当以股东名册的变更为股权变动的时间节点,若公司没有设置股东名册,则须判断"公司是否认可",来认定股东名册是否变更,进而判断股权是否发生了变动。[①] 实践中可以通过股东会议记录、股东是否行使股东权利等情况来判断公司是否认可股权发生了变动。

对于第二个问题,根据《民法典》第311条的规定,第二受让人善意取得公司股权的要件有三个:其一,受让人受让股权时是善意的;其二,以合理的价格受让;其三,受让人已经办理了股东名册变更手续。关于第一个要件,首先要回答的问题是,以何时判定受让人是善意,是股权转让合同签订之时还是股权变更登记之时?我们认为,基于负担行为与处分行为的划分,善意取得是针对处分行为而言的,因此应当以受让人取得股权之时,也即股权变更登记之时来判断受让人是否为善意。由此,则第二受让人很难被认为是善意的,因为有限责任公司的股权转让须征询其他股东是否行使优先购买权,且由公司办理股权变更登记,在这过程中受让人很可能会被其他股东或公司告知股权已被转让。

根据《公司法司法解释(三)》第27条第2款的规定,原股东处分股权造成第一受让人损失,第一受让人有权请求原股东承担赔偿责任,以及对于未及时办理变更登记有过错的董事、高级管理人员或者实际控制人承担相应责任,责任性质为侵权责任。第一受让人对于未及时办理变更登记也有过错的,根据"与有过失"理论,可以适当减轻上述责任主体的责任。

(2)登记在夫妻一方名下的股权转让能否适用善意取得

在婚姻关系存续期间,夫妻一方有时会因对外投资而取得股权,或者是继受他人的股权。实务中出现的问题是,上述股权是归夫妻一方所有还是归夫妻共同所有?进一步而言,该股权的处置应当由夫妻双方共同决定,还是应当由登记为股东的一方决定?对此,有以下两种观点:

一种观点认为,根据《民法典》第1062条的规定,夫妻关系存续期间所得的生产、经营、投资的收益为夫妻共同财产。因此,若夫妻没有对婚姻关系存续期间所得的财产另有约定,则夫妻一方投资有限责任公司所形成的股权,是夫妻共同财产。若夫妻一方未经另一方同意擅自转让股权,则该行为属于无权处分,但受让人符合《民法典》第311条规定的条件的,可善意取得该股权。

另一种观点认为,股权是股东基于其股东身份和地位而在公司中享有的权

① 参见最高人民法院民事审判第二庭编著:《〈全国法院民商事审判工作会议纪要〉理解与适用》,人民法院出版社2019年版,第135页。

利，包含资产收益权、参与重大决策和选择管理者等，兼具财产权与人身权属性。根据《公司法》规定，取得完整无瑕疵的股东资格和股东权利，应同时符合向公司出资或认缴出资这一实质要件和被记载于公司股东名册等相关文件这一形式要件。换言之，出资并非取得有限责任公司股权的充分条件，不能仅因出资来源于夫妻共同财产而认定该股权为夫妻共同共有。当股权登记于夫妻一方名下时，该股权的各项具体权能应由股东本人独立行使，股东有权单独处分该股权。如无恶意串通损害另一方利益等导致合同无效的情形，登记为股东的一方应按合同约定履行股权转让义务，但根据《民法典》婚姻家庭编及其司法解释的相关规定，因转让该股权而取得的收益属于夫妻共同财产。①

我们赞同第二种观点，基于股权的人身属性和各项权能的不可分性，如不承认股权为夫妻一方单独所有将会给权利的行使带来诸多不便，如夫妻一方行使表决权时无法探知是夫妻一方还是双方的意思，再如股东行使知情权时往往会知晓公司的商业秘密。故股权只能由登记为股东的夫妻一方单独行使，但若股权转为其他一般的财产形式，则属于夫妻共同财产。

(3)冒名转让股权能否适用善意取得

实务中常常出现股东伪造其他股东的签名，将其他股东的股权进行转让的情形，即股权的冒名转让。值得探讨的是如何处理冒名转让股权的问题。首先，冒名转让股权与无权处分不同。无权处分是指行为人没有处分权，以自己的名义处分他人的财产，在行为人具有权利外观时，善意的受让人可依据善意取得制度取得财产权利；在股权的冒名转让中，股权的转让人是直接以被冒名人的身份实施的法律行为，善意的受让人信赖的是冒名人的身份，而不是冒名人的权利外观。其次，股权的冒名转让与无权代理不同。无权代理是指代理人没有代理权限而以被代理人的名义实施代理行为，无权代理中相对人知道代理人在实施代理行为，即代理人与被代理人是不同的主体；在股权的冒名转让中，股权的转让人是直接以被冒名人的身份实施的法律行为。

关于冒名转让股权的法律适用问题，实务中主要存在两种观点：第一种观点认为应当类推适用《民法典》第 311 条关于无权处分与善意取得的规定；第二种观点认为应当类推适用《民法典》第 171 条、第 172 条关于狭义无权代理与表

---

① 参见最高人民法院第二巡回法庭 2020 年第 3 次法官会议纪要。

见代理的规定。我们赞成第二种观点,因为冒名转让股权与代理的构造相同,都是行为人欲使自己的行为对他人发生效力,且行为人假冒他人身份与无权代理中误使他人相信自己有代理权类似。之所以不类推适用无权处分与善意取得制度,是因为股权的转让人是直接以被冒名人的身份实施的法律行为,善意的受让人信赖的是冒名人的身份,而不是冒名人的权利外观,即股权登记信息。此外,在股权代持的情况下,对于实际出资人伪造名义股东的签名转让股权,最高人民法院认为,该行为是实际出资人处分自己投资权益的行为,虽可能损害他人姓名权,但没有损害被冒名者的股东权益,故其处分行为应认定有效,受让人的股东资格应予确认。①

(二)因股权转让侵害其他股东的优先购买权而产生的纠纷

新《公司法》第84条第2款规定有限责任公司股东对外转让股权时其他股东在同等条件下享有优先购买权。相较旧法而言,新《公司法》简化了股东对外转让股权的程序,即股东对外转让股权无须征询其他股东过半数同意。实务中常常出现股权转让人与股东以外的受让人侵害其他股东优先购买权的情形,从而在股权转让人、股东以外的股权受让人、其他股东之间产生纠纷。关于其他股东的优先购买权,需要注意以下几点:

第一,其他股东的优先购买权是请求权还是形成权理论上存在争议。一种观点认为,优先购买权是请求权;另一种观点认为,优先购买权是形成权。我们认为,优先购买权既不是形成权,也不是请求权,而是《公司法》规定的特别权利。股权转让人与股东以外的股权受让人未达成股权转让合意,只是将股权转让的同等条件以书面形式通知其他股东,转让人在其他股东主张优先购买后又不同意转让股权的,应赔偿给其他股东造成的合理损失,该赔偿责任应为缔约过失责任;若股权转让人与股东以外的股权受让人达成股权转让合意,此时其他股东行使优先购买权,股权转让人不得反悔。

第二,关于股权转让人通知其他股东的方式。虽然新《公司法》第84条要求以书面的形式,但不宜作过于僵硬的理解。根据《公司法司法解释(四)》第17条的规定,股权转让人可以书面或者其他能够确认收悉的合理方式通知其他股东。

---

① 参见最高人民法院民事判决书,(2011)民提字第78号。

第三,其他股东行使优先购买权的“同等条件”,是指对股权转让合同的达成有实质影响的因素。新《公司法》第 84 条借鉴了《公司法司法解释(四)》第 18 条的规定,对股权转让的“同等条件”进行了列举。其他股东行使优先购买权必须同意股权转让人提出的关于股权转让的数量、价格、支付方式和期限等事项的同等条件,或提出更为优越的条件,但若股权转让人提出的同等条件明显不合理,则不应作为股权转让的同等条件。其中,关于股权转让的数量,因为股权转让价格存在“控制权溢价”的问题,所以其他股东不得部分行使优先购买权。上述因素以外的其他因素,如股东以外的受让人的身份、作为合同对价的非公司经营所需的特定物等,一般不应作为衡量同等条件的因素。但对于公司经营发展所必需的技术秘密、销售渠道等合同条件,亦可作为同等条件予以考量,其他股东确实不能提供同等条件的,应当不允许其行使优先购买权。[①]

第四,其他股东应在合理的期限内行使优先购买权。根据《公司法司法解释(四)》第 19 条、第 21 条的规定,其他股东主张优先购买转让股权,应当在收到通知后,在公司章程规定的行使期间内提出购买请求,公司章程没有规定行使期间或者规定不明确的,以通知确定的期间为准,通知确定的期间短于 30 日或者未明确行使期间的,行使期间为 30 日;若股权转让人未就其股权转让事项征求其他股东意见,或者以欺诈、恶意串通等手段,损害其他股东优先购买权,其他股东应自知道或者应当知道行使优先购买权的同等条件之日起 30 日内主张,或者自股权变更登记之日起 1 年内主张。根据新《公司法》第 85 条的规定,人民法院依照法律规定的强制执行程序转让股东的股权时,其他股东应自人民法院通知之日起 20 日内主张优先购买权。其他股东起诉时不得仅提出确认股权转让合同及股权变动效力等请求而不主张行使优先购买权,但其他股东非因自身原因无法行使优先购买权,请求损害赔偿的除外。

第五,侵害其他股东优先购买权的股权转让合同并不当然无效。根据《九民纪要》第 9 条的规定,侵害其他股东优先购买权的股权转让合同,若无其他影响合同效力的事由,应当认定有效;其他股东行使优先购买权的,虽然股东以外的股权受让人关于继续履行股权转让合同的请求不能得到支持,但不影响其依

① 参见杜万华主编、最高人民法院民事审判第二庭编:《商事审判指导》2017 年第 1 辑,人民法院出版社 2018 年版,第 43—44 页。

约请求转让股东承担相应的违约责任。实务中,为了避免因其他股东行使优先购买权而导致合同目的的落空,股权转让人与股东以外的股权受让人往往约定股权转让合同的生效以其他股东不行使优先购买权为条件。此时若其他股东行使优先购买权,该合同属于确定不发生效力的法律行为,应根据《民法典》第157条发生相应的法律效果。

第六,根据《公司法司法解释(四)》第22条第1款的规定,若通过拍卖向股东以外的人转让有限责任公司股权,应根据相关法律和司法解释确定通知其他股东的方式,以及股权转让的同等条件。根据最高人民法院《关于人民法院民事执行中拍卖、变卖财产的规定》,在股权的司法拍卖中,法院应当在拍卖5日前以书面或其他能够确认收悉的适当方式通知其他股东,其他股东经通知未到场的,视为放弃优先购买权;在拍卖过程中,其他股东可以拍卖最高价格优先购买股权。值得注意的是,该司法解释第13条第2款规定"顺序相同的多个优先购买权人同时表示买受的,以抽签方式决定买受人",该规定与新《公司法》第84条第2款先由其他股东协商,协商不成的按各自出资比例购买的规定不符,我们认为,应当适用《公司法》的规定。

此外,根据《公司法司法解释(四)》第22条第2款的规定,在依法设立的产权交易场所转让有限责任公司股权的,可以参照产权交易所的交易规则确定通知其他股东的方式,以及股权转让的同等条件。但是,除非其他股东以明示的方式表示放弃优先购买权,或者当事人之间另有约定,否则其他股东未进场交易的行为并不表示其放弃优先购买权。①

第七,实务中,股权转让人与股东以外的受让人会采取多种方式规避其他股东的优先购买权。第一种规避方式是股权转让人先以高价转让小部分股权给股东以外的股权受让人,受让人进入公司后,转让人再将其他部分股权以低价内部转让的方式转让给受让人。对此,法院认为,股权转让人与受让人以高额的差价两次转让股权的行为属于恶意串通损害其他股东的优先购买权,两次转让行为均属无效。② 第二种规避方式是股权转让人将股权转让给其他股东,

① 参见上海市第二中级人民法院民事判决书,(2014)沪二中民四(商)终字第1566号,本案是《最高人民法院公报》2016年第5期案例。

② 参见江苏省高级人民法院民事判决书,(2015)苏商再提字第00068号。

其他股东再与股东以外的主体建立代持关系。我们认为这种规避实为股权的内部转让,若隐名股东要显名,在新《公司法》下虽不需其他股东过半数同意,但其他股东仍有优先购买权,因此股权转让行为有效。第三种规避方式是股东以外的主体通过购买公司股东本身的股权来达到间接持股的效果。我们认为这种规避方式其实是另外一层的股权转让,若在股权转让过程中没有其他无效事由,股权转让行为应属有效。

## 二、股权转让纠纷的管辖

因股权转让纠纷提起的诉讼,不属于《民事诉讼法》第 27 条、《民诉解释》第 22 条规定的特殊地域管辖的诉讼,应以《民事诉讼法》中关于地域管辖的一般原则确定案件的管辖法院。因股权转让纠纷是因股权转让合同而产生的纠纷,其他股东主张优先购买权也是要求股权转让人履行因其行使优先购买权而产生的股权转让合同,所以,股权转让纠纷应由被告住所地或合同履行地的人民法院管辖。其他股东非因自身原因无法行使优先购买权,请求损害赔偿的,应由被告住所地或侵权行为地的人民法院管辖。

## 三、股权转让纠纷的诉讼主体

### (一)原告

1. 股权转让人或受让人

当股权转让人与受让人因股权转让合同发生纠纷,主张权利一方可作为原告提起诉讼,其中股权受让人既包括股权对内转让的其他股东,也包括股东以外的股权受让人。

2. 其他股东

其他股东作为股权转让纠纷的原告主要有以下 3 种情形:第一,其他股东知道或应当知道自己的优先购买权被侵害时,其可提起诉讼主张行使优先购买权;第二,其他股东非因自身原因无法行使优先购买权时,有权提起诉讼请求损害赔偿;第三,股权转让人在其他股东主张优先购买权后又不同意股权转让的,其他股东可主张股权转让人赔偿其合理损失。

### (二)被告:股权转让人或受让人

股权转让人或受让人作为股权转让纠纷的被告主要有以下四种情形:第

一,当股权转让双方因股权转让合同发生纠纷时,主张权利一方可以另一方作为被告提起诉讼;第二,其他股东主张优先购买权应以股权转让人作为被告提起诉讼,股权转让人与股东以外的受让人恶意串通损害其他股东优先购买权的,股权转让人与受让人应作为共同被告参加诉讼;第三,股权转让人在其他股东主张优先购买权后又不同意股权转让的,其他股东可要求股权转让人赔偿合理损失;第四,其他股东非因自身原因无法行使优先购买权,请求损害赔偿的,应以股权转让人作为被告提起诉讼,股权受让人可作为共同被告。

(三)第三人

1. 公司

公司作为股权转让纠纷的第三人主要有以下两种情形:第一,股权受让人请求股权转让人履行股权转让合同义务时,因公司负有变更股东名册、变更公司章程、变更公司登记、重新签发出资证明书等义务,与案件具有法律上的利害关系,公司可作为无独立请求权的第三人参加诉讼。第二,当其他股东主张优先购买权时,因公司负有上述义务,同样可作为无独立请求权的第三人参加诉讼。需要注意的是,若上述主体非因股权转让发生纠纷,只是因确认股东资格、股东名册记载或公司登记产生纠纷,则应当以公司为被告提起诉讼。

2. 股东以外的股权受让人

股东以外的受让人作为股权转让纠纷的第三人主要是因为在其他股东主张优先购买权时,其与股权转让人签订的股权转让合同可能得不到实际履行,该诉讼与股权受让人有法律上的利害关系,所以股权受让人可作为无独立请求权的第三人参加诉讼。

## 四、股权转让纠纷与其他相关纠纷的区别

(一)股权转让纠纷与请求公司收购股权纠纷的区别

股权转让纠纷是指因股权转让合同、其他股东行使优先购买权而产生的纠纷;请求公司收购股权纠纷是指股东因行使异议回购请求权而产生的纠纷。两个案由的区别在于请求公司收购股权属于法定回购,而股权转让属于股权的约定转让。因此,若因股权的约定回购产生纠纷,如因投资者依据"对赌协议"请求公司回购自己的股权,或公司依据公司章程回购股东的股权而产生纠纷,案由应属于股权转让纠纷。

(二)股权转让纠纷与上市公司股份收购纠纷的区别

上市公司股份收购纠纷是指收购人以要约收购、协议收购或其他方式收购上市公司的方式,以获得上市公司控制权时,在收购人与被收购人之间产生的纠纷。上市公司股份收购本质上属于股权转让,只不过因其特殊性,《民事案件案由规定》将其作为独立的三级案由。

(三)股权转让纠纷与股东资格确认纠纷、股东名册记载纠纷、请求变更公司登记纠纷的区别

之所以将题中的三个纠纷与股权转让纠纷进行区分,是因为股权转让是一个动态的过程。根据新《公司法》第 86 条的规定,股权转让后,股权转让人应当书面通知公司,请求公司变更股东名册和公司登记,公司不履行上述义务的,转让人、受让人可以依法向人民法院提起诉讼;受让人自记载于股东名册时起向公司主张行使股东权利。根据新《公司法》第 159 条的规定,股份转让后,非上市的股份公司应当变更股东名册。因此,若当事人之间非因股权转让合同或优先购买权产生纠纷,只是因为公司不履行变更股东名册和公司登记等义务而产生纠纷,此时的民事案由不属于股权转让纠纷。

## 主要规范依据

### 《公司法》

**第八十四条** 有限责任公司的股东之间可以相互转让其全部或者部分股权。

股东向股东以外的人转让股权的,应当将股权转让的数量、价格、支付方式和期限等事项书面通知其他股东,其他股东在同等条件下有优先购买权。股东自接到书面通知之日起三十日内未答复的,视为放弃优先购买权。两个以上股东行使优先购买权的,协商确定各自的购买比例;协商不成的,按照转让时各自的出资比例行使优先购买权。

公司章程对股权转让另有规定的,从其规定。

**第八十五条** 人民法院依照法律规定的强制执行程序转让股东的股权时,应当通知公司及全体股东,其他股东在同等条件下有优先购买权。其他股东自

人民法院通知之日起满二十日不行使优先购买权的,视为放弃优先购买权。

**第八十六条** 股东转让股权的,应当书面通知公司,请求变更股东名册;需要办理变更登记的,并请求公司向公司登记机关办理变更登记。公司拒绝或者在合理期限内不予答复的,转让人、受让人可以依法向人民法院提起诉讼。

股权转让的,受让人自记载于股东名册时起可以向公司主张行使股东权利。

**第八十七条** 依照本法转让股权后,公司应当及时注销原股东的出资证明书,向新股东签发出资证明书,并相应修改公司章程和股东名册中有关股东及其出资额的记载。对公司章程的该项修改不需再由股东会表决。

**第一百五十七条** 股份有限公司的股东持有的股份可以向其他股东转让,也可以向股东以外的人转让;公司章程对股份转让有限制的,其转让按照公司章程的规定进行。

**第一百五十八条** 股东转让其股份,应当在依法设立的证券交易场所进行或者按照国务院规定的其他方式进行。

**第一百五十九条** 股票的转让,由股东以背书方式或者法律、行政法规规定的其他方式进行;转让后由公司将受让人的姓名或者名称及住所记载于股东名册。

股东会会议召开前二十日内或者公司决定分配股利的基准日前五日内,不得变更股东名册。法律、行政法规或者国务院证券监督管理机构对上市公司股东名册变更另有规定的,从其规定。

**第一百六十条** 公司公开发行股份前已发行的股份,自公司股票在证券交易所上市交易之日起一年内不得转让。法律、行政法规或者国务院证券监督管理机构对上市公司的股东、实际控制人转让其所持有的本公司股份另有规定的,从其规定。

公司董事、监事、高级管理人员应当向公司申报所持有的本公司的股份及其变动情况,在就任时确定的任职期间每年转让的股份不得超过其所持有本公司股份总数的百分之二十五;所持本公司股份自公司股票上市交易之日起一年内不得转让。上述人员离职后半年内,不得转让其所持有的本公司股份。公司章程可以对公司董事、监事、高级管理人员转让其所持有的本公司股份作出其他限制性规定。

股份在法律、行政法规规定的限制转让期限内出质的，质权人不得在限制转让期限内行使质权。

**第一百六十二条** 公司不得收购本公司股份。但是，有下列情形之一的除外：

（一）减少公司注册资本；

（二）与持有本公司股份的其他公司合并；

（三）将股份用于员工持股计划或者股权激励；

（四）股东因对股东会作出的公司合并、分立决议持异议，要求公司收购其股份；

（五）将股份用于转换公司发行的可转换为股票的公司债券；

（六）上市公司为维护公司价值及股东权益所必需。

公司因前款第一项、第二项规定的情形收购本公司股份的，应当经股东会决议；公司因前款第三项、第五项、第六项规定的情形收购本公司股份的，可以按照公司章程或者股东会的授权，经三分之二以上董事出席的董事会会议决议。

公司依照本条第一款规定收购本公司股份后，属于第一项情形的，应当自收购之日起十日内注销；属于第二项、第四项情形的，应当在六个月内转让或者注销；属于第三项、第五项、第六项情形的，公司合计持有的本公司股份数不得超过本公司已发行股份总数的百分之十，并应当在三年内转让或者注销。

上市公司收购本公司股份的，应当依照《中华人民共和国证券法》的规定履行信息披露义务。上市公司因本条第一款第三项、第五项、第六项规定的情形收购本公司股份的，应当通过公开的集中交易方式进行。

公司不得接受本公司的股份作为质权的标的。

**第一百六十三条** 公司不得为他人取得本公司或者其母公司的股份提供赠与、借款、担保以及其他财务资助，公司实施员工持股计划的除外。

为公司利益，经股东会决议，或者董事会按照公司章程或者股东会的授权作出决议，公司可以为他人取得本公司或者其母公司的股份提供财务资助，但财务资助的累计总额不得超过已发行股本总额的百分之十。董事会作出决议应当经全体董事的三分之二以上通过。

违反前两款规定，给公司造成损失的，负有责任的董事、监事、高级管理人员应当承担赔偿责任。

《公司法司法解释(三)》

**第二十五条** 名义股东将登记于其名下的股权转让、质押或者以其他方式处分,实际出资人以其对于股权享有实际权利为由,请求认定处分股权行为无效的,人民法院可以参照民法典第三百一十一条的规定处理。

名义股东处分股权造成实际出资人损失,实际出资人请求名义股东承担赔偿责任的,人民法院应予支持。

**第二十七条** 股权转让后尚未向公司登记机关办理变更登记,原股东将仍登记于其名下的股权转让、质押或者以其他方式处分,受让股东以其对于股权享有实际权利为由,请求认定处分股权行为无效的,人民法院可以参照民法典第三百一十一条的规定处理。

原股东处分股权造成受让股东损失,受让股东请求原股东承担赔偿责任、对于未及时办理变更登记有过错的董事、高级管理人员或者实际控制人承担相应责任的,人民法院应予支持;受让股东对于未及时办理变更登记也有过错的,可以适当减轻上述董事、高级管理人员或者实际控制人的责任。

《公司法司法解释(四)》

**第十六条** 有限责任公司的自然人股东因继承发生变化时,其他股东主张依据公司法第七十一条第三款规定行使优先购买权的,人民法院不予支持,但公司章程另有规定或者全体股东另有约定的除外。

**第十七条** 有限责任公司的股东向股东以外的人转让股权,应就其股权转让事项以书面或者其他能够确认收悉的合理方式通知其他股东征求同意。其他股东半数以上不同意转让,不同意的股东不购买的,人民法院应当认定视为同意转让。

经股东同意转让的股权,其他股东主张转让股东应当向其以书面或者其他能够确认收悉的合理方式通知转让股权的同等条件的,人民法院应当予以支持。

经股东同意转让的股权,在同等条件下,转让股东以外的其他股东主张优先购买的,人民法院应当予以支持,但转让股东依据本规定第二十条放弃转让的除外。

**第十八条** 人民法院在判断是否符合公司法第七十一条第三款及本规定所称的“同等条件”时，应当考虑转让股权的数量、价格、支付方式及期限等因素。

**第十九条** 有限责任公司的股东主张优先购买转让股权的，应当在收到通知后，在公司章程规定的行使期间内提出购买请求。公司章程没有规定行使期间或者规定不明确的，以通知确定的期间为准，通知确定的期间短于三十日或者未明确行使期间的，行使期间为三十日。

**第二十条** 有限责任公司的转让股东，在其他股东主张优先购买后又不同意转让股权的，对其他股东优先购买的主张，人民法院不予支持，但公司章程另有规定或者全体股东另有约定的除外。其他股东主张转让股东赔偿其损失合理的，人民法院应当予以支持。

**第二十一条** 有限责任公司的股东向股东以外的人转让股权，未就其股权转让事项征求其他股东意见，或者以欺诈、恶意串通等手段，损害其他股东优先购买权，其他股东主张按照同等条件购买该转让股权的，人民法院应当予以支持，但其他股东自知道或者应当知道行使优先购买权的同等条件之日起三十日内没有主张，或者自股权变更登记之日起超过一年的除外。

前款规定的其他股东仅提出确认股权转让合同及股权变动效力等请求，未同时主张按照同等条件购买转让股权的，人民法院不予支持，但其他股东非因自身原因导致无法行使优先购买权，请求损害赔偿的除外。

股东以外的股权受让人，因股东行使优先购买权而不能实现合同目的的，可以依法请求转让股东承担相应民事责任。

**第二十二条** 通过拍卖向股东以外的人转让有限责任公司股权的，适用公司法第七十一条第二款、第三款或者第七十二条规定的“书面通知”“通知”“同等条件”时，根据相关法律、司法解释确定。

在依法设立的产权交易场所转让有限责任公司国有股权的，适用公司法第七十一条第二款、第三款或者第七十二条规定的“书面通知”“通知”“同等条件”时，可以参照产权交易场所的交易规则。

《九民纪要》

（三）关于股权转让

**8.【有限责任公司的股权变动】**当事人之间转让有限责任公司股权，受让人以其姓名或者名称已记载于股东名册为由主张其已经取得股权的，人民法院依法予以支持，但法律、行政法规规定应当办理批准手续生效的股权转让除外。未向公司登记机关办理股权变更登记的，不得对抗善意相对人。

**9.【侵犯优先购买权的股权转让合同的效力】**审判实践中，部分人民法院对公司法司法解释（四）第21条规定的理解存在偏差，往往以保护其他股东的优先购买权为由认定股权转让合同无效。准确理解该条规定，既要注意保护其他股东的优先购买权，也要注意保护股东以外的股权受让人的合法权益，正确认定有限责任公司的股东与股东以外的股权受让人订立的股权转让合同的效力。一方面，其他股东依法享有优先购买权，在其主张按照股权转让合同约定的同等条件购买股权的情况下，应当支持其诉讼请求，除非出现该条第1款规定的情形。另一方面，为保护股东以外的股权受让人的合法权益，股权转让合同如无其他影响合同效力的事由，应当认定有效。其他股东行使优先购买权的，虽然股东以外的股权受让人关于继续履行股权转让合同的请求不能得到支持，但不影响其依约请求转让股东承担相应的违约责任。

## 相关问题

### 一、与股权转让合同效力相关的问题

（一）公司章程限制股权转让的效力以及对股权转让合同效力的影响

根据新《公司法》第84条第3款、第144条第1款第3项、第160条第2款的规定：有限责任公司的章程可对股权转让另作规定；股份有限公司可以根据章程的规定发行转让须经公司同意等转让受限的股份，且可对公司董事、监事、高级管理人员转让其所持有的本公司股份作出其他限制性的规定。实务中出现的问题是，公司章程对股权或股份转让的限制是否有效，以及违反公司章程对股权转让限制而签订的股权转让合同是否有效。

司法实践中一般认为，有限责任公司为了维护公司的人合性，公司章程可对股权转让作出比优先购买权更为严格的限制，例如，规定股东在一定期限内不得转让公司股权、股东离职时应当将股权对内转让或由公司回购。① 但是，对于章程能否禁止股东转让股权，司法实践中有不同的观点。一种观点认为，若全体股东一致同意，则章程禁止股东转让股权的规定有效。另一种观点认为，公司章程不得禁止股东转让股权，因为股权转让是股东的基本权利，公司章程不得规定禁止转让股权或变相剥夺股东转让股权的权利，否则该公司章程的规定无效，即使股权转让人在制定公司章程时表示同意。我们赞同第二种观点，如有的公司章程规定，股东转让股权需经全体股东一致同意或经董事会决议通过，此类规定属于变相剥夺了股东转让股权的权利，法院一般认为，此类公司章程的规定无效。② 当然，有限责任公司的公司章程也可以放松公司法对股权转让的限制，甚至可以取消其他股东的优先购买权。至于公司章程对股权转让的限制能否约束股权受让人，司法实践中也存在不同的观点。我们认为，公司章程作为公司内部效力最高的文件，当然对股东具有约束力，既包括公司设立时的股东，也包括公司设立后加入的股东，并且，股权受让人若不想受公司章程的约束，完全可以在股权转让之前审查公司章程。

新《公司法》第 144 条关于股份有限公司类别股的规定是新增的制度，但是与有限责任公司的股权转让同理，即公司章程不得规定禁止股份转让或变相剥夺股东转让股份的类别股，否则该规定无效。需要注意的是，只有非上市的股份有限公司可以发行转让须经公司同意等转让受限的股份，但上市前已经发行的除外。关于股份有限公司章程对公司董事、监事、高级管理人员转让其所持有的本公司股份另作的限制性规定，应理解为公司章程只能对上述人员的股份转让作出比新《公司法》第 160 条第 2 款的法定限制更为严格的限制，因为公司董事、监事、高级管理人员具有信息优势，特别是上市公司的董事、监事、高级管理人员，如不作此理解，上述人员很有可能通过其信息优势转让其所持股份，从而扰乱市场秩序，损害其他投资者的利益。但是如上所述，公司章程同样不得

---

① 参见山东省青岛市中级人民法院民事判决书，(2019)鲁 02 民终 4542 号；陕西省高级人民法院民事判决书，(2014)陕民二申字第 00215 号。

② 参见云南省昆明市中级人民法院民事判决书，(2017)云 01 民终 2233 号；上海市第一中级人民法院民事判决书，(2012)沪一中民四(商)终字第 S1806 号。

规定禁止上述主体转让股份或变相剥夺其转让股份的权利。

关于违反公司章程对股权转让限制而签订的股权转让合同的效力,我们认为,从维护交易安全的角度而言,第三方并不负有审查公司章程的义务,不受公司章程拘束,公司章程关于限制、禁止或强制转让股权的规定本身并不影响股权转让合同的效力,但因此类公司章程规定,转让股东可能陷入无法履行股权转让合同的境地,进而影响股权转让合同的履行。

(二)违反限制转让期限的股权转让合同是否有效?

根据新《公司法》第160条规定,股份有限公司公开发行股份前已发行的股份,自公司股票在证券交易所上市交易之日起1年内不得转让。法律、行政法规,或者国务院证券监督管理机构对上市公司的股东、实际控制人转让其所持有的本公司股份另有规定的,从其规定。公司董事、监事、高级管理人员在就任时确定的任职期间每年转让的股份不得超过其所持有本公司股份总数的25%;所持本公司股份自公司股票上市交易之日起1年内不得转让;上述人员离职后半年内,不得转让其所持有的本公司股份;公司章程可对董事、监事、高级管理人员转让股份作出其他限制性规定。股份在法律、行政法规规定的限制转让期限内出质的,质权人不得在限制转让期限内行使质权。相较旧法而言,新《公司法》删除了股份有限公司发起人持有的本公司股份自公司成立之日起1年内不得转让的规定,同时新增了质权人不得在限制转让期限内行使质权的规定。

实践中出现的问题是,股份有限公司的股东违反限制转让期限的规定签订股权转让合同,其效力如何?特别是对于上市公司来说,上市公司的监管规定是否会对股权转让合同的效力产生影响?

首先,对于非上市公司来说,法院一般认为,公司股东与他人签订股权转让合同,约定待限售期后办理过户登记的,股权转让合同有效,股权受让人可于限售期满后请求办理过户登记。但是,若股权转让合同约定股权于限售期内过户登记的,股权转让合同是否有效不同的法院存在不同的看法。有的法院认为,对于非上市股份有限公司来说,股东数量较少,股权转让并不涉及公众利益的保护问题,对于市场秩序、国家宏观政策等公序良俗亦不产生影响,公司法关于限售期的规定是管理性强制规定,因此股权转让合同有效。[①] 有的法院则认为,

① 参见浙江省杭州市中级人民法院民事判决书,(2020)浙01民终7914号。

公司法关于限售期的规定是法律效力性强制规定，所以，当事人之间关于在限售期内转让股权的约定因违反法律效力性强制规定而无效。①

其次，对于上市公司来说，法院一般认为，股权转让合同约定股权于限售期内过户登记的，股权转让合同无效。② 但是，若公司股东与他人签订股权转让合同，约定待限售期后办理过户登记，对于这种合同是否有效不同的法院存在不同的看法。有的法院将股权转让分为负担行为和处分行为，其中，股权转让合同为负担行为，股份过户登记属于处分行为，《公司法》关于股份转让限售期的规定是对处分行为的限制，所以，公司股东与他人签订股权转让合同，约定待限售期后办理过户登记的，股权转让合同有效，股权受让人可于限售期满后请求办理过户登记。③ 但也有法院认为，公司股东与他人进行场外交易的行为违反上市公司的相关监管规定，损害了社会公共利益，因此股权转让合同无效。④

我们认为，根据《民法典合同编通则解释》第 16 条第 2 款的规定，《公司法》关于股份限制转让期限的规定是旨在规制合同订立后的履行行为，违反股权转让期限的股权转让合同的履行并不必然导致违反强制性规定，股权受让人完全可以在限售期届满后请求履行。但是，根据新《公司法》第 158 条的规定，股东转让其股份，应当在依法设立的证券交易场所进行或者按照国务院规定的其他方式进行，所以对于上市公司或非上市公众公司来说，股东转让股份的方式需符合证监会的相关监管规定，否则很有可能会因违反本条的规定而被认定为无效。

（三）须经行政审批的股权转让合同

1. 未经行政审批的股权转让合同是否有效？

现行法律法规对须经行政审批的股权转让合同进行了大量规定。例如，《企业国有资产法》第 53 条规定，转让国有股权致使国家对该企业不再具有控股地位的，应当报请本级人民政府批准。再如，《商业银行法》第 28 条规定，任何单位或者个人购买商业银行 5% 以上股份的，必须事先取得国务院银行业监

---

① 参见贵州省遵义市中级人民法院民事判决书，(2019)黔 03 民再 48 号。

② 参见江苏省高级人民法院民事判决书，(2016)苏民再 418 号。

③ 参见江苏省高级人民法院民事判决书，(2016)苏民终 1031 号。

④ 参见上海金融法院民事判决书，(2020)沪 74 民终 474 号。

督管理机构的批准。《保险法》第 84 条规定,保险公司变更出资额占有限责任公司资本总额 5% 以上的股东,或者变更持有股份有限公司股份 5% 以上的股东,应当经保险监督管理机构批准。除此之外,有的规章、地方性法规或者其他规范性文件也对须经行政审批的股权转让合同有所规定。实务中容易产生的问题是,须经行政审批的股权转让合同未经审批,合同是否有效?

首先,对于依据法律法规须经行政审批的股权转让合同而言,《民法典》第 502 条第 2 款规定:"依照法律、行政法规的规定,合同应当办理批准等手续的,依照其规定。未办理批准等手续影响合同生效的,不影响合同中履行报批等义务条款以及相关条款的效力。应当办理申请批准等手续的当事人未履行义务的,对方可以请求其承担违反该义务的责任。"由此,未经法律法规规定的行政审批的股权转让合同是否有效,应先判断法律法规设置的行政审批是效力性强制规定还是管理性强制规定。如果是效力性强制规定,此时股权转让合同成立但未生效,若将来当事人取得了相关的行政审批,那么合同将转变为确定有效的合同,若将来审批机构确定性地不予批准,那么该合同将转变为确定不发生效力的合同。如果是管理性强制规定,那此时股权转让合同有效。至于如何判断法律法规规定的行政审批是否会影响合同效力,最高人民法院民二庭第 6 次法官会议纪要认为,如果批准的对象是合同本身,则批准是合同的法定生效条件;如果批准的对象不是合同,而是权利变动,则此时批准不影响合同的效力,仅影响合同的履行。

其次,对于依据规章、地方性法规或者其他规范性文件须经行政审批的股权转让合同是否有效,我们认为,《民法典》只规定法律法规规定的行政审批会影响合同的效力,规章、地方性法规或其他规范性文件规定的行政审批原则上不会影响股权转让合同的效力。但是,规章、地方性法规或者其他规范性文件规定的行政审批可能是基于公序良俗的目的而设置,若股权转让合同未经此类行政审批,可能会因违反公序良俗而无效。至于如何判断股权转让合同是否违反公序良俗,《民法典合同编通则解释》第 17 条除了对违反公序良俗的一些情形进行了列举外,还规定:"人民法院在认定合同是否违背公序良俗时,应当以社会主义核心价值观为导向,综合考虑当事人的主观动机和交易目的、政府部门的监管强度、一定期限内当事人从事类似交易的频次、行为的社会后果等因素,并在裁判文书中充分说理。当事人确因生活需要进行交易,未给社会公共秩序造成重大影响,且不影响国家安全,也不违背善良风俗的,人民法院不应当认定合同无效。”当然,如上所述,在判断行政审批是否影响股权转让合同效力时,还须结合批准的对象是股权转让合同本身还是股权变动来进行判断。

2. 违反报批义务的法律效果

根据《民法典》第 502 条的规定,未办理批准等手续影响合同生效的,不影响合同中履行报批等义务条款以及相关条款的效力。应当办理申请批准等手续的当事人未履行义务的,对方可以请求其承担违反该义务的责任。此外,《九民纪要》还对报批义务作了详细的解释,第 38 条规定:“须经行政机关批准生效的合同,对报批义务及未履行报批义务的违约责任等相关内容作出专门约定的,该约定独立生效。一方因另一方不履行报批义务,请求解除合同并请求其承担合同约定的相应违约责任的,人民法院依法予以支持。”第 39 条规定:“须经行政机关批准生效的合同,一方请求另一方履行合同主要权利义务的,人民法院应当向其释明,将诉讼请求变更为请求履行报批义务。一方变更诉讼请求的,人民法院依法予以支持;经释明后当事人拒绝变更的,应当驳回其诉讼请求,但不影响其另行提起诉讼。”第 40 条规定:“人民法院判决一方履行报批义务后,该当事人拒绝履行,经人民法院强制执行仍未履行,对方请求其承担合同违约责任的,人民法院依法予以支持。一方依据判决履行报批义务,行政机关予以批准,合同发生完全的法律效力,其请求对方履行合同的,人民法院依法予以支持;行政机关没有批准,合同不具有法律上的可履行性,一方请求解除合同的,人民法院依法予以支持。”

《民法典合同编通则解释》第 12 条大致吸收了《九民纪要》的规定,但是作了一些略微的调整。首先,针对报批义务人不履行判决义务的法律后果,《民法典合同编通则解释》第 12 条第 2 款规定:“人民法院判决当事人一方履行报批义务后,其仍不履行,对方主张解除合同并参照违反合同的违约责任请求其承担赔偿责任的,人民法院应予支持。”其次,针对报批后行政机关不予批准,《民法典合同编通则解释》第 12 条第 4 款规定:“负有报批义务的当事人已经办理申请批准等手续或者已经履行生效判决确定的报批义务,批准机关决定不予批准,对方请求其承担赔偿责任的,人民法院不予支持。但是,因迟延履行报批义务等可归责于当事人的原因导致合同未获批准,对方请求赔偿因此受到的损失的,人民法院应当依据民法典第一百五十七条的规定处理。”

综上,股权转让合同须经行政审批才生效的,股权转让合同的一方当事人违反报批义务,对方可以解除合同并请求违约方承担违反报批义务的违约责任,或者请求其继续履行报批义务。若对方选择请求报批义务人继续履行报批义务,经法院判决后,报批义务人仍不履行报批义务,此时,对方可以解除合同并请求报批义务人参照合同的违约责任承担赔偿责任;若报批义务人履行了报批义务,但行政机关没有批准,此时,对方可以主张依照《民法典》第157条的规定,就遭受的损失按过错承担责任。

(四)违反国有股权转让法定程序的股权转让合同是否有效?

国有股权的转让除了按照法律、行政法规的规定应当进行行政审批外,《企业国有资产法》第54条规定,国有股权的转让需在依法设立的产权交易场所公开进行,第55条规定,国有股权的转让须经依法评估。① 《国有资产评估管理办法》《企业国有资产监督管理暂行条例》等行政法规也对国有股权转让的评估作了相应的规定。实务中的争议是,上述法律、行政法规关于国有股权转让须进场交易、须依法评估究竟是效力性强制规定还是管理性强制规定,进而违反上述规定是否会导致股权转让合同无效?

对此,有的法院认为:"从1991年实施的《国有资产评估管理办法》、2003年《企业国有资产监督管理暂行条例》至2004年2月1日国务院国有资产监督管理委员会、中华人民共和国财政部制定实施的《企业国有产权转让管理暂行办法》均规定了企业国有产权转让必须经过严格审批、股权评估并在依法设立的产权交易机构公开进行的程序。2009年5月1日实施的《企业国有资产法》也重申了审批、评估和进场交易三大企业国有资产交易原则。上述规定属于效力性强制性规定,旨在通过严格规范的程序保证交易的公开、公平、公正,最大限度地防止国有资产流失,避免国家利益、社会公共利益受损,未依法进行审批、资产评估、进场交易的国有资产转让合同应为无效。"②但也有法院认为,上

① 《企业国有资产法》第54条规定:"国有资产转让应当遵循等价有偿和公开、公平、公正的原则。除按照国家规定可以直接协议转让的以外,国有资产转让应当在依法设立的产权交易场所公开进行。转让方应当如实披露有关信息,征集受让方;征集产生的受让方为两个以上的,转让应当采用公开竞价的交易方式。转让上市交易的股份依照《中华人民共和国证券法》的规定进行。"第55条规定:"国有资产转让应当以依法评估的、经履行出资人职责的机构认可或者由履行出资人职责的机构报经本级人民政府核准的价格为依据,合理确定最低转让价格。"

② 甘肃省高级人民法院民事判决书,(2018)甘民再99号。

述规定属于管理性强制规定，违反该规定并不必然导致股权转让合同无效，包括最高人民法院的裁判观点。[①] 对此，我们赞成第一种观点。《企业国有资产法》关于国有股权转让须评估以及须在依法设立的产权交易场所公开进行的规定是效力性强制规定，旨在防止国有资产流失，避免国家利益、社会公共利益受损，违反该规定将导致国有股权转让合同无效。

（五）当事人之间关于股权变动时点的约定是否有效？

新《公司法》并没有对股权变动时点作出明确的规定，实践中，当事人常在股权转让合同中对股权变动时点进行约定，以期确定股权自何时发生权属的变更。目前，就股权变动模式尚未达成普遍共识，《九民纪要》第 8 条将“记载于股东名册”作为股权变动的生效要件；新《公司法》第 56 条规定，记载于股东名册的股东，可以依股东名册主张行使股东权利。因此，要确定股权转让合同中股权变动时点的约定是否有效，就需要确定新《公司法》第 56 条究竟是强制性规定还是任意性规定。

我们认为，股权兼具合同与财产双重属性，股权变动既有对人性法律关系的变动，亦有对世性法律关系的变动。股权作为一种财产权利，其变动应由法律直接规定，而不容私人意定。对此，可参照《民法典》第 209 条、第 224 条关于不动产物权、动产物权变动的相关规定。新《公司法》并未授权当事人约定股权变动时点，在此情况下不宜作扩大解释，不应认为新《公司法》第 56 条是任意性规定。若当事人在股权转让合同中约定自合同生效之日起股权发生变动，则该约定因违反新《公司法》第 56 条的规定而归于无效。同时，根据《民法典》第 156 条关于部分无效的规定，股权变动时点条款无效不影响股权转让合同其他部分效力的，股权转让合同其他部分仍然有效。

（六）以转让股权的形式转让公司特殊资产是否有效？

商事交易实践中，常见当事人通过转让目标公司股权的方式，实现目标公司资产或者资产控制权的转让，如土地使用权、矿业权的转让。以土地使用权的转让为例，现行法律法规对土地使用权的转让施加了诸多限制。依据《城市房地产管理法》第 39 条，以出让方式取得土地使用权的，转让房地产时，应当符

① 参见云南省文山壮族苗族自治州中级人民法院民事判决书，（2020）云 26 民终 512 号；最高人民法院民事判决书，（2015）民申字第 715 号。

合以下条件:按照出让合同约定已经支付全部土地使用权出让金,并取得土地使用权证书;按照出让合同约定进行投资开发,属于房屋建设工程的,完成开发投资总额的25%以上,属于成片开发土地的,形成工业用地或者其他建设用地条件。转让房地产时房屋已经建成的,还应当持有房屋所有权证书。当事人为了节约交易成本,常通过转让持有土地使用权公司全部股权的方式以实现土地使用权的间接转让,从而使法律对土地使用权流转的规制目的落空。此类名为股权转让,实为资产控制权让与的股权转让合同的效力备受争议。

《民法典》虽然取消了原《合同法》第52条第3项"以合法形式掩盖非法目的"合同无效这一规定,但《民法典》第146条新增了关于通谋虚伪表示的规定,即"行为人与相对人以虚假的意思表示实施的民事法律行为无效。以虚假的意思表示隐藏的民事法律行为的效力,依照有关法律规定处理"。针对此类"名实不符"的股权转让合同效力问题,存在有效说与无效说两种观点。其中,有效说为主流观点,如最高人民法院在(2018)最高法民终199号民事判决书中指出,公司是一个独立的法人主体,当事人之间的股权转让合同仅是转让了公司的股权、变更了股东,并没有变更土地使用权的所有人主体,即公司名下土地使用权的权属并没有发生变更、土地使用权没有发生转让。因而当事人之间签订的股权转让合同的效力,应当依据有关股权转让的法律法规进行认定,若无其他无效事由,当属有效合同。[①] 无效说则主张,以股权转让方式实现土地使用权或矿业权转让目的的合同,构成以合法形式掩盖非法目的,表面的股权转让合同为双方通谋虚伪意思表示,应为无效。

我们认为,股权转让和土地使用权转让(资产转让)属于两个法律关系,股权转让属于公司法规制的范畴,而土地使用权转让属于土地法、房地产法规制的范畴,二者分属不同法律关系,不可混淆法律适用关系,若无特别需要保护的法益,应尽可能地使当事人之间的合同有效,从而起到促进交易、保护交易安全的作用。也就是说,"以股权转让实现资产控制权让与"的股权转让合同,虽然以转让目标公司所有的资产控制权为目的,但其本身也追求股权转让合同的成立并生效,故不构成虚假意思表示,无《民法典》第146条的适用空间。同时,若审查后发现"以股权转让实现该类资产控制权转让"的股权转让合同亦不违反

① 参见最高人民法院民事判决书,(2018)最高法民终199号。

法律、行政法规的强制性规定，不违背公序良俗，如无其他合同无效事由，应为有效。

（七）如何认定股权转让“阴阳合同”的效力？

实务中，股权转让的双方当事人可能出于纳税申报、行政审批、规避其他股东行使优先购买权等原因签订两份内容不同的股权转让合同，一份用于上述目的，实务中称为“阳合同”，一份用于双方当事人依照履行，实务中称为“阴合同”。《民法典合同编通则解释》第 14 条专门对“阴阳合同”作了规定。[①]

首先，“阴阳合同”与原合同和补充协议不同，原合同和补充协议都对双方当事人产生约束力，补充协议是原合同的组成部分，是对原合同的补充或修改，而在“阴阳合同”中，双方当事人自始就不希望“阴合同”对其产生约束力。

其次，“阴阳合同”的效力需要区分讨论。《民法典》第 146 条规定：“行为人与相对人以虚假的意思表示实施的民事法律行为无效。以虚假的意思表示隐藏的民事法律行为的效力，依照有关法律规定处理。”因此，“阳合同”因属于双方当事人虚假的意思表示而无效。对于“阴合同”，由于是双方当事人之间真实的意思表示，若无其他无效事由，应当认定有效；法律、行政法规规定合同经批准才生效的，依照其规定。但是，双方当事人之间签订的“阴合同”往往会因恶意串通损害他人利益而被认定为无效。如江苏省高级人民法院在（2015）苏商再提字第 00068 号民事判决书中认为，股权转让的双方当事人恶意串通，损害其他股东的优先购买权，所以认定签订的两份股权转让合同均无效。

（八）股权转让双方约定由公司支付股权转让价款是否有效？

实务中，股权转让双方有时会在股权转让合同中约定由公司支付股权转让对价，并加盖公司印章，此时合同对公司是否具有约束力？我们认为，公司与股

① 《民法典合同编通则解释》第 14 条规定：“当事人之间就同一交易订立多份合同，人民法院应当认定其中以虚假意思表示订立的合同无效。当事人为规避法律、行政法规的强制性规定，以虚假意思表示隐藏真实意思表示的，人民法院应当依据民法典第一百五十三条第一款的规定认定被隐藏合同的效力；当事人为规避法律、行政法规关于合同应当办理批准等手续的规定，以虚假意思表示隐藏真实意思表示的，人民法院应当依据民法典第五百零二条第二款的规定认定被隐藏合同的效力。依据前款规定认定被隐藏合同无效或者确定不发生效力的，人民法院应当以被隐藏合同为事实基础，依据民法典第一百五十七条的规定确定当事人的民事责任。但是，法律另有规定的除外。当事人就同一交易订立的多份合同均系真实意思表示，且不存在其他影响合同效力情形的，人民法院应当在查明各合同成立先后顺序和实际履行情况的基础上，认定合同内容是否发生变更。法律、行政法规禁止变更合同内容的，人民法院应当认定合同的相应变更无效。”

东是相互独立的主体，股东不得任意处分公司的财产，股权转让双方约定以公司的财产支付股权转让价款是否对公司有约束力需考察该约定是否是公司的真实意思表示。由于用公司的财产支付股权转让对价并非公司的正常经营活动，所以必须由公司的决策机构作出决议。

新《公司法》第163条规定："公司不得为他人取得本公司或者其母公司的股份提供赠与、借款、担保以及其他财务资助，公司实施员工持股计划的除外。为公司利益，经股东会决议，或者董事会按照公司章程或者股东会的授权作出决议，公司可以为他人取得本公司或者其母公司的股份提供财务资助，但财务资助的累计总额不得超过已发行股本总额的百分之十。董事会作出决议应当经全体董事的三分之二以上通过。违反前两款规定，给公司造成损失的，负有责任的董事、监事、高级管理人员应当承担赔偿责任。"根据该条规定，当事人之间约定用公司的财产支付股权转让对价，必须符合公司的利益，且须经过股东会或董事会的决议，且法律对资助的总额也作了限制。新《公司法》第163条是针对股份有限公司的规定，《公司法》虽未对有限责任公司的财务资助作出规定，但最高人民法院认为，当事人之间约定用公司的财产支付股权转让对价的，在全体股东一致同意，且公司债权人对该约定不存在异议的情况下约定有效。①

对于公司未经上述程序便同意支付股权转让价款的情况，实务中往往是公司大股东独自作出用公司财产支付股权转让对价的决定，该行为违反了公司资本维持原则，损害了中小股东以及公司债权人的利益，且因股权受让人属于无偿取得公司股权，无须考虑保护其利益，所以当事人之间关于价款支付的约定会因违反《公司法》第53条关于禁止股东抽逃出资，或《民法典》第154条关于恶意串通损害他人利益的规定而无效。

（九）股权转让合同无效、被撤销或确定不发生效力的法律后果

《民法典》第157条规定："民事法律行为无效、被撤销或者确定不发生效力后，行为人因该行为取得的财产，应当予以返还；不能返还或者没有必要返还的，应当折价补偿。有过错的一方应当赔偿对方由此所受到的损失；各方都有过错的，应当各自承担相应的责任。法律另有规定的，依照其规定。"与一般合

---

① 参见最高人民法院民事判决书，（2015）民二终字第340号。

同相比，股权转让合同无效、被撤销或确定不发生效力特殊之处在于，其转让的标的是股权，股权价值会随着公司价值的变化而变化。实务中容易对股权转让合同无效、被撤销或确定不发生效力后，股权应当如何返还、如何折价，以及在股权转让合同签订后至股权转让合同确定无效、被撤销或确定不发生效力前这一期间内，股权价值的变动应当如何处理等问题产生争议。

首先，股权转让合同无效、被撤销或确定不发生效力后，股权的受让人须返还其受让的股权，但股权返还的前提是受让人已经取得了公司的股权。关于受让人何时取得公司股权，我们认为应当以股东名册的变更为准，若公司没有设置股东名册，则须判断“公司是否认可”，来认定股东名册是否变更，进而判断股权是否发生了变动。① 实践中可以通过股东会议记录、股东是否行使股东权利等情况来判断公司是否认可股权发生了变动。股权转让合同无效、被撤销或确定不发生效力后，股权转让人可请求公司重新出具出资证明书、变更公司登记、变更股东名册以及公司章程。在股权返还时，须注意对股权的增值或减值进行合理分配。

其次，折价补偿请求权是返还原物请求权的替代，二者之间有适用上的先后顺序关系，只有在返还原物请求权无法实现或者合意放弃时，才适用折价补偿请求权的规定。实践中主要是在以下情形中适用折价补偿：第一，标的股权已经被第三人取得；第二，目标公司经营情况发生了重大变化；第三，目标公司发生合并、分立或者注销；第四，各方当事人合意适用股权折价规则。在第二种和第三种情形中适用折价补充，主要是因为在这两种情形下股权较合同订立时发生了重大变化，此时的股权已非彼时的股权。在返还股权已经无法实施或者没有必要实施的情况下要进行股权折价，转让人持有的股权是股权转让之前的股权，因此股权折价时间点的确定，应当以股权转让（变动）时作为时间点。对于在股权转让合同无效后如何确定股权折价款金额的问题，最为合理的应当是委托专业评估机构对股权价值进行评估，对股权价值进行评估时，应当要考虑控制权溢价问题。

再次，在股权返还或折价时，应当对股权的增值或减值作出合理的分配或

---

① 参见最高人民法院民事审判第二庭编著：《〈全国法院民商事审判工作会议纪要〉理解与适用》，人民法院出版社 2019 年版，第 135 页。

分担。根据《九民纪要》第33条的规定,应予返还的股权相对于合同约定价款出现增值或贬值的,人民法院要综合考虑市场因素、受让人的经营或者添附等行为与财产增值或者贬值之间的关联性,在当事人之间合理分配或分担,避免一方因合同不成立、无效或者被撤销而获益。股权折价时,应当以当事人交易时约定的价款为基础,同时考虑当事人在标的物灭失或者转售时的获益情况综合确定补偿标准。标的物灭失时当事人获得的保险金或其他赔偿金,转售取得的对价,均属于当事人因标的物而获得的利益。对获益高于或者低于价款的部分,也应在当事人之间合理分配或分担。

最后,有过错的一方应当赔偿对方由此所受到的损失;各方都有过错的,应当各自承担相应的责任。《民法典合同编通则解释》第24条第2款规定:"除前款规定的情形外,当事人还请求赔偿损失的,人民法院应当结合财产返还或者折价补偿的情况,综合考虑财产增值收益和贬值损失、交易成本的支出等事实,按照双方当事人的过错程度及原因力大小,根据诚信原则和公平原则,合理确定损失赔偿额。"

## 二、"名股实债"的性质认定问题

"名股实债"是实务中的概念,一般指"附带回购条款的股权性融资",交易的基本模式是双方当事人约定,一方将其股权转让给对方,并办理股权变更登记,合同期限届满后,转让方溢价回购股权。在"名股实债"的交易中,利害关系人之间往往会对法律行为所产生的法律关系的性质属于股权转让关系还是借贷关系产生争议。对此,最高人民法院民二庭在第5次法官会议中对"名股实债"的问题给出了意见,认为应根据当事人的投资目的、实际权利义务等因素综合认定其性质。投资人目的在于取得目标公司股权,且享有参与公司的经营管理权利的,应认定为股权投资,投资人是目标公司的股东;投资人目的并非取得目标公司股权,而仅是为了获取固定收益,且不享有参与公司经营管理权利的,应认定为债权投资,投资人是目标公司或有回购义务的股权的债权人。

司法实践中,法院通常以下列因素来认定交易行为的性质:第一,投资方是否参与公司经营管理,若投资方行使了股东的表决权,法院可能认定法律关系为股权转让关系；[①]第二，股权转让的价款是否合理，若投资方支付的对价与股权的价值差距过大，法院可能认定法律关系为借贷关系；[②]第三，当事人之间是否进行了股权变更登记，若未进行股权变更登记，法院可能认定法律关系为借贷关系；[③]第四，当事人双方是否约定了投资人的固定收益，如果有约定，法院可能认定法律关系为借贷关系；[④]第五，融资方是否提供了其他担保，如果融资方为投资方提供了其他担保，法院可能认定法律关系为借贷关系；[⑤]第六，当事人双方对股权回购条件的约定，若股权回购的条件非担保性质的，而是以公司达成一定业绩为条件的"对赌条件"，法院可能认定法律关系为股权转让关系。[⑥]上述单一因素并不是认定法律关系性质的充分条件，司法实践中法院会综合上述因素以及其他因素来认定当事人之间法律关系的性质。

在认定了法律关系的基础上，进一步的问题是如何认定"名股实债"的法律效力。如上所述，如果交易被认定为股权投资，那么股权的受让人就享有股东的权利，承担股东的义务，但是未经登记的股权转让不得对抗公司债权人；在合同期限届满时，股权的受让人有权请求转让人回购股权。如果交易被认定为债权投资，根据《九民纪要》第 89 条和《民法典担保制度解释》第 68 条的规定，应当按照让与担保的规则处理，即债务人到期不履行回购义务的，债权人有权请求参照《民法典》关于担保物权的规定对股权折价或者以拍卖、变卖该股权所得的价款优先受偿；债务人有权在履行债务后请求返还财产，或者请求对财产折价或以拍卖、变卖所得的价款清偿到期债务。需要注意的是：第一，若合同双方当事人在交易时未办理股权的变更登记，即股权没有转移至债权人名下，因权利未经公示，债权人的权利不具有物权效力，对变价后的股权价值不享有优先受偿权；第二，如果双方当事人约定债务人到期不履行回购义务，股权即归债权人所有，债权人只能依法就股权优先受偿；第三，公司或者公司的债权人无权以股东未履行或者未全面履行出资义务、抽逃出资为由，请求作为名义股东的债

① 参见浙江省湖州市吴兴区人民法院民事判决书，(2016)浙 0502 民初 1671 号。
② 参见重庆市高级人民法院民事判决书，(2014)渝高法民初字第 00010 号。
③ 参见陕西省西安市中级人民法院民事判决书，(2017)陕 01 民终 2800 号。
④ 参见最高人民法院民事判决书，(2019)最高法民终 1532 号。
⑤ 参见重庆市高级人民法院民事判决书，(2014)渝高法民初字第 00010 号。
⑥ 参见最高人民法院民事判决书，(2019)最高法民终 355 号。

权人与股东承担连带责任。

**三、股东与公司约定回购股权的效力及履行**

公司股权或股份的回购分为法定回购与约定回购。法定回购也称为异议回购,是指股东基于法律的明确规定请求公司收购自己的股权或股份。新《公司法》第89条、第161条、第162条第1款第4项对股东的异议回购请求权作了明确规定。对于约定回购,新《公司法》第162条规定股份有限公司不得收购本公司的股份,但是列举了6种例外情形,其中一种是上述的异议回购。对于有限责任公司股权的约定回购,《公司法》并未作出明确规定,这导致实务中对于有限责任公司能否进行股权的约定回购存在争议。

《九民纪要》第5条认为,投资方与目标公司订立的"对赌协议"在不存在法定无效事由的情况下,应当认定协议有效,但若投资方请求目标公司回购股权的,人民法院应当依据《公司法》第35条关于"股东不得抽逃出资"或者第142条关于股份回购的强制性规定进行审查。经审查,目标公司未完成减资程序的,人民法院应当驳回其诉讼请求。《公司法司法解释(二)》第5条规定:"人民法院审理解散公司诉讼案件,应当注重调解。当事人协商同意由公司或者股东收购股份,或者以减资等方式使公司存续,且不违反法律、行政法规强制性规定的,人民法院应予支持。当事人不能协商一致使公司存续的,人民法院应当及时判决。经人民法院调解公司收购原告股份的,公司应当自调解书生效之日起六个月内将股份转让或者注销。股份转让或者注销之前,原告不得以公司收购其股份为由对抗公司债权人。"《公司法司法解释(五)》第5条规定:"人民法院审理涉及有限责任公司股东重大分歧案件时,应当注重调解。当事人协商一致以下列方式解决分歧,且不违反法律、行政法规的强制性规定的,人民法院应予支持:(一)公司回购部分股东股份……"

最高人民法院公布的第96号指导性案例认为,公司初始章程对股权转让进行限制,明确约定公司回购条款,只要不违反公司法等法律强制性规定,可认定为有效。公司可按照初始章程约定,支付合理对价回购股东股权,但需通过转让给其他股东等方式进行合理处置。

根据上述规范和司法判例可以得出以下结论:有限责任公司约定的股权回购协议若不存在法定无效事由,应当认定为有效,但协议需通过公司合法有效的减资程序才能得到履行。但在以下情形中,公司可以先回购股权再将股权进行转让或注销:其一,当出现公司僵局时,公司可在法院的调解下收购股东的股权;其二,若公司初始章程对股权的回购作了规定,在符合章程规定的情形时,公司可收购股东的股权。在公司回购的股权转让或注销之前,被回购股权的股东不得以公司收购其股权对抗公司债权人。需要注意的是,根据新《公司法》第 224 条第 3 款的规定,若公司采减资的形式进行股权回购或回购后进行减资,应当按照股东出资或者持有股份的比例相应减少出资额或者股份,但是法律另有规定、有限责任公司全体股东另有约定或股份有限公司章程另有约定的除外。未经上述程序,公司与股东进行的股权回购很有可能被认定为抽逃出资。

## 四、股权分期付款买卖不适用《民法典》第 634 条规定的解除权

分期付款买卖是指当事人约定由买受人受领标的物,并以分期方式支付价款的全部或部分的买卖。根据最高人民法院《关于审理买卖合同纠纷案件适用法律问题的解释》第 27 条的规定,分期付款是指买受人将应付的总价款在一定期限内至少分三次向出卖人支付。《民法典》第 634 条规定:"分期付款的买受人未支付到期价款的数额达到全部价款的五分之一,经催告后在合理期限内仍未支付到期价款的,出卖人可以请求买受人支付全部价款或者解除合同。出卖人解除合同的,可以向买受人请求支付该标的物的使用费。"分期付款的股权买卖是指股权转让人将股权转让给受让人并办理权属变更手续后,由受让人分期支付价款的买卖。

最高人民法院在第 67 号指导性案例中认为,在股权受让人未支付到期价款的数额达到全部价款的 1/5,且经催告后在合理期限内仍未支付到期价款时,股权转让人不能依据《民法典》第 634 条的规定解除合同。原因在于,最高人民法院认为,分期付款买卖一般适用于以消费为目的的一般买卖,而股权分期付款买卖与以消费为目的的一般买卖不同。首先,受让人受让股权是为了参与公司经营管理而不是满足生活消费;其次,由于股权一直存在,股权的出卖人与一般以消费为目的分期付款买卖中出卖人收回价款的风险并不同等;最后,若双方解除股权转让合同,也不存在向受让人要求支付标的物使用费的情况。值得思考的是,既然最高人民法院认为股权分期付款买卖不适用《民法典》第 634 条

的合同解除权，同样出于对债权人的保护，那该条中关于债务加速到期的规定是不是也同样不适用？虽然分期付款中股权转让人不能依据《民法典》第634条的规定解除合同，但若出现其他法定或约定的合同解除事由，股权转让人依然可以依法行使合同解除权。

# 案由2 上市公司收购纠纷

## 适用指引

### 一、上市公司收购纠纷概述

#### （一）上市公司收购的概念与分类

上市公司收购，指的是投资者公开收购已经依法上市交易的股份有限公司的股份，以获得或者巩固对该公司控制权的行为。根据上市公司收购的收购方式不同作为区分标准，可以区分为要约收购、协议收购、集中竞价收购（二级市场举牌收购）、间接收购等多种方式。

要约收购是指收购人以向目标公司所有股东公开发出要约的方式购买该公司部分或全部证券的行为；协议收购是指收购人依照法律、行政法规的规定，通过与目标公司特定股东签订收购协议的方式进行收购的行为；集中竞价收购，又称二级市场举牌收购，指的是收购人在证券交易所集中竞价系统直接通过竞价方式购买目标公司股票；间接收购是指收购人不直接取得上市公司的股份成为其股东，而是通过投资关系、协议或其他安排导致其间接拥有的上市公司权益达到或者超过上市公司已发行股份的法定比例，间接获得对该上市公司的控制权的收购方式。

除间接收购不涉及对上市公司股份的直接购买外，其他方式收购实质上均是上市公司收购人与上市公司股东之间的股份转让行为。其中，转让方是上市公司的现有股东，受让方是上市公司收购人，可能是上市公司原股东，也可能是在收购后才成为上市公司股东。

#### （二）上市公司收购纠纷的类型

上市公司收购需要遵循严格的规则和程序，以免导致信息垄断、大股东和实际控制人进行内幕交易、操纵市场等，损害中小股东利益，破坏资本市场秩序。因此,《证券法》对上市公司的收购方式、收购条件和程序、收购活动的监管等进行了具体规定。如规定了权益变动披露规则、强制要约收购义务等制度。但实践中仍存在因违约收购、收购违规等行为引发的收购纠纷。上市公司收购纠纷主要可分为如下两种类型:

1. 与收购交易合同关系相关的纠纷

无论是二级市场举牌收购还是要约收购、协议收购,其本质都是收购人与被收购人之间进行的股份交易,只是在交易形式、程序上存在不同。由于二级市场举牌是通过交易所的集中竞价交易购买上市公司股票,其撮合、成交和登记均由电子化系统完成。因此,在合同关系上,基本不存在产生争议的可能性。在要约收购中,收购人需按照规定编制收购报告书向上市公司发出并公告,被收购人股东在要约确定的承诺期间内可以作出承诺,从而达成要约收购交易。在此过程中,存在因要约不履行等产生的争议。但由于要约收购的内容、形式仍受较大限制,过程需在证券监管部门或交易所的监督之下进行,因此在实践中要约收购发生较少,其中更鲜有争议存在。协议收购中当事人双方的自由度最大,且通常不会提前通知被收购上市公司,所约定的内容也较为丰富,往往存在一揽子的交易安排。因此,实践中,上市公司收购纠纷基本存在于协议收购之中。

2. 利用收购行为损害公司及股东利益的赔偿责任纠纷

《证券法》第 196 条第 2 款规定了,收购人及其控股股东、实际控制人利用上市公司收购,给被收购公司及其股东造成损失的,应当依法承担赔偿责任。所谓利用上市公司收购行为,不仅包括上市公司收购行为违法违规所造成的被收购公司及其股东损失,也包括通过不公平的收购方案损害上市公司及其他中小股东利益,通常在敌意收购的背景下发生。但由于我国对于收购行为进行了严格的规制,损害公司及股东利益的收购行为通常存在违反法律、法规的情况。例如违反收购人不得接受财务资助的规则,利用上市公司资产协助收购人“蚂蚁吞大象”;又如违反收购人强制要约义务,在通过证券交易持有或者通过协议、其他安排与他人共同持有上市公司发行股份达到有表决权股份 30% 的,继续收购未依法发布收购要约等。此外,由于在实践中收购人利用收购行为损害上市公司及股东利益的行为,通常是在收购人的控股股东、实际控制人的组织、指使下进行的,因此,承担民事赔偿责任的主体还应包括收购人的控股股东、实际控制人。

但是，该规则实际为“沉睡法条”，经公开渠道检索，并未发现人民法院适用该规定(《证券法》第196条)审理收购人或其控股股东承担民事赔偿责任的案例。其原因可能为：一方面，证明收购行为存在损害公司或股东利益的证明难度较大；另一方面，如前所述该等收购行为通常存在违法违规情形，往往与信息披露制度相交叉，也可能与收购协议违约责任相竞合，因此，当事人可能诉诸其他制度寻求救济。

需注意的是，上市公司收购是对上市公司股份的收购，而不包括上市公司对外收购非上市公司股权。实践中，上市公司购买其他非上市公司股份的，也被称为收购，满足一定条件的，还可能构成重大资产重组。就上市公司对外收购及重大资产重组，除非在交易结构中同时存在对上市公司股份收购的安排，否则就该等事项引发的纠纷，不应适用上市公司收购纠纷案由，而应适用股权转让纠纷等其他案由。

## 二、上市公司收购纠纷的诉讼主体

### (一)与收购交易合同关系相关的纠纷中的诉讼主体

在与收购交易合同关系相关的纠纷中，原被告为股份交易的双方，即上市公司的股东和收购人，而上市公司以及相关中介服务机构可能作为诉讼的第三人。

### (二)利用收购行为损害公司及股东利益的赔偿责任纠纷中的诉讼主体

在利用收购行为损害公司及股东利益的赔偿责任纠纷中，原告为上市公司或上市公司股东，被告为收购人及其控股股东、实际控制人。上市公司及相关中介服务机构可能为诉讼的第三人。

## 三、上市公司收购纠纷的管辖

因上市公司收购纠纷提起的诉讼，原则上以《民事诉讼法》中管辖的相关规定为基础，但要综合考虑公司所在地等因素来确定管辖法院①，即属于与收购交

① 参见杨万明主编：《最高人民法院新民事案件案由规定理解与适用》，人民法院出版社2021年版，第790页。

易合同关系相关的纠纷的,可由合同履行地或被告住所地的人民法院管辖;属于利用收购行为损害公司及股东利益的赔偿责任纠纷的,可由侵权行为地或被告住所地的人民法院管辖。若当事人之间约定了协议管辖条款的,则由协议约定的人民法院管辖,但违反级别管辖和专属管辖的除外。

## 主要规范依据

**《证券法》**

**第六十二条** 投资者可以采取要约收购、协议收购及其他合法方式收购上市公司。

**第六十三条** 通过证券交易所的证券交易,投资者持有或者通过协议、其他安排与他人共同持有一个上市公司已发行的有表决权股份达到百分之五时,应当在该事实发生之日起三日内,向国务院证券监督管理机构、证券交易所作出书面报告,通知该上市公司,并予公告,在上述期限内不得再行买卖该上市公司的股票,但国务院证券监督管理机构规定的情形除外。

投资者持有或者通过协议、其他安排与他人共同持有一个上市公司已发行的有表决权股份达到百分之五后,其所持该上市公司已发行的有表决权股份比例每增加或者减少百分之五,应当依照前款规定进行报告和公告,在该事实发生之日起至公告后三日内,不得再行买卖该上市公司的股票,但国务院证券监督管理机构规定的情形除外。

投资者持有或者通过协议、其他安排与他人共同持有一个上市公司已发行的有表决权股份达到百分之五后,其所持该上市公司已发行的有表决权股份比例每增加或者减少百分之一,应当在该事实发生的次日通知该上市公司,并予公告。

违反第一款、第二款规定买入上市公司有表决权的股份的,在买入后的三十六个月内,对该超过规定比例部分的股份不得行使表决权。

**第六十四条** 依照前条规定所作的公告,应当包括下列内容:

(一)持股人的名称、住所;

(二)持有的股票的名称、数额;

（三）持股达到法定比例或者持股增减变化达到法定比例的日期、增持股份的资金来源；

（四）在上市公司中拥有有表决权的股份变动的时间及方式。

**第六十五条** 通过证券交易所的证券交易，投资者持有或者通过协议、其他安排与他人共同持有一个上市公司已发行的有表决权股份达到百分之三十时，继续进行收购的，应当依法向该上市公司所有股东发出收购上市公司全部或者部分股份的要约。

收购上市公司部分股份的要约应当约定，被收购公司股东承诺出售的股份数额超过预定收购的股份数额的，收购人按比例进行收购。

**第六十六条** 依照前条规定发出收购要约，收购人必须公告上市公司收购报告书，并载明下列事项：

（一）收购人的名称、住所；

（二）收购人关于收购的决定；

（三）被收购的上市公司名称；

（四）收购目的；

（五）收购股份的详细名称和预定收购的股份数额；

（六）收购期限、收购价格；

（七）收购所需资金额及资金保证；

（八）公告上市公司收购报告书时持有被收购公司股份数占该公司已发行的股份总数的比例。

**第六十七条** 收购要约约定的收购期限不得少于三十日，并不得超过六十日。

**第六十八条** 在收购要约确定的承诺期限内，收购人不得撤销其收购要约。收购人需要变更收购要约的，应当及时公告，载明具体变更事项，且不得存在下列情形：

（一）降低收购价格；

（二）减少预定收购股份数额；

（三）缩短收购期限；

（四）国务院证券监督管理机构规定的其他情形。

**第六十九条** 收购要约提出的各项收购条件，适用于被收购公司的所有股东。

上市公司发行不同种类股份的，收购人可以针对不同种类股份提出不同的收购条件。

**第七十条** 采取要约收购方式的，收购人在收购期限内，不得卖出被收购公司的股票，也不得采取要约规定以外的形式和超出要约的条件买入被收购公司的股票。

**第七十一条** 采取协议收购方式的，收购人可以依照法律、行政法规的规定同被收购公司的股东以协议方式进行股份转让。

以协议方式收购上市公司时，达成协议后，收购人必须在三日内将该收购协议向国务院证券监督管理机构及证券交易所作出书面报告，并予公告。

在公告前不得履行收购协议。

**第七十二条** 采取协议收购方式的，协议双方可以临时委托证券登记结算机构保管协议转让的股票，并将资金存放于指定的银行。

**第七十三条** 采取协议收购方式的，收购人收购或者通过协议、其他安排与他人共同收购一个上市公司已发行的有表决权股份达到百分之三十时，继续进行收购的，应当依法向该上市公司所有股东发出收购上市公司全部或者部分股份的要约。但是，按照国务院证券监督管理机构的规定免除发出要约的除外。

收购人依照前款规定以要约方式收购上市公司股份，应当遵守本法第六十五条第二款、第六十六条至第七十条的规定。

**第七十四条** 收购期限届满，被收购公司股权分布不符合证券交易所规定的上市交易要求的，该上市公司的股票应当由证券交易所依法终止上市交易；其余仍持有被收购公司股票的股东，有权向收购人以收购要约的同等条件出售其股票，收购人应当收购。

收购行为完成后，被收购公司不再具备股份有限公司条件的，应当依法变更企业形式。

**第七十五条** 在上市公司收购中，收购人持有的被收购的上市公司的股票，在收购行为完成后的十八个月内不得转让。

**第七十六条** 收购行为完成后，收购人与被收购公司合并，并将该公司解散的，被解散公司的原有股票由收购人依法更换。

收购行为完成后,收购人应当在十五日内将收购情况报告国务院证券监督管理机构和证券交易所,并予公告。

**第一百九十六条第二款** 收购人及其控股股东、实际控制人利用上市公司收购,给被收购公司及其股东造成损失的,应当依法承担赔偿责任。

**《上市公司收购管理办法》**

**第六条第一款** 任何人不得利用上市公司的收购损害被收购公司及其股东的合法权益。

## 相关问题

### 一、上市公司收购中,收购人违反权益变动披露等收购义务的情况下,收购协议及收购行为是否有效?

根据《证券法》《上市公司收购管理办法》等规定,上市公司的收购人在收购中需承担一系列的义务或限制,包括:权益变动披露义务、强制要约收购义务等。该等管理性、限制性规定的目的,在于保护上市公司及中小股东的利益,维护资本市场的秩序,避免收购人或上市公司管理层通过收购行为损害公司、中小股东及相关方的利益。

在收购人违反前述相关规定的情况下,收购协议及收购行为的效力问题,值得探讨。我们认为,应当根据相关义务的具体规范内容及性质进行判断。

1.违反权益变动披露义务的收购协议、收购行为效力

我国《证券法》第63条规定了收购人的权益变动披露义务,包括“信息披露+慢走规则”两部分。根据《证券法》规定,收购人在持有上市公司有表决权股份达5%时,应在事实发生之日起3日内履行报告义务并通知上市公司公告,在该等期间内不得买卖上市公司股票;持有股份达到5%之后,持股比例每增加或减少5%,均应继续进行报告和公告,在事实发生之日起至公告后3日内亦不得买卖上市公司股票;持有股份达到5%之后,持股比例每增加或减少1%,还应在该事实发生的次日通知上市公司,并予公告。该条第4款规定了,违反前述限制期规定进行收购行为的,超比例部分股份在买入后的36个月内不得行

使表决权。

从立法目的来看,该条规定的目的,在于控制收购人买卖股票的节奏,让上市公司及收购人的有关信息通过公开披露以广泛传播和充分地消化,从而避免出现操纵市场和内幕交易的情形,而不在于限制收购人的股东权利,防止公司控制权发生变化。尤其是该条明确规定了,违反限制期收购的并不导致收购行为无效,而是表决权受限。因此,违反权益变动披露义务的,收购协议、收购行为的效力不受影响。司法实践中,如上海宝山区人民法院审理的(2022)沪0113民初第9088号案也持该观点。

2. 违反强制要约义务

《证券法》第65条规定了收购人在持有上市公司已发行股份达到30%,继续收购的应向上市公司所有股东发出全部或部分收购要约。《上市公司收购管理办法》第47条也规定了,收购人拟通过协议方式收购一个上市公司的股份超过30%的,超过30%的部分,也应当改以要约方式进行。因此,如果收购人通过协议收购或二级市场收购上市公司持股达到30%而未依法发出收购要约的,则产生超额购买的上市公司股份或超额约定的股份转让协议是否有效的问题。

对此,《上市公司收购管理办法》第78条明确规定了,收购人拒不履行强制要约义务的,在改正前不得对持有的股份行使表决权。由此,违反强制要约义务的,收购协议、收购行为的效力亦不受影响。司法实践中,如上海金融法院在(2020)沪74民初825号民事判决书中也持此观点。法院认为,由于信息披露义务并非双方收购协议的生效条件,且基于信息披露违规行为而产生的民事赔偿责任与原、被告间因案涉上市公司股份收购而产生的债权债务关系是不同的法律关系,并不因此影响关于上市公司股份收购行为的法律效力。

由此,我们认为,对于包括违反权益变动披露义务、强制要约义务等上市公司收购义务的情况,《证券法》的相关强制性规定仅为管理性规定,不会导致收购行为的无效,但会产生行政责任及可能的民事赔偿责任。

## 二、上市公司收购制度有何规范意义?

从法律关系上看,上市公司收购一般涉及收购人、上市公司、上市公司控股股东、中小股东以及董事会等多方主体,牵扯各方利益,法律关系较为复杂。目前,各国证券法均不同程度地通过建立和完善权益变动披露、强制要约收购等收购制度以及加强对反收购行为的监管和干预等方式规范上市公司收购行为,以达到平等保护股东权益和维护证券市场秩序的目的。

1. 使上市公司股东在知情的前提下作出理性决策

投资者购入上市公司股份成为其股东,通常是基于对公司管理层经营策略和公司发展前景的看好,而收购人在完成上市公司收购后往往会调整上市公司管理层,甚至改变既定的经营策略。在此情况下,理应让股东在享有充分信息的前提下选择继续持有股份或者就此退出公司。

但是,与有限责任公司和非上市股份有限公司相比,上市公司股东人数众多、股权结构较为分散。在收购过程中,面对有备而来的收购人,上市公司股东很难及时、独立地判断收购人的意图,尤其是中小股东不像大股东一样与收购人有较强的讨价还价的能力,更无法在没有充分信息和平等保护的情况下作出是否继续持有上市公司股份的决策。如果法律不进行特别安排,收购人很可能会滥用这种优势,使上市公司股东在很大程度上处于一种被剥削的地位。[①]

因此,有必要设立以信息披露制度为核心的上市公司收购监管体系,督促收购人在持有上市公司股份达到一定比例的情况下及时向市场披露与收购有关的重要信息,保证股东在知情的情况下作出理性的交易决策。

2. 防范和制约敌意收购,赋予反收购方采取相应防御措施的决定权

根据收购行为是否得到目标公司管理层和董事会的支持等标准,收购可以分为善意收购和敌意收购。与传统公司法股东利益最大化的原则相比,现代公司法已经越来越强调公司应承担一定的社会责任,并更加注重对公司长远利益的保护,[②]这都与上市公司控制权的稳定密切相关。因此,面对敌意收购,反收购方采取合理的防御措施,不仅是维护自身权益的必然之举,也是保护公司长远利益的必要措施。

由于收购方与反收购方围绕上市公司控制权的争夺不仅存在于目标企业与收购方之间,其效应往往影响到目标公司的员工等利益相关者,甚至波及整

---

① 参见张舫:《公司收购法律制度研究》,法律出版社 1998 年版,第 100—101 页。

② 参见胡鸿高、赵丽梅:《论目标公司反收购行为的决定权及其规制》,载《中国法学》2001 年第 2 期。

个产业链上下游的利益群体,需要证券法、公司法等多个部门法共同予以解决。[①] 目前,越来越多的国家也已经对敌意收购予以专门规制,明确公司董事会或股东具有采取适当防御措施的决定权,以保障上市公司的经营管理秩序与健康持续发展。

3. 避免上市公司董事会在反收购过程中损害股东利益

虽然上市公司董事会采取适当的反收购措施有利于公司控制权的稳定,但监管对于收购人与反收购方规制天平的两端应保持平衡,上市公司董事会的反收购措施亦应被限定在合理的范围之内,从而使其采取防御措施是出于保护公司和股东利益的目的,而非为了一己私利。

但在敌意收购的情况下,上市公司董事会即使面临一个非常有利于公司和股东的控制权交易,出于对收购人完成收购后自身丧失高管职务和优渥薪水的顾虑,也很有可能为了自身利益而拒绝收购,甚至采取一些不恰当的反收购手段。

为了避免董事会在上市公司收购过程中不当履职,同时适当发挥上市公司收购"替换懈怠的上市公司管理层"的功能,[②]适度强化董事会在上市公司收购过程中的信义义务,并对其行为予以规范和一定限制,确保公司经营者忠于公司和股东的利益也就成为上市公司收购监管规则建构的当然选择,[③]《上市公司收购管理办法》第 8 条关于上市公司董事、监事、高级管理人员应公平对待所有收购人、不得滥用职权对收购设置不适当的障碍也正是这一精神的体现。[④]

---

① 参见傅穹:《敌意收购的法律立场》,载《中国法学》2017 年第 3 期。

② 参见汤欣:《公司治理与上市公司收购》,中国人民大学出版社 2001 年版,第 171 页。

③ 参见王肃元、周江洪:《上市公司收购中股东权的保护》,载《政法论坛》2000 年第 2 期。

④ 参见周伟等:《上市公司间接收购的公司法规制必要性以及路径研究——从某上市公司间接收购案展开》,载《证券法律评论》(2021 年卷)。

CHAPTER 06

# 第六章

# 公司决议相关诉讼

## 案由1 公司决议效力确认纠纷

### 适用指引

#### 一、公司决议效力确认纠纷概述

公司决议,指的是由公司组织机构成员依据预先共同设定或接受的程序和议事规则,依集体决策机制中的多数决规则形成的公司意思的一种团体法律行为。决议作为一种团体法律行为,适用集体决策机制中的“多数决规则”。[①] 股东会的决议是根据“资本多数决”的原则作出的,是少数股份服从多数股份的制度,董事会则采取一人一票的表决方式,公司法既要维护股东会以及董事的基本表决原则,也要制止有表决权的股东或董事滥用表决权,因此,必须制定相应的制度来保证决议内容和程序的合法、公正。一般而言,在决议的程序和内容均无任何瑕疵的情况下,应当推定决议有效,即公司股东会、董事会决议的通常效力状态应当为有效,但如果决议内容或程序上有瑕疵,其效力就会受到影响。

公司决议纠纷是指股东会、董事会决议的内容违反法律、行政法规或公司章程的,或者召集程序、表决方式违反法律、行政法规或公司章程的,[②]股东、董事、监事等具有诉的利益向人民法院提起诉讼,要求确认公司决议不成立、否定

① 参见李建伟:《公司法学》(第3版),中国人民大学出版社2014年版,第283页。

② 参见甘培忠、赵文冰:《对公司决议效力的一些思考——析〈最高人民法院关于适用《中华人民共和国公司法》若干问题的规定(四)〉(征求意见稿)中的相关规定》,载《法律适用》2016年第8期。

公司决议的效力或者撤销公司决议而引发的纠纷。在《民事案件案由规定》中，“公司决议纠纷”包含“公司决议效力确立纠纷”和“公司决议撤销纠纷”两种类型。《公司法司法解释(四)》新增决议不成立这一类公司决议效力瑕疵。新《公司法》首次在法律层面确认了决议不成立制度。虽然《民事案件案由规定》尚未作出修改，暂未将“决议不成立纠纷”单列为一类案由，但是根据新《公司法》的效力瑕疵分类情况，本书将以决议效力确认之诉、决议可撤销之诉、决议不成立之诉三类案由进行分析。

公司决议效力确认纠纷目前在司法实践中，通常仅指确认公司决议无效的诉讼。公司决议无效指的是决议内容违反法律、行政法规，不能形成有效的公司意志，无法对股东、其他公司机关等主体产生约束力。根据《公司法司法解释(四)》第1条的规定，“公司股东、董事、监事等”有权以公司股东会或者董事会的决议内容违反法律、行政法规为由诉请法院确认相关决议无效。

新《公司法》并未针对决议无效的情形作出具体规定，我们根据实践中常见的决议无效情形进行了以下类型化。

1. 内容违反法律、行政法规效力性强制规定的决议

若司法裁判将内容违反法律、行政法规的公司决议一概认定为无效，极有可能过度介入公司自治。根据具体规范强制力的不同，法律规范通常被区分为“任意性法律规范”“强制性法律规范”，前者更多体现的是对当事人意愿的尊重，其具有对当事人的意愿补充、解释和指引的功能，允许当事人对部分法律规范予以选择性地适用。由于任意性规范的意旨在于当事人的自由意志优先于立法者的意志，因此，在股东会决议的内容违反法律、行政法规的场合，需要将规范予以区分，在决议内容违反任意性规范时，应当以当事人的自由意志为先，其次再考虑立法者的意志。而关于“强制性规范”，我国《民法典》第153条第1款规定，“违反法律、行政法规的强制性规定的民事法律行为无效。但是，该强制性规定不导致该民事法律行为无效的除外”。《民法典合同编通则解释》第16条具体明确了合同违反法律、行政法规的强制性规定无效的适用情形。新《公司法》第25条规定：“公司股东会、董事会的决议内容违反法律、行政法规的无效。”这可视为《民法典》第153条第1款在公司决议行为上的具体体现，同样可以参照适用前述司法解释规定，并非当然无效。易言之，公司股东会、董事会的决议内容违反可能导致决议无效的强制性规定，才会导致决议无效，新《公司

法》第25条的规定需要予以限缩解释。

2. 内容违反公序良俗的决议

公序良俗原则是民法的一项基本原则,是指民事主体在民事活动过程中不得违反社会公共秩序和善良风俗。我国《民法典》第153条第2款明确规定:"违背公序良俗的民事法律行为无效。"《民法典合同编通则解释》第17条规定了违反公序良俗的具体情形和判断标准,"合同虽然不违反法律、行政法规的强制性规定,但是有下列情形之一,人民法院应当依据民法典第一百五十三条第二款的规定认定合同无效:(一)合同影响政治安全、经济安全、军事安全等国家安全的;(二)合同影响社会稳定、公平竞争秩序或者损害社会公共利益等违背社会公共秩序的;(三)合同背离社会公德、家庭伦理或者有损人格尊严等违背善良风俗的"。尽管《公司法》并未对违反公序良俗的决议效力进行规定,但是由于决议行为属于民事法律行为,决议内容违反公序良俗的,属于新《公司法》第25条规定的"违反法律"的范畴,应依法适用《民法典》及其司法解释的相关规定。概言之,如果决议内容存在违反公序良俗的情形,也将导致其无效。

3. 法人机关违反决议权限作出的无权决议

在一般企业结构中,公司股东会、董事会和监事会分别承担决策、管理和监督角色,享有法定职权范围。在法定职权范围的指引下,三机关各司其职,分别进行不同内容的决议。但倘若机关超出自身决议权限,对公司事项进行决议,将极大破坏公司现有的治理机构。法院在审理调查中一旦发现决议内容与职权范围存在冲突,便会对该股东会、董事会决议作出否定性评价,以保持公司治理机制的正常运作。因此,超越职权范围的决议应当被认定为无效。例如,新《公司法》第74条规定了经理设置的法定性,有限公司设经理必须经由董事会决定聘任或者解聘,如果股东会作出聘任或解聘经理的决议,则该决议因超出了股东会职权而无效。

4. 滥用股东权利损害公司或者其他股东利益的决议纠纷

新《公司法》第21条第1款规定:"公司股东应当遵守法律、行政法规和公司章程,依法行使股东权利,不得滥用股东权利损害公司或者其他股东的利益。"从该款规定中不难看出,股东滥用资本多数决原则损害其他股东的权益已经被明确禁止。滥用资本多数决的股东会决议,属于违反新《公司法》第21条规定的违法决议,应为无效。

司法实践中，当股东会决议对股东依法享有的表决权、查阅权、优先购买权、新股优先认购权、剩余财产分配请求权、利润分配请求权、出资期限利益等基本权利进行不合理限制或排除时，相关的决议通常判定为无效。

实践中，关于确认决议有效的可诉性存在争议。《最高人民法院第二巡回法庭2021年第16次法官会议纪要》认为，作为民事法律行为，除非法律另有规定或当事人另有约定，公司决议依照法律规定或章程约定的程序作出之日起即成立并生效。况且公司治理以自治为原则，司法介入应保持审慎态度，除非违反法律强制性规定或损害公共利益，否则司法不应轻易否定公司决议的效力。因此，此类诉讼原则上不具备通过法院作出判决确认有效的必要性和实效性。我们赞同该观点，即公司决议效力确认纠纷不应包括确认决议有效。

## 二、公司决议效力确认纠纷的诉讼主体

### （一）原告

1. 公司股东、董事、监事

起诉时具有公司股东资格、董事身份或监事身份的人有提起公司决议效力确认之诉的原告资格。

但实践中，关于原告股东资格存在争议，需要进一步判断：

（1）名义股东与公司实际出资人。在涉及外部第三方的法律关系时，如果实际出资人未经过显名环节，只有名义股东才能充当决议无效之诉的原告。然而，不涉及外部法律关系时，在公司内部，对于实际出资人是否具有股东身份存在争议，根据《公司法司法解释（三）》第25条和最高人民法院《关于审理外商投资企业纠纷案件若干问题的规定（一）》第17条的规定可知，除非根据与名义股东的约定直接向公司请求利润分配或者以实际股东身份参与公司股东会会议，且在涉案公司决议上签字等方式行使股东权利，可认定其作为原告有权提起针对涉案公司决议的诉讼。否则实际出资人在显名之前，也只有名义股东才能充当决议无效之诉的原告。

（2）原告已非公司股东，而系公司前股东。有两类情况涉及前股东提起诉讼。第一类是被决议剥夺了股东身份的前股东提起诉讼，这些前股东是决议无效诉讼的原告，因为涉及的决议影响了他们的股权，与他们之间存在直接的利害关系。第二类多发生于股权转让纠纷中，原股东通过股权转让已经丧失股东

身份，但是在此情况下，原股东仍然可以基于其作为股东期间的公司决议提起无效诉讼。

（3）原告在诉讼中转让股权的处理。在此情形下，不应简单依照《民事诉讼法》当事人恒定和诉讼继承原则的规定处理，原告在诉讼中转让全部股权以致丧失股东资格的，意味着原股东不具备参与公司治理的资格，当事人的诉讼主体资格和诉讼地位。在诉讼过程中股东身份发生变更，应中止诉讼，依据继受股东意愿选择是否变更原告、继续诉讼。①

（4）未缴出资或瑕疵出资的股东。在限期认缴资本制度下，不以实际缴纳出资作为认定原告具有股东资格的必要条件。虽未出资，但明确认缴，并记载于股东名册、公司登记的人，应当认定其具备股东资格。② 股东出资即便有瑕疵，一般情况下也不影响其提起公司决议纠纷的资格。

2. 其他身份

对公司股东、董事、监事以外的人能否作为公司决议不成立之诉的原告，必须满足《民事诉讼法》第 122 条第 1 项所规定的条件"原告是与本案有直接利害关系的公民、法人和其他组织"，即从原告与确认无效或者不成立的股东会、董事会决议之间有直接利害关系进行判断。

根据公司内外部人员为标准，可区分两种情况：

（1）公司内部的其他人，诸如法定代表人、其他高级管理人员、公司职工均有可能与股东会、董事会决议内容密切相关，如公司作出有关员工持股，包括高管人员的管理股的决议，又或者公司通过的设定员工竞业禁止、保密义务等构成损害员工权益的决议等。我们认为，在该决议与其个人相关，构成直接利害关系的时候，具有原告主体资格，他们有权通过提起公司决议不成立之诉。

（2）公司外部的其他人，如公司债权人或公司股东的债权人等，公司决议并不当然对其产生法律效力及约束力。故原则上，这类主体与股东会决议、董事会决议并无直接利害关系，即使其正当利益受到公司决议的不法侵害，也并非适格原告，无法直接提起公司决议不成立之诉。但也存在如下例外：①债券持有人。债券持有人的权利由公开发行合约所界定。股东会决议和董事会决

---

① 参见黄绍坤：《公司决议撤销权主体范围的规范重构》，载《法商研究》2023 年第 5 期。

② 参见李志刚：《公司股东会撤销决议之诉的当事人：规范、法理与实践》，载《法学家》2018 年第 4 期。

议可能对债券发行合约作出修改。②拥有投票权安排的债权人。基于融资方案或基于合同约定,债权人在特定情形下拥有参与决策或者限制公司行为的权利。在此情况下,相关债权人与公司决议具有直接利害关系,具有原告主体资格。

(二)被告

《公司法司法解释(四)》第3条规定,公司决议纠纷的被告均为公司。该条之所以明确规定公司为被告,是因为决议系以公司名义作出,是公司的意思表示。经由决议程序,公司决议就脱离了个体股东及董事的意思表示,成为团体整体的意思,其体现的是股东与公司的关系,而不是其他主体之间的权利义务关系。[①] 公司的机关也均不构成独立的民事主体、诉讼主体。因此,在涉及决议效力的纠纷中,只有公司才是适格的被告。

(三)其他主体诉讼地位

根据《公司法司法解释(四)》第3条第1款规定,对决议涉及的其他利害关系人,可以依法列为第三人。

在部分股东已经提起决议效力瑕疵之诉时,除了支持诉讼,可成为共同原告的其他股东外,还存在反对或者不关注相关诉讼的股东。对于主张决议有效,反对诉讼的股东而言,只要其与案件有法律上的利害关系,应当允许其通过申请或者法院通知的方式参加诉讼,应列其为有利害关系的第三人。另外对决议效力问题并不关注的股东,其出于自身利益,可能并无加入诉讼当中的意愿;或者即使其有主张,但其意见已经为主张撤销决议的一方或者主张维持决议效力的一方所代表,故而不愿自行加入该项诉讼。我们认为,应该尊重该类股东是否参与到该项诉讼的自主选择。

值得注意的是,可能与涉诉公司决议存在利害关系的其他民事主体,亦可申请或者由人民法院通知其以第三人身份参加诉讼。

## 三、公司决议效力确认纠纷的管辖

(一)诉讼管辖

根据《民诉解释》第22条的规定,因公司决议纠纷提起的诉讼,依照《民事

① 参见李志刚:《公司股东会撤销决议之诉的当事人:规范、法理与实践》,载《法学家》2018年第4期。

诉讼法》第27条规定确定管辖。而根据《民事诉讼法》第27条规定,“因公司设立、确认股东资格、分配利润、解散等纠纷提起的诉讼,由公司住所地人民法院管辖”。因此,因公司决议纠纷提起的诉讼由公司住所地人民法院管辖。另外,根据《民诉解释》第3条规定,法人住所地是指法人的主要办事机构所在地。法人的主要办事机构所在地不能确定的,法人注册地或者登记地为住所地。

(二)仲裁管辖

当公司章程中存在约定仲裁主管时,是否当然排除人民法院的诉讼管辖,现行法律法规并无明确规定。目前就其他有关公司决议诉讼是否适用约定仲裁条款,人民法院的观点存在差异。部分法院认为,公司章程约定的仲裁管辖属有效约定,可以通过仲裁解决公司决议纠纷,现行法律规定的不能仲裁的事项不包括公司决议纠纷;①也有法院严格依据《公司法》《民事诉讼法》的相关规定,②认为公司决议纠纷应该由人民法院加以管辖,否定了仲裁条款在该类纠纷中的适用。

我们倾向于第一种观点。《民事诉讼法》第27条关于公司诉讼的规定应当理解为特殊地域管辖的规定,而非专属管辖,该条并不排除协议管辖约定,当事人对于争议解决方式有约定的从其约定,无约定或者约定不具有可操作性的依照该法律规定予以确定案件的管辖法院。公司决议各方当然可以选定由仲裁机构对其效力进行评判,但必须以有效的仲裁协议作为争议管辖权的基础。如果股东在公司章程中已经约定了有效的仲裁条款,或全体股东达成了有关仲裁管辖的合意,则应当允许当事人采取仲裁的途径解决公司决议纠纷。

---

① 《仲裁法》第3条规定:“下列纠纷不能仲裁:(一)婚姻、收养、监护、扶养、继承纠纷;(二)依法应当由行政机关处理的行政争议。”另外根据最高人民法院《关于撤销中国国际经济贸易仲裁委员会(2009)CIETACBJ裁决(0355)号裁决案的请示的复函》答复,“仲裁机构裁决解散公司没有法律依据,属于无权仲裁的情形”。在解散公司案件,章程规定仲裁条款不适用。

② 《民事诉讼法》第27条规定:“因公司设立、确认股东资格、分配利润、解散等纠纷提起的诉讼,由公司住所地人民法院管辖。”《民诉解释》第22条规定:“因股东名册记载、请求变更公司登记、股东知情权、公司决议、公司合并、公司分立、公司减资、公司增资等纠纷提起的诉讼,依照民事诉讼法第二十七条规定确定管辖。”

## 四、公司决议效力确认纠纷诉讼请求的识别

实践中，原告诉请决议不成立，法院可能判决决议无效、撤销决议、决议有效。亦存在原告诉请决议无效、撤销决议、决议有效等，而法院判决不成立的情况等。其中，程序性瑕疵的可撤销决议和不成立决议存在一定的相似之处，在实践中要注意区分针对不同的决议瑕疵类型提出相应的诉讼请求。在之前的诉讼实践中，特别是在《公司法司法解释（四）》出台前，大量公司决议不成立的纠纷涌现，但碍于当时并无充足规范供给，故当事人只能提起决议可撤销或无效之诉，但无效事由的范围有局限，可撤销诉讼的除斥期间又过于短暂，既无法满足无效条件，又无法满足可撤销条件的决议效力瑕疵纠纷则无法得到救济，后续决议不成立规则的补足一定程度上解决了上述问题，但仍需辨明各类决议瑕疵的类型。

### （一）决议不成立与决议无效的区分

决议不成立是指决议不存在或者未形成有效决议，是对决议形成过程的否定；而决议无效的前提是决议已成立，是基于决议成立的情况下认定其效力，不成立的决议自然也不存在是否有效的问题。二者属于完全不同的瑕疵类型，决议不成立是基于形成决议时的程序瑕疵，这类瑕疵主要涉及公司内部治理问题；而决议无效是基于决议内容违反了法律、行政法规的强制性规定。

### （二）决议不成立与决议可撤销的区分

法律行为成立与生效分属两个不同的概念，因此，对于决议的成立与生效也应作出区分。决议成立与否属于事实层面的判断，性质上属于程序瑕疵，决议不成立的原因是决议欠缺成立要件，仅限于程序性瑕疵。而对决议可否撤销属于效力层面的判断，效力判断的前提必须是决议事实上已经成立。公司决议可撤销的原因在很大程度上也包含程序上的瑕疵。另外，决议可撤销的原因除了程序瑕疵外，还包括决议内容违反公司章程。但是，决议可撤销与不成立的核心区别实际在于瑕疵的严重程度——直接导致股东会决议构成要件缺失的为决议不成立。对于那些并不妨碍股东公平参会、表决，不会对决议产生实质影响的瑕疵，不应当认定决议不成立，而应该撤销。程序瑕疵情形的判断需根据个案的具体情形判断瑕疵的轻微或严重程度。

(三)决议无效与决议可撤销的区分

决议瑕疵可分为内容瑕疵和程序瑕疵两类。内容瑕疵分为违反法律法规的瑕疵和违反章程的瑕疵;程序瑕疵主要指召集程序、表决方式违反法律、行政法规及违反公司章程的瑕疵。由于公司权力机关和经营决策机关的决议能否顺利执行,直接影响公司行为的效率,而决议是否公平、合法也是涉及股东权益的重要问题,法律规定对二者均要兼顾。考虑到决议内容的瑕疵和程序瑕疵在法律后果上轻重有别,违反法律及违反章程的瑕疵从性质及后果上也不相同,本着兼顾公平和效率的原则分别作了规定。

新《公司法》第25条规定:"公司股东会或者董事会的决议内容违反法律、行政法规的无效。"股东、董事、监事等利害关系人认为有关决议内容违反本法及其他有关法律、行政法规规定的,可以提起决议无效之诉。决议被法院认定为无效的,自始无效。公司股东会或者董事会的决议在会议召集程序、表决方式上违反本法及其他有关法律、行政法规的,任何股东有权提起撤销之诉。上述决议无论是在内容上还是在程序上有违反章程的瑕疵的,股东只能提起撤销之诉。撤销之诉须受到法定期限的限制,超过法定期限的,股东便失去这一权利,法院不再受理该撤销之诉。股东在提起这一诉讼时,其应当持有公司的股权,即具有公司股东的适格性。决议被人民法院撤销的,自撤销之日起失去效力。

## 五、关于公司决议效力确认纠纷是否适用诉讼时效或除斥期间规定?

我们认为,公司决议效力确认纠纷不受诉讼时效期间或除斥期间规定的影响,不因期间的经过而不受保护导致权利消灭。决议效力的认定,实质是国家公权力对民事行为所进行的评价和干预,由人民法院根据法律、行政法规的规定予以审查认定,不受当事人主观意愿的影响,若其无效,不因当事人的认可而成为有效,若其有效,也不会因当事人否认而成为无效。

## 主要规范依据

**《民法典》**

**第一百五十三条** 违反法律、行政法规的强制性规定的民事法律行为无效。但是,该强制性规定不导致该民事法律行为无效的除外。

违背公序良俗的民事法律行为无效。

**第一百五十五条** 无效的或者被撤销的民事法律行为自始没有法律约束力。

**第一百五十六条** 民事法律行为部分无效,不影响其他部分效力的,其他部分仍然有效。

**第一百五十七条** 民事法律行为无效、被撤销或者确定不发生效力后,行为人因该行为取得的财产,应当予以返还;不能返还或者没有必要返还的,应当折价补偿。有过错的一方应当赔偿对方由此所受到的损失;各方都有过错的,应当各自承担相应的责任。法律另有规定的,依照其规定。

**《公司法》**

**第二十五条** 公司股东会、董事会的决议内容违反法律、行政法规的无效。

**第二十八条** 公司股东会、董事会决议被人民法院宣告无效、撤销或者确认不成立的,公司应当向公司登记机关申请撤销根据该决议已办理的登记。

股东会、董事会决议被人民法院宣告无效、撤销或者确认不成立的,公司根据该决议与善意相对人形成的民事法律关系不受影响。

**《公司法司法解释(四)》**

**第一条** 公司股东、董事、监事等请求确认股东会或者股东大会、董事会决议无效或者不成立的,人民法院应当依法予以受理。

**第三条** 原告请求确认股东会或者股东大会、董事会决议不成立、无效或者撤销决议的案件,应当列公司为被告。对决议涉及的其他利害关系人,可以依法列为第三人。

一审法庭辩论终结前,其他有原告资格的人以相同的诉讼请求申请参加前款规定诉讼的,可以列为共同原告。

**第六条** 股东会或者股东大会、董事会决议被人民法院判决确认无效或者撤销的,公司依据该决议与善意相对人形成的民事法律关系不受影响。

**《民法典合同编通则解释》**

**第十六条** 合同违反法律、行政法规的强制性规定，有下列情形之一，由行为人承担行政责任或者刑事责任能够实现强制性规定的立法目的的，人民法院可以依据民法典第一百五十三条第一款关于“该强制性规定不导致该民事法律行为无效的除外”的规定认定该合同不因违反强制性规定无效：

（一）强制性规定虽然旨在维护社会公共秩序，但是合同的实际履行对社会公共秩序造成的影响显著轻微，认定合同无效将导致案件处理结果有失公平公正；

（二）强制性规定旨在维护政府的税收、土地出让金等国家利益或者其他民事主体的合法利益而非合同当事人的民事权益，认定合同有效不会影响该规范目的的实现；

（三）强制性规定旨在要求当事人一方加强风险控制、内部管理等，对方无能力或者无义务审查合同是否违反强制性规定，认定合同无效将使其承担不利后果；

（四）当事人一方虽然在订立合同时违反强制性规定，但是在合同订立后其已经具备补正违反强制性规定的条件却违背诚信原则不予补正；

（五）法律、司法解释规定的其他情形。

法律、行政法规的强制性规定旨在规制合同订立后的履行行为，当事人以合同违反强制性规定为由请求认定合同无效的，人民法院不予支持。但是，合同履行必然导致违反强制性规定或者法律、司法解释另有规定的除外。

依据前两款认定合同有效，但是当事人的违法行为未经处理的，人民法院应当向有关行政管理部门提出司法建议。当事人的行为涉嫌犯罪的，应当将案件线索移送刑事侦查机关；属于刑事自诉案件的，应当告知当事人可以向有管辖权的人民法院另行提起诉讼。

**第十七条** 合同虽然不违反法律、行政法规的强制性规定，但是有下列情形之一，人民法院应当依据民法典第一百五十三条第二款的规定认定合同无效：

（一）合同影响政治安全、经济安全、军事安全等国家安全的；

（二）合同影响社会稳定、公平竞争秩序或者损害社会公共利益等违背社会公共秩序的；

（三）合同背离社会公德、家庭伦理或者有损人格尊严等违背善良风俗的。

人民法院在认定合同是否违背公序良俗时，应当以社会主义核心价值观为导向，综合考虑当事人的主观动机和交易目的、政府部门的监管强度、一定期限内当事人从事类似交易的频次、行为的社会后果等因素，并在裁判文书中充分说理。当事人确因生活需要进行交易，未给社会公共秩序造成重大影响，且不影响国家安全，也不违背善良风俗的，人民法院不应当认定合同无效。

## 相关问题

### 一、公司决议能否适用民事法律行为效力规则？

《民法典》第134条第2款规定，法人、非法人组织依照法律或者章程规定的议事方式和表决程序作出决议的，该决议行为成立。该规定确认了决议行为系法律行为的一种，按照此规定和相关理论，决议行为是由所有表决权人的意思表示构成的法律行为，其最主要的法律效果是形成了统一的组织意思。但是，决议行为作为特殊多方法律行为，其与合同、撤销权行使、遗嘱等法律行为有明显的不同，其自身有一套特殊的、注重程序的瑕疵规则。关于公司决议能否适用民事法律行为的一般规则问题，存在争议。

关于这一问题，学界主要存在肯定说、否定说两种观点。肯定说认为，"如果法人的权力机构或者执行机构作出的决议在内容或者程序上存在瑕疵，就构成营利法人的决议瑕疵，应当适用法律规定的有关行为瑕疵的规则，对这种后果予以纠正"。也就是说有关欺诈、胁迫等意思表示瑕疵规则，也应当可以参照适用于决议行为。[①] 否定说则认为，民事法律行为理论适用于决议存在困难。所谓"大部分的民事法律行为一般性规定难以适用于公司决议场合"的表述在一定意义上也是成立的，因为决议行为的效力规则应适用特别法，而"法律行为"的范围应限缩为单方或双方法律行为。[②]

分析决议是否适用民事法律行为的效力规则，应当深入分析决议行为效力

① 参见杨立新主编：《中华人民共和国民法总则要义与案例解读》，中国法制出版社2017年版，第315页。

② 参见王雷：《〈民法总则〉中决议行为法律制度的力量与弱点》，载《当代法学》2018年第5期。

瑕疵的 3 种形态,即无效的决议、可撤销的决议[①]及决议不成立。具体是否适用相应的规则,应该结合决议行为的形态予以分析。

1. 无效的决议

根据《民法典》的规定,无效的法律行为包括无民事行为能力人做出的法律行为,通谋虚伪表示的行为和违反法律法规的强制性规定以及违反公序良俗的行为。首先,关于参加行为能力的缺乏,无行为能力的股东参加股东会的可能性很小。即使发生,可以将其认定为程序瑕疵的一种,通过决议撤销之诉解决。其次,对于意思表示瑕疵,主要是通谋虚伪表示,决议的作出调整的是公司内部关系,不直接发生对外效力,不存在与交易相对方通谋的情形。最后,关于违反法律、行政法规的强制性规定和公序良俗的,对应的是新《公司法》第 21 条所规定的内容违法。有法院认为,"在股东会决议中,作为代理人以被代理人的名义同意自己对公司增资的行为,未经被代理人同意和追认。违反民事法律行为中有关禁止代理的规定,因此无效"。[②] 实践中也有法院因为"决议违背公序良俗"认定决议无效。[③] 根据《民法典合同编通则解释》的规定,在认定决议是否违背公序良俗时,也应参考合同违反公序良俗无效的判断标准,未给社会公共秩序造成重大影响,且不影响国家安全,也不违背善良风俗的,人民法院不应当认定合同无效。

2. 可撤销的决议

法律行为中的可撤销事由主要包括重大误解、欺诈、胁迫以及显失公平。其能否适用于决议情形,应区分不同情形认定。首先,重大误解不能当然适用于决议情形。一方面,决议的作出具有相当的程序要求,其发生重大误解的可能性微乎其微;另一方面,错误撤销以赔偿对方信赖利益为代价,在决议情形中,并不存在这样的相对方,若任由表决主体撤销,将造成决议的不确定性。其次,欺诈及胁迫对表意人的意思自由造成不当干扰,因受欺诈或胁迫而作出的表决行为也可纳入决议的程序瑕疵主张撤销。最后,显失公平通常以存在对价为前提。决议的作出并不包含对价因素。如果决议内容涉及股东之间权利的

---

① 有效力瑕疵的法律行为还包括效力待定的法律行为,效力待定的法律行为包括限制民事行为能力人依法不能独立实施的民事法律行为和无权代理人实施的代理行为。

② 参见北京市海淀区人民法院民事判决书,(2020)京 0108 民初 2495 号。

③ 参见山东省济宁市中级人民法院民事判决书,(2015)济商终字第 459 号。

分配，若构成滥用股东权利过度侵害其他中小股东利益，也可以通过决议无效之诉予以救济。

3. 决议不成立

法律行为成立须满足3个要件：当事人、标的和意思表示。而决议的成立要件须满足：第一，由召集权人召集；第二，召集通知；第三，决议内容限于通知的事项；第四，赞成表决权与行使表决权数之比达到简单多数或绝对多数。如果决议行为缺乏法律行为成立和决议成立要件之一种，则构成决议行为效力瑕疵之一种，即决议行为不成立。

综上所述，我们认为，决议虽然属于民事法律行为，但其作为多方法律行为，不同于普通的单方或双方法律行为。决议的效力认定应当部分适用《民法典》关于法律行为效力的相关规则。如在认定公司决议是否成立时，可适用《民法典》关于民事法律行为成立的要件，从反面解释的角度判断公司决议是否不成立，可适用公序良俗原则、违反法律法规强制性规定等对公司决议效力进行价值判断。总体来说，对决议效力的判断应优先适用商事特别法，但同时也应遵从民事法律的相关制度或基本原则。

## 二、能否对监事会、审计委员会等作出的决议提起效力确认之诉？

《公司法》并未专门规定其他类型的会议决议效力瑕疵规则。关于能否对这类效力瑕疵起诉，《公司法》及相关司法解释均未明确规定，理论和实践均存在争议。

### （一）关于监事会决议瑕疵

有观点认为，监事会决议瑕疵无须以诉讼方式解决。监事会是公司的内部监督机构，其主要职能在于监督公司董事、经理等管理人员，保证管理人员合理行使经营权，故监事会的意志与公司和股东的利益是一致的。监事会并不直接参与公司经营活动，行为并不能直接对公司外部具有直接的效力，对监事会决议提起效力瑕疵之诉没有实际意义。如果允许股东就监事会决议任意提起不成立、无效或撤销之诉，不利于监事会行使职权。但实践中，也有法院作出了监事会决议无效的判决，“根据公司股东会或者股东大会、董事会的决议内容违反法律、行政法规的无效的规定，该案董事会、监事会决议无效，该案涉及审议批准公司的利润分配方案和弥补亏损方案为股东会的权利，董事会、监事会无相应的职权。关于利润分配数额及方式由董事会、监事会进行决议并执行，违反了法律及公司章程的规定，故应认定为无效”。①

我们认为，一般来说，应该尊重公司自治，司法不得轻易介入公司治理。但是，实践中无法避免监事个体因为各种利益关系不能尽到忠实义务和勤勉义务，实际上可能发生影响中小股东利益的情况。在表决机制之下，监事会的决议也确实存在决议瑕疵的可能性。针对监事会决议，在公司内部自治失灵，无法解决争议的情况下，应允许股东对监事会决议提起效力瑕疵之诉。监事会决议的瑕疵最终会导致决议效力的何种后果，应视瑕疵的具体程度而定。通常而言，类比董事会决议的效力，如果监事会决议内容违法的，应当归于无效；如果程序违法或者违反章程的，则应当属于可撤销。

### (二)关于审计委员会等决议瑕疵

新《公司法》第 121 条是新增的关于股份公司设置审计委员会和专门委员会的规定。关于这类由章程选择设立的委员会决议瑕疵能否适用股东会、董事会决议效力瑕疵规则，有待讨论。从职能和职权来看，股份公司可以按照章程规定在董事会中设立审计委员会来取代监事会，行使监事会职权。由此来看，审计委员会决议与监事会决议具有类似性。而其他专门委员的设立也是为了更有效地管理公司的不同方面，确保公司在各个领域都有适当的监督和管理，因而与公司监事会、董事会都有类似之处。同样作为组织法意义上的会议体，如果均采用决议的形式形成意思表示，则应能够类推适用相关规则。

综上所述，我们认为，由于监事会、审计委员会等决议与股东会决议、董事会决议同属组织法决议，具有规范适用上的同质性，司法实践中这类组织决议瑕疵规则可参照公司法上的决议效力瑕疵制度予以确定。

## 三、债券持有人会议决议能否适用《公司法》决议瑕疵规则？

公司债券持有人会议是为了公司债券持有人的共同利益而设立、通过会议的形式来行使债券持有人权利的一种法律机制。该机制与公司内部的股东会、董事会不同而又极其重要的特征是其作出的决议对于没有参加会议或者持异

---

① 参见江苏省徐州市云龙区人民法院民事判决书，(2016)苏 0303 民初 3449 号。

议的债券持有人也将产生约束力。根据《债券纠纷会议纪要》第15条[①]的规定，若出现“决议内容不属于债券募集文件规定的决议范围”、“决议违反议事方式和表决程序”或“存在法定无效事由”等情形时，该决议的效力可能存在瑕疵。司法实践中，已有法院认为，如当事人对债券持有人会议的召集、召开、表决程序及决议的合法有效性发生争议的，应当按照募集说明书的约定向仲裁机构申请仲裁，不得直接认定该决议合法有效。[②] 现行法律法规并未明确列举债券持有人会议决议若出现效力瑕疵时如何救济，债券持有人会议决议是否可参照股东有权请求撤销股东会或董事会决议或请求确认决议无效等方式予以救济，存在争议。

我们认为，债券持有人会议的瑕疵事由既包括程序上的原因也包括内容上的原因，前者如会议的召集程序和决议作出方式违反规定或约定；后者如决议违反债券持有人的共同利益等。

1. 可以请求法院确认债券持有人会议决议无效的情形

债券持有人会议作出的决议：(1)违反法律、行政法规的强制性规定；(2)决议对募集文件、债券持有人会议规则的修改违反了法律、行政法规的强制性规定；(3)损害持有人利益的决议；(4)募集文件明确约定不属于决议范围的决议。

关于决议范围，需要重点说明。新《公司法》对债券持有人会议的决议事项范围明确规定为“与债券持有人有利害关系的事项”。新《公司法》第204条第1款规定，“债券持有人会议可以对与债券持有人有利害关系的事项作出决议”。结合《公司债券发行与交易管理办法》(2023)第62条[③]的规定。公司债券持有人会议决议约束力的法律基础既来自全体债券持有人之间约定又来自

---

① 《债券纠纷会议纪要》第15条规定：“债券持有人会议决议的效力。债券持有人会议根据债券募集文件规定的决议范围、议事方式和表决程序所作出的决议，除非存在法定无效事由，人民法院应当认定为合法有效，除本纪要第5条、第6条和第16条规定的事项外，对全体债券持有人具有约束力。债券持有人会议表决过程中，发行人及其关联方，以及对决议事项存在利益冲突的债券持有人应当回避表决。”

② 参见北京市第一中级人民法院民事裁定书，(2020)京01民终6514号。

③ 《公司债券发行与交易管理办法》(2023)第62条规定：“发行公司债券，应当在债券募集说明书中约定债券持有人会议规则。债券持有人会议规则应当公平、合理。债券持有人会议规则应当明确债券持有人通过债券持有人会议行使权利的范围，债券持有人会议的召集、通知、决策生效条件与决策程序、决策效力范围和其他重要事项。债券持有人会议按照本办法的规定及会议规则的程序要求所形成的决议对全体债券持有人有约束力，债券持有人会议规则另有约定的除外。”

新《公司法》第 204 条的法律规定。同时约定决议事项范围与法定决议事项范围相冲突,以法定决议事项范围为准。公司债券持有人会议超出决议事项范围的决议无效。

2. 可以请求法院撤销债券持有人会议决议的情形

债券持有人会议作出的决议:(1)会议召集、召开程序、表决方式违反法律、行政法规、部门规章、自律规则或募集文件、债券持有人会议规则;(2)决议内容违反募集文件、债券持有人会议规则。

债券持有人会议决议的普遍约束力这一规则可能损害部分债券持有人的利益,因此,异议债券持有人对于债券持有人会议决议或可参照《公司法》确认无效、被撤销之诉进行救济,但此类诉讼的案由、主体和管辖等程序性问题仍需司法实践进一步予以明确。

## 四、伪造签名是否导致股东会决议无效?

股东会决议中,在决议上签名或盖章是股东最重要的表意方式之一。在这种情况下,股东意思表示有效的前提在于股东签名是真实的。但是,实践中存在公司部分股东为了形成特定的股东会决议而伪造其他股东签名的情况,在此情况下股东会决议效力如何?对此,司法实践中存在较大争议,这类决议效力存在不成立、可撤销、有效、不成立、无效的多种认定可能。

我们认为,实践中类似"伪造签名""代签字"等往往同其他瑕疵事由一并出现。单独就表决权人签名的瑕疵来说,其实质属于公司决议召集程序、表决方式的程序性瑕疵,应当依据程序瑕疵是否最终会造成决议实质瑕疵来判断对决议效力的影响,若无实质性影响则不宜对决议的效力进行否定。[①] 如果还存在其他瑕疵事由,需要结合具体情况予以分析。

实质的程序性瑕疵是指如果伪造股东签名的股东会决议符合新《公司法》规定的决议不成立的情形,即存在股东会未召开、签名被伪造的股东未参会导致股东会人数不符合《公司法》或公司章程规定或者表决结果未达到《公司法》

---

① 参见赵旭东主编:《公司法学》(第 4 版),高等教育出版社 2015 年版,第 291 页。

或公司章程规定的通过比例等情形的,相应的股东会决议不成立。① 如果仅仅属于“股东会决议表决方式违反法律法规的程序瑕疵情形”,则应属可撤销,权益受损主体可依法提起决议撤销之诉。② 例如,在李某会与广州万典商务服务有限公司等损害股东利益责任纠纷案中,法院认为:“二审中,李某会主张涉案万典商务公司股东会决议及公司章程上李某会的签名并非其本人签写,损害了其利益,应予以撤销。可见,涉案股东决议实际上并未得到全体股东的一致同意,该股东会决议召集程序及表决均有瑕疵。”③在其他案件的判决中,亦有法院认为,股东会决议因伪造股东签名可撤销的认定基础上,股东会决议的效力瑕疵也可能因股东起诉时间超过法定期间而被治愈。④

支持“签名”问题的决议无效的司法裁判往往出于以下几种原因:第一,意思表示不真实,侵犯股东合法权益;第二,违反公司法强制性规定,即违反《公司法》中关于股东签字的规范要求;第三,违反民法基本原则,如诚实信用原则和意思表示真实原则。最常见的情形是侵犯了股东的合法权益,⑤以田某彤等与田建帮公司决议效力确认纠纷案为例,法院认为:“被告田某帮在原告田某彤不知情的情况下,擅自找人代替田某彤在 2016 年 10 月 10 日成立清算组的股东会决议上签字,侵害了原告田某彤的合法权益,因此成立清算组的决议属于违反法律规定的决议,属无效决议。”⑥

综上所述,司法实践中对伪造签名的决议是无效还是可撤销,应当结合具体情形具体分析。

### 五、应回避的关联董事违反关联董事回避表决规则的决议效力是否无效?

新《公司法》第 185 条规定:“董事会对本法第一百八十二条至第一百八十

① 参见北京市第二中级人民法院民事判决书,(2020)京 02 民终 728 号;重庆市第五中级人民法院民事判决书,(2020)渝 05 民终 986 号。

② 参见广西壮族自治区南宁市中级人民法院民事裁定书,(2016)桂 01 民终 1899 号;江苏省南京市中级人民法院民事判决书,(2017)苏 01 民终 1189 号。

③ 参见广东省广州市中级人民法院民事判决书,(2017)粤 01 民终 522 号。

④ 参见山西省太原市中级人民法院民事判决书,(2016)晋 01 民终 2206 号。

⑤ 参见浙江省温州市中级人民法院民事判决书,(2016)浙 03 民终 4223 号;北京市第三中级人民法院民事判决书,(2014)三中民终字第 2996 号;湖北省武汉市东西湖区人民法院民事判决书,(2018)鄂 0112 民初 2656 号。

⑥ 参见江苏省镇江市丹徒区(县)人民法院民事判决书,(2017)苏 1112 民初 1769 号。

四条规定的事项决议时，关联董事不得参与表决，其表决权不计入表决权总数。出席董事会会议的无关联关系董事人数不足三人的，应当将该事项提交股东会审议。”本条确立了关联董事的表决回避规则，由此产生的问题是，应回避的关联董事违反回避表决规则参与表决的，该决议的效力应当如何认定？

新《公司法》第 25 条至第 28 条规定了董事会决议无效、可撤销、不成立的效力规则，应回避的关联董事违反新《公司法》第 139 条、第 185 条规定，未回避表决的决议，并不必然仅仅因为关联董事未回避本身就归于无效。我们认为，关联董事所投票为不计入有效投票总数的回避票，其参会与否不影响决议效力，仍应从决议内容是否违法或是否损害公司或股东利益等方面加以认定。

具体来说，为保障董事会的运作效率和交易安全，关联董事虽参与了董事会表决，如排除其表决权不影响决议成立所必需的多数表决权，则该决议形式上合法；如董事会决议的内容违法或显失公平、严重损害公司或股东利益，或者违反公司章程，则该董事会决议应为无效或可予以撤销。同时，股东、董事会或监事会及其成员享有对未依法回避的关联董事决议提起“决议无效之诉”或“决议撤销之诉”的司法救济途径。

### 六、公司决议确认无效后的法律后果有哪些？

公司决议被判决无效之后的法律后果，即对公司、公司内部人员如股东、董事、监事和高级管理人员、公司外部的第三人将会产生何种影响，具体体现在判决的既判力和溯及力这两方面。从既判力方面来看，判决具有对世效力，即一项公司决议被判决无效，其效力及于撤销权人、公司及第三人。从溯及力方面来看，也即根据公司决议产生的法律关系是否要回归到决议产生之前的状态来进行分析，对此，公司决议无效的判决之溯及力，不能简单适用民法上法律行为无效而具有溯及既往的效力。我国新《公司法》第 28 条第 2 款在《民法典》第 85 条及《公司法司法解释(四)》第 6 条的基础上规定：“股东会、董事会决议被人民法院宣告无效、撤销或者确认不成立的，公司根据该决议与善意相对人形成的民事法律关系不受影响。”据此规定，应当按照内外有别的原则处理公司形成的内外部法律关系。对内如果民事法律行为违反法律、行政法规和公司章程的规定，应当依法认定该民事法律行为无效或撤销或者确认民事法律行为不成立，甚至依法追究相关人员的法律责任。但是，对外不必当然将瑕疵决议的效力溯及既往,而应视具体情形而定,维护对善意第三人的法律效力,依据该民事法律行为与其他市场主体形成的民事法律关系应该另行分析。①

(一)公司决议无效的对内效力

如果股东会、董事会决议单纯涉及内部关系,而决议无效的,对内部关系具有溯及力。如果决议事项不涉及过去的,则判决无溯及力,只对将来的行为有效果,如决议事项为公司的年度财务预算方案等;如果决议事项涉及过去的,则对已经发生的事件或者行为有溯及力,如决议涉及分红的,股东已经领取了红利,决议涉及董事、监事报酬事项的,相关董事、监事已经领取了报酬的。公司决议对将来有效果的,公司或者相关的股东、董事、监事及高级管理人员等不能再依照决议采取行动;对过去有效果且有给付内容的,相关民事主体应予以返还,有其他公司内部行为的,也应当恢复到决议之前的状态。对于该类诉讼,如果有给付内容并有争议的,当事人可以在起诉时一并向法院提出给付内容的诉讼请求,确认之诉或者形成之诉与给付之诉可以合并审理。

(二)公司决议无效的对外效力

"公司决议并不直接产生对外效力,而是在公司法定代表人与第三人建立对外法律关系的过程中,经披露决议文件或其他公示行为产生间接效力。"②我国新《公司法》第 28 条第 2 款在《民法典》第 85 条及《公司法司法解释(四)》第 6 条的基础上规定:"股东会、董事会决议被人民法院宣告无效、撤销或者确认不成立的,公司根据该决议与善意相对人形成的民事法律关系不受影响。"这样的规定区分了相对人的善意和恶意。如果与决议有关的相对人为善意,有合理理由相信公司合法地作出了决议时,则民事法律关系不受影响,公司应先履行义务,再进行内部追偿,这体现了公司法对善意相对人的保护,维护交易安全。若相对人存在主观恶意,坚持依据具体严重瑕疵的决议与公司发生权利义务关系的,该决议效力瑕疵应对恶意相对人产生拘束力。因为决议自始无效,依照无效的决议所获得的利益,应该恢复至形成决议之前的状态,而由此造成的损失应由公司与恶意相对人按照过错进行分担。

---

① 参见杜万华主编、最高人民法院民事审判庭第二庭编:《商事审判指导》2017 年第 2 辑,人民法院出版社 2017 年版,第 33 页。

② 薛波、钟成杰:《公司决议不成立司法实证研究》,载《时代法学》2022 年第 2 期。

(三)股东会决议中的部分内容无效是否影响决议效力?

股东会决议通常涉及多项内容,其中部分内容无效是否影响其他决议内容的效力,在实践中存在一定的争议。《民法典》第156条规定:“民事法律行为部分无效,不影响其他部分效力的,其他部分仍然有效。”我们认为,倘若决议各项内容不具有可分性,则部分决议事项无效导致整个决议当然无效;倘若决议各项内容具有可分性,则部分决议事项无效并不必然导致决议中的其他事项无效,换言之,除去无效决议事项,股东会决议亦可成立的,则其他决议事项仍然有效。

在《最高人民法院公报》案例绵阳高新区科创实业有限公司、福建省固生投资有限公司、陈某高与绵阳市红日实业有限公司、蒋某股东会决议效力及公司增资纠纷案中,[①]最高人民法院也认为,决议不同内容是否相互影响要根据决议中不同内容是否独立进行判断,“对于涉及新增股份20.03%的部分,科创公司在其股东红日公司、蒋某明确表示反对的情况下,未给予红日公司和蒋某优先认缴出资的选择权,侵犯了其按照各自的出资比例优先认缴新增资本的权利,因此该决议内容中涉及新增股份20.03%的部分归于无效。另外,由于该股东会决议中实际包含增资800万元和由陈某高认缴新增出资两方面的内容,由陈某高认缴新增出资的决议内容部分无效并不影响增资决议的效力”。对于公司决议中的一项决议事项,如在实质上可拆分为彼此独立的两项决议内容,应分别判断其决议内容的效力。违反法律、行政法规的决议内容无效,不违反法律、行政法规的决议内容有效。

① 参见最高人民法院民事判决书,(2010)民提字第48号。

# 案由 2 公司决议撤销纠纷

## 适用指引

### 一、公司决议可撤销纠纷概述

决议可撤销是指股东会或者董事会决议成立之后,会议召集程序、表决方式违反法律、行政法规或者公司章程,或者决议内容违反公司章程的,股东有权在法定期间内撤销该决议,可撤销的决议被撤销后自形成时起不具有法律效力,但在被撤销前具有法律效力。股东会决议和董事会决议属于意思表示,如同自然人的意思表示一般,也可能存在程序和内容的瑕疵。瑕疵决议的效力确定涉及不同主体间的利益平衡。为了召集会议,公司付出了大量的人力和物力,而且已经作出的决议也已经产生了一定的影响,从而要求维持决议的效力。然而,只有程序和内容合法合章的决议才能真正地维护中小股东利益。新《公司法》规定违反了程序规则和公司章程规定的决议为可撤销决议,给予了公司选择的自治空间。

新《公司法》第 26 条规定,在公司决议撤销纠纷项下,股东以会议召集程序、表决方式违反法律、行政法规或者公司章程或者决议内容违反公司章程为由,自决议作出之日起 60 日内,可诉请法院撤销相关决议。该条新增了未被通知参加股东会的股东的撤销权和轻微瑕疵不予撤销规则,还增加了撤销权最长 1 年的行使期限,自决议作出之日起算。需要注意的是,新《公司法》删除了原《公司法》第 22 条第 3 款,"股东依照前款规定提起诉讼的,人民法院可以应公司的请求,要求股东提供相应担保"的规定,这意味着股东请求撤销股东会决议或者董事会决议的,公司将不再有权请求人民法院要求股东提供相应担保。《民事案件案由规定》在"公司决议纠纷"第三级案由下,规定了"公司决议撤销纠纷"可供适用。

实践中,决议程序之瑕疵产生于股东会、董事会会议的准备、召集以及决议表决的整个过程,公司决议撤销纠纷可分为以下几种具体类型:

1. 召集程序瑕疵纠纷

“为召开会议所为之必要程序,谓之股东会之召集程序。”[①]召集程序要解决由谁召集和如何召集这两个关键问题,作为会议召开的前置准备阶段又可以区分为召集决定的作出和发出召集通知这两个阶段。[②] 常见的召集程序瑕疵可分为召集权瑕疵和召集通知瑕疵,“前者例如召集人不适格,后者例如未按照规定期限发送召集通知、未采用规定的方式发送召集通知等”。[③]

2. 表决程序瑕疵纠纷

决议作为团体性的法律行为,需要通过参会者表决的方式来完成意思表示。因此,表决程序的瑕疵将对股东会、董事会决议的效力产生重要影响。常见的表决方式瑕疵可分为参与表决的主体不具备表决资格、表决方式瑕疵、表决权行使受到阻碍、表决权代表瑕疵等。

3. 召开时间、地点瑕疵纠纷

原《公司法》未就股东会的召集地点作出规定,但一些部门规章及规范性文件对上市公司股东会的召集地点作了原则性规定。例如,《上市公司治理准则》第15条。[④] 实践中,大部分公司会选择在公司所在地召开股东会、董事会会议。近年来,各公司纷纷建立起通信投票及网络投票机制,便利会议召开。新《公司法》第24条[⑤]新增了认可该种线上会议形式的规定。但是,实践中也可能会存在控制股东故意选择多数股东参会不便的其他地点召开,使得少数股东因地点偏僻而缺席会议等情况,因此我们认为,开会时间、地点应在召集通知上明示公

① 柯芳枝:《公司法论》(上),台北,三民书局2002年版,第221页。

② 参见李建伟:《公司决议效力瑕疵类型及其救济体系再构建——以股东大会决议可撤销为中心》,载王保树主编:《商事法论集》(第15卷),法律出版社2009年版,第67页。

③ 刘净:《〈李建军诉上海佳动力环保科技有限公司公司决议撤销纠纷案〉的理解与参照》,载《人民司法》2014年第6期。

④ 《上市公司治理准则》第15条规定:“股东大会会议应当设置会场,以现场会议与网络投票相结合的方式召开。现场会议时间、地点的选择应当便于股东参加。上市公司应当保证股东大会会议合法、有效,为股东参加会议提供便利。股东大会应当给予每个提案合理的讨论时间。股东可以本人投票或者依法委托他人投票,两者具有同等法律效力。”

⑤ 《公司法》第24条规定:“公司股东会、董事会、监事会召开会议和表决可以采用电子通信方式,公司章程另有规定的除外。”

告，总体以是否违反“有利于多数股东（董事）参会”的原则进行判断。若召开时间、指定地点不当，应认为会议召集程序违法，构成决议撤销之原因。

4. 决议内容违反公司章程纠纷

公司章程载明了公司组织和活动的基本准则。决议内容违反公司章程的，属于存在实质内容上的瑕疵。《公司法》将决议内容违反公司章程列为公司决议可撤销的原因，而非无效的原因。在公司决议撤销纠纷案件中，对决议内容的审查是看决议的内容是否符合公司章程的规定，而不是审查其内容是否违反法律或行政法规的强制性规定，如果违反法律、行政法规，其决议将会被认定为无效而不是可撤销。

## 二、公司决议可撤销纠纷的诉讼主体

### （一）原告

根据新《公司法》第 26 条和《公司法司法解释（四）》第 2 条的规定，行使公司决议撤销之诉的原告只能是股东，其他主体无权提起公司决议撤销之诉。

原告只要起诉时具有股东资格，即可提起决议撤销之诉，而不要求公司决议时具有股东资格。[①] 该种情形可分为以下两种情况：第一，原告在公司决议时具有股东资格，且起诉时也具有股东资格。第二，原告在公司决议时不具有股东资格，公司决议作出之后，以新股东的身份加入公司取得股东资格。上述两种情况均不影响股东提起公司决议撤销之诉。

### （二）被告

《公司法司法解释（四）》第 3 条规定，公司决议纠纷的被告均为公司，该条之所以明确规定公司为被告，是因为决议系以公司名义作出，是公司的意思表示。经由决议程序，公司决议已经脱离了个体股东及董事的意思表示，成为作为团体整体的意思，其体现的是股东、董事与公司的关系，而不是其他主体之间的权利义务关系。公司的权力机关均不构成独立的民事主体、诉讼主体。因此，在涉及决议效力的纠纷中，只有公司才是适格的被告。

### （三）其他主体诉讼地位

根据《公司法司法解释（四）》第 3 条第 1 款规定，对决议涉及的其他利害关

① 参见杜万华主编：《最高人民法院〈公司法司法解释（四）〉理解与适用》，人民法院出版社 2017 年版，第 64 页。

系人,可以依法列为第三人。

在部分股东已经提起决议效力瑕疵之诉时,除了支持诉讼,可成为共同原告的其他股东外,还存在反对或者不关注相关诉讼的股东。对于主张决议有效,反对诉讼的股东而言,其诉讼请求与原告截然对立,并且由于公司决议影响到每一个公司股东的利益,故其与案件有法律上的利害关系,应当允许其申请参加诉讼,也可由人民法院通知其参加诉讼。对此类股东应列为有利害关系的第三人。对决议效力问题并不关注的股东,其出于自身利益,可能并无加入诉讼当中的意愿;或者即使其有主张,但其意见已经为主张撤销决议的一方或者主张维持决议效力的一方所代表,故而不愿自行加入该项诉讼。我们认为,应该尊重该类股东是否参与到该项诉讼的自主选择。

值得注意的是,除公司股东外,其他主体亦可能与涉诉公司决议存在利害关系,如关于营业资产对外转让的受让人、根据股东会决议选举出来的董事等,如果作出撤销决议,亦将对公司基于该项决议所实施的后续行为产生影响。故与该决议有利害关系的其他民事主体,亦可申请或者由人民法院通知其以第三人身份参加诉讼。

## 三、公司决议可撤销纠纷的管辖

(一)诉讼管辖

因公司决议产生的纠纷,由公司住所地人民法院管辖。

(二)仲裁管辖

如果公司章程中包含股东事先约定的仲裁管辖条款,或者嗣后经过所有股东一致同意,应当允许当事人以仲裁方式解决纠纷。

## 主要规范依据

**《民法典》**

**第八十五条** 营利法人的权力机构、执行机构作出决议的会议召集程序、表决方式违反法律、行政法规、法人章程,或者决议内容违反法人章程的,营利法人的出资人可以请求人民法院撤销该决议。但是,营利法人依据该决议与善意相对人形成的民事法律关系不受影响。

《公司法》

**第二十六条** 公司股东会、董事会的会议召集程序、表决方式违反法律、行政法规或者公司章程,或者决议内容违反公司章程的,股东自决议作出之日起六十日内,可以请求人民法院撤销。但是,股东会、董事会的会议召集程序或者表决方式仅有轻微瑕疵,对决议未产生实质影响的除外。

未被通知参加股东会会议的股东自知道或者应当知道股东会决议作出之日起六十日内,可以请求人民法院撤销;自决议作出之日起一年内没有行使撤销权的,撤销权消灭。

**第二十八条** 公司股东会、董事会决议被人民法院宣告无效、撤销或者确认不成立的,公司应当向公司登记机关申请撤销根据该决议已办理的登记。

股东会、董事会决议被人民法院宣告无效、撤销或者确认不成立的,公司根据该决议与善意相对人形成的民事法律关系不受影响。

《公司法司法解释(四)》

**第二条** 依据民法典第八十五条、公司法第二十二条第二款请求撤销股东会或者股东大会、董事会决议的原告,应当在起诉时具有公司股东资格。

**第三条** 原告请求确认股东会或者股东大会、董事会决议不成立、无效或者撤销决议的案件,应当列公司为被告。对决议涉及的其他利害关系人,可以依法列为第三人。

一审法庭辩论终结前,其他有原告资格的人以相同的诉讼请求申请参加前款规定诉讼的,可以列为共同原告。

**第四条** 股东请求撤销股东会或者股东大会、董事会决议,符合民法典第八十五条、公司法第二十二条第二款规定的,人民法院应当予以支持,但会议召集程序或者表决方式仅有轻微瑕疵,且对决议未产生实质影响的,人民法院不予支持。

**第六条** 股东会或者股东大会、董事会决议被人民法院判决确认无效或者撤销的,公司依据该决议与善意相对人形成的民事法律关系不受影响。

## 相关问题

### 一、未参会表决的，在表决中投赞成票、投反对票、未投票的参会股东是否享有股东会决议的撤销诉权？

从股东的不同表决情况来看，同样在股东会召集程序或表决方式有瑕疵的前提下，因为程序瑕疵或者自身原因未参会表决的股东是否享有股东会决议的撤销诉权？在表决中投赞成票、投反对票、未投票的参会股东是否均享有股东会决议的撤销诉权？尤其是明知召集程序或表决方式存在瑕疵，仍促成或者放任决议形成，是否应该赋予其撤销权？以上问题在理论和实践中均存在争议。

我们认为，公司决议的生成程序有其独立价值，股东参会并不意味程序的圆满状态，参会与否不是判定股东决议撤销权有无的原因。在此基础上，不能因为参会、表决情况推定股东同意公司决议的程序和内容，公司决议一旦作出，对全体发生法律效力，股东存在权益受侵害的可能。因此，在《公司法》未进行限制的情况下，"无表决权的股东，表决时投赞成票的股东、未表示异议的股东以及决议成立后取得股权的股东，对公司法规定的决议可撤销事由均享有相应的诉的利益，只要在起诉时有股东资格，则均为适格原告"。[①] 所以各类股东均有权提起公司决议撤销之诉。

### 二、其他股东能否依据针对特定股东的程序瑕疵要求撤销决议？

公司决议存在的程序瑕疵仅针对某一股东，如通知仅对某一股东延误或仅未告知某一特定股东议案的相关内容，其他股东能否以此为由提起决议撤销之诉？

我们认为，如果公司决议的瑕疵仅针对某一特定股东，而该股东并未提出异议，即该股东认可了该公司决议所代表的团体意志，在这种情况下，如果允

① 贺小荣等：《〈关于适用《中华人民共和国公司法》若干问题的规定（四）〉的理解与适用》，载《人民司法（应用）》2017 年第 28 期。

许其他股东以此为由撤销决议，则违背了决议撤销之诉的制度本意。《公司法》允许股东对公司决议提起撤销之诉，目的在于通过内部成员提起的司法救济，维护公司的内部治理秩序，进而避免损及公司整体利益。相比于公司决议无效，决议可撤销更多属于法律给予受到不公平对待股东的救济措施，更多是保护受到不公平对待股东的救济措施，公司法将是否撤销的选择权交由股东。多个法院判决也支持上述观点，认为如果公司决议的瑕疵仅针对某特定股东，该股东并未提出异议，即该股东认可了该公司决议所代表的团体意志。[①] 因此，其他股东不得以公司对特定股东召集程序存在瑕疵为由提起决议撤销之诉。

### 三、“轻微瑕疵”与“实质影响”的认定标准为何？

根据新《公司法》第 26 条、《公司法司法解释（四）》第 4 条的规定，原则上具有可撤销事由的决议应当准予撤销，但是股东会、董事会的会议召集程序或者表决方式仅有轻微瑕疵，对决议未产生实质影响的除外，在此情形下，人民法院应当裁量驳回撤销决议的诉请。“裁量驳回”应当同时具备三个方面的要件：一是股东会或者董事会的会议召集程序或者表决方式存在瑕疵，决议内容违反公司章程规定的不适用本条规定。二是召集程序或者表决方式“仅有轻微瑕疵”，亦即不得有重大瑕疵。三是“对决议未产生实质影响”。那么，“轻微瑕疵”以及“实质影响”就是理解和适用本条的关键。

“轻微瑕疵”之所以成为公司决议撤销的例外元素之一，是因为决议程序本身就并非刻板的、一成不变的，在法律规则和公司内部规则的目的能够实现的前提下，即便根据商事实践的合理需求，股东会或董事会对决议程序的规则有所违反，也可予以包容，认定决议的效力。综上所述，“轻微瑕疵”的认定标准在于决议程序是否影响了股东权利行使，若并未对其造成影响，则属于“轻微瑕疵”。例如，对于公司对未提前通知的内容进行了表决并形成决议，法院认为，通知内容瑕疵会影响股东权利，不应当适用裁量驳回，并撤销了案涉公司决

① 参见北京市高级人民法院民事判决书，(2021)京民再 160 号；江苏省苏州市吴江区人民法院民事裁定书，(2021)苏 0509 民初 12607 号；北京市第二中级人民法院民事判决书，(2021)京 02 民终 2932 号等。

议。[①] 在另一案件中，法院认为，案涉会议虽然没有提前 15 日通知所有股东，但股东已知情且参会，应认定通知时间瑕疵程度轻微。[②]

我们认为，应该以股东是否已经参会并行使了权利为标准来判断是否属于轻微瑕疵，也即瑕疵事由是否影响股东参加会议并行使表决权。若参会并行使权利，即便程序存在瑕疵也应当认定为“轻微瑕疵”，如提前通知天数不足（不足的天数较少）；仅通知议案标题未通知具体内容但注明联系人与联系方式；仅通知决议内容标题但内容属于法律规定事项，其他股东应当知晓；股东直接召集且对表决结果无实质影响；没有股东会会议记录；会议通知上的传真号有误等。

有无“实质影响”的判断标准在于决议程序是否损害了公司决议的功能。决议程序正当的主要目的在于保障决议人充分参与并表决的权利。若决议程序的违反导致公司决议功能的丧失，使决议结果并非公司意志的体现而是满足了少数股东的意愿，那么，该决议违反了公司自治，应当予以撤销。实践中，有法院采用此标准驳回了原告撤销公司决议的诉讼请求，“虽然案涉公司未履行会议召开的通知义务应作负面评价，但原告已参会，且到会股东表决权已经占有效表决权的过半数，即使原告对表决事项持反对的情况下，公司也会作出同样内容的决议……”[③]也就是说，无论该股东是否参与表决，案涉决议都能够以表决权过半数通过，系反映了公司的真实意志，则程序瑕疵并未影响公司决议的功能，不应予以撤销。

一般来说，对决议不构成实质影响是指程序瑕疵不具有影响决议结果的可能性，但我们认为，还应包括股东表决权是否得到充分保护。在邝某某与铝邦公司等公司决议撤销纠纷案中，[④]法院的裁判支持了该观点，认为：“案涉股东会决议涉及公司解散，未事先通知表决内容，构成对股东的突袭，股东无法于表决前对公司经营、财务状况进行充分了解，对表决进行充分准备，亦无法通过积极发表意见影响其他股东行使表决权，直接影响到小股东权利的行使，故虽未参

① 参见上海市第一中级人民法院民事判决书，(2019)沪 01 民终 12104 号。

② 参见北京市第二中级人民法院民事判决书，(2021)京 02 民终 13417 号。

③ 参见四川省成都市中级人民法院民事判决书，(2020)川 01 民终 12407 号。

④ 参见福建省厦门市集美区人民法院民事判决书，(2019)闽 0211 民初 5364 号。

与股东会决议表决的股东表决权比例仅为9.5%,仍属于召集程序存在瑕疵,且已对决议产生实质性影响。”

公司法对股东会召开的召集主体、召集时间及召集通知均作出了明确规定,但在部分中小企业中,因股东人数较少、股东之间关系密切或者法律意识淡薄等原因不重视股东会,常常在股东会会议召集程序上出现问题,导致股东提起股东会决议撤销之诉。如出现后一顺位召集主体无特定事由越级召开股东会会议,召集主体未按照法定或约定的时间履行提前通知义务,会议召集通知未列明会议议题等情形,此时股东会召集程序存在重大程序瑕疵,权利受到损害的股东有权行使撤销权,撤销该股东会决议。

## 四、决议可撤销的效力瑕疵能否被治愈?

股东未在法律规定的期间针对可撤销的公司决议提起诉讼主张撤销,视为股东对决议的消极认可,该决议的瑕疵被治愈,决议应发生效力。但立法对于是否允许股东通过积极行为来治愈决议瑕疵,并没有直接规定。如公司形成新的决议,新决议起到了消除原决议存在的瑕疵的效果,是否还有必要通过司法程序撤销原决议?我们认为,依据充分尊重当事人意思自治的原理,法律对当事人行为的干预应尽量控制在合理范围内,允许当事人以积极行为来治愈法律行为的瑕疵属于尊重当事人意思自治原则的体现。股东会、董事会决议作为一种法律行为,应同样适用。

举例而言,若股东会决议的内容或表决方式违反章程规定,如无故解除独立董事的职务、对应当采用累积投票制的选举适用一股一票,则所作出的决议属于可撤销的瑕疵决议。对此持异议的股东在同一次股东会上对同类议案投赞成票的行为应视为其对表决方式的认可,投票结果虽非其所愿,但根据诚信原则,其后又以表决方式违反章程规定为由请求撤销决议的,不应再予支持。与此同理,若会议的通知方式或通知时间不符合《公司法》规定或章程约定,有的股东没有出席股东会会议,但事后对决议表示同意的,该股东再以此提起决议撤销之诉的,则人民法院应当不予支持。

综上所述,在公司决议可撤销的情形下,当事人通过积极治愈行为消除决议的可撤销事由应被允许,这样有利于使原属于可撤销的决议转为有效决议。

股东会或者董事会决议如存在瑕疵,应首先鼓励和促使公司自治机关自力解决内部冲突,在公司股东会或者董事会形成新的决议,消除或治愈原有瑕疵后,对原决议而言,不再有通过司法程序进行撤销的意义与必要。[①]

① 参见中国应用法学研究所编:《广州盛景投资有限公司诉江苏四环生物股份有限公司公司决议撤销纠纷案》,载《人民法院案例选》2019 年第 2 辑。

# 案由3 公司决议不成立纠纷

## 适用指引

### 一、公司决议不成立纠纷概述

决议不成立之诉指公司股东会、董事会会议的召集程序或者表决方式违反法律、行政法规规定或公司章程约定,决议程序具有严重瑕疵以致公司股东会、董事会决议在事实上不能成立时,公司的股东、董事、监事等直接利害关系者请求法院确认决议不成立的诉讼。《公司法司法解释(四)》为增强公司内部纠纷可诉性,确立了公司决议不成立之诉。新《公司法》在《公司法司法解释(四)》的基础上,修改了决议不成立的4种情形和相应的法律后果,对于厘清决议不成立、无效与可撤销具有重要意义。

关于决议不成立之诉这类案件的案由需要进行特别说明,《民事案件案由规定》中二级案由"与公司有关的纠纷"下包含三级案由"公司决议纠纷",在第四级案由中目前并未规定"公司决议不成立纠纷"这一案由。在实践中,公司决议不成立之诉往往适用第三级案由"公司决议纠纷"或者第四级案由"公司决议效力确认纠纷"。后续随着案由规定的修改,"公司决议不成立纠纷"可能会成为独立的第四级案由以供适用。

新《公司法》第27条规定了公司股东会、董事会的决议不成立的4种情形,包括"(一)未召开股东会、董事会会议作出决议;(二)股东会、董事会会议未对决议事项进行表决;(三)出席会议的人数或者所持表决权数未达到本法或者公司章程规定的人数或者所持表决权数;(四)同意决议事项的人数或者所持表决权数未达到本法或者公司章程规定的人数或者所持表决权数"。从上述规定可以看出,公司股东会、董事会决议成立的要件包括会议召开的事实要件和决议的程序要件。相应地,决议不成立的事由主要包括会议召开程序瑕疵、表决程序瑕疵两种类型。

(一)召开程序瑕疵

一般情况下,未实际召开公司股东会、董事会会议而形成的决议,欠缺会议召开的事实要件,严重违反了《公司法》规定的议事方式和表决程序,损害了其他股东或者董事的合法权益,应认定该决议不成立。

但需要注意的是,公司会议的议事方式和表决程序,归根结底是公司自治事项,新《公司法》第 59 条第 3 款规定了公司股东会可以不召开会议作出决议的例外情形,即“对本条第一款所列事项股东以书面形式一致表示同意的,可以不召开股东会会议,直接作出决定,并由全体股东在决定文件上签名或者盖章”。此外,新《公司法》第 60 条规定:“只有一个股东的有限责任公司不设股东会。股东作出前条第一款所列事项的决定时,应当采用书面形式,并由股东签名或者盖章后置备于公司。”在符合上述条件的特殊情形下,公司虽然未实际召开股东会议,但是形成的决议仍然成立。

在实务中,未实际召开股东会、董事会可能表现出各种情形,需要根据个案判断。如在安徽省合肥市中级人民法院(2018)皖 01 民终 6115 号民事判决书中,法院认为,少数股东的单方决策过程不能代替股东会议,由此形成的股东会决议不成立。在北京市高级人民法院(2019)京民申 917 号民事裁定书中,法院认为,董事签名为假,公司未实际召开董事会,董事会决议不成立。

(二)表决程序瑕疵

其一,会议未对决议事项进行表决的,决议内容未体现股东合意,欠缺意思表示,决议作为一种法律行为不成立。如重庆市第一中级人民法院在(2020)渝 01 民终 1903 号民事判决书中认为,因参会股东并未对案涉《股东会决议》内容进行过讨论和表决,该项内容有关决议不成立。安徽省芜湖经济技术开发区人民法院在(2017)皖 0291 民初 3032 号民事判决书中认为,该次大会形成的决议,未见股东表决的相关手续,未经表决的股东大会决议不能成立。

其二,决议成立须满足出席会议达到法定或章程规定的表决人数或表决权比例的,不满足该条件的决议不成立。如成都市锦江区人民法院在(2021)川 0104 民初 4816 号民事判决书中认定,出席会议董事人数不符合公司章程规定,董事会决议不成立。

其三,决议成立须满足同意决议事项的人数及比例达到法定或章程规定的表决人数或表决权比例。根据《公司法》规定,决议事项可以分为一般决议事项和特殊决议事项,分别遵循不同的表决权规则。未达到《公司法》或公司章程所规定的表决通过比例的,决议不成立。

需要注意的是,原《公司法》将有限责任公司股东会一般决议事项和董事会决议事项的通过表决比例要求交由章程规定,对于未经章程规定的,司法实践中一般采取"资本多数决"作为标准。如北京市第二中级人民法院在(2021)京02民终17045号民事判决书中认为,依据"资本多数决"原则,作为有限责任公司的股东会决议,应经代表过半数表决权的股东通过,方能成立。最高人民法院在(2018)最高法民再328号民事判决书中认为,该公司股东会决议的内容是解除股东资格。鉴于被除名股东不享有表决权,该项决议应由剩余65%表决权的2/3以上表决权多数通过才合法有效。而股东会决议仅有30%表决权的股东通过,未达到法定表决权比例,案涉股东会决议不成立。新《公司法》第66条明确规定,有限责任公司一般决议事项的表决比例为代表过半数表决权的股东;第73条明确规定,董事会作出决议,应当经全体董事的过半数通过。

## 二、公司决议不成立纠纷的诉讼主体

### (一)原告

《公司法司法解释(四)》第1条规定:"公司股东、董事、监事等请求确认股东会或者股东大会、董事会决议无效或者不成立的,人民法院应当依法予以受理。"根据该条规定,能够请求确认股东会、董事会决议无效、不成立的主体系"公司股东、董事、监事等",规范上采用了列举加概括的技术,使得决议无效之诉和决议不成立之诉适格原告的内涵、外延尚有进一步解释的空间,需要以具有诉的利益进行衡量,具体而言是以决议与相关主体是否具有直接利害关系为判断标准。

1. 公司股东、董事、监事

一般来说,起诉时具有公司股东资格、董事身份、监事身份的人,就有提起确认公司不成立之诉的原告资格。

2. 其他主体

与待确认无效或者不成立的股东会、董事会决议之间有直接利害关系的主体也可能构成适格原告。

根据《公司法司法解释(四)》第3条第2款的规定,一审法庭辩论终结前,其他有原告资格的人以相同的诉讼请求申请参加公司决议诉讼的,可以列为共同原告。

(二)被告

根据《公司法司法解释(四)》第3条第1款的规定,公司决议纠纷的被告均为公司。该款之所以明确规定公司为被告,是因为决议系以公司名义作出,是公司的意思表示。经由决议程序,公司决议已经脱离了个体股东及董事的意思表示,成为团体整体的意思,其体现的是股东、董事与公司的关系,而不是其他主体之间的权利义务关系。公司的权力机关均不构成独立的民事主体、诉讼主体。因此,在公司决议纠纷中,一般只有公司才是适格的被告。

(三)第三人

根据《公司法司法解释(四)》第3条第1款的规定,决议涉及的其他利害关系人,可以依法列为第三人。

## 三、公司决议不成立纠纷的管辖

(一)诉讼管辖

根据《民诉解释》第22条的规定,因公司决议产生的纠纷,由公司住所地人民法院管辖。

(二)仲裁管辖

如果股东事先在公司章程中约定了仲裁管辖条款,或事后全体股东达成了有关仲裁管辖的合意,应当允许当事人通过申请仲裁的方式解决纠纷。

## 四、公司决议不成立纠纷的诉讼时效

我们认为,请求确认决议不成立,属于确认之诉,并不属于债权请求权,不受诉讼时效期间的影响,不适用诉讼时效的规定,但是,公司通过决议而形成的后续事实或者行为如果侵犯当事人的权利,由此产生的针对侵权行为的请求当然适用诉讼时效的规定。

## 主要规范依据

**《民法典》**

**第一百三十四条**　民事法律行为可以基于双方或者多方的意思表示一致成立,也可以基于单方的意思表示成立。

法人、非法人组织依照法律或者章程规定的议事方式和表决程序作出决议的,该决议行为成立。

**第一百三十六条**　民事法律行为自成立时生效,但是法律另有规定或者当事人另有约定的除外。

行为人非依法律规定或者未经对方同意,不得擅自变更或者解除民事法律行为。

**《公司法》**

**第二十七条**　有下列情形之一的,公司股东会、董事会的决议不成立:

(一)未召开股东会、董事会会议作出决议;

(二)股东会、董事会会议未对决议事项进行表决;

(三)出席会议的人数或者所持表决权数未达到本法或者公司章程规定的人数或者所持表决权数;

(四)同意决议事项的人数或者所持表决权数未达到本法或者公司章程规定的人数或者所持表决权数。

**第二十八条**　公司股东会、董事会决议被人民法院宣告无效、撤销或者确认不成立的,公司应当向公司登记机关申请撤销根据该决议已办理的登记。

股东会、董事会决议被人民法院宣告无效、撤销或者确认不成立的,公司根据该决议与善意相对人形成的民事法律关系不受影响。

**《公司法司法解释(四)》**

**第一条**　公司股东、董事、监事等请求确认股东会或者股东大会、董事会决议无效或者不成立的,人民法院应当依法予以受理。

**第三条** 原告请求确认股东会或者股东大会、董事会决议不成立、无效或者撤销决议的案件,应当列公司为被告。对决议涉及的其他利害关系人,可以依法列为第三人。

一审法庭辩论终结前,其他有原告资格的人以相同的诉讼请求申请参加前款规定诉讼的,可以列为共同原告。

**第五条** 股东会或者股东大会、董事会决议存在下列情形之一,当事人主张决议不成立的,人民法院应当予以支持:

(一)公司未召开会议的,但依据公司法第三十七条第二款或者公司章程规定可以不召开股东会或者股东大会而直接作出决定,并由全体股东在决定文件上签名、盖章的除外;

(二)会议未对决议事项进行表决的;

(三)出席会议的人数或者股东所持表决权不符合公司法或者公司章程规定的;

(四)会议的表决结果未达到公司法或者公司章程规定的通过比例的;

(五)导致决议不成立的其他情形。

## 相关问题

### 一、决议不成立的适用范围是否仅限于新《公司法》第27条规定的4种事由?

新《公司法》第27条删去了《公司法司法解释(四)》第5条关于决议不成立事由的兜底条款,即"导致决议不成立的其他情形",该等变化是否意味着除新《公司法》规定的4种事由之外,其他情形均不能再导致决议不成立?

我们认为,新《公司法》第27条是对决议不成立事由的穷尽列举,除了法定的4种情形外,不应再存在其他事由使公司决议不成立,其目的在于避免应属于决议无效、可撤销情形的事由溢出至决议不成立讨论中,保障公司决议成立的稳定性。然而,在《公司法司法解释(四)》的适用过程中,人民法院通常会将如召集通知未向全体股东发出、相关决议签名或印章为伪造等情形,划归为导致决议不成立的"其他情形"进行处理。对于该等情形,我们认为,如可以涵摄在新《公司法》规定的4种法定事由的范围内，或适当扩大解释的范围，则可继续作为决议不成立进行处理；如果不能，则应依具体情况以归于无效或者可撤销处理。

## 二、无召集权人召集会议所形成的决议是否成立?

无召集权人召集的会议，指由任何在公司法规定的召集权范围外的主体召集，或者违反《公司法》规定的召集权顺位的主体召集的股东会或董事会会议，属于违反《公司法》规定的程序瑕疵。无召集权人，有以下两类情形：一是法律规定的召集权人之外的人；二是违反法定召集顺位的人。

实践中出现的无召集权人召集会议的情形，通常可以分为以下几种：其一，董事在董事会未作出决议的情况下自行召集股东会会议；其二，监事会未经前置程序自行召集；其三，股东未经前置程序擅自召集会议；其四，股东不满足持股要求。实践中，关于无召集权人召集的公司会议所形成的决议是否成立容易引发争议。无召集权人召集的会议是否成立的判断关键在于何谓召开股东会、董事会会议，即应以什么标准判断会议已经召开。

对于在司法实践中无召集权人召开的会议，有观点认为，应属于不成立的情形，严重违反召集程序，未经会议讨论而作出的决议是个别股东实现个人意志的工具，不能被看作是公司意思的体现。股东依照法定程序自行召集和主持股东会议，其余股东经有效通知而不参会的，不属于《公司法司法解释(四)》第5条第1项规定的公司未召开会议的情形。即使单纯从持股比例看，大股东似乎可以完全操控表决结果，但需要认识到，召开会议的意义在于获取信息进而展开讨论，在这一过程中中小股东可以有效起到威慑作用及监督作用，故未召开会议径行形成的决议不成立。[①] 实践中，有的法院支持上述观点，“保力公司只有在天久公司与宝恒公司两个股东，且天久公司为持有90%股份的大股东，在宝恒公司未参加临时股东会和董事会的情形下，临时股东会和董事会的召集程序和表决方式应认为存在重大瑕疵，形式上虽有临时股东会决议和董事会决议存在，实质上的临时股东会决议和董事会决议应认为不存在。也就是说，未经依法召开股东会或董事会并作出会议决议，而是由实际控制公司的股东单方

① 参见北京市第三中级人民法院民事判决书，(2017)京03民终13283号。

开或虚构公司股东会、董事会及其会议决议的，即使该股东实际享有公司绝大多数的股份及相应的表决权，其单方形成的会议决议不能具有相应效力”。[①]

但是也有观点认为，不成立的程序瑕疵程度应属非常严重，以至于法律无法从事实角度确认相关会议是否实际召开或相关决议是否有经历过讨论、表决等程序并最终形成。因此，若监事会跳过董事会，或股东跳过董事会及监事会自行召集并主持股东会，会议确已召开、决议确实经过表决，且从法律行为角度来看，也可认定为已由有权的公司内部机关实际召集，则应认为公司作出了意思表示，依据《公司法司法解释（四）》第 4 条之规定采用“实质影响”的标准认定无召集权人召集是否构成决议可撤销的情形，而并非不成立的情形。广东省深圳市中级人民法院在（2020）粤 03 民终 23094 号民事判决书中认为，股东发送会议通知，能够履行职责的公司董事会、监事仍然不召集会议，且未提出异议的，不属于程序瑕疵可撤销的情形。广东省深圳市中级人民法院在（2020）粤 03 民终 1189 号民事判决书中认为，涉案董事会虽未按公司章程规定由董事长召集，但会前以 4 名董事（共 5 名董事）联名通知全体董事开会，属于程序轻微瑕疵。实际上，该案法院认定决议不成立的程序瑕疵程度应属非常严重，以至于法院无法从事实角度确认相关会议是否实际召开或相关决议是否有经历过讨论、表决等程序并最终形成。因此，若会议确已召开、决议确实经过表决，且从法律行为角度来看，也可认定为已由有权的公司内部机关实际召集，则应认为公司作出了意思表示，相关决议已实际成立，就其决议瑕疵问题应该依据《公司法司法解释（四）》第 4 条之规定采用“实质影响”的标准认定无召集权人召集是否构成决议可撤销的情形，而非按照不成立的规范进行考量。

新《公司法》第 58 条规定，“有限责任公司股东会由全体股东组成”。此处的股东会指的是作为公司机关的、抽象意义上的股东会，不同于公司每次实际召开的股东会会议。[②] 法律意义上的会议不同于日常用语中的会议，因此单纯以实际参会人数作为判断会议召开的标准是不合理的。事实上，股东会会议的召开往往无法做到全员出席。同时，法律对股东会会议的召集程序有详细规定，使得股东会会议不仅仅是股东之间简单的人的集合。会议的形式保障了决

① 最高人民法院民事裁定书，（2016）最高法民申 300 号。

② 参见赵旭东主编：《公司法学》（第 4 版），高等教育出版社 2015 年版，第 283 页。

议体现公司意思,会议的程序可以分为召集和表决两个有先后顺序的部分,如果说决议作为法律行为成立的关键点在于是否存在意思表示,那么,决议在组织法意义上是否成立的关键点则在于其是否遵守了必要程式。

因此,我们认为,判断是否召开会议的标准关键在于是否遵守了召集会议的程序性要求。《公司法》规定了会议召集主体和召集顺位,意在使会议能够公平地召开,因此,无召集权人召开的会议必然存在程序瑕疵,不应直接肯定会议成立。但与此同时,我们认为,不应断然否认无召集权人召集的会议的效力,如果未实质影响适当通知与表决权的行使,则可以将召集瑕疵交由公司自治处理,如果无召集权人的召集影响到部分股东的权益,则可以通过撤销决议的方式否定决议效力。如决议属可撤销,股东可事后以明示、默示行为治愈瑕疵。如果撤销之前的决议构成少数股东滥用股东权的情形,那么,股东也可以通过提起决议无效之诉进行救济。

## 三、如何理解股东会会议的定足数规则?

实践中,对《公司法司法解释(四)》第5条第3项规定的"出席会议的人数或者股东所持表决权不符合公司法或者公司章程规定的"股东会决议不成立情形存在不同的理解。新《公司法》第27条也将这种情形规定为导致股东会决议不成立的事由之一。我们认为,"出席会议的人数或股东所持表决权"的内涵是会议的出席人数或者出席人员所持表决权总和低于法律或者公司章程规定的最低数限制。定足数规则的核心是规定股东会会议出席数(人数或者表决权数)的下限,只有在满足定足数要求时才能召开股东会会议。对于定足数规则的作用,有学者指出:"法律规定足数的出发点不在于维护资本多数决,而是赋予全体股东最起码的出席机会和表决机会。"①当不满足定数要求时,股东会会议无法合法有效召开,此时召开属于严重的程序瑕疵,此种情况下应认定会议形成的"决议"不成立具有合理性。

进而产生的问题是,在法律和章程均无规定的情况下,定足数如何适用?湖南省岳阳市中级人民法院在(2014)岳中民三初字第62号民事判决书中认为,虽然表决未通过和不符合定足数规则的法律后果都是决议不成立,但二者

① 李建伟:《公司诉讼专题研究》,中国政法大学出版社2008年版,第131页。

原因不同。在我国《公司法》并未对股东法定出席人数作出规定和要求的情况下,股东会出席会议的人数主要是通过公司章程加以规定。如果章程规定了定足数,那么,只有在出席会议的人数或表决权达到章程规定的最低限制时,股东会会议才具有决议成立的前提,不符合定足数将导致股东会议无法有效召开,从而导致决议不成立。所以,若法律和章程均未规定定足数,则公司股东会的召开就不适用定足数规则。事实上,定足数规则关注的是能否有效召开股东会会议,而并非能否通过决议。

## 四、决议不成立的瑕疵能否被治愈?

公司决议瑕疵被治愈,是指对于显著轻微的未对内容公正性造成实质影响的程序瑕疵,若公司或股东通过特定行为弥补了瑕疵,使决议获得了正当性基础、能够被法律所认可,则不产生决议不成立或者被撤销的后果。决议不成立的程序瑕疵究竟能否被治愈?通过哪些方式能够治愈这类瑕疵?对此,实践中存在一定争议。有观点认为,决议可撤销的程序瑕疵在事后可以得到治愈,但决议不成立一般则不能。[①] 也有观点认为,决议不成立属于程序瑕疵,具有治愈的可行性。

首先,我们认为,决议不成立的瑕疵能够被治愈,决议不成立是由于缺少决议成立的要件,且该等要件均为程序性要件。法律对会议程序作出规定,是为了保障股东有充分的机会出席股东会议、行使表决权,而不涉及公共利益。决议不成立的治愈对尊重公司自治和维护交易安全具有重要作用。

其次,对于治愈方式而言,事后追认实际上成为治愈公司决议瑕疵的重要手段。[②] 目前,我国《公司法》并无公司决议追认的相关制度,司法实践中法院通常参照民事法律行为的追认制度进行裁判。股东、董事对表决行为以及之前的决议作出追认时,可以使用明示或默示的方式,既可以通过口头、书面等方式明确作出追认的意思表示,也可以通过执行决议或接受公司向其执行决议的方式作出追认。在实践中,不能仅凭股东、董事在股东会决议和董事会决议中的

---

① 参见李建伟:《公司决议效力瑕疵类型及其救济体系再构建——以股东大会决议可撤销为中心》,载《商事法论集》2008 年第 2 期。

② 参见吴飞飞:《公司决议无效事由的扩大解释与限缩澄清》,载《社会科学》2022 年第 1 期。

签字是否真实来确定该股东是否作出过表决行为，还应通过审查该股东、董事的相关行为推定其是否作出了追认的意思表示。

在甘肃省高级人民法院（2021）甘民申2153号民事裁定书中，法院认为，股东会决议未经涉事当事人签名确认，属未按照公司章程或法律规定的由股东表决通过并经股东签名确认的程序瑕疵。但因为作为股东的法定代表人数次在相关文件上签名，通过本人的事实行为和法律行为对股东会决议存在的程序瑕疵予以补救，所以，该股东会决议成立并已生效。北京市第二中级人民法院在（2021）京02民终3541号判决书中认为，虽然赛都公司《第一届第三次股东会决议》中的签名不是葛某某本人所签，但该决议作出之后，葛某某在原章程规定的公司营业期限已届满的情况下，仍签署《第一届第四次股东会决议》，同意变更公司住所地继续经营。葛某某的行为应视为对《第一届第三次股东会决议》的追认。由此可见，追认可以治愈决议程序瑕疵，使得决议成立。

另外，对于全体股东一致同意是否是决议不成立的治愈方式，我们认为，书面决议属于公司决议形成的另一种方式，其作用与召开会议是一致的，其目的不在于弥补已召开的会议的程序瑕疵，而是允许公司不经会议直接以书面的形式形成决议。实践中，常出现通过传签代替股东会、董事会会议表决的决议。在这种情况下，股东会未实际召开，文件是拟定好之后传签，此时决议是否成立？对此，我们认为，应当适用新《公司法》第59条第3款全体股东书面一致同意的规定。如果部分股东传签，决议不成立。针对董事会决议，新《公司法》第73条第1款规定，“董事会的议事方式和表决程序，除本法有规定的外，由公司章程规定”，即章程可以规定传签的有效性。新《公司法》第59条第3款规定了公司股东会可以不召开会议作出决议的例外情形，即全体股东以书面形式一致表示同意的，可以不召开股东会，直接作出决定，并由全体股东在决定文件上签名或者盖章。在法律明文规定的情况下，决议相关事项虽然没有经过股东会，但是经过全体股东书面一致同意的，决议成立。需要注意的是，若股东的一致同意没有采用书面形式，我们认为，不符合例外规定的程序性要件，由此作出的决议不成立。

CHAPTER 07

# 第七章

# 公司权益保护相关诉讼

## 案由1 损害公司利益责任纠纷

### 适用指引

### 一、损害公司利益责任纠纷概述

损害公司利益责任纠纷,是指因公司普通股东、控股股东、实际控制人或者董事、监事、高级管理人员损害公司利益而引发的纠纷。在损害公司利益责任纠纷中,对于公司股东行使权利是否具有正当性和合理性,公司控股股东、实际控制人是否滥用控制权,董事、监事和高级管理人员履职是否符合法律规定和公司章程等问题,当事人往往容易发生争议。实践中常出现的损害公司利益责任纠纷类型包括公司普通股东滥用权利损害公司利益责任纠纷,公司控股股东、实际控制人滥用权利损害公司利益责任纠纷,董事、监事、高级管理人员损害公司利益责任纠纷。

(一)普通股东滥用权利损害公司利益纠纷

股东滥用权利,对公司造成损害时,公司有权要求股东承担损害赔偿责任。实践中,股东滥用权利具体表现包括股东滥用表决权故意使有利于公司的公司决议不通过、利用知情权获取公司商业秘密后违法披露给他人等。

根据新《公司法》第4条、第59条和第112条的规定,股东对关涉公司和股东重大利益的决议事项享有表决权,这是股东基于股权享有的正当权利。如果股东滥用其享有的表决权,故意对明显有利于公司的事项投反对票,阻碍决议的通过，则可能构成权利的滥用。比如，当公司经营期限届满，公司继续经营对公司、公司交易相对人以及股东明显有利且大部分股东已经表决赞同公司继续经营时，有股东无正当理由行使否决权，致使公司继续经营的决议不能通过的，应认定该股东行使表决权的行为构成权利的滥用，公司因无法继续经营遭受损失的，有权请求投反对票的股东承担损害赔偿责任。股东对公司事务享有知情权，有权查阅、复制公司文件。在行使知情权的过程中，股东很可能会接触到公司商业秘密等需要股东保密的信息。如果股东违法泄露、使用公司商业秘密，则应认定股东构成权利的滥用，公司因股东滥用权利行为遭受损失的，有权请求股东承担赔偿责任。

（二）控股股东、实际控制人滥用权利损害公司利益纠纷

在有限责任公司中，最常出现的公司治理问题是如何规制控股股东、实际控制人利用控制权谋取私利的行为。[①] 公司控股股东包括出资额占有限责任公司资本总额50%以上或者持有的股份占股份有限公司股本总额50%以上的股东；出资额或者持股比例不足50%，但依据其出资额或者持有的股份享有的表决权已经足以对公司股东会的决议产生重要影响的股东。实际控制人系通过投资关系、协议或者其他安排，能够实际支配公司行为的人。控股股东、实际控制人通过行使控制权，可以提高公司运营的效率，增加公司的收入，对公司、公司其他股东以及公司债权人均有利；但如果控股股东、实际控制人滥用控制权，损害公司的利益，则容易引发纠纷。[②] 特别是在有限责任公司中，控股股东、实际控制人操控股东会、董事会难度较低，增加了控股股东、实际控制人通过操控公司机关实施损害公司利益的风险。

实践中，控股股东、实际控制人滥用股东权利主要体现为滥用表决权。除了表决权滥用，控股股东、实际控制人滥用权利侵害公司利益的行为还包括挪用公司资金、侵占公司财产、侵害公司独家经营权[③]等。

新《公司法》加强了对控股股东、实际控制人的规制。新《公司法》第22条规定禁止控股股东、实际控制人利用关联交易损害公司利益。第180条第3款

---

① 参见赵旭东：《公司治理中的控股股东及其法律规制》，载《法学研究》2020年第4期。
② 参见赵旭东：《公司治理中的控股股东及其法律规制》，载《法学研究》2020年第4期。
③ 参见上海市浦东新区人民法院民事判决书，(2014)浦民二(商)初字第2509号。

创新性地对事实董事进行了规定。事实董事是指虽然未担任公司董事,但实际执行公司事务的控股股东、实际控制人;实际执行公司职务是指履行了只有公司董事才能进行的职责。新《公司法》第 67 条规定了董事会的职权,事实上参与董事会并与其他董事共同通过董事会决议行使了新《公司法》第 67 条规定职权的控股股东与实际控制人,应一并纳入事实董事的范畴。新《公司法》第 180 条第 3 款明确规定了事实董事对公司负有信义义务,包括忠实义务和勤勉义务。如果事实董事违反对公司的忠实义务与勤勉义务,应向公司承担损失赔偿责任。此外,新《公司法》第 192 条对影子董事、影子高级管理人员也进行了规定,公司的控股股东、实际控制人指示董事、高级管理人员从事损害公司或者股东利益的行为的,与该董事、高级管理人员承担连带责任。

(三)董事、监事、高级管理人员损害公司利益纠纷

公司董事、监事和高级管理人员作为公司的受信人,负责管理、监督公司事务,新《公司法》第 179 条、第 180 条规定了董事、监事和高级管理人员应当遵守法律、行政法规和公司章程的规定,对公司负有忠实义务和勤勉义务。董事、监事和高级管理人员违反忠实、勤勉义务,给公司造成损害时,通常引发争议。

1. 董事、监事、高级管理人员违反忠实义务的纠纷

新《公司法》第 180 条第 1 款规定了公司董事、监事和高级管理人员对公司的忠实义务。该条明确了忠实义务的实质判断标准,为司法裁判提供了更为明确的依据。忠实义务要求公司的董事、监事、高级管理人员应避免自身利益与公司利益冲突,不得利用职权谋取不正当利益,公司的管理者应当将公司利益置于自己的利益之上。实践中,董事、监事和高级管理人员如果从事下述行为,则很有可能被认定为违反忠实义务,进而被要求承担损失赔偿责任,包括利用或篡夺公司机会、从事竞业、侵占公司财产、挪用公司资金、将公司资金以其个人名义或者以其他个人名义开立账户存储、利用职权贿赂或者收受其他非法收入、接受他人与公司交易的佣金归为己有、擅自披露公司秘密以及其他利用职权谋取不正当利益的行为。根据新《公司法》第 186 条的规定,董事、监事和高级管理人员违反忠实义务的,公司可以要求其返还因违反忠实义务获得的收入。

2. 董事、监事、高级管理人员违反勤勉义务的纠纷

新《公司法》第 180 条第 2 款规定,公司董事、监事和高级管理人员履职时

应当为公司最大利益尽到管理者通常应有的合理注意。董事、高级管理人员在任期间未能保证公司经营符合国家法律、法规的有关规定,未能及时了解公司业务经营管理状况,未能对决议事项进行合理的和必要的调查,未在公司章程与股东大会授予的权限范围内履行职权,履职超越了公司章程或者股东会授予权限等,都可能构成勤勉义务的违反,造成公司损失的,需要向公司承担损害赔偿责任。监事负有监督公司事务的职责,监事怠于履行监督义务,给公司造成损失的,应向公司承担损害赔偿责任。此外,新《公司法》通过规定董事会审计委员会的方式引入单层制,改变了监事会作为公司中必设机构的定位。在公司选择不设立监事会或监事而选择设立董事会审计委员会时,审计委员会的成员负有监督公司董事、高级管理人员忠实、勤勉履职的职责,董事会审计委员会的成员怠于履行监督义务的,同样可能构成勤勉义务的违反。

## 二、损害公司利益责任纠纷的诉讼主体

### (一)原告

1. 公司

公司作为被侵害利益的一方,有权作为原告向责任人提起诉讼。由于公司为法律创设的实体,需要由公司机关代表公司表达意志,依据《民事诉讼法》第51条第2款,公司由其法定代表人进行诉讼。

2. 股东代表诉讼的原告

新《公司法》第189条规定了股东代表诉讼,在公司机关未履行职责向公司股东、实际控制人、董事、监事、高级管理人员提起诉讼时,有限责任公司的股东或者股份有限公司中连续180日以上单独或者合计持有公司1%以上股份的股东,可以向公司提起诉讼。在此种情形下,该股东为原告,公司为第三人。

股东以自己的名义代表公司提起诉讼的前提条件包括符合特定身份、股东已书面请求公司机关向人民法院提起诉讼、该公司机关拒绝提起诉讼或者自收到请求之日起30日内未提起诉讼或情况紧急、不立即提起诉讼会使公司利益遭受难以弥补的损害。

新《公司法》第189条第4款创新性地规定了股东双重代表诉讼制度,明确了当全资子公司的董事、监事、高级管理人员存在违反前条规定或他人侵犯公司全资子公司合法权益造成损失的情况下,符合条件的母公司的股东有权以自

己的名义代表全资子公司提起诉讼,更有利于小股东维护其合法权益。

(二)被告

损害公司利益责任纠纷的被告包括公司股东、实际控制人、董事、监事、高级管理人员。

## 三、损害公司利益责任纠纷的管辖

损害公司利益责任纠纷属于与公司有关的诉讼,应依据《民事诉讼法》第27条的规定确定管辖法院。《民事诉讼法》第27条规定,因公司设立、确认股东资格、分配利润、解散等纠纷提起的诉讼,由公司住所地人民法院管辖。因此,损害公司利益责任纠纷,应由公司住所地管辖。公司住所地是指公司主要办事机构所在地。公司办事机构不明确的,则损害公司利益责任纠纷应由公司登记注册地人民法院管辖。

## 四、损害公司利益责任纠纷与损害股东利益责任纠纷、一般侵权责任纠纷的区别

损害公司利益责任纠纷是因公司股东、实际控制人,公司董事、监事、高级管理人员滥用权利侵占公司财产、违法输送公司利益等侵害公司利益行为引发的纠纷。公司作为独立经营的商事主体,具有独立人格。公司利益并不能等同于股东利益,公司受损不等于股东受损。在损害公司利益的案件中,股东受到的是间接损害,就滥用权利的股东而言,其还可能因违法行为获利。在损害公司利益责任纠纷中,符合条件的股东虽然有权代表公司提起诉讼,但是胜诉利益归属主体为公司,诉讼费用也由公司承担。因此,在损害公司利益责任纠纷中,如果公司股东代表公司提起诉讼,请求法院判决被告直接按照股权比例向其赔偿损失,法院不予支持。

损害股东利益责任纠纷是公司股东、实际控制人或公司董事、监事、高级管理人员等违反法律、行政法规或者公司章程的规定,侵害股东享有的知情权、表决权、分红权、利润分配请求权等引发的纠纷。股东有权直接提起诉讼,要求实施不法行为的被告向其承担损失赔偿责任。胜诉利益归属主体为公司股东,诉讼费用也由公司股东个人承担。

损害公司利益责任纠纷也不同于一般侵权责任纠纷。新《公司法》与《民法

典》侵权责任编的关系是特别法与一般法的关系，特别法优于一般法适用。原告不应将《民法典》侵权责任编相关规定作为其行使请求权的法律依据，损害公司利益引发的纠纷非一般侵权责任案由下的纠纷。

## 主要规范依据

**《民法典》**

**第八十三条** 营利法人的出资人不得滥用出资人权利损害法人或者其他出资人的利益；滥用出资人权利造成法人或者其他出资人损失的，应当依法承担民事责任。

营利法人的出资人不得滥用法人独立地位和出资人有限责任损害法人债权人的利益；滥用法人独立地位和出资人有限责任，逃避债务，严重损害法人债权人的利益的，应当对法人债务承担连带责任。

**《公司法》**

**第二十一条** 公司股东应当遵守法律、行政法规和公司章程，依法行使股东权利，不得滥用股东权利损害公司或者其他股东的利益。

公司股东滥用股东权利给公司或者其他股东造成损失的，应当承担赔偿责任。

**第一百七十九条** 董事、监事、高级管理人员应当遵守法律、行政法规和公司章程。

**第一百八十条** 董事、监事、高级管理人员对公司负有忠实义务，应当采取措施避免自身利益与公司利益冲突，不得利用职权牟取不正当利益。

董事、监事、高级管理人员对公司负有勤勉义务，执行职务应当为公司的最大利益尽到管理者通常应有的合理注意。

公司的控股股东、实际控制人不担任公司董事但实际执行公司事务的，适用前两款规定。

**第一百八十一条** 董事、监事、高级管理人员不得有下列行为：

（一）侵占公司财产、挪用公司资金；

(二)将公司资金以其个人名义或者以其他个人名义开立账户存储;

(三)利用职权贿赂或者收受其他非法收入;

(四)接受他人与公司交易的佣金归为己有;

(五)擅自披露公司秘密;

(六)违反对公司忠实义务的其他行为。

**第一百八十三条** 董事、监事、高级管理人员,不得利用职务便利为自己或者他人谋取属于公司的商业机会。但是,有下列情形之一的除外:

(一)向董事会或者股东会报告,并按照公司章程的规定经董事会或者股东会决议通过;

(二)根据法律、行政法规或者公司章程的规定,公司不能利用该商业机会。

**第一百八十四条** 董事、监事、高级管理人员未向董事会或者股东会报告,并按照公司章程的规定经董事会或者股东会决议通过,不得自营或者为他人经营与其任职公司同类的业务。

**第一百八十六条** 董事、监事、高级管理人员违反本法第一百八十一条至第一百八十四条规定所得的收入应当归公司所有。

**第一百八十七条** 股东会要求董事、监事、高级管理人员列席会议的,董事、监事、高级管理人员应当列席并接受股东的质询。

**第一百八十八条** 董事、监事、高级管理人员执行职务违反法律、行政法规或者公司章程的规定,给公司造成损失的,应当承担赔偿责任。

**第一百八十九条** 董事、高级管理人员有前条规定的情形的,有限责任公司的股东、股份有限公司连续一百八十日以上单独或者合计持有公司百分之一以上股份的股东,可以书面请求监事会向人民法院提起诉讼;监事有前条规定的情形的,前述股东可以书面请求董事会向人民法院提起诉讼。

监事会或者董事会收到前款规定的股东书面请求后拒绝提起诉讼,或者自收到请求之日起三十日内未提起诉讼,或者情况紧急、不立即提起诉讼将会使公司利益受到难以弥补的损害的,前款规定的股东有权为公司利益以自己的名义直接向人民法院提起诉讼。

他人侵犯公司合法权益,给公司造成损失的,本条第一款规定的股东可以依照前两款的规定向人民法院提起诉讼。

公司全资子公司的董事、监事、高级管理人员有前条规定情形,或者他人侵犯公司全资子公司合法权益造成损失的,有限责任公司的股东、股份有限公司连续一百八十日以上单独或者合计持有公司百分之一以上股份的股东,可以依照前三款规定书面请求全资子公司的监事会、董事会向人民法院提起诉讼或者以自己的名义直接向人民法院提起诉讼。

**第一百九十二条** 公司的控股股东、实际控制人指示董事、高级管理人员从事损害公司或者股东利益的行为的,与该董事、高级管理人员承担连带责任。

**第一百九十三条** 公司可以在董事任职期间为董事因执行公司职务承担的赔偿责任投保责任保险。

公司为董事投保责任保险或者续保后,董事会应当向股东会报告责任保险的投保金额、承保范围及保险费率等内容。

**第二百三十二条** 公司因本法第二百二十九条第一款第一项、第二项、第四项、第五项规定而解散的,应当清算。董事为公司清算义务人,应当在解散事由出现之日起十五日内组成清算组进行清算。

清算组由董事组成,但是公司章程另有规定或者股东会决议另选他人的除外。

清算义务人未及时履行清算义务,给公司或者债权人造成损失的,应当承担赔偿责任。

**《公司法司法解释(四)》**

**第二十三条** 监事会或者不设监事会的有限责任公司的监事依据公司法第一百五十一条第一款规定对董事、高级管理人员提起诉讼的,应当列公司为原告,依法由监事会主席或者不设监事会的有限责任公司的监事代表公司进行诉讼。

董事会或者不设董事会的有限责任公司的执行董事依据公司法第一百五十一条第一款规定对监事提起诉讼的,或者依据公司法第一百五十一条第三款规定对他人提起诉讼的,应当列公司为原告,依法由董事长或者执行董事代表公司进行诉讼。

**第二十四条** 符合公司法第一百五十一条第一款规定条件的股东,依据公司法第一百五十一条第二款、第三款规定,直接对董事、监事、高级管理人员或者他人提起诉讼的,应当列公司为第三人参加诉讼。

一审法庭辩论终结前,符合公司法第一百五十一条第一款规定条件的其他股东,以相同的诉讼请求申请参加诉讼的,应当列为共同原告。

**第二十五条** 股东依据公司法第一百五十一条第二款、第三款规定直接提起诉讼的案件,胜诉利益归属于公司。股东请求被告直接向其承担民事责任的,人民法院不予支持。

**第二十六条** 股东依据公司法第一百五十一条第二款、第三款规定直接提起诉讼的案件,其诉讼请求部分或者全部得到人民法院支持的,公司应当承担股东因参加诉讼支付的合理费用。

**《九民纪要》**

**(七)关于股东代表诉讼**

**24.【何时成为股东不影响起诉】**股东提起股东代表诉讼,被告以行为发生时原告尚未成为公司股东为由抗辩该股东不是适格原告的,人民法院不予支持。

**25.【正确适用前置程序】**根据《公司法》第151条的规定,股东提起代表诉讼的前置程序之一是,股东必须先书面请求公司有关机关向人民法院提起诉讼。一般情况下,股东没有履行该前置程序的,应当驳回起诉。但是,该项前置程序针对的是公司治理的一般情况,即在股东向公司有关机关提出书面申请之时,存在公司有关机关提起诉讼的可能性。如果查明的相关事实表明,根本不存在该种可能性的,人民法院不应当以原告未履行前置程序为由驳回起诉。

**26.【股东代表诉讼的反诉】**股东依据《公司法》第151条第3款的规定提起股东代表诉讼后,被告以原告股东恶意起诉侵犯其合法权益为由提起反诉的,人民法院应予受理。被告以公司在案涉纠纷中应当承担侵权或者违约等责任为由对公司提出的反诉,因不符合反诉的要件,人民法院应当裁定不予受理;已经受理的,裁定驳回起诉。

**27.【股东代表诉讼的调解】**公司是股东代表诉讼的最终受益人,为避免因原告股东与被告通过调解损害公司利益,人民法院应当审查调解协议是否为公司的意思。只有在调解协议经公司股东(大)会、董事会决议通过后,人民法院才能出具调解书予以确认。至于具体决议机关,取决于公司章程的规定。公司章程没有规定的,人民法院应当认定公司股东(大)会为决议机关。

## 相关问题

### 一、如何区分对控股股东滥用股东权利的行为和正当行使股东权利的行为？

根据新《公司法》第21条第2款的规定，公司股东滥用股东权利给公司或者其他股东造成损失的，应当承担赔偿责任。实践中，控股股东享有公司的多数股权，控制着公司的经营管理，存在控股股东滥用权利行为破坏股东之间的和谐关系、影响公司正常运营的风险。对控股股东滥用权利的行为，有必要通过法律予以规制，以保障公司和其他股东的合法权益。存在疑问的是，如何对控股股东正当行使股东权利的行为和滥用权利的行为进行区分。

1. 如何认定控股股东滥用权利的行为？

在控股股东损害公司利益责任纠纷中，原告需对股东滥用权利行为承担举证责任，如果原告的证明能达到高度盖然性的程度，即完成对控股股东滥用权利这一构成要件的证明。

第一，控股股东不遵守法律规定的程序经营管理公司，构成权利滥用，具体体现为控股股东未经股东会决议、擅自决定并执行公司需经股东会决议的事项。新《公司法》第59条规定了股东会的职权。对于公司变更名称、住址、公司类型、出售重大资产、停止经营等重大事项，依法应当经过公司的股东会决议。如果仅凭控股股东一人意志对需经股东会决议的事项进行决策，当其决策存在重大不当或失误如存在违法违规情形，给公司造成损失时，应认定控股股东构成权利滥用，并应对公司承担损害赔偿责任。

在司法实践中，控股股东擅自对公司重大经营事项作出决策的行为包括股东未经合法程序如股东会或者董事会决议，即擅自申请对公司的企业名称及类型、税务登记、银行账户、房地产权属等事项进行变更，擅自决定公司停止生产，擅自对公司生产资源进行闲置等。在公司章程并没有授权股东可独自作出前述公司重大事项的决策时，控股股东仅凭借个人意志实施变更公司登记事项、决定停产等行为属于滥用控股股东权利的行为，给公司造成损失的，应判令其对公司承担损失赔偿责任。在刘某辉诉刘某平等损害公司利益责任纠纷再审案[①]中，法院即持此观点。此外，控股股东控制公司实施的行为与公司机关作出的决议如董事会决议的内容相违背的，也可以作为认定控股股东滥用权利的依据。在四川统和集团有限公司、中铁二局集团有限公司等损害公司利益责任纠纷案[②]中，法院认为，公司控股股东擅自撤诉、签订《清算协议书》的行为与公司董事会决议内容相悖，公司控股股东的行为构成权利滥用。

第二，控股股东未经公司股东会决议，直接从公司处取得补偿金、分红等经济利益，损害公司利益的，构成权利滥用。股东会作为公司的权力机构，其职权包括审议批准公司的利润分配方案和弥补亏损方案。控股股东直接从公司处收取补偿金、分红等经济利益的行为未经股东会决议通过，违反了公司章程相关规定，侵害了公司的财产利益。在控股股东实施前述行为时，法院应判令其向公司返还收取的补偿金、分红等经济利益。在北京同正管业有限公司与张某升等损害公司利益责任纠纷案[③]中，法院持此观点。

第三，控股股东违反表决权规避规则参与股东会表决的，可能构成权利滥用。控股股东滥用表决权是实践中常见的股东滥用权利的表现形式。公司决议作出以资本多数决为原则，控股股东通过持有公司多数股权，享有多数表决权，对股东会决议的通过具有举足轻重的影响。如果对控股股东行使上述权利不进行有效的制约，则可能会引发控股股东滥用表决权损害公司利益的问题。

实践中，控股股东滥用表决权损害公司利益的情形包括：(1)恶意延长自己的出资期限。如果控股股东凭借其持股份额的优势，无视其他股东的意见，通过了仅延长自己认缴期限的股东会决议，则法院一般会认定控股股东构成权利滥用。(2)向自己或者自己控制的董事、监事、高级管理人员支付过高的报酬或者提供不合理的福利待遇。(3)在自己或者自己控制的董事、监事、高级管理人员等其他行为人违反法律规定或者公司章程规定给公司造成损失时，操纵公司放弃对行为人的损失赔偿请求权、归入权等权利。(4)利用对公司的控制权，擅自将资本公积调整为公司对其的应付款，减少了公司的所有者权益，损害了公司利益和小股东利益[④]等。例如，在姚某清、信阳市华珍矿业有限责任公司决议

---

① 参见福建省宁德市中级人民法院民事判决书，(2017)闽09民再2号。
② 参见四川省高级人民法院民事判决书，(2021)川民终1062号。
③ 参见北京市通州区人民法院民事判决书，(2021)京0112民初7139号。
④ 参见上海市高级人民法院民事判决书，(2020)沪民再1号。

撤销纠纷案[①]中，法院认为，当某一股东与股东会讨论的决议事项有特别的利害关系时，如果该股东仍然参与表决，可能存在大股东滥用资本多数决规则，损害公司利益和小股东利益的问题。因此，该股东不得就其持有的股份行使表决权，其所持股权对应的表决权应被排除在外。在刘某降、王某娟与广东丹霞山博士生态园实业有限公司、祥源丹霞旅游投资（广东）有限公司公司决议撤销纠纷案[②]中，法院认为，股东会决议通过的第1项内容仅对控股股东认缴期限延长，有损其他按约定期限履行出资义务的股东利益，明显违反公司章程对股东认缴出资期限的约定，属于对公司股东之间合意的违背，违反了2013年《公司法》第20条第1款规定，控股股东的行为构成股东权利滥用。值得注意的是，针对股东恶意延长出资期限的规制问题，新《公司法》第47条规定了有限责任公司注册资本应在5年内缴纳完毕，该规定对控股股东恶意延长出资期限的行为也可以进行有效规制。

为了解决有利害关系的控股股东滥用表决权的问题，新《公司法》明确规定了应回避表决的情形，如第15条明确规定了关联担保情形下关联股东表决权回避的规则，旨在防止控股股东滥用表决权。但新《公司法》的规定并未涵盖所有控股股东应回避表决的情形。在股东会对控股股东存在利益冲突事项进行决议时，应该限制有利害关系的控股股东行使表决权，要求控股股东回避，该等事项包括但不限于：（1）限制股东的表决权、利润分配请求权等权利；（2）免除该股东对公司的义务或责任；（3）追究该股东对公司的责任；（4）股东同时担任公司董事、监事的，该股东薪酬的确定等。如果控股股东在上述事项中仍然行使表决权，通过了损害公司利益但有利于自己的股东会决议时，应认定为构成权利的滥用。

2. 如何对控股股东正当行使权利的行为进行认定？

尽管实践中存在控股股东滥用权利损害公司利益的风险，但这不意味着凡是控股股东行使权利的行为均构成权利滥用，应避免过分限制控股股东合法权利的行使。

第一，如果控股股东行使权利的行为为公司和其他股东知情并认可，则其

① 参见河南省信阳市中级人民法院民事判决书，（2018）豫15民终2446号。

② 参见广东省仁化县人民法院民事判决书，（2019）粤0224民初1107号。

行使权利具有正当性。例如,如果公司与其他股东均认可公司通过控股股东个人账户代其收支经营款项的经营模式,则控股股东和公司之间存在款项往来系基于公司惯常的经营模式,不能认定控股股东构成权利滥用。在北京卓为兴业投资管理有限公司与王某灵损害公司利益责任纠纷案①中,法院即持此观点。法院认为,该案控股股东不存在利用公司 178 万元款项用于购买个人住房的行为,股东未滥用权利造成公司损害,因而驳回了原告诉讼请求。如果控股股东将公司业务转让或者转租给他人前,已经与公司其他股东进行了多次沟通,且内容涉及转让或者转租的具体情况、合同的内容、转让或者转租金额、日常的经营情况、市场监督管理局的检查等,则控股股东将公司业务进行转让或者转租的行为不构成权利的滥用。在北京豪雨清风商贸有限公司与崔某然损害公司利益责任纠纷案②中,法院认为,对于公司将承租的摊位转租给其他承租人的事实,该案中公司的全部股东对于将食品经营许可证出借给摊位承租人使用的事实应为明知且并未提出反驳意见,因此,该案并不存在股东滥用权利的情形。

第二,如果控股股东的行为是为了防止公司的损失,则其行使权利具有正当性。股东滥用权利须满足股东行为具有违法性、公司有损害结果以及违法行为与损害结果之间存在因果关系的构成要件。当控股股东行使控制权的行为系为了保全公司财产、防止公司财产被拍卖进而对公司的正常经营产生消极影响时,不宜认定控股股东构成滥用权利。在淮安市宏昌塑业有限公司与孙某损害公司利益责任纠纷案③中,法院持此观点。法院认为,公司能够持续经营是公司发展和盈利的基础,而公司的厂房、机器设备等生产资料是保障公司正常生产经营的前提条件之一,公司控股股东代表公司对外借款虽然高于当地银行贷款利息,但并未超出法律规定,且控股股东的借款还贷行为客观上保存了公司的房地产,使公司有恢复生产经营的可能性,因此公司控股股东代表公司对外借款的行为不构成滥用权利。

第三,如果股东会决议表决通过比例符合《公司法》规定,应认定控股股东凭借多数表决权通过该决议,系股东行使权利的正当行为。例如,在海南海钢

---

① 参见北京市东城区人民法院民事判决书,(2020)京 0101 民初 19109 号。

② 参见北京市西城区人民法院民事判决书,(2020)京 0102 民初 5670 号。

③ 参见江苏省淮安市中级人民法院民事判决书,(2021)苏 08 民终 2079 号。

集团有限公司与中国冶金矿业总公司等损害股东利益责任纠纷案[①]中，最高人民法院详细分析了公司股东会的表决程序及结果的合法性与被告公司股东是否滥用股东权利两者之间的关系问题。在该案中，公司的股东按照董事会要求对公司与另一家公司合作事宜进行了书面表决，其结果为：三家股东赞成，另外两家股东反对，另有一家股东（单位）弃权。其中，被告投了赞成票。其后，董事会按照股东会表决的情况，制作了股东会决议，并执行了股东会决议中的合作事项。对于被告控股股东是否存在滥用权利的问题，一审法院和终审法院的意见存在分歧。一审法院认为，被告公司利用其董事长邹某同时为公司董事长的条件和掌管公司公章的权力自行制作股东会决议，系滥用股东权利，并因此侵犯了公司的合法权益。最高人民法院认为，在公司股东会进行上述表决过程中，被告作为该公司的股东投了赞成票，系正当行使其依法享有表决权的行为，该表决行为并不构成对其他股东权利及利益的侵害。“三分之二以上的股东表决通过”是否适用本案的表决与股东会表决程序是否合法相关，股东会表决程序是否合法与公司董事会行使职权的行为有关，相关责任归于董事会，而不应作为判定被告作为公司股东在表决中是否滥用了股东权利的依据。且该案“土地开发合作事宜”属于该公司一般性的经营活动，《公司法》并未规定该决议必须经代表 2/3 以上表决权的股东通过，该案股东会决议就土地开发合作事宜进行的表决并无不当。此外，控股股东的董事长同时兼任公司董事长的事实，也不足以证明控股股东存在滥用股东权利的行为，董事长具有双重职务身份并不为我国公司法及相关法律法规所禁止，且该董事长系由公司股东会依公司章程规定选举产生，符合我国《公司法》规定。因此，该案不存在控股股东滥用权利的行为。

## 二、如何认定控股股东滥用权利给公司造成的损失？

根据新《公司法》第 21 条的规定，公司股东滥用股东权利损害公司利益之诉本质上属于特殊的商事侵权之诉，原告应当就被告控股股东存在侵权行为、侵权损害后果以及二者之间存在法律上因果关系、控股股东具有过错承担举证责任。存在疑问的是，如何对控股股东滥用权利给公司造成的损失进行认定？

---

① 参见最高人民法院民事判决书，（2013）民二终字第 43 号。

实践中公司的损失包括公司积极资产的减少、公司支出的不当增加、公司可得利益的减少等。

第一,控股股东滥用权利造成公司积极资产的减少,可以认定为其行为对公司造成了损害。当控股股东的行为使公司的有形资产减少,且未提供公司同意其行为的股东会决议时,应认定控股股东行为构成对公司的法人财产权益的侵害,控股股东应向公司对公司资产减少部分承担损害赔偿责任。在四川省智慧交通科技有限责任公司与宜宾市戎宸运业有限责任公司、黄某华损害股东利益责任纠纷案①中,法院认为,被告利用其控制股东地位,将公司的资产为自己的债务提供担保,造成了公司被法院强制执行的后果,四川省宜宾市中级人民法院(2019)川15执恢1号执行裁定书裁定扣划被执行人宜宾临港客运站公司银行存款13500000元或查封、扣押、提取相应价值的其他财产,对于该部分财产损失,控制股东应向公司承担赔偿责任。

第二,控股股东滥用权利造成公司实际支出成本不当增加的,可以认定股东滥用权利行为给公司造成了损害。公司实际支出的成本高于应支出成本时,应认定公司存在损失。但对于成本增加的认定,不能仅以第三方鉴定价格与股东会决议的价格有差异就直接认定公司存在损失,而是应结合纠纷相关的商业背景与交易情况等因素综合考虑。例如,在海南国升投资有限公司、海口世纪海港城置业有限公司损害公司利益责任纠纷案②中,实际交易价格与鉴定意见的差额能否视为公司股东滥用股东权利侵害公司利益所造成的损失的问题,法院认为,首先,公司系独立法人,设立了完整的公司治理机构,在原告提供的现有证据尚不足以证明控股股东利用控制权地位通过关联交易进行利益输送的情形下,公司对外签订相关开发建设合同约定价款与鉴定价格之间的差额,不应直接作为认定公司存在损失的依据;其次,公司项目建设期较长,部分工程至今仍未完工,故案涉项目尚未完成整体结算,公司的实际支出金额未最终确定。此情形下,法院认为,不宜将鉴定价格直接等同于公司在日常经营管理过程中应当准确预见的最低成本,未将股东会决议确定的价格与鉴定意见的差额确认为公司的实际损失。

---

① 参见四川省宜宾市中级人民法院民事判决书,(2019)川15民初73号。

② 参见最高人民法院民事判决书,(2019)最高法民申4691号。

第三，当股东代表公司向控股股东提起诉讼时，纠纷所涉损失系公司遭受的直接损失，不应直接要求控股股东向代表公司的股东直接承担赔偿责任。例如，在海南海钢集团有限公司与中国冶金矿业总公司等损害股东利益责任纠纷案①中，原告股东诉称，公司与其他公司合作开发项目中，其对土地价格的评估远低于当时的市场价，给公司造成了巨大的损失，按其持有的股权比例，请求被告控股股东赔偿其同类地段同类价格同等数量(23.4 亩)的土地使用权。最高人民法院认为，原告股东诉称的“损失”产生于公司与另一公司合作开发建设过程中，依双方约定，公司拿出部分土地给其他公司开发建设，另一公司则为公司建设一幢四星级酒店及职工宿舍等，即使该“损失”存在，请求该项“损失”救济的权利人应是公司，而非公司股东；如原告股东代公司主张权利，则诉讼权利受益人仍是公司。

### 三、能否适用商事判断规则认定董事等是否履行勤勉义务?

勤勉义务在英美法系被称为注意义务或勤勉、注意和技能义务，在大陆法系往往被称为善良管理人的注意义务。此前的《公司法》对于勤勉义务的规定仅限原则性表述，并未明确定义及具体规则，导致了司法适用上的困难。新《公司法》第 180 条第 2 款对董事等勤勉义务的内涵作出了直接规定，即其执行职务应当为公司的最大利益尽到管理者通常应有的合理注意，强调管理者应具有责任心、积极履职。有观点认为，不应对董事、高级管理人员施加过高的注意义务或勤勉义务。原因是董事在经营管理公司过程中经常面临较大不确定性，作出商业决策的过程往往都伴随较大的商业风险。如果对董事施加过重的注意义务，可能会导致董事裹足不前，不利于公司抓住新的交易机会、开发新的产品，进而妨碍社会的创新与进步；且法官相较于公司董事、高级管理人员来说，对商业活动的知悉、了解程度不及行业内的专业人士，对董事决策的实质内容进行事后判断可能导致其过分介入公司内部治理的问题。针对该问题，域外司法实践发展出了商事判断规则(business judgement rule)并将该规则适用于对董事、高级管理人员是否履行勤勉义务的认定中。该规则是指董事、高级管理人员在善意且充分了解相关信息的情况下，为公司最大利益作出了商业决

① 参见最高人民法院民事判决书，(2013)民二终字第 43 号。

策,即使事后看来这一决策是错误的或给公司带来了损害,法院也拒绝追究其责任。

新《公司法》未直接地引入商事判断规则,司法实践中,能否适用该规则判断董事等是否履行勤勉义务观点不一。有的法院适用商事判断规则对董事是否违反勤勉义务进行认定,以董事作出决策符合商业判断为由驳回原告诉讼请求,但欠缺对商事判断规则的具体说理。① 有的法院对商事判断规则的原理和适用时应考虑的因素进行了详细论述,认为面对市场不断变化的商事交易实践,如果要求每一个经营判断都是正确的,其结果会使公司高级管理人员过于小心谨慎,甚至裹足不前,延误交易机会,降低公司经营效率,最终不利于实现公司和股东权益。特别是在不涉及公司高级管理人员个人利益与公司利益冲突等可能违反忠实义务的情形中,公司高级管理人员依照法律和公司章程履行经营管理职责的行为,应受到法律的认可和保护。该观点在上海雅昌艺术印刷有限公司与戴某损害公司利益责任纠纷案②判决中也有所体现。法院认为,董事、监事、高级管理人员在作出经营决策前,应当尽到一个理性主体在相似处境下应尽的谨慎注意义务,诚实且有正当的理由相信决策符合公司最佳利益,则不应要求其对公司的损失承担责任。在适用商事判断规则原理时,最高人民法院考虑了以下要素,可以为适用新《公司法》第 180 条第 2 款的规范提供参考:第一,该董事、高级管理人员行使职权是否符合公司章程的规定,是否超出章程规定的职责范围。第二,在作出重大决策之前,该董事、高级管理人员是否取得有权公司机关的同意。第三,损害的发生,是否有其他第三方的原因介入。③

新《公司法》虽然未直接引入商业判断规则,但第 180 条第 2 款对勤勉义务的界定为商业判断规则的引入奠定了基础,如果董事、监事和高级管理人员执行职务系为公司的最大利益,且尽到管理者通常应有的合理注意,不涉及利益冲突的,应可以认定董事、监事和高级管理人员已经履行了对公司的勤勉义务。

---

① 参见黑龙江省高级人民法院民事裁定书,(2018)黑民申 2845 号。

② 参见上海市第二中级人民法院民事判决书,(2019)沪 02 民终 11313 号。

③ 参见最高人民法院民事裁定书,(2020)最高法民申 640 号。

## 四、公司应如何对董事、监事、高级管理人员违反忠实义务的收入行使归入权?

公司的归入权是指公司对董事、监事、高级管理人员违反忠实义务而取得的收益享有收归公司的权利。比如,董事、监事、高级管理人员自营或为他人经营与公司同类的业务,利用职务便利为自己或他人谋取属于公司的商业机会,获得收益的,公司有权要求董事、监事、高级管理人员将该收益返还给公司。在佘某林、贵州湘贵投资股份有限公司损害公司利益责任纠纷案[①]中,贵州省高级人民法院认为,董事违反忠实义务系法律规定的禁止义务,所得收入收归公司所有,本身对董事而言具有一定的惩罚性质,公司行使归入权请求没收董事所得收入,不以公司遭受损失为要件,即不以存在损害行为、因果关系、公司损害事实等为要件,其所得收入并非以实际对公司造成的具体损失确定损害公司利益的数额,董事、监事、高级管理人员应返还的收入应该是其实施违反忠实义务行为获得的所有收入。在惠州市立家房地产经纪有限公司、吴某嫣损害公司利益责任纠纷案[②]中,法院认为,被告在担任公司总经理期间,又另行设立并经营与公司处于竞争关系、同一行业的公司,违反了竞业禁止义务。而且,被告设立的公司目前经营的项目在此之前是由公司服务的,基于上述事实,被告设立的公司从公司原本经营的项目处获得的收入应被认定为被告违反对公司的忠实义务所获得的收入,公司有权对该部分收入行使归入权。

新《公司法》第186条单独规定了公司的归入权。该条作为公司行使归入权的请求权基础,规定了董事、监事、高级管理人员违反本法第181条至第184条规定所得的收入应当归公司所有。新《公司法》第186条的构成要件包括董事、监事、高级管理人员违反忠实义务、董事、监事、高级管理人员获得收入、义务违反和收入之间存在因果关系。存在疑问的是,如何认定公司行使归入权的范围,即新《公司法》第186条规定的"收入"应如何认定。

第一,违反忠实义务的董事、监事、高级管理人员持有其他公司的股权,而该公司因为董事、监事、高级管理人员的行为获益的,公司行使归入权的范围为

---

① 参见最高人民法院民事裁定书,(2018)最高法民再439号。

② 参见广东省惠州市中级人民法院民事判决书,(2019)粤13民终4590号。

该公司的收入减去成本,即该公司的利润,再乘以董事、监事、高级管理人员持股份额。① 如果董事、监事、高级管理人员的收入来源于其违反忠实义务,在其他公司任职或者实施竞业的行为,则其因此获得的报酬等均应纳入归入权的范围。

第二,在无法查明违反忠实义务的董事、监事、高级管理人员的具体收入时,有法院结合董事、监事、高级管理人员所处城市以及具体年份,根据城镇私营单位就业人员年平均工资计算董事、监事、高级管理人员的收入。② 因此,如果公司难以证明董事、监事、高级管理人员的收入,可以通过向法院提供有权机关如统计局公布的相关年份的城镇私营单位就业人员年平均工资以对公司归入权行使范围进行认定。

第三,对于违反忠实义务的董事、监事、高级管理人员收入证明难的问题,除了上述提供当地就业人员平均工资的做法,有法院采取的措施为要求董事、监事、高级管理人员提供与收入相关的证据,包括相关公司的资产负债表、统计数据等,如果该董事、监事、高级管理人员或者其任职的公司拒绝提供上述证据,有法院参考类似商品的盈利和成本对董事、监事、高级管理人员的收入进行认定。③ 法院考虑到公司证明董事、监事、高级管理人员因违反忠实义务获得的收入较为困难,而董事、监事、高级管理人员一般持有、掌握与其违反忠实义务所得的收入相关的财务材料,因此,法院认为应由董事、监事、高级管理人员配合法院查明其获得收入这一事实,如果董事、监事、高级管理人员或者其控制的公司不提供相应材料,法院有权根据在案证据和本案事实酌情认定其收入。④

## 五、公司归入权请求权与损害赔偿请求权能否一起主张?

董事、监事、高级管理人员违反忠实义务时,公司的救济权利包括归入权和损害赔偿请求权,对应的请求权基础分别是新《公司法》第 186 条与新《公司法》第 188 条。新《公司法》第 188 条请求权基础的构成要件包括董事、监事、高级管理人员存在损害行为、公司有损害事实、因果关系以及董事、监事、高级管理

---

① 参见江苏省高级人民法院民事判决书,(2016)苏民再 296 号。
② 参见广东省广州市中级人民法院民事判决书,(2019)粤 01 民终 18964 号。
③ 参见上海市第二中级人民法院民事判决书,(2015)沪二中民四(商)终字第 793 号。
④ 参见北京市第三中级人民法院民事判决书,(2021)京 03 民终 20929 号。

人员存在过错。实践中存在争议的是,新《公司法》第 186 条的归入权与新《公司法》第 188 条的损害赔偿请求权是什么关系,公司能否同时主张?

我们认为,归入权和损害赔偿请求权应为请求权聚合的关系。公司可以同时行使归入权和损害赔偿请求权,法院对两个请求权是否成立逐一进行认定。[①]在公司难以证明董事、监事、高级管理人员收入时,损害赔偿请求权可以为公司提供救济措施。实践中,虽然公司能够证明董事、监事、高级管理人员违反忠实义务,但往往难以准确认定其损失的商业机会给董事、监事、高级管理人员带来的收益的金额,此时,法院一般会综合考虑公司的运营成本、相关项目和商业机会的发展前景和公司相关团队、人员对相关项目的投入、贡献情况,酌定违反忠实义务的董事、监事、高级管理人员向公司赔偿一定的数额,以弥补公司及其背后投资人的实际损失及合理期待利益。[②]

对于损害赔偿请求权,公司需要证明董事、监事、高级管理人员存在过错行为、公司存在损失以及过错与损失之间的因果关系,如无法证明因果关系,则损失赔偿请求权难以成立;公司要求违反被告承担损害赔偿责任的,还必须证明具体的损失。在谭某儿诉郑某损害公司利益责任纠纷案[③]中,谭某儿主张哲尚公司自郑某、王某明离职后就陷于经营亏损,并将哲尚公司一定期间的亏损额作为赔偿依据。法院认为,自 2014 年下半年起哲尚公司的股东之间产生矛盾,包括谭某儿在内都利用各自掌握的资源另起炉灶,弃哲尚公司于不顾,这才是哲尚公司持续亏损、歇业的根本原因,最终驳回谭某儿的诉讼请求。因此,仅董事、监事、高级管理人员违反忠实义务期间公司存在亏损这一事实无法支持公司损害赔偿请求权主张,盖因亏损仅是公司的经营表现,亦是公司内外各种因素的综合结果,不直接等同于公司的某项具体损失。

### 六、在损害公司利益责任纠纷中,能否豁免股东代表公司起诉的前置程序?

在损害公司利益责任纠纷中,侵权人通常是公司的董事、高级管理人员等内部人员,但公司往往由与责任人存在利益关系的董事、高级管理人员操纵,从

---

① 参见上海市第一中级人民法院民事判决书,(2017)沪 01 民终 13408 号。

② 参见最高人民法院民事裁定书,(2021)最高法民申 1686 号。

③ 参见上海市第一中级人民法院民事判决书,(2017)沪 01 民终 13408 号。

而可能怠于追究上述人员的责任。为了解决这一问题,新《公司法》第 189 条规定当公司的利益受到侵害而公司因某种原因不能或怠于起诉时,公司股东为了公司的利益可以自己的名义代表公司提起的股东代表诉讼制度。依据《公司法》第 189 条的规定,股东提起代表诉讼需要先履行前置程序,即有限责任公司的股东、股份有限公司连续 180 日以上单独或者合计持有公司 1% 以上股份的股东需先书面请求监事会或董事会向人民法院提起诉讼。第 189 条第 2 款规定了前置程序的豁免情形,包括当监事会或者董事会收到前款规定的股东书面请求后拒绝提起诉讼,或者自收到请求之日起 30 日内未提起诉讼时;情况紧急、不立即提起诉讼将会使公司利益受到难以弥补的损害。存在疑问的是,股东代表公司起诉,是否存在新《公司法》第 189 条规定之外的豁免股东履行前置程序义务的情形?

第一,当董事存在违法行为,而公司不存在登记的监事会或监事,且公司董事会的过半数董事与被告有利害关系时,可以认为此时已经不具备股东完成提起股东代表诉讼前置程序的条件,应直接允许股东代表公司提起诉讼。在周某春与庄士中国投资有限公司、李某慰、彭某傑及第三人湖南汉业房地产开发有限公司损害公司利益责任纠纷案①中,最高人民法院确定了股东虽未完成前置程序,但可直接代表公司提起诉讼的条件。在该案中,股东声称其已经向公司监事提出书面请求,但经证据证实,该被请求主体并非公司的监事。因此,一审法院认为该案中股东并未完成《公司法》规定的前置程序,驳回股东的起诉。最高人民法院认为,《公司法》规定的前置程序针对的是公司治理的一般情况,即在股东向公司有关机关提出书面申请时,存在公司有关机关提起诉讼的可能性。如果不存在这种可能性,则不应当以原告未履行前置程序为由驳回起诉,如果在公司董事会中过半数的董事会成员均为被告的董事或高层管理人员,与被告具有利害关系,此时基本不存在公司董事会对被告提起诉讼的可能性,再要求股东完成对被告提起股东代表诉讼的前置程序已无必要,应允许股东直接提起代表诉讼。

第二,当公司已经不再实际经营时,应允许股东可以直接代表公司提起诉讼。要求原告股东履行新《公司法》第 189 条规定的前置程序的一个重要原因

① 参见最高人民法院民事裁定书,(2019)最高法民终 1679 号。

是维护公司的日常经营。当公司已经停止实际经营时，前置程序所保护的法益可能已经不存在。在这种情况下，为了提高原告股东的维权效率，股东无须再履行前置程序。例如，在路某星、路某丽等损害公司利益责任纠纷案[①]中，法院认为，股东代表诉讼中前置程序针对的是公司治理的一般情况，即在股东向公司有关机关提出书面申请时，存在公司有关机关提起诉讼的可能性。如果查明的相关事实表明根本不存在这种可能性，人民法院应当受理。在公司不再实际经营的情境下，豁免前置程序的规定是为了更好地保障原告股东的维权效率，使法律制度更加灵活和适应实际情况。

第三，当股东代表诉讼的被诉主体与被请求的主体完全一致时，应允许股东代表公司提起诉讼。当股东要求承担赔偿责任的主体为监事、执行董事时，如果要求股东依次向监事、董事提出申请，实质上是要求监事、董事代表公司对自己提起诉讼，这基本不存在可行性。因此，应赋予股东未经前置程序代表公司提起诉讼的权利。例如，在珠海普恩瑞电力科技有限公司损害公司利益责任纠纷案[②]中，法院认为，股东代表诉讼的目的在于充分发挥公司内部监督机制，即是在公司内部自我监督及管理机制陷入停滞、出现失效时，通过司法程序对公司内部控制权滥用现象进行及时有效地约束，本案股东以公司监事身份代表公司提起的诉讼可以视为公司提出的诉讼。

---

① 参见山东省济南市中级人民法院民事判决书，(2022)鲁01民终2357号。

② 参见广东省珠海市中级人民法院民事裁定书，(2017)粤04民终2588号。

# 案由 2 公司关联交易损害责任纠纷

## 适用指引

### 一、公司关联交易损害责任纠纷概述

公司关联交易损害责任纠纷是指因控股股东、实际控制人、董事、监事或高级管理人员利用关联交易侵害公司利益引发的纠纷。新《公司法》第 22 条规定了控股股东、实际控制人、董事、监事或高级管理人员利用关联交易侵害公司利益的损害赔偿责任，但未直接对关联交易的内涵进行界定。从逻辑上来看，基于关联关系与公司订立的合同或交易为关联交易，新《公司法》第 265 条对关联关系作出了规定，关联关系，是指公司控股股东、实际控制人、董事、监事、高级管理人员与其直接或者间接控制的企业之间的关系，以及可能导致公司利益转移的其他关系。但是，国家控股的企业之间不仅因为同受国家控股而具有关联关系。新《公司法》中规制关联交易的规定包括第 15 条公司提供关联担保规定、第 22 条禁止利用关联交易损害公司利益规定、第 139 条上市公司董事对具有关联事项表决回避规定、第 182 条和第 185 条关联交易下有利益冲突的董事报告、表决权回避规定。关联交易可能导致公司利益的转移，不公平的关联交易会严重损害公司的利益，给传统民法坚持的平等原则、自愿原则和公平原则带来严峻的挑战。为了保护公司的合法利益，遏制不公平的关联交易行为，有必要对利用关联交易损害公司利益的行为进行规制。

（一）与公司日常经营相关的关联交易引发的纠纷

就一般的公司而言，与企业日常经营相关的关联合同包括公司向关联方购买货物、原材料或接受服务，销售产品、提供服务；委托关联方销售或者受托为关联方销售等。与企业日常经营相关的关联合同的公允性的判断往往可以以市场上同类产品或服务的价格作为参照。如果公司与关联方之间买卖商品、服

务等合同中的交易价格与市场价格严重偏离,则可能引发纠纷。

(二)非公司日常经营相关的关联交易引发的纠纷

非公司日常经营相关的关联合同包括公司出售或购买资产、对外投资、提供财务资助、提供担保、租入或者租出财产、签订许可协议、对外借款或者贷款等,以下以关联担保合同和关联借款合同为例进行说明。

关联担保合同是指公司为公司的股东、实际控制人提供担保的合同,包括订立保证合同、设定抵押权或质权合同、让与担保合同以及其他各种类型的担保合同。公司为关联方提供担保,容易引发公司利益被不当转移的风险。担保合同属于单务合同。公司作为担保人在担保合同中承担担保义务,可能会导致公司利益向关联方转移,损害公司和其他股东以及公司债权人的利益。因此,有必要对公司提供关联担保进行规制。新《公司法》第 15 条第 2 款、第 3 款规定了公司为股东、实际控制人提供担保需要履行相应的程序。公司为关联方提供担保未履行上述程序,且公司向债权人承担责任、遭受损失的,公司有权要求公司股东、实际控制人或者协助前述主体让公司签订关联担保合同的董事、高级管理人员承担损失赔偿责任。

关联借款合同是指公司与公司控股股东、实际控制人、董事、监事、高级管理人员或者控股股东、实际控制人、董事、监事、高级管理人员控制的公司等关联方签订的借款合同,包括公司作为出借人以及借款人的情形。在公司作为出借人的情形中,关联方可能以与公司约定过低利息甚至无息借款合同的方式,侵害公司利益;在公司作为借款人的情形中,关联方可能以与公司约定过高利息的方式,侵害公司利益,进而引发纠纷。①

虽然实践中的关联交易类型繁多,但究其本质,关联交易为可能导致公司资源或义务移转的交易。对于关联交易,应采取实质重于形式的方式进行认定。

## 二、公司关联交易损害责任纠纷的诉讼主体

(一)原告

1. 公司

公司作为被侵害利益的一方,有权作为原告向责任人提起诉讼。由于公司

---

① 参见重庆市高级人民法院民事判决书,(2020)渝民终 543 号。

为法律创造的实体,需要由公司机关代表公司表达意志,依据《民事诉讼法》第51条第2款的规定,公司由其法定代表人代表公司进行诉讼。

2. 股东代表诉讼下的原告

新《公司法》第189条规定了股东代表诉讼,在公司机关未履行职责向特定股东、董事、监事、高级管理人员提起诉讼时,有限责任公司的股东或者股份有限公司中连续180日以上单独或者合计持有公司1%以上股份的股东,可以向公司提起诉讼。在此种情形下,该股东为原告,公司为第三人。

股东以自己的名义代表公司提起诉讼的前提条件包括符合特定身份、股东书面请求公司机关向人民法院提起诉讼、该公司机关拒绝提起诉讼或者自收到请求之日起30日内未提起诉讼或情况紧急、不立即提起诉讼会使公司利益遭受难以弥补的损害。

新《公司法》第189条第3款创新性地规定了股东双重代表诉讼制度,明确了当全资子公司的董事、监事、高级管理人员存在违反前条规定的情形或他人侵犯公司全资子公司合法权益造成损失的,符合条件的母公司的股东有权以自己的名义代表全资子公司提起诉讼,更有利于小股东维护其合法权益。

(二)被告

公司关联交易损害责任纠纷中,根据新《公司法》第22条的规定,被告包括公司股东、实际控制人、董事、监事、高级管理人员。

## 三、公司关联交易损害责任纠纷的管辖

公司关联交易损害责任纠纷,系因控股股东、实际控制人、董事、监事、高级管理人员利用关联交易侵害公司利益引发的纠纷。公司关联交易损害责任纠纷属于与公司有关的诉讼,应依据《民事诉讼法》第27条的规定确定管辖法院。《民事诉讼法》第27条规定,因公司设立、确认股东资格、分配利润、解散等纠纷提起的诉讼,由公司住所地人民法院管辖。因此,公司关联交易损害责任纠纷,应由公司住所地管辖。公司住所地是指公司主要办事机构所在地。公司办事机构不明确的,则公司关联交易损害责任纠纷应由公司登记注册地人民法院管辖。

### 四、公司关联交易损害责任纠纷与损害公司利益责任纠纷、公司决议纠纷、一般侵权责任纠纷的区别

损害公司利益责任纠纷与公司关联交易损害责任纠纷、公司决议纠纷、一般侵权责任纠纷存在差异。

损害公司利益责任纠纷是指因公司股东、实际控制人滥用权利或者董事、监事、高级管理人员违反法律规定的义务，损害公司的利益而引发的纠纷。公司关联交易损害责任纠纷强调行为人损害公司利益的手段系利用关联交易，关联交易损害公司利益具有隐蔽性。一方面，关联交易是公司经营管理中常见的行为，有利于节省公司交易成本，具有便捷性的优点；但另一方面，关联交易存在变相转移利益的可能，关联方通过关联交易非法获取公司的资源，损害公司和其他股东的利益。因此，对于公司关联交易给公司造成损失的认定，往往存在较大的困难，与一般的损害公司利益责任纠纷相比，具有特殊性。

公司的董事会、股东会就关联交易事项作出决议时，如果该决议未按照法律规定的程序作出或者决议内容违反法律法规和公司章程，决议可能存在效力瑕疵事由，进而引发纠纷。因此，"公司决议纠纷"案由涉及对关联交易决议效力的认定，"公司关联交易损害责任纠纷"涉及对关联交易是否损害公司利益的认定，两者存在差异。

公司关联交易损害责任纠纷也不同于一般侵权责任纠纷。原告不应将《民法典》侵权责任编相关规定作为其行使请求权的法律依据，公司法与《民法典》侵权责任编的关系是特别法与一般法的关系，特别法优于一般法适用。

## 主要规范依据

**《民法典》**

**第八十四条**　营利法人的控股出资人、实际控制人、董事、监事、高级管理人员不得利用其关联关系损害法人的利益；利用关联关系造成法人损失的，应当承担赔偿责任。

## 《公司法》

**第十五条** 公司向其他企业投资或者为他人提供担保,按照公司章程的规定,由董事会或者股东会决议;公司章程对投资或者担保的总额及单项投资或者担保的数额有限额规定的,不得超过规定的限额。

公司为公司股东或者实际控制人提供担保的,应当经股东会决议。

前款规定的股东或者受前款规定的实际控制人支配的股东,不得参加前款规定事项的表决。该项表决由出席会议的其他股东所持表决权的过半数通过。

**第二十二条** 公司的控股股东、实际控制人、董事、监事、高级管理人员不得利用关联关系损害公司利益。

违反前款规定,给公司造成损失的,应当承担赔偿责任。

**第一百三十九条** 上市公司董事与董事会会议决议事项所涉及的企业或者个人有关联关系的,该董事应当及时向董事会书面报告。有关联关系的董事不得对该项决议行使表决权,也不得代理其他董事行使表决权。该董事会会议由过半数的无关联关系董事出席即可举行,董事会会议所作决议须经无关联关系董事过半数通过。出席董事会会议的无关联关系董事人数不足三人的,应当将该事项提交上市公司股东会审议。

**第一百八十二条** 董事、监事、高级管理人员,直接或者间接与本公司订立合同或者进行交易,应当就与订立合同或者进行交易有关的事项向董事会或者股东会报告,并按照公司章程的规定经董事会或者股东会决议通过。

董事、监事、高级管理人员的近亲属,董事、监事、高级管理人员或者其近亲属直接或者间接控制的企业,以及与董事、监事、高级管理人员有其他关联关系的关联人,与公司订立合同或者进行交易,适用前款规定。

**第一百八十五条** 董事会对本法第一百八十二条至第一百八十四条规定的事项决议时,关联董事不得参与表决,其表决权不计入表决权总数。出席董事会会议的无关联关系董事人数不足三人的,应当将该事项提交股东会审议。

**第二百六十五条** ……(四)关联关系,是指公司控股股东、实际控制人、董事、监事、高级管理人员与其直接或者间接控制的企业之间的关系,以及可能导致公司利益转移的其他关系。但是,国家控股的企业之间不仅因为同受国家控股而具有关联关系。

《企业国有资产法》

**第四十三条** 国家出资企业的关联方不得利用与国家出资企业之间的交易,谋取不当利益,损害国家出资企业利益。

本法所称关联方,是指本企业的董事、监事、高级管理人员及其近亲属,以及这些人员所有或者实际控制的企业。

**第四十四条** 国有独资企业、国有独资公司、国有资本控股公司不得无偿向关联方提供资金、商品、服务或者其他资产,不得以不公平的价格与关联方进行交易。

**第四十五条** 未经履行出资人职责的机构同意,国有独资企业、国有独资公司不得有下列行为:

(一)与关联方订立财产转让、借款的协议;

(二)为关联方提供担保;

(三)与关联方共同出资设立企业,或者向董事、监事、高级管理人员或者其近亲属所有或者实际控制的企业投资。

**第四十六条** 国有资本控股公司、国有资本参股公司与关联方的交易,依照《中华人民共和国公司法》和有关行政法规以及公司章程的规定,由公司股东会、股东大会或者董事会决定。由公司股东会、股东大会决定的,履行出资人职责的机构委派的股东代表,应当依照本法第十三条的规定行使权利。

公司董事会对公司与关联方的交易作出决议时,该交易涉及的董事不得行使表决权,也不得代理其他董事行使表决权。

《公司法司法解释(五)》

**第一条** 关联交易损害公司利益,原告公司依据民法典第八十四条、公司法第二十一条规定请求控股股东、实际控制人、董事、监事、高级管理人员赔偿所造成的损失,被告仅以该交易已经履行了信息披露、经股东会或者股东大会同意等法律、行政法规或者公司章程规定的程序为由抗辩的,人民法院不予支持。

公司没有提起诉讼的,符合公司法第一百五十一条第一款规定条件的股东,可以依据公司法第一百五十一条第二款、第三款规定向人民法院提起诉讼。

**第二条** 关联交易合同存在无效、可撤销或者对公司不发生效力的情形，公司没有起诉合同相对方的，符合公司法第一百五十一条第一款规定条件的股东，可以依据公司法第一百五十一条第二款、第三款规定向人民法院提起诉讼。

**《民法典合同编通则解释》**

**第十六条** 合同违反法律、行政法规的强制性规定，有下列情形之一，由行为人承担行政责任或者刑事责任能够实现强制性规定的立法目的的，人民法院可以依据民法典第一百五十三条第一款关于“该强制性规定不导致该民事法律行为无效的除外”的规定认定该合同不因违反强制性规定无效：

（一）强制性规定虽然旨在维护社会公共秩序，但是合同的实际履行对社会公共秩序造成的影响显著轻微，认定合同无效将导致案件处理结果有失公平公正；

（二）强制性规定旨在维护政府的税收、土地出让金等国家利益或者其他民事主体的合法利益而非合同当事人的民事权益，认定合同有效不会影响该规范目的的实现；

（三）强制性规定旨在要求当事人一方加强风险控制、内部管理等，对方无能力或者无义务审查合同是否违反强制性规定，认定合同无效将使其承担不利后果；

（四）当事人一方虽然在订立合同时违反强制性规定，但是在合同订立后其已经具备补正违反强制性规定的条件却违背诚信原则不予补正；

（五）法律、司法解释规定的其他情形。

法律、行政法规的强制性规定旨在规制合同订立后的履行行为，当事人以合同违反强制性规定为由请求认定合同无效的，人民法院不予支持。但是，合同履行必然导致违反强制性规定或者法律、司法解释另有规定的除外。

依据前两款认定合同有效，但是当事人的违法行为未经处理的，人民法院应当向有关行政管理部门提出司法建议。当事人的行为涉嫌犯罪的，应当将案件线索移送刑事侦查机关；属于刑事自诉案件的，应当告知当事人可以向有管辖权的人民法院另行提起诉讼。

**第十七条** 合同虽然不违反法律、行政法规的强制性规定，但是有下列情形之一，人民法院应当依据民法典第一百五十三条第二款的规定认定合同无效：

（一）合同影响政治安全、经济安全、军事安全等国家安全的；

（二）合同影响社会稳定、公平竞争秩序或者损害社会公共利益等违背社会公共秩序的；

（三）合同背离社会公德、家庭伦理或者有损人格尊严等违背善良风俗的。

人民法院在认定合同是否违背公序良俗时，应当以社会主义核心价值观为导向，综合考虑当事人的主观动机和交易目的、政府部门的监管强度、一定期限内当事人从事类似交易的频次、行为的社会后果等因素，并在裁判文书中充分说理。当事人确因生活需要进行交易，未给社会公共秩序造成重大影响，且不影响国家安全，也不违背善良风俗的，人民法院不应当认定合同无效。

**第十八条** 法律、行政法规的规定虽然有“应当”“必须”或者“不得”等表述，但是该规定旨在限制或者赋予民事权利，行为人违反该规定将构成无权处分、无权代理、越权代表等，或者导致合同相对人、第三人因此获得撤销权、解除权等民事权利的，人民法院应当依据法律、行政法规规定的关于违反该规定的民事法律后果认定合同效力。

**第二十条** 法律、行政法规为限制法人的法定代表人或者非法人组织的负责人的代表权，规定合同所涉事项应当由法人、非法人组织的权力机构或者决策机构决议，或者应当由法人、非法人组织的执行机构决定，法定代表人、负责人未取得授权而以法人、非法人组织的名义订立合同，未尽到合理审查义务的相对人主张该合同对法人、非法人组织发生效力并由其承担违约责任的，人民法院不予支持，但是法人、非法人组织有过错的，可以参照民法典第一百五十七条的规定判决其承担相应的赔偿责任。相对人已尽到合理审查义务，构成表见代表的，人民法院应当依据民法典第五百零四条的规定处理。

合同所涉事项未超越法律、行政法规规定的法定代表人或者负责人的代表权限，但是超越法人、非法人组织的章程或者权力机构等对代表权的限制，相对人主张该合同对法人、非法人组织发生效力并由其承担违约责任的，人民法院依法予以支持。但是，法人、非法人组织举证证明相对人知道或者应当知道该限制的除外。

法人、非法人组织承担民事责任后，向有过错的法定代表人、负责人追偿因越权代表行为造成的损失的，人民法院依法予以支持。法律、司法解释对法定代表人、负责人的民事责任另有规定的,依照其规定。

**第二十一条** 法人、非法人组织的工作人员就超越其职权范围的事项以法人、非法人组织的名义订立合同,相对人主张该合同对法人、非法人组织发生效力并由其承担违约责任的,人民法院不予支持。但是,法人、非法人组织有过错的,人民法院可以参照民法典第一百五十七条的规定判决其承担相应的赔偿责任。前述情形,构成表见代理的,人民法院应当依据民法典第一百七十二条的规定处理。

合同所涉事项有下列情形之一的,人民法院应当认定法人、非法人组织的工作人员在订立合同时超越其职权范围:

(一)依法应当由法人、非法人组织的权力机构或者决策机构决议的事项;

(二)依法应当由法人、非法人组织的执行机构决定的事项;

(三)依法应当由法定代表人、负责人代表法人、非法人组织实施的事项;

(四)不属于通常情形下依其职权可以处理的事项。

合同所涉事项未超越依据前款确定的职权范围,但是超越法人、非法人组织对工作人员职权范围的限制,相对人主张该合同对法人、非法人组织发生效力并由其承担违约责任的,人民法院应予支持。但是,法人、非法人组织举证证明相对人知道或者应当知道该限制的除外。

法人、非法人组织承担民事责任后,向故意或者有重大过失的工作人员追偿的,人民法院依法予以支持。

**第二十三条** 法定代表人、负责人或者代理人与相对人恶意串通,以法人、非法人组织的名义订立合同,损害法人、非法人组织的合法权益,法人、非法人组织主张不承担民事责任的,人民法院应予支持。

法人、非法人组织请求法定代表人、负责人或者代理人与相对人对因此受到的损失承担连带赔偿责任的,人民法院应予支持。

根据法人、非法人组织的举证,综合考虑当事人之间的交易习惯、合同在订立时是否显失公平、相关人员是否获取了不正当利益、合同的履行情况等因素,人民法院能够认定法定代表人、负责人或者代理人与相对人存在恶意串通的高度可能性的,可以要求前述人员就合同订立、履行的过程等相关事实作出陈述或者提供相应的证据。其无正当理由拒绝作出陈述,或者所作陈述不具合理性又不能提供相应证据的,人民法院可以认定恶意串通的事实成立。

《九民纪要》

**18.【善意的认定】**前条所称的善意,是指债权人不知道或者不应当知道法定代表人超越权限订立担保合同。《公司法》第16条对关联担保和非关联担保的决议机关作出了区别规定,相应地,在善意的判断标准上也应当有所区别。一种情形是,为公司股东或者实际控制人提供关联担保,《公司法》第16条明确规定必须由股东(大)会决议,未经股东(大)会决议,构成越权代表。在此情况下,债权人主张担保合同有效,应当提供证据证明其在订立合同时对股东(大)会决议进行了审查,决议的表决程序符合《公司法》第16条的规定,即在排除被担保股东表决权的情况下,该项表决由出席会议的其他股东所持表决权的过半数通过,签字人员也符合公司章程的规定。另一种情形是,公司为公司股东或者实际控制人以外的人提供非关联担保,根据《公司法》第16条的规定,此时由公司章程规定是由董事会决议还是股东(大)会决议。无论章程是否对决议机关作出规定,也无论章程规定决议机关为董事会还是股东(大)会,根据《民法总则》第61条第3款关于"法人章程或者法人权力机构对法定代表人代表权的限制,不得对抗善意相对人"的规定,只要债权人能够证明其在订立担保合同时对董事会决议或者股东(大)会决议进行了审查,同意决议的人数及签字人员符合公司章程的规定,就应当认定其构成善意,但公司能够证明债权人明知公司章程对决议机关有明确规定的除外。

债权人对公司机关决议内容的审查一般限于形式审查,只要求尽到必要的注意义务即可,标准不宜太过严苛。公司以机关决议系法定代表人伪造或者变造、决议程序违法、签章(名)不实、担保金额超过法定限额等事由抗辩债权人非善意的,人民法院一般不予支持。但是,公司有证据证明债权人明知决议系伪造或者变造的除外。

**19.【无须机关决议的例外情况】**存在下列情形的,即便债权人知道或者应当知道没有公司机关决议,也应当认定担保合同符合公司的真实意思表示,合同有效:

(1)公司是以为他人提供担保为主营业务的担保公司,或者是开展保函业务的银行或者非银行金融机构;

(2)公司为其直接或者间接控制的公司开展经营活动向债权人提供担保;

(3)公司与主债务人之间存在相互担保等商业合作关系;

(4)担保合同系由单独或者共同持有公司三分之二以上有表决权的股东签字同意。

**20.【越权担保的民事责任】**依据前述3条规定,担保合同有效,债权人请求公司承担担保责任的,人民法院依法予以支持;担保合同无效,债权人请求公司承担担保责任的,人民法院不予支持,但可以按照担保法及有关司法解释关于担保无效的规定处理。公司举证证明债权人明知法定代表人超越权限或者机关决议系伪造或者变造,债权人请求公司承担合同无效后的民事责任的,人民法院不予支持。

**21.【权利救济】**法定代表人的越权担保行为给公司造成损失,公司请求法定代表人承担赔偿责任的,人民法院依法予以支持。公司没有提起诉讼,股东依据《公司法》第151条的规定请求法定代表人承担赔偿责任的,人民法院依法予以支持。

**22.【上市公司为他人提供担保】**债权人根据上市公司公开披露的关于担保事项已经董事会或者股东大会决议通过的信息订立的担保合同,人民法院应当认定有效。

**23.【债务加入准用担保规则】**法定代表人以公司名义与债务人约定加入债务并通知债权人或者向债权人表示愿意加入债务,该约定的效力问题,参照本纪要关于公司为他人提供担保的有关规则处理。

**(七)关于股东代表诉讼**

**24.【何时成为股东不影响起诉】**股东提起股东代表诉讼,被告以行为发生时原告尚未成为公司股东为由抗辩该股东不是适格原告的,人民法院不予支持。

**25.【正确适用前置程序】**根据《公司法》第151条的规定,股东提起代表诉讼的前置程序之一是,股东必须先书面请求公司有关机关向人民法院提起诉讼。一般情况下,股东没有履行该前置程序的,应当驳回起诉。但是,该项前置程序针对的是公司治理的一般情况,即在股东向公司有关机关提出书面申请之时,存在公司有关机关提起诉讼的可能性。如果查明的相关事实表明,根本不存在该种可能性的,人民法院不应当以原告未履行前置程序为由驳回起诉。

**26.【股东代表诉讼的反诉】**股东依据《公司法》第151条第3款的规定提

起股东代表诉讼后，被告以原告股东恶意起诉侵犯其合法权益为由提起反诉的，人民法院应予受理。被告以公司在案涉纠纷中应当承担侵权或者违约等责任为由对公司提出的反诉，因不符合反诉的要件，人民法院应当裁定不予受理；已经受理的，裁定驳回起诉。

**27.【股东代表诉讼的调解】**公司是股东代表诉讼的最终受益人，为避免因原告股东与被告通过调解损害公司利益，人民法院应当审查调解协议是否为公司的意思。只有在调解协议经公司股东（大）会、董事会决议通过后，人民法院才能出具调解书予以确认。至于具体决议机关，取决于公司章程的规定。公司章程没有规定的，人民法院应当认定公司股东（大）会为决议机关。

### 《企业所得税法实施条例》

**第一百零九条** 企业所得税法第四十一条所称关联方，是指与企业有下列关联关系之一的企业、其他组织或者个人：

（一）在资金、经营、购销等方面存在直接或者间接的控制关系；

（二）直接或者间接地同为第三者控制；

（三）在利益上具有相关联的其他关系。

### 《银行保险机构关联交易管理办法》

**第五条** 银行保险机构的关联方，是指与银行保险机构存在一方控制另一方，或对另一方施加重大影响，以及与银行保险机构同受一方控制或重大影响的自然人、法人或非法人组织。

**第六条** 银行保险机构的关联自然人包括：

（一）银行保险机构的自然人控股股东、实际控制人，及其一致行动人、最终受益人；

（二）持有或控制银行保险机构5%以上股权的，或持股不足5%但对银行保险机构经营管理有重大影响的自然人；

（三）银行保险机构的董事、监事、总行（总公司）和重要分行（分公司）的高级管理人员，以及具有大额授信、资产转移、保险资金运用等核心业务审批或决策权的人员；

（四）本条第（一）至（三）项所列关联方的配偶、父母、成年子女及兄弟姐妹；

（五）本办法第七条第（一）、（二）项所列关联方的董事、监事、高级管理人员。

**第七条** 银行保险机构的关联法人或非法人组织包括：

（一）银行保险机构的法人控股股东、实际控制人，及其一致行动人、最终受益人；

（二）持有或控制银行保险机构5%以上股权的，或者持股不足5%但对银行保险机构经营管理有重大影响的法人或非法人组织，及其控股股东、实际控制人、一致行动人、最终受益人；

（三）本条第（一）项所列关联方控制或施加重大影响的法人或非法人组织，本条第（二）项所列关联方控制的法人或非法人组织；

（四）银行保险机构控制或施加重大影响的法人或非法人组织；

（五）本办法第六条第（一）项所列关联方控制或施加重大影响的法人或非法人组织，第六条第（二）至（四）项所列关联方控制的法人或非法人组织。

**第八条** 银行保险机构按照实质重于形式和穿透的原则，可以认定以下自然人、法人或非法人组织为关联方：

（一）在过去十二个月内或者根据相关协议安排在未来十二个月内存在本办法第六条、第七条规定情形之一的；

（二）本办法第六条第（一）至（三）项所列关联方的其他关系密切的家庭成员；

（三）银行保险机构内部工作人员及其控制的法人或其他组织；

（四）本办法第六条第（二）、（三）项，以及第七条第（二）项所列关联方可施加重大影响的法人或非法人组织；

（五）对银行保险机构有影响，与银行保险机构发生或可能发生未遵守商业原则、有失公允的交易行为，并可据以从交易中获取利益的自然人、法人或非法人组织。

**第九条** 银保监会或其派出机构可以根据实质重于形式和穿透的原则，认定可能导致银行保险机构利益转移的自然人、法人或非法人组织为关联方。

**第十条** 银行保险机构关联交易是指银行保险机构与关联方之间发生的利益转移事项。

**《金融控股公司关联交易管理办法》**

**第六条** 金融控股公司的关联方，是指与金融控股公司存在一方控制另一方，或对另一方施加重大影响，以及与金融控股公司同受一方控制或重大影响的自然人、法人、非法人组织或中国人民银行认定的其他主体等。金融控股公司的关联方包括股东类关联方、内部人关联方以及所有附属机构。

**第十一条第一款** 金融控股公司及其附属机构应当按照实质重于形式和穿透原则，识别、认定、管理关联交易并计算关联交易金额。

**《上市公司信息披露管理办法》**

**第六十二条** 本办法下列用语的含义：

……

（四）上市公司的关联交易，是指上市公司或者其控股子公司与上市公司关联人之间发生的转移资源或者义务的事项。

关联人包括关联法人（或者其他组织）和关联自然人。

具有以下情形之一的法人（或者其他组织），为上市公司的关联法人（或者其他组织）：

1. 直接或者间接地控制上市公司的法人（或者其他组织）；

2. 由前项所述法人（或者其他组织）直接或者间接控制的除上市公司及其控股子公司以外的法人（或者其他组织）；

3. 关联自然人直接或者间接控制的，或者担任董事、高级管理人员的，除上市公司及其控股子公司以外的法人（或者其他组织）；

4. 持有上市公司百分之五以上股份的法人（或者其他组织）及其一致行动人；

5. 在过去十二个月内或者根据相关协议安排在未来十二月内，存在上述情形之一的；

6. 中国证监会、证券交易所或者上市公司根据实质重于形式的原则认定的其他与上市公司有特殊关系，可能或者已经造成上市公司对其利益倾斜的法人（或者其他组织）。

具有以下情形之一的自然人，为上市公司的关联自然人：

1. 直接或者间接持有上市公司百分之五以上股份的自然人；

2. 上市公司董事、监事及高级管理人员；

3. 直接或者间接地控制上市公司的法人的董事、监事及高级管理人员；

4. 上述第1、2项所述人士的关系密切的家庭成员，包括配偶、父母、年满十八周岁的子女及其配偶、兄弟姐妹及其配偶，配偶的父母、兄弟姐妹，子女配偶的父母；

5. 在过去十二个月内或者根据相关协议安排在未来十二个月内，存在上述情形之一的；

6. 中国证监会、证券交易所或者上市公司根据实质重于形式的原则认定的其他与上市公司有特殊关系，可能或者已经造成上市公司对其利益倾斜的自然人。

**《企业会计准则第36号——关联方披露》**

**第三条** 一方控制、共同控制另一方或对另一方施加重大影响，以及两方或两方以上同受一方控制、共同控制或重大影响的，构成关联方。

控制，是指有权决定一个企业的财务和经营政策，并能据以从该企业的经营活动中获取利益。

共同控制，是指按照合同约定对某项经济活动所共有的控制，仅在与该项经济活动相关的重要财务和经营决策需要分享控制权的投资方一致同意时存在。

重大影响，是指对一个企业的财务和经营政策有参与决策的权力，但并不能够控制或者与其他方一起共同控制这些政策的制定。

**第四条** 下列各方构成企业的关联方：

（一）该企业的母公司。

（二）该企业的子公司。

（三）与该企业受同一母公司控制的其他企业。

（四）对该企业实施共同控制的投资方。

（五）对该企业施加重大影响的投资方。

（六）该企业的合营企业。

（七）该企业的联营企业。

（八）该企业的主要投资者个人及与其关系密切的家庭成员。主要投资者个人，是指能够控制、共同控制一个企业或者对一个企业施加重大影响的个人投资者。

（九）该企业或其母公司的关键管理人员及与其关系密切的家庭成员。关键管理人员，是指有权力并负责计划、指挥和控制企业活动的人员。与主要投资者个人或关键管理人员关系密切的家庭成员，是指在处理与企业的交易时可能影响该个人或受该个人影响的家庭成员。

（十）该企业主要投资者个人、关键管理人员或与其关系密切的家庭成员控制、共同控制或施加重大影响的其他企业。

**第五条** 仅与企业存在下列关系的各方，不构成企业的关联方：

（一）与该企业发生日常往来的资金提供者、公用事业部门、政府部门和机构。

（二）与该企业发生大量交易而存在经济依存关系的单个客户、供应商、特许商、经销商或代理商。

（三）与该企业共同控制合营企业的合营者。

**第六条** 仅仅同受国家控制而不存在其他关联方关系的企业，不构成关联方。

**第七条** 关联方交易，是指关联方之间转移资源、劳务或义务的行为，而不论是否收取价款。

**第八条** 关联方交易的类型通常包括下列各项：

（一）购买或销售商品。

（二）购买或销售商品以外的其他资产。

（三）提供或接受劳务。

（四）担保。

（五）提供资金（贷款或股权投资）。

（六）租赁。

（七）代理。

（八）研究与开发项目的转移。

（九）许可协议。

（十）代表企业或由企业代表另一方进行债务结算。

（十一）关键管理人员薪酬。

**第九条** 企业无论是否发生关联方交易，均应当在附注中披露与母公司和子公司有关的下列信息：

（一）母公司和子公司的名称。

母公司不是该企业最终控制方的，还应当披露最终控制方名称。

母公司和最终控制方均不对外提供财务报表的，还应当披露母公司之上与其最相近的对外提供财务报表的母公司名称。

（二）母公司和子公司的业务性质、注册地、注册资本（或实收资本、股本）及其变化。

（三）母公司对该企业或者该企业对子公司的持股比例和表决权比例。

**第十条** 企业与关联方发生关联方交易的，应当在附注中披露该关联方关系的性质、交易类型及交易要素。交易要素至少应当包括：

（一）交易的金额。

（二）未结算项目的金额、条款和条件，以及有关提供或取得担保的信息。

（三）未结算应收项目的坏账准备金额。

（四）定价政策。

### 《上市公司治理准则》

**第七十四条** 上市公司关联交易应当依照有关规定严格履行决策程序和信息披露义务。

**第七十五条** 上市公司应当与关联方就关联交易签订书面协议。协议的签订应当遵循平等、自愿、等价、有偿的原则，协议内容应当明确、具体、可执行。

**第七十六条** 上市公司应当采取有效措施防止关联方以垄断采购或者销售渠道等方式干预公司的经营，损害公司利益。关联交易应当具有商业实质，价格应当公允，原则上不偏离市场独立第三方的价格或者收费标准等交易条件。

**第七十七条** 上市公司及其关联方不得利用关联交易输送利益或者调节利润，不得以任何方式隐瞒关联关系。

## 相关问题

### 一、如何对新《公司法》第22条规定的关联交易进行认定?

新《公司法》第22条明确禁止公司控股股东、实际控制人、董事、监事、高级管理人员利用关联交易损害公司利益,但该条并未对关联交易的内涵进行界定。我们认为,在对新《公司法》第22条规定的“关联交易”进行认定时,核心问题是对关联关系和交易的界定。第一,就关联关系的界定而言。新《公司法》第265条第4项规定,关联关系,是指公司控股股东、实际控制人、董事、监事、高级管理人员与其直接或者间接控制的企业之间的关系,以及可能导致公司利益转移的其他关系。根据该规定,关联关系包括两类,一类是公司控股股东、实际控制人、董事、监事、高级管理人员与其直接或者间接控制的企业之间的关系;另一类是“可能导致公司利益转移的其他关系”。“可能导致公司利益转移的其他关系”这一兜底性表述扩大了关联关系的范围,并明确第二类关联关系的成立以存在公司利益转移或利益转移可能性为前提条件。值得注意的是,新《公司法》第182条第2款规定将关联人扩张至包括董事、监事、高级管理人员的近亲属,董事、监事、高级管理人员或者其近亲属直接或者间接控制的企业,以及与董事、监事、高级管理人员有其他关联关系的主体,与新《公司法》第22条、第265条第4项规定存在差异。我们认为,鉴于本案由下的请求权基础为新《公司法》第22条,在适用新《公司法》第22条关联交易损害赔偿责任规定时,不应过分扩张该规定下关联关系的范围。根据新《公司法》第22条规定,关联关系不包括董事、监事、高级管理人员的近亲属,董事、监事、高级管理人员或者其近亲属直接或者间接控制的企业等主体与公司之间的关系。此外,有观点认为,应区分不同语境判断关联关系的范围。我们赞成该观点,比如,在涉及新《公司法》第182条和第185条董事报告义务和表决回避义务的履行时,关联人应包括董事、监事、高级管理人员的近亲属,董事、监事、高级管理人员或者其近亲属直接或者间接控制的企业,以及与董事、监事、高级管理人员有其他关联关系的主体;鉴于《证券法》规制关联交易的目的是为保证导致或可能导致公司利益转移的交易被真实、准确、完整地披露,保护投资者的知情权,此时也可以适度扩大关联关系的范围。

就关联关系而言,实践中存在疑问的是,如何对“可能导致公司利益转移的其他关系”进行认定?

公司的董事、监事、高级管理人员或法定代表人同时任职的其他公司,可能会被认定为公司的关联方。在贵州东圣恒泰矿业投资管理有限公司、兖矿贵州能化有限公司公司关联交易损害责任纠纷案①中,公司董事会决议和股东会决议涉及的事项为公司收购股东持有的海隆公司的股权,且存在公司的董事同时担任股权转让方公司董事的情形。最高人民法院认为,涉案事项属于关联交易,本公司董事同时担任职责的其他公司为本公司的关联方。能够对公司的决策施加重大影响力的公司也可能被认定为公司的关联方,如在宜昌弘健新材料有限公司、余某某与宜昌富连江复合材料有限公司关联交易损害责任纠纷案②中,法院认为,虽然被告未在公司担任职务,也并非公司股东,但是,公司凭证载明公司在特定年度所有重大支出,最后均需被告审查批准,工商登记中虽未显示余某某曾于特定年间担任宜昌弘健新材料有限公司职务,但法院查明的事实反映出被告对公司的财务及经营政策具有重大影响力,法院认定被告构成公司关联方。

第二,就关联交易中“交易”的认定而言。我们认为,“交易”不限于资产使用转让、货物买卖合同等双方法律行为,还应涵盖单方法律行为,比如行使撤销权、解除权等会对公司资金、资产和收益等产生影响的行为。对“交易”应采取广义理解,是否有偿不影响交易的认定。对于前述提到的行为,关联董事均应将涉及的事项按照公司章程向董事会或股东会报告,并回避表决,如此方能实现新《公司法》规制不当转移公司利益行为的目的。

## 二、如何对关联担保中“关联方”进行认定?

对此,实践中存在争议较大。争议缘起新《公司法》中第 15 条规定与新《公司法》中“关联关系”概念间的冲突。新《公司法》第 15 条第 2 款、第 3 款规定公司为公司股东或者实际控制人提供担保的,应当经股东会决议。前款规定的股

① 参见最高人民法院民事判决书,(2017)最高法民终 416 号。

② 参见湖北省高级法院民事判决书,(2013)鄂民二终字 0084 号。

东或者受前款规定的实际控制人支配的股东，不得参加前款规定事项的表决。该项表决由出席会议的其他股东所持表决权的过半数通过。该规定关联担保中的关联方为公司的股东、实际控制人，法律列举为穷尽性列举。根据对第15条的文义解释，公司关联担保是指公司为股东、实际控制人提供担保。公司为公司的董事、监事和高级管理人员，以及受股东、实际控制人、董事、监事、高级管理人员控制的、任职的企业等主体提供担保，则非属关联担保，不适用第15条的规定，作此种解释可能导致法律规制范围过小。但如果对第15条关联担保中的"关联方"进行扩张，也会存在与条文规定相悖的问题。司法实践中，对关联担保中"关联方"的认定存在分歧，主要存在两种观点。

第一种观点认为，应该严格遵照第15条的文义解释，不应对关联担保中关联方的范围进行扩张。例如，在北京思瑞德医疗器械有限公司、平安银行股份有限公司青岛分行、莱州环日置业有限公司等保证合同纠纷案①中，法院认为，关联担保限定于为公司股东或者实际控制人提供的担保，并不包括为股东或实际控制人投资的其他关联公司提供担保的情形。所以，公司为被告所提供的该案担保并非关联担保。在上海尤航新能源科技有限公司与北京银行股份有限公司上海分行、上海夏长建筑工程有限公司金融借款合同纠纷案②中，法院也持此观点。

第二种观点认为，应扩张第15条关联担保中关联方的范围，包括同为实际控制人控制的另一公司等主体，防止非公司股东或实际控制人的公司关联方通过关联担保的方式进行利益输送。在平安银行股份有限公司上海分行、辽宁绿地能源煤业有限公司等与绿地能源集团有限公司、上海瑟胜实业有限公司金融借款合同纠纷案③中，法院认为，被告作为公司的法定代表人，以公司名义为自己担任法定代表人的另一公司的债务提供担保，属于关联担保，道德风险很高，应类推适用第15条的规定。在北京中泰创盈企业管理有限公司与成都翔盟实业有限公司等合同纠纷案④中，法院认为，从股权结构看，公司的股东为成都国水公司，而成都国水公司由邓某华和叶某间接控制，故该公司与天翔股份公司

---

① 参见山东省高级人民法院民事判决书，(2020)鲁民终2277号。
② 参见上海市高级人民法院民事判决书，(2020)沪民终599号。
③ 参见上海市高级人民法院民事判决书，(2019)沪民终329号。
④ 参见北京市高级人民法院民事判决书，(2020)京民终797号。

亦为关联公司,其提供的担保行为亦为关联担保。此外,根据上市公司的规则,关联担保不限于为公司股东或实际控制人提供担保。《上海证券交易所股票上市规则》第6.3.11条规定,上市公司为关联人提供担保的,除应当经全体非关联董事的过半数审议通过外,还应当经出席董事会会议的非关联董事的2/3以上董事审议同意并作出决议,并提交股东大会审议。《上海证券交易所股票上市规则》规定的关联人不限于公司的股东、实际控制人,还包括公司的董事、监事、高级管理人员及其近亲属等容易导致公司利益转移的主体。

我们认为,《九民纪要》第18条规定"另一种情形是,公司为公司股东或者实际控制人以外的人提供非关联担保"。依据该规定,如果债务人非公司股东或实际控制人,则公司提供的担保都非关联担保。《九民纪要》第18条将关联担保限缩为公司股东、实际控制人,是为了避免对担保合同中的相对人施加过高的注意义务,要求相对人识别公司的股东、实际控制人已经让相对人负担了较重的审查成本,再要求相对人识别其他关联关系,无疑会给其施加过高的审查成本。此外,新《公司法》第15条将关联担保明确限于公司为股东或者实际控制人提供担保。因此,我们认为,不宜扩张关联担保中"关联方"的范围,应仅限于公司控股股东和实际控制人。

## 三、如何对关联交易的效力瑕疵进行认定?

根据《公司法司法解释(五)》第2条的规定,关联交易合同存在无效、可撤销或对公司不发生效力的情形,实践中与此相关的问题是,如何对关联交易的效力瑕疵进行认定,以准确适用公司法规范以及民法规范?

第一,无效关联交易的认定。新《公司法》第22条第1款规定,公司的控股股东、实际控制人、董事、监事、高级管理人员不得利用关联关系损害公司利益,该款承继了原《公司法》第21条的规定。对于违反该规定是否会导致关联交易无效,实践中存在不同的观点。有观点认为,《公司法》禁止关联交易的规定为效力性强制性规定,违反该款规定的关联交易无效。① 也有观点认为,违反《公司法》禁止关联交易规定的法律后果是责任人向公司承担损害赔偿责任,并没

① 参见新疆维吾尔自治区乌鲁木齐中级人民法院民事判决书,(2014)乌中民四初字第71号;最高人民法院民事裁定书,(2017)最高法民再410号。

有规定关联交易无效。[①] 我们认为,根据《民法典》第 153 条第 1 款的规定,违反法律、行政法规的强制性规定的民事法律行为无效,但如果该强制性规定不导致该民事法律行为无效的除外。新《公司法》第 22 条并未明确违反该规定的关联交易无效,因此,对关联交易是否无效的认定需要依据《民法典》以及相关司法解释中的规定。例如,《民法典》第 153 条第 2 款规定,违背公序良俗的民事法律行为无效;第 154 条规定,行为人与相对人恶意串通,损害他人合法权益的民事法律行为无效。《民法典合同编通则解释》第 16 条、第 17 条对合同无效的认定作出了具体的阐释,明确了人民法院在认定合同是否违背公序良俗时,应当以社会主义核心价值观为导向,综合考虑当事人的主观动机和交易目的、政府部门的监管强度、一定期限内当事人从事类似交易的频次、行为的社会后果等因素。司法实践中,法院一般结合关联交易的交易动机和交易条件、交易对价等因素分析该关联交易是否因不符合实质公平而无效。

在关联交易中,交易动机对于判断交易是否实质公平十分重要。如果关联方之间的交易出于合理的经济逻辑和商业必要性,旨在高效率地达成交易,实现关联方与公司合作共赢的结果,如董事为公司聘请关联方公司的职业经理人团队对公司进行经营管理,公司不能仅以职业经理的报酬高主张交易不具有公平性,盖因职业经理人非公司的普通员工,报酬比普通员工高符合商业习惯,且从商业必要性的角度来看,引入专业的职业经理人团队对于公司在特定行业发展或企业财产的增值、保值是必要的,公司不能主张交易不当。[②]

在关联交易中,交易条件包括交易对价等对关联交易的实质公平的判断也非常重要。如果交易无偿或者价格偏离正常市场价格,则可能导致不公平的结果,此时应认定交易对价不具备公平合理性,应为无效。例如,在上诉人李某与被上诉人滕州市绿原机械制造有限责任公司专利权权属纠纷案[③]中,最高人民法院认为,虽然在涉案专利权转让时李某系占滕州市绿原机械制造有限责任公司(以下简称绿原公司)2/3 以上股权的股东,但涉案专利权的转让系李某利用职务之便将绿原公司的专利权无偿转让到个人名下,且李某未提供充分证据证

① 参见济南市中级人民法院民事判决书,(2014)济商初字第 305 号;最高人民法院民事裁定书,(2016)民申 724 号。

② 参见广东省佛山市中级人民法院民事判决书,(2017)粤 06 民终 643 号。

③ 参见最高人民法院民事判决书,(2021)最高法知民终 194 号。

明其代表绿原公司转让涉案专利权时按照公司章程的规定履行了合法手续，也未提供充分证据证明该转让行为系为绿原公司利益所为，因此，这一转让行为违反了李某对公司的忠诚义务，损害公司利益，应为无效。

反言之，如果关联交易条件、交易对价等符合商业惯例，则该关联交易并未侵害公司利益，不应认定为无效。在福建亚通新材料科技股份有限公司与福建亚太建材有限公司商标使用许可合同纠纷案①中，福建省高级人民法院认为，讼争合同并没有超出正常的商业规则，没有损害原告公司的利益，该案讼争合同已是双方之间第三次商标许可使用，被告已按约向原告支付商标使用许可费，原告亦接受了该费用，原告以实际行为确认了原、被告双方的商标使用许可关系；原告并没有证据证明陈某辉未向董事会披露原、被告签订讼争关联合同的行为，相反，根据原告于 2012 年 12 月向被告发出的中止商标使用许可合同告知函、关于支付商标许可使用费用的函的内容可推断，原告对讼争合同应是知情的。因此，该案关联交易并未侵害公司利益。在北京富源盛邦投资控股有限公司、孙某仑等公司关联交易损害责任纠纷案②中，公司股东向公司提供借款，违反了监管规定，原告主张该关联交易损害公共利益，法院应认定合同无效。法院认为，对于将 1 亿元资金认定为借款并进而由公司支付相应利息、是否损害公司和小股东的利益这一问题，不应只截取产生争议的资金返还环节，而应对资金投入、履行合同、资金返还的三大环节进行整体考察。公司股东提供的 1 亿元资金，使得公司免于出现资金链断裂、开发中断、停工停建等不利乃至亏损局面，进一步保证了公司的正常经营和房地产项目的顺利开发，从长远来看，并未损害公司及公司小股东的利益。因此，该案《借款合同》应认定为合法有效。

在实践中，为了证明交易对价的公允性，合同当事人可以在合同中设置一些条款，如价格约定区间、违约金等，以确保交易价格在合理范围内；合同当事人也可以在关联交易合同中约定供方价格不得高于市场通行价格的条款，以及对违约的惩罚措施。③ 上述约定有利于证明关联交易对价的实质公平。关联交易事前履行了披露或者批准程序，可以作为认定该关联交易公平的证据，但根

---

① 参见福建省高级人民法院民事判决书，(2015)闽民终字第 28 号。

② 参见江苏省常州市中级人民法院民事判决书，(2021)苏 04 民终 4770 号。

③ 参见广东省东莞市中级人民法院民事判决书，(2015)东中法民二终字第 1921 号。

据《公司法司法解释(五)》的规定,该交易存在交易动机、条件和结果不法,损害公司利益时,法院仍然会判定该关联交易因损害公司利益而无效,要求关联方向公司承担赔偿责任。

新《公司法》增加了第182条、第185条与关联交易有关的程序性规定,该规定为强制性规定,关联董事、监事、高级管理人员违反规定构成忠实义务的违反。存在的问题是,违反该规定是否会导致关联交易无效?我们认为,新《公司法》第182条、第185条系要求公司加强风险控制、内部管理的规定,根据《民法典合同编通则解释》第16条第1款第3项的规定,不应以关联交易违反新《公司法》第182条、第185条而认定其无效。

第二,就可撤销的关联交易的认定而言。新《公司法》仅对公司决议可撤销作出了规定,需依据《民法典》与重大误解、欺诈、显失公平等规范对可撤销的关联交易进行认定。《民法典总则编解释》第19条对当事人因重大误解撤销合同进行了规定。根据该规定,如果公司对关联交易的性质、对方当事人或者关联交易标的物的品种、质量、规格、价格、数量等产生了错误认识,且按照通常理解如果不发生该错误认识公司就不会作出相应意思表示的,人民法院可以认定公司存在《民法典》第147条规定的重大误解,公司请求撤销关联交易,人民法院依法予以支持。《民法典》第148条、第149条对欺诈和第三人欺诈作出了规定,如果公司进行关联交易系关联方或第三人采取了欺诈手段的结果,公司有权撤销关联交易。此外,根据《民法典》第151条规定,如果关联方利用公司处于危困状态等情形,致使关联交易显失公平的,公司也有权撤销关联交易。

第三,对公司不发生效力的关联交易的认定。根据《民法典》第504条的规定,法定代表人超越权限订立合同,相对人知道或者应当知道其超越权限的,该合同对公司不发生效力。新《公司法》第15条、第182条、第185条分别规定了关联担保和关联交易情形中应履行的程序,属于法律上对公司法定代表人权限的限制。对于违反前述规定是否导致关联交易对公司不发生效力这一问题,我们认为,应当区分不同情形进行分析。

其一,如果公司召开了股东会、董事会对关联交易事项进行表决,但关联方未进行表决权回避,此时应可以认为决议因违反法律规定程序而有瑕疵,如果有权撤销的主体未在规定期间内撤销决议,则决议有效。有观点认为,此时应将董事表决权剔除,判断是否会导致董事会或者股东会决议无法通过关联交易事项。如果关联方表决未回避不影响关联交易决议的通过,则不能以关联交易违反了表决权回避规则为由认定关联交易无效,与关联交易相关的决议成立且有效。根据上述观点,在前述情形中,法定代表人经公司成立且有效决议与相对人实施关联交易的,关联交易有效。

其二,如果公司未召开股东会、董事会对关联交易事项进行表决,或者有主体行使了撤销权,或者剔除关联方表决权将导致决议不成立,此时法定代表人代表公司签订关联交易合同构成越权代表,应结合有关越权代表的规范对关联交易的效力进行判断。根据《民法典合同编通则解释》第 20 条的规定,法律、行政法规为限制法人的法定代表人或者非法人组织的负责人的代表权,规定合同所涉事项应当由法人、非法人组织的权力机构或者决策机构决议,或者应当由法人、非法人组织的执行机构决定,法定代表人、负责人未取得授权而以法人、非法人组织的名义订立合同,未尽到合理审查义务的相对人主张该合同对法人、非法人组织发生效力并由其承担违约责任的,人民法院不予支持,相对人已尽到合理审查义务,构成表见代表的,人民法院应当依据《民法典》第 504 条的规定处理。新《公司法》第 15 条规定了公司为股东、实际控制人提供担保需经股东会决议。第 182 条、第 185 条对公司与董事、监事、高级管理人员等其他可能导致公司利益移转的关联方交易的,应经过公司董事会或股东会决议。因此,根据法律规定,关联方应对法定代表人是否经过公司机关决议履行合理的审查义务。如果关联方未审查公司的股东会、董事会决议,则不符合善意要求,应认定关联交易对公司不生效;如果关联方审查了公司的股东会、董事会决议,且决议文件不存在瑕疵,则应认定关联方符合善意要求,该关联交易对公司具有法律约束力。

综上,法律并不禁止所有关联交易,只是禁止不公平的、损害公司利益的关联交易。对公司来说,关联交易可能被对公司有控制力或重大影响力的主体利用,该主体通过关联交易非法侵害公司利益。但也需要注意,关联交易也可能有利于公司实现融资、节约交易成本或者扩大经营规模。因此,对于关联交易效力瑕疵的认定,需要谨慎把握、严格认定。

# 案由3 公司证照返还纠纷

## 适用指引

### 一、公司证照返还纠纷概述

公司证照返还纠纷是指因公司要求无权占有人返还公司证照引发的纠纷。公司“证照”不限于文义中的证件和营业执照,还包括公司印章。在司法实践中,有法院将“证照”范围扩张至包括公司的财务会计账簿[①]等资料。公司证照系公司的财产,公司对其享有所有权,公司有权要求无权占有公司证照的人承担返还证照的责任。

相较于一般的财产,公司证照具有特殊性,对公司的日常经营管理具有重要影响。例如,公司对外签订合同、办理税务登记等,对内审批预算等均需用到公司印章,公司参与招投标程序需要用到公司证件。由于公司证照是公司进行内部治理与经营所必须,在控制权纠纷中,公司各方势力往往以公司证照为中心展开激烈的对抗与博弈,公司证照返还之诉也常常成为争夺公司控制权的有力武器。以下是对实践中的公司证照返还纠纷类型的总结。

#### (一)与返还公司印章相关的纠纷

公司证照包括公司印章,公司印章涵盖公司公章、财务专用章、发票专用章、合同专用章、部门专用章、项目专用章等。其中公司公章是公司必备的印章,且公司仅能有一枚公章,公司公章主要用于公司办理登记、税务、银行业务、提起诉讼等事项。公司合同专用章用于公司对外订立合同,在实践中,也有公司对外签订合同或协议加盖的是公司公章。公司的财务专用章主要用于公司进行公司内部的会计核算和对外的银行结算。发票专用章指的是公司在领用

---

① 参见北京市第二中级人民法院民事判决书,(2020)京02民终5430号。

或者开发票时加盖的印章。随着技术的发展,实践中也出现了电子签名章,经过法定程序验证的电子签名章具备与实体印章同等的法律效力。

公司作为法律拟制的人格,需要通过公司法定代表人或者公司的代理人对外作出意思表示。除了上述主体,在实践中,公司的印章也是认定公司对外作出意思表示的重要证据。根据最高人民法院《关于人民法院受理经济纠纷案件中几个问题的复函》第 1 条规定,企业法人因民事纠纷向人民法院起诉时,其递交的起诉状应当加盖企业法人的公章,并有其法定代表人的签字或盖章。未加盖企业法人公章,或者法定代表人未签字或盖章的,受诉法院应令其补正。在商事实践中,公司签订合同、协议的相对人也往往要求公司合同除了有公司法定代表人或依法授权的代理人签名外,还要求加盖可用于合同、协议签订的公司公章或公司合同章、项目章。

公司印章被侵占、抢夺或丢失一般会对公司的日常经营造成非常严重的消极影响。实践中,公司发生内部治理纠纷时,往往会伴随着公司印章返还纠纷。例如,原本有权持有公司印章的主体拒绝返还印章,丧失公司控制权的主体抢夺公司印章等。法院一般会结合被告是否实际占有公司印章、是否有权占有公司印章等综合考虑是否支持原告公司提出的印章返还请求。

(二)与返还公司证件相关的纠纷

公司证件对证明公司的主体资格与特定资质相关,包括公司的营业执照、组织机构代码证、税务登记证、银行开户许可证、社保登记证等。公司证件被侵占、被抢夺会对公司的正常经营造成消极影响。如《市场主体登记管理条例》第 36 条要求公司应亮照经营,如果公司无法实际占有、控制公司的营业执照,则构成对规定的违反,被科以行政处罚责任。因此,当发生公司证件被非法侵占、被抢夺或者遗失等情形时,公司应有权要求非法占有人返还公司证件。

(三)与其他重要公司资料返还相关的纠纷

对于公司证照返还纠纷返还范围是否包括公司印章、证件之外的重要公司材料,实践中存在争议。有观点认为,公司证照返还纠纷返还范围应限于公司的证件和印章。前者包括公司的营业执照、组织机构代码证、税务登记证、银行开户许可证、社保登记证以及公司印章,后者包括公司公章、财务专用章、发票专用章、法定代表人私章、合同专用章、部门专用章、项目专用章等。也有观点认为,公司证照返还纠纷返还范围不限于证件和印章,还包括与公司经营管理相关的文件,包括公司财务会计账簿、会计凭证、劳动合同等重要公司材料。我们认为,从保护公司合法权益、保证公司的正常经营管理角度来看,公司证照返还纠纷返还范围不应限于证件和印章,还应包括与公司经营管理相关的重要材料,如财务账簿、会计凭证以及作为原始凭证附件入账备查的相关资料等。其中,财务账簿应包括公司自成立时起至实际转交日止的总账、明细账、日记账和其他辅助性账簿等;会计凭证应包含记账凭证、相关合同、相关原始凭证等。

## 二、公司证照返还纠纷的诉讼主体

(一)原告

1. 公司

公司证照为公司财产,如果持有证照的主体不履行返还义务,其结果为公司所有权遭受侵害,公司有权作为原告向责任人提起诉讼,根据《民事诉讼法》第51条的规定,公司法定代表人代表公司提起诉讼。

需要注意的是,公司印章、证照的所有权归属于公司,公司法定代表人、股东不能以个人名义提起诉讼,要求占有人返还证照,其不符合起诉的主体资格。[①] 如果公司进入清算程序,根据《公司法司法解释(二)》第10条第2款规定,公司成立清算组的,由清算组负责人代表公司参加诉讼;尚未成立清算组的,由原法定代表人代表公司参加诉讼。

2. 股东代表诉讼下的原告

新《公司法》第189条规定了股东代表诉讼,在公司机关未履行职责向特定股东、董事、监事、高级管理人员提起诉讼时,有限责任公司的股东或者股份有限公司中连续180日以上单独或者合计持有公司百分之一以上股份的股东,可以向公司提起诉讼。在此种情形下,该股东为原告,公司为第三人。

股东以自己的名义代表公司提起诉讼的前提条件包括符合特定身份条件、股东已书面请求公司机关向人民法院提起诉讼、该公司机关拒绝提起诉讼或者自收到请求之日起30日内未提起诉讼或情况紧急、不立即提起诉讼会使公司

① 参见广东省高级人民法院民事裁定书,(2019)粤民申9578号;北京市高级人民法院民事裁定书,(2015)高民(商)申字第168号。

利益遭受难以弥补的损害。如果未履行公司法规定的相关前置程序,其诉讼主体不适格,法院会裁定驳回其起诉。

新《公司法》第 189 条第 3 款创新性地规定了股东双重代表诉讼制度,明确当全资子公司的董事、监事、高级管理人员存在违反前条规定的情形或他人侵犯公司全资子公司合法权益造成损失的,符合条件的母公司的股东有权以自己的名义代表全资子公司提起诉讼,更有利于小股东维护其合法权益。

(二)被告

公司证照返还纠纷,是指直接占有、控制公司证照的主体未履行返还相关证照引发的纠纷,因此,实际占有、控制证照的主体应为被告,包括公司的原法定代表人、高级管理人员等。

## 三、公司证照返还纠纷的管辖

对于公司证照返还纠纷的管辖问题,实践中存在不同的观点。

第一种观点认为,公司证照返还纠纷为涉及公司的诉讼,因此,应当由公司住所地法院管辖。公司证照返还纠纷并未在《民事诉讼法》以及《民诉解释》与公司有关纠纷的规定中明确列举,但有法院认为该纠纷涉及对公司本身权益的保护,且为了方便查明事实、解决纠纷,应由公司住所地法院管辖。如上诉人陈某伟因与被上诉人北京以太物业开发有限公司、原审被告林某镇公司证照返还纠纷案①中,法院依据《民事诉讼法》第 27 条以及《民诉解释》第 22 条规定,认为该案涉及公司证照返还,系与公司有关的纠纷,应由公司住所地人民法院管辖。

第二种观点认为,"因公司设立、确认股东资格、分配利润、解散等纠纷提起的诉讼,由公司住所地人民法院管辖。因股东名册记载、请求变更公司登记、股东知情权、公司决议、公司合并、公司分立、公司减资、公司增资等纠纷提起的诉讼,依据民事诉讼法第二十六条②规定确定管辖,本案系公司证照返还纠纷,不适用上述公司住所地人民法院管辖的规定"③。公司证照返还纠纷系由责任人

---

① 参见北京市高级人民法院民事裁定书,(2022)京民辖终 70 号。

② 该条现已修改为第 27 条。

③ 参见上海市高级人民法院民事裁定书,(2020)沪民辖 256 号。

侵害公司对证照的所有权引发的纠纷,因此应当适用一般侵权纠纷关于管辖的规定。在张某童与中广华通信息科技(北京)有限公司公司证照返还纠纷案[1]中,法院认为,《民事诉讼法》第29条规定,因侵权行为提起的诉讼,由侵权行为地或者被告住所地人民法院管辖,本案系公司高级管理人员侵害公司利益为由提起的证照返还纠纷诉讼,属于侵权纠纷,被告住所地法院及侵权行为地法院对本案均有管辖权。

我们认为,公司证照返还纠纷多涉及公司控制权的争夺,应为与公司有关的纠纷,由公司住所地法院管辖。公司证照返还纠纷涉及公司对证照所有权的保护,且由于公司证照纠纷涉及公司控制权争夺,与公司内部各方具有密切关系,由公司住所地法院管辖更便于查明事实,定分止争。因此,公司证照返还纠纷应属于公司有关的纠纷,应由公司住所地人民法院管辖。《民事诉讼法》第27条规定,因公司设立、确认股东资格、分配利润、解散等纠纷提起的诉讼,由公司住所地人民法院管辖。公司住所地是指公司主要办事机构所在地。公司办事机构不明确的,由其注册地人民法院管辖。

## 四、公司证照返还纠纷与一般侵权责任纠纷、损害公司利益责任纠纷的区别

公司证照系公司的财产,但相较于一般的财产,公司证照具有特殊性。公司证照对公司的日常经营管理和对外意思表示具有重要作用,公司证照返还纠纷也往往涉及公司内部控制权争夺与公司内部治理纠纷。因此,此类案件与一般侵权责任纠纷存在差异。

公司证照返还纠纷也不同于损害公司利益责任纠纷。损害公司利益责任纠纷,是指公司股东、实际控制人滥用权利或者董事、监事、高级管理人员违反法律规定的义务,损害公司的利益而引发的纠纷。公司证照返还纠纷涉及对公司证照财产权的侵害,属于特殊的损害公司利益类型,且侵权人不限于公司股东、董事、监事、高级管理人员,还包括公司的原法定代表人,与一般的损害公司利益责任纠纷存在差异。

---

① 参见北京市高级人民法院民事裁定书,(2019)京民辖终296号。

## 主要规范依据

### 《民法典》

**第一百八十八条** 向人民法院请求保护民事权利的诉讼时效期间为三年。法律另有规定的,依照其规定。

诉讼时效期间自权利人知道或者应当知道权利受到损害以及义务人之日起计算。法律另有规定的,依照其规定。但是,自权利受到损害之日起超过二十年的,人民法院不予保护,有特殊情况的,人民法院可以根据权利人的申请决定延长。

**第一百九十六条** 下列请求权不适用诉讼时效的规定:

(一)请求停止侵害、排除妨碍、消除危险;

(二)不动产物权和登记的动产物权的权利人请求返还财产;

(三)请求支付抚养费、赡养费或者扶养费;

(四)依法不适用诉讼时效的其他请求权。

**第二百三十五条** 无权占有不动产或者动产的,权利人可以请求返还原物。

**第四百六十二条** 占有的不动产或者动产被侵占的,占有人有权请求返还原物;对妨害占有的行为,占有人有权请求排除妨害或者消除危险;因侵占或者妨害造成损害的,占有人有权依法请求损害赔偿。

占有人返还原物的请求权,自侵占发生之日起一年内未行使的,该请求权消灭。

**第一千一百六十五条** 行为人因过错侵害他人民事权益造成损害的,应当承担侵权责任。

依照法律规定推定行为人有过错,其不能证明自己没有过错的,应当承担侵权责任。

### 《公司法》

**第三条** 公司是企业法人,有独立的法人财产,享有法人财产权。公司以其全部财产对公司的债务承担责任。

公司的合法权益受法律保护,不受侵犯。

《**公司法司法解释(二)**》

**第十条** 公司依法清算结束并办理注销登记前,有关公司的民事诉讼,应当以公司的名义进行。

公司成立清算组的,由清算组负责人代表公司参加诉讼;尚未成立清算组的,由原法定代表人代表公司参加诉讼。

**相关问题**

### 一、在公司证照返还纠纷中,法院能否一并审理相关决议效力事项?

公司证照返还纠纷往往伴随公司决议效力纠纷,涉及法定代表人、董事、高级管理人员等职务任免、公司证照保管主体等内容。存在疑问的是,受理公司证照返还之诉的法院能否一并审理决议效力相关事项?对此,实践中法院存在不同观点。

有观点认为,对于职务任免等公司股东会决议、董事会决议的效力问题,包括决议召集、表决程序是否违反法律规定,决议内容是否违反公司章程或者法律规定,不是公司证照返还纠纷案件应审理的事实,不宜对决议效力问题予以认定,应裁定驳回原告起诉。例如,在李某芳公司证照返还纠纷案[①]中,李某芳申请再审主张 2018 年 7 月 21 日股东会决议系伪造。法院认为,该案审理的是公司证照返还纠纷,对于所涉股东会决议是否真实,召集程序、表决方式是否违反法律规定或者公司章程,决议内容是否违反公司章程,是否存在无效或可撤销的情形,均非该案所审理的范围,故不宜在该案中对 2018 年 7 月 21 日股东会决议的效力予以认定。在该案中,被告对决议的效力提出异议,法院仍维持该股东会决议效力,认定公司法定代表人已经发生了变更。

也有观点认为,法院可以直接在证照返还纠纷中对决议效力事实一并进行

① 参见河南省高级人民法院民事裁定书,(2019)豫民申 3119 号。

审理，在北京贝瑞德生物科技有限公司与吕某公司证照返还纠纷案①中，法院认为，虽然股东会决议在召集程序上存在违反法律规定及公司章程之处，但吕某并未在决议作出之日起 60 日内申请撤销该临时股东会决议，该决议应为有效，被解除职务的原法定代表人应返还证照。该案中法院对股东会决议效力作出了认定。在安徽省携众融资担保有限公司与邵某公司证照返还纠纷案②中，法院同样认为，决议效力事项属于审理的范围，被告以其另案提起对决议效力的诉讼不足以成为该案诉讼中止的理由。在抚顺大众汽车销售维修有限公司、李某凡公司证照返还纠纷案③中，法院认为，该案所涉及的纠纷实际为李某凡作为公司原法定代表人在职务被解除后，拒不返还公司印章、证照，因此公司起诉要求其返还而产生的证照纠纷，从已经确定的公司证照返还纠纷案由可以看出，该案所涉证照纠纷属于民事案件受理范围，人民法院理应对此进行受理、审查，以维护权利人的合法权益，该案应进行实体审理，查清案涉公司股东会议的效力后依法作出裁判。此外，如果公司证照返还纠纷中的被告在诉讼过程中，另案提起对决议效力的诉讼，法院可能会认定其构成重复起诉，进而裁定驳回起诉。

我们认为，决议效力相关事实与公司证照返还相关事实联系紧密，从节约诉讼资源、节省诉讼成本来看，法院一并审理有利于尽快解决公司控制权等内部管理纠纷，维护公司的合法权益，尽可能降低公司证照相关问题对公司正常经营的不利影响。因此，在公司证照返还纠纷中，法院应一并审理相关决议效力事项，不应在决议效力存在纠纷时，未经实体审理认定该决议有效，或者以决议效力存在纠纷为由，裁定驳回原告起诉。

## 二、应如何认定实际控制人？

关于实际控制人的认定问题，核心在于对“控制”的理解。根据新《公司法》第 265 条第 3 项的规定，如果通过投资关系、协议或者其他安排，能够实际支配公司行为的，应认定为对公司有控制权。《上海证券交易所股票上市

---

① 参见北京市第二中级人民法院民事判决书，(2013)二中民终字 17025 号。

② 参见安徽省合肥高新技术产业开发区人民法院民事判决书，(2018)皖 0191 民初 5496 号。

③ 参见辽宁省高级人民法院民事裁定书，(2018)辽民申 3090 号。

规则》第13.1条、《深圳证券交易所股票上市规则》第15.1条、《北京证券交易所股票上市规则(试行)》第12.1条均规定,控制权体现为对公司的实际支配。对于何为“实际支配公司行为”,各板块股票上市规则、《上市公司收购管理办法》、《企业会计准则第33号——合并财务报表》等相关规范可以提供参考,认定的因素包括是否能够对公司股东会、董事会产生实质影响;是否对公司的经营管理和财政政策具有支配权利;是否能够决定公司董事会半数以上成员的选任等。

1.如何认定被告占有公司证照?

在公司证照返还纠纷中,需要对被告实际控制公司证照进行认定。如果被告并非公司证照的占有人,公司自然无法要求被告返还公司证照。判断被告是否为涉案公司证照的占有人,法院考虑的因素包括公司章程和公司决议对公司证照保管人的规定、被告所任公司职务、公司日常经营管理的实际负责人等。如果公司章程和股东会决议、董事会决议对公司印章保管作出了明确规定,应按照规定判断公司印章的实际控制人和占有人。如果公司章程和股东会决议没有对公司印章保管作出明确规定,被告在公司担任的具体职务、履行的职权和承担的职责影响法院对其是否占有公司的证照的认定。

具体而言,公司的正常经营管理通常由其行政、人事、财务、业务等各相关内部职能机构分工协作而实现。例如,公司的公章通常由法定代表人控制;公司的财务资料、账册,包括总账、现金日记账、银行日记账、分类账等通常由财务部门、职能机构负责管理。在中山市合富运输有限公司诉周某泉公司证照返还纠纷案[①]中,法院认为,公司的章程并没有约定公司印章和法定代表人私章由谁保管,按照公司运营惯例,印章一般由公司法定代表人或者财务负责人保管,被告系公司的股东,公司主张上述印章由被告保管,但所提交的证据不足以支持其主张,因而驳回原告的诉讼请求。在王某延与北京银海世纪科技有限公司公司证照返还纠纷案[②]中,法院认为,被告系公司的原法定代表人、执行董事、经理,是公司财产的法定管理人,按照公司章程规定,直接负责该公司的日常经营管理及相应管理制度的制定,对该公司的日常经营管理和人员选用具有决策

① 参见广东省高级人民法院民事裁定书,(2017)粤民申5183号。

② 参见北京市高级人民法院民事裁定书,(2020)京民申4715号。

权,其他人参与公司管理都应当是得到王某延认可授权后方可进行,被告对公司的财产负有监管、追回的权力和责任。在公司章程及公司制度中没有明确规定公司印章、证照、财务账簿保管人的情况下,被告在其担任上述职务期间,应为公司印章、证照、财务账簿等物品的保管义务人,视为其持有上述物品。在现有证据不能证明上述物品在其他人手中的情况下,当被告不再担任公司法定代表人、执行董事、经理时,被告不能仅以不实际参与经营管理就不承担返还公司印章、证照、财务账簿的义务,而是应承担返还证照的责任。在江苏好美家置业有限公司与赵某美公司证照返还纠纷案①中,法院认为,江苏好美家置业有限公司(以下简称好美家公司)执行董事及法定代表人,但其亦仅属好美家公司组织机构中的一员,仅凭该职务不足以直接认定赵某美实际持有好美家公司的财务资料和账册,因而驳回原告的诉讼请求。

如果原告无法证明被告实际控制了公司证照,法院应驳回原告的诉讼请求。在北京远方国际拍卖有限公司与祖某萱等公司证照返还纠纷案②中,法院认为,依据现有证据,不足以证明被告持有公司的印章、证照,因而驳回原告的诉讼请求。需注意,被告曾经持有公司证照这一事实并不能证明被告现在实际控制、占有了公司的证照,原告需证明被告一直持有公司证照。在中山市合富运输有限公司诉周某泉公司证照返还纠纷案③中,法院认为,公司提供的二手车销售统一发票、照片、银行取款凭条仅能反映周某泉曾使用过公司印章,并不能证明公司印章一直由其持有,因而驳回原告诉讼请求。

2. 如何认定被告系非法占有公司证照?

在公司证照返还纠纷中,法院需要对被告系非法占有进行认定。法院一般考虑公司章程和公司决议是否授权被告控制公司证照、公司组织运营的惯例、被告持有证照是否经过公司认可等因素。

在公司章程和公司决议授权被告管理公司证照的情形中,被告控制、占有公司证照具有法律上的原因,不构成非法占有。但如果被告控制、占有证照期间存在长时间不履职的情况,则其无法根据公司章程或决议主张其系有权占

① 参见江苏省高级人民法院民事裁定书,(2018)苏民申 4517 号。
② 参见北京市高级人民法院民事裁定书,(2019)京民申 4071 号。
③ 参见广东省高级人民法院民事裁定书,(2017)粤民申 5183 号。

有。在李某霞与珠海香江贸易发展有限公司返还公司证照纠纷案[①]中，法院认为，被告持有工商年检所需证照却不去办理也不交给公司其他人员去办理工商年检的行为严重影响公司的正常经营，损害公司利益，有违其身为公司高级管理人员应尽的忠实、勤勉义务。同样，被告逾期不去办理也不交给公司其他人员去办理公司银行账户年检、申领机构信用代码证及更换新的发票专用章的行为，亦对公司的款项支付结算、开具发票等公司正常经营活动造成了严重影响，有违其身为公司高级管理人员应尽的忠实、勤勉义务。因此，法院认定原告有权请求被告返还企业法人营业执照正副本、组织机构代码证正副本、税务登记证正副本（国税、地税）、开户许可证正副本以及移交财务专用章、发票专用章。

如果公司章程和公司决议未对公司证照关联人作出规定，如果公司实际控制人负责公司的经营管理，则其控制公司证照一般不构成非法占有。在张某强、林某琼公司证照返还纠纷案[②]中，法院认为，根据公司章程规定，公司印章及证照可由不同人员持有，在公司证照返还之诉中，应当以持有人非法侵占印章及证照为前提，该案中，根据已生效判决认定的事实，被告为公司的实际出资人，公司实际上长期亦由被告控制、管理并经营，在公司股权争议并未作出最终认定的情况下，被告作为公司实际出资人控制该公司相关证照并不构成非法侵占，对于公司实际股权归属的认定及处理双方可另行解决。如果股东或者他人长期持有公司的印章，且公司未对此表示反对，公司不能主张股东或者他人构成非法占有。在重庆煌华实业有限公司与汪某洋公司证照返还纠纷案[③]中，法院认为，被告持有案涉印章经过了公司事实上认可，而公司内部长期以来也已经形成了由汪某洋管理印章等的事实状态，进而认定被告有权持有公司的案涉印章，驳回原告诉讼请求。

因此，被告可以以公司章程和公司决议授权或者事实上公司认可其管理公司证照为由主张自己系有权占有。如果被告无法证明前述事实，则构成非法占有。如果被告违反公司章程和公司决议授权时对其施加的履职义务，则也可能构成非法占有。

---

① 参见广东省高级人民法院民事裁定书，(2014)粤高法民二申字第618号。

② 参见最高人民法院民事裁定书，(2018)最高法民申2951号。

③ 参见重庆市高级人民法院民事裁定书，(2021)渝民申460号。

CHAPTER 08

# 第八章

# 债权人利益保护相关诉讼

## 案由1 股东损害公司债权人利益责任纠纷

### 适用指引

#### 一、股东损害公司债权人利益责任纠纷概述

股东损害公司债权人利益责任纠纷，是指因人格混同、股东未履行清算义务、股东出资不实、股东抽逃出资等损害公司债权人利益行为而引发的纠纷。

股东损害公司债权人利益的方式还包括利用公司独立人格逃避债务。作为现代公司制度的基石，公司独立人格和股东有限责任对于促进公司发展、鼓励投资具有重要作用。基于公司独立人格和股东有限责任，公司对公司债权人履行义务、承担责任，股东则对公司负有出资义务，对公司债权人一般不直接承担责任。但是，在股东利用公司独立人格和股东有限责任侵害公司债权人利益时，应突破一般原则，要求股东对公司债权人承担责任。新《公司法》第23条第1款规定，如果股东滥用公司独立地位和股东有限责任，逃避债务，严重损害公司债权人利益，应当对公司债务承担连带责任，这对纵向公司人格否认进行了规定；相较于原《公司法》，新《公司法》第23条第2款增加了横向人格否认的规定，即要求姐妹公司或兄弟公司对债务人的债务承担连带责任。

需注意的是，在一人公司中，依据新《公司法》第23条第3款规定，一人公司与非一人公司在人格否认中的差异在于，对于公司是否与股东人格独立，在一人公司的案件中，由公司股东对此承担举证责任，而非由原告公司债权人承

担举证责任,第3款即为举证责任倒置的规范。新《公司法》第23条第3款举证责任倒置的规范,适用于一人有限责任公司与一人股份有限公司。

股东未按规定缴纳出资或者抽逃出资,减损公司资产,也会对公司债权人的利益造成损害。《公司法司法解释(三)》规定了当股东违反出资义务给债权人造成损害时,股东应在违反出资义务范围内对公司的债务向债权人承担补充赔偿责任。

原《公司法》规定了有限责任公司解散时,股东负有清算义务。虽然在新《公司法》适用下,股东并非当然的有限公司清算义务人,但如果公司章程或股东会决议另有规定或约定,股东仍可能成为清算义务主体。新《公司法》第232条第3款规定,清算义务人未及时履行清算义务,给公司或者债权人造成损失的,应当承担赔偿责任。本条所指之“未及时”应包含两大类情形,包括“逾期不成立清算组进行清算的”以及“成立后不及时清算的”。

以下是对股东损害公司债权人在实践中的纠纷类型的总结。

(一)股东滥用公司独立人格和股东有限责任侵害债权人利益纠纷

1. 公司纵向人格否认纠纷

公司纵向人格否认,是指当公司股东实施了滥用公司法人独立地位及股东有限责任的行为,且该行为严重损害公司债权人利益时,法院应在个案中否认公司的独立人格,要求股东与公司对公司的债务承担连带责任。严重损害债权人利益,是指股东滥用权利使得公司资产无法清偿公司债权人的到期债权,具体包括公司资金严重欠缺或者公司资产无法变现。只有实施了滥用法人独立地位和股东有限责任行为的股东才对公司债务承担连带清偿责任,而其他股东不应承担此责任。

新《公司法》第23条第1款对公司纵向人格否认进行了规定,公司债权人可以以该款作为要求公司股东与公司对其承担连带责任的请求权基础。实践中,公司纵向人格否认常见的情形包括股东和公司的人格混同、股东对公司过度支配与控制、公司资本显著不足等。人格混同,指的是股东因与公司在财产、人员等方面的混同,致使公司已经不具备独立的意志和独立的财产。人格混同的主要表现包括公司财产与股东财产混同;公司业务与股东业务相同或者相类似;在股东处任职的员工同时也在公司任职;公司住所与股东住所一致等。在认定是否发生财产混同时,法院主要考虑的因素,包括股东与公司的账簿是否区分不明、股东是否无偿使用公司财产且不作账簿记载等。股东对公司的过度支配与控制，是指股东滥用控制权，对公司进行操纵，致使公司完全丧失其独立人格和意志，成为股东的工具。股东过度支配与控制公司的主要表现，包括公司与股东之间无合同或法律依据，相互进行利益输送；公司通过与股东进行交易，使得交易的收益全部归于股东，成本与损失的风险由公司负担；股东通过转移公司资产逃避债务或者其他法律上的义务等。公司资本显著不足，指的是公司的资本与公司实际经营的业务的风险明显不匹配。法院通常会综合上述因素，判断在个案中是否应否认公司的独立人格，进而要求公司股东与公司对公司债权人承担连带责任。

2. 公司横向人格否认纠纷

公司横向人格否认，是指当公司股东控制多个关联公司或其他公司，滥用股东权利和公司独立人格在被控制的公司中进行利益输送，使得多个关联公司或其他被控制的公司之间财产混同、丧失人格独立性，沦为公司股东逃避债务、非法经营的工具。根据新《公司法》第 23 条第 2 款规定，在前述情形中，应当否认被控制的公司的人格，子公司、关联公司与其他被控制公司应对公司债权人承担连带责任。

需要注意的是，新《公司法》第 23 条第 1 款与第 2 款可以同时作为请求权基础，公司债权人可以同时依据这两款，要求股东与公司、公司的姐妹公司、公司的兄弟公司以及其他被股东控制的公司对公司债务清偿承担连带责任。

（二）股东瑕疵出资或抽逃出资侵害债权人利益纠纷

实践中，存在因股东瑕疵出资或抽逃出资侵害公司债权人利益的纠纷。股东瑕疵出资，是指股东未按照约定的期限向公司足额缴纳其认缴的出资额。抽逃出资，是指公司股东通过制造虚假财务会计报表虚增利润分配、虚构债权债务关系交易、利用关联交易将已经缴纳的出资违法转回的情形。股东瑕疵出资或抽逃出资侵害债权人利益的，应在瑕疵出资或者抽逃出资范围内对公司债务承担补充赔偿责任。

## 二、股东损害公司债权人利益责任纠纷的诉讼主体

（一）原告

股东损害公司债权人利益，债权人作为原告，有权对股东提起诉讼。

(二)被告

关于股东侵害公司债权人利益纠纷的诉讼中的被告,因股东与公司对债权人承担连带责任,需要根据不同情形进行认定。如果公司债权人对债务人公司享有的债权已经由法院生效裁判确认,其另行提起公司人格否认诉讼,请求股东对公司债务承担连带责任的,应列股东为被告、公司为第三人。债权人对债务人公司享有的债权提起诉讼的同时,一并提起公司人格否认诉讼,请求股东对公司债务承担连带责任的,应列公司和股东为共同被告。如果债权人对债务人公司享有的债权尚未经生效裁判确认,直接提起公司人格否认诉讼,请求公司股东对公司债务承担连带责任的,法院应当向债权人释明,告知其追加公司为共同被告;债权人拒绝追加的,法院应当裁定驳回起诉。

## 三、股东损害公司债权人利益责任纠纷的管辖

在股东损害公司债权人利益责任纠纷中,债权人起诉股东对公司债务承担相应赔偿责任,并非涉及公司组织行为或损害公司利益的案件,此类纠纷的管辖权应根据案件的实际法律关系,即股东损害债权人这一侵权法律关系加以确定。股东损害公司债权人利益责任纠纷应依据侵权责任纠纷管辖的一般规定确定管辖法院。根据《民事诉讼法》第 29 条和《民诉解释》第 24 条的规定,侵权行为实施地、侵权结果发生地及被告住所地人民法院对案件均有管辖权。

## 四、股东损害公司债权人利益责任纠纷与一般侵权责任纠纷、股东出资责任纠纷的区别

虽然都是损害他人利益,但股东损害公司债权人利益责任纠纷与一般侵权责任纠纷存在差别。公司合法取得法人资格,股东与公司人格独立,股东一般不对公司债权人就公司债务承担责任,但是,在例外情形下,即公司股东滥用公司人格导致公司丧失其独立意志与财产权,严重损害公司债权人利益时,应要求股东对债权人的损害承担责任,具体表现为公司股东与公司对债权人承担连带责任。需注意的是,法院适用新《公司法》第 23 条否认公司人格应坚持审慎适用原则,避免过度撼动公司法独立人格这一公司法基石。一般侵权责任纠纷则不存在上述考量,而更关注对受害人损害的完全填补。两个案由的区分体现了组织法和行为法规范的差异。

股东损害公司债权人利益责任纠纷与股东出资责任纠纷存在差别。股东出资责任纠纷,是指因股东未履行出资义务或者抽逃出资而损害公司利益引发的纠纷。在公司设立或者增资时,股东根据协议、章程和公司法的规定,应向公司履行出资义务。股东未按规定履行缴纳出资义务或者抽逃出资的,会造成公司的损害,股东应向公司承担继续履行或损害赔偿等责任。股东出资责任纠纷涉及的是股东与公司之间的纠纷,关注的是股东是否应向公司承担责任的问题;股东损害公司债权人利益责任纠纷涉及的是股东与公司外部债权人之间的纠纷,关注的是股东是否应向公司债权人承担责任的问题。

## 主要规范依据

**《公司法》**

**第二十三条** 公司股东滥用公司法人独立地位和股东有限责任,逃避债务,严重损害公司债权人利益的,应当对公司债务承担连带责任。

股东利用其控制的两个以上公司实施前款规定行为的,各公司应当对任一公司的债务承担连带责任。

只有一个股东的公司,股东不能证明公司财产独立于股东自己的财产的,应当对公司债务承担连带责任。

**第二百三十二条** 公司因本法第二百二十九条第一款第一项、第二项、第四项、第五项规定而解散的,应当清算。董事为公司清算义务人,应当在解散事由出现之日起十五日内组成清算组进行清算。

清算组由董事组成,但是公司章程另有规定或者股东会决议另选他人的除外。

清算义务人未及时履行清算义务,给公司或者债权人造成损失的,应当承担赔偿责任。

**《公司法司法解释(二)》**

**第十八条** 有限责任公司的股东、股份有限公司的董事和控股股东未在法定期限内成立清算组开始清算,导致公司财产贬值、流失、毁损或者灭失,债权人主张其在造成损失范围内对公司债务承担赔偿责任的，人民法院应依法予以支持。

有限责任公司的股东、股份有限公司的董事和控股股东因怠于履行义务，导致公司主要财产、账册、重要文件等灭失，无法进行清算，债权人主张其对公司债务承担连带清偿责任的，人民法院应依法予以支持。

上述情形系实际控制人原因造成，债权人主张实际控制人对公司债务承担相应民事责任的，人民法院应依法予以支持。

**第十九条** 有限责任公司的股东、股份有限公司的董事和控股股东，以及公司的实际控制人在公司解散后，恶意处置公司财产给债权人造成损失，或者未经依法清算，以虚假的清算报告骗取公司登记机关办理法人注销登记，债权人主张其对公司债务承担相应赔偿责任的，人民法院应依法予以支持。

**《公司法司法解释(三)》**

**第十三条** 股东未履行或者未全面履行出资义务，公司或者其他股东请求其向公司依法全面履行出资义务的，人民法院应予支持。

公司债权人请求未履行或者未全面履行出资义务的股东在未出资本息范围内对公司债务不能清偿的部分承担补充赔偿责任的，人民法院应予支持；未履行或者未全面履行出资义务的股东已经承担上述责任，其他债权人提出相同请求的，人民法院不予支持。

股东在公司设立时未履行或者未全面履行出资义务，依照本条第一款或者第二款提起诉讼的原告，请求公司的发起人与被告股东承担连带责任的，人民法院应予支持；公司的发起人承担责任后，可以向被告股东追偿。

股东在公司增资时未履行或者未全面履行出资义务，依照本条第一款或者第二款提起诉讼的原告，请求未尽公司法第一百四十七条第一款规定的义务而使出资未缴足的董事、高级管理人员承担相应责任的，人民法院应予支持；董事、高级管理人员承担责任后，可以向被告股东追偿。

**第十四条** 股东抽逃出资，公司或者其他股东请求其向公司返还出资本息、协助抽逃出资的其他股东、董事、高级管理人员或者实际控制人对此承担连带责任的，人民法院应予支持。

公司债权人请求抽逃出资的股东在抽逃出资本息范围内对公司债务不能

清偿的部分承担补充赔偿责任、协助抽逃出资的其他股东、董事、高级管理人员或者实际控制人对此承担连带责任的，人民法院应予支持；抽逃出资的股东已经承担上述责任，其他债权人提出相同请求的，人民法院不予支持。

**《九民纪要》**

**（四）关于公司人格否认**

公司人格独立和股东有限责任是公司法的基本原则。否认公司独立人格，由滥用公司法人独立地位和股东有限责任的股东对公司债务承担连带责任，是股东有限责任的例外情形，旨在矫正有限责任制度在特定法律事实发生时对债权人保护的失衡现象。在审判实践中，要准确把握《公司法》第 20 条第 3 款规定的精神。一是只有在股东实施了滥用公司法人独立地位及股东有限责任的行为，且该行为严重损害了公司债权人利益的情况下，才能适用。损害债权人利益，主要是指股东滥用权利使公司财产不足以清偿公司债权人的债权。二是只有实施了滥用法人独立地位和股东有限责任行为的股东才对公司债务承担连带清偿责任，而其他股东不应承担此责任。三是公司人格否认不是全面、彻底、永久地否定公司的法人资格，而只是在具体案件中依据特定的法律事实、法律关系，突破股东对公司债务不承担责任的一般规则，例外地判令其承担连带责任。人民法院在个案中否认公司人格的判决的既判力仅仅约束该诉讼的各方当事人，不当然适用于涉及该公司的其他诉讼，不影响公司独立法人资格的存续。如果其他债权人提起公司人格否认诉讼，已生效判决认定的事实可以作为证据使用。四是《公司法》第 20 条第 3 款规定的滥用行为，实践中常见的情形有人格混同、过度支配与控制、资本显著不足等。在审理案件时，需要根据查明的案件事实进行综合判断，既审慎适用，又当用则用。实践中存在标准把握不严而滥用这一例外制度的现象，同时也存在因法律规定较为原则、抽象，适用难度大，而不善于适用、不敢于适用的现象，均应当引起高度重视。

**10.【人格混同】**认定公司人格与股东人格是否存在混同，最根本的判断标准是公司是否具有独立意思和独立财产，最主要的表现是公司的财产与股东的财产是否混同且无法区分。在认定是否构成人格混同时，应当综合考虑以下因素：

（1）股东无偿使用公司资金或者财产，不作财务记载的；

(2)股东用公司的资金偿还股东的债务,或者将公司的资金供关联公司无偿使用,不作财务记载的;

(3)公司账簿与股东账簿不分,致使公司财产与股东财产无法区分的;

(4)股东自身收益与公司盈利不加区分,致使双方利益不清的;

(5)公司的财产记载于股东名下,由股东占有、使用的;

(6)人格混同的其他情形。

在出现人格混同的情况下,往往同时出现以下混同:公司业务和股东业务混同;公司员工与股东员工混同,特别是财务人员混同;公司住所与股东住所混同。人民法院在审理案件时,关键要审查是否构成人格混同,而不要求同时具备其他方面的混同,其他方面的混同往往只是人格混同的补强。

**11.【过度支配与控制】**公司控制股东对公司过度支配与控制,操纵公司的决策过程,使公司完全丧失独立性,沦为控制股东的工具或躯壳,严重损害公司债权人利益,应当否认公司人格,由滥用控制权的股东对公司债务承担连带责任。实践中常见的情形包括:

(1)母子公司之间或者子公司之间进行利益输送的;

(2)母子公司或者子公司之间进行交易,收益归一方,损失却由另一方承担的;

(3)先从原公司抽走资金,然后再成立经营目的相同或者类似的公司,逃避原公司债务的;

(4)先解散公司,再以原公司场所、设备、人员及相同或者相似的经营目的另设公司,逃避原公司债务的;

(5)过度支配与控制的其他情形。

控制股东或实际控制人控制多个子公司或者关联公司,滥用控制权使多个子公司或者关联公司财产边界不清、财务混同,利益相互输送,丧失人格独立性,沦为控制股东逃避债务、非法经营,甚至违法犯罪工具的,可以综合案件事实,否认子公司或者关联公司法人人格,判令承担连带责任。

**12.【资本显著不足】**资本显著不足指的是,公司设立后在经营过程中,股东实际投入公司的资本数额与公司经营所隐含的风险相比明显不匹配。股东利用较少资本从事力所不及的经营,表明其没有从事公司经营的诚意,实质是恶意利用公司独立人格和股东有限责任把投资风险转嫁给债权人。由于资本显著不足的判断标准有很大的模糊性，特别是要与公司采取“以小博大”的正常经营方式相区分，因此在适用时要十分谨慎，应当与其他因素结合起来综合判断。

**13.【诉讼地位】**人民法院在审理公司人格否认纠纷案件时，应当根据不同情形确定当事人的诉讼地位：

（1）债权人对债务人公司享有的债权已经由生效裁判确认，其另行提起公司人格否认诉讼，请求股东对公司债务承担连带责任的，列股东为被告，公司为第三人；

（2）债权人对债务人公司享有的债权提起诉讼的同时，一并提起公司人格否认诉讼，请求股东对公司债务承担连带责任的，列公司和股东为共同被告；

（3）债权人对债务人公司享有的债权尚未经生效裁判确认，直接提起公司人格否认诉讼，请求公司股东对公司债务承担连带责任的，人民法院应当向债权人释明，告知其追加公司为共同被告。债权人拒绝追加的，人民法院应当裁定驳回起诉。

## 相关问题

### 一、纵向人格否认应考虑哪些因素？

新《公司法》第23条第1款对纵向人格否认作出了规定，当股东利用其控制的公司，滥用公司法人独立地位和股东有限责任，逃避债务，严重损害公司债权人利益时，公司债权人可以以该款作为请求权基础，要求股东以及被控制的公司对公司债务承担连带责任。在纵向人格否认相关的案件中，法院一般考虑的因素包括公司股东是否无偿使用公司的资金或者财产，且没有履行公司规定的程序，也未进行记载；是否存在独立的公司账簿和股东账簿，公司账簿信息是否准确、完整，是否存在记载混乱的情形；公司的收益是否无正当理由转入股东的账户，致使公司收益和股东收益无法区分等。

新《公司法》第23条第3款规定了在一人公司中，由股东对公司与股东财产独立进行举证，股东须对股东与公司各自独立建账、分开核算；公司按照法律规定在每一年会计年度结束时编制财务会计报告等，对能够证明股东与公司人格区分的事实进行举证，如果其未能完成举证责任，则应承担举证不能的风险，即在个案中要与公司对公司债权人承担连带责任。例如，在杭州杭挂机电有限公司、浙江省浙商资产管理有限公司执行异议纠纷案[①]中，法院认为，追加一人公司股东为被执行人需要满足两个条件：一是公司的财产不足以清偿债务；二是股东不能证明其财产独立于公司财产。根据原审第三人杭州行地集团有限公司的审计报告以及实际已停止营业的情况来看，行地集团财产确不足以清偿案涉债务，故该案主要审查杭州杭挂机电有限公司是否能够举证证明其财产独立于行地集团。杭挂公司为证明其财产独立，提供了行地集团2015年专项审计报告以及2016年、2017年的年度审计报告，表明行地集团和杭挂公司各自独立建账、分开核算，并且根据法律规定在每一会计年度终了时编制财务会计报告经会计师事务所审计，审计报告的内容及所附财务报表并未显示杭挂公司与行地集团存在财产混同的情况。

## 二、横向人格否认中应考虑哪些因素？

新《公司法》第23条增加了第2款横向人格否认规范，股东利用其控制的两个以上公司实施前款规定行为的，各公司应当对任一公司的债务承担连带责任。相较于最高人民法院第15号指导性案例参照适用原《公司法》纵向人格否认的规定，法院在个案中认定存在横向人格否认情形时可以直接适用新《公司法》第2款。存在疑问的是，新《公司法》第23条第2款应如何适用，法官在适用时需考虑的因素包括哪些？

在判定是否构成横向人格否认时，有法院将各公司之间"财产是否混同""人员是否混同""业务是否混同"视为重要因素，结合上述因素综合分析是否应适用人格否认的规范。在最高人民法院第15号指导性案例中，法院表示，公司的独立财产是其独立承担责任的物质基础，而关联公司的财产无法区分、导致独立人格丧失，则构成人格混同。[②] 有法院将"财产是否混同""人员是否混同"视为重要因素，没有提及"财产是否混同"这一要素。[③] 有法院仅考虑其中

① 参见浙江省杭州市中级人民法院民事判决书，(2020)浙01民终4120号。

② 参见江苏省高级人民法院民事判决书，(2011)苏商终字第0107号。

③ 参见北京市第二中级人民法院民事判决书，(2020)京02民终11576号。

一个要素,但结合诚实信用原则等,认为应在个案中否认兄弟公司、姐妹公司或者受同一公司控制的不同公司的人格,应共同对债权人承担连带责任。[①]

我们认为,认定是否存在横向人格否认情形的核心标准为财产混同。如果各公司之间财产权利没有清晰边界,股东就可以在各公司之间肆意转移财产、资金等以逃避债务履行,损害债权人的合法权益。因此,从保护债权人合法权益的角度来说,当各公司之间存在财产混同时,足以认定在个案中存在横向人格否认情形,其他事项的混同,如业务、员工和住所混同,可以作为补强论证的因素。

## 三、如何认定股东与公司之间存在财产混同?

人格否认适用的一个重要原因是财产混同。财产混同,是指股东与公司或者被股东控制的公司之间的财产无法区分,该情况通常导致公司与股东、被控制的各公司之间的人格混同。存在疑问的是,如何对财产混同这一要件进行认定?

第一,根据《九民纪要》第 10 条,法院认定存在财产混同所考虑的因素包括:(1)股东无偿使用公司资金或者财产,不作财务记载。例如,最高人民法院在判决中认为,如果公司之间存在资产无偿使用的情形,也可以作为存在财产混同的有力证明[②]。(2)股东用公司的资金偿还股东的债务,或者将公司的资金供关联公司无偿使用,不作财务记载。例如,在淄博顺泽建筑劳务有限公司、淄博九疆市政工程有限公司等建设工程施工合同纠纷案[③]中,被告众良公司向原告支付了本应由被告程洲公司支付的工程款,法院结合该事实以及被告顺泽公司、众良公司、程洲公司的股东、联系电话、邮箱地址完全一致、企业地址相邻、业务相同等事实认定本案存在人格混同的情形。(3)公司账簿与股东账簿不分,致使公司财产与股东财产无法区分。(4)股东与公司的收益无法区分,导致双方利益的分配不清晰。(5)公司的财产记载于股东名下,由股东占有、使用。

① 参见河南省商丘市中级人民法院民事判决书,(2016)豫 14 民终 2812 号。
② 参见最高人民法院民事判决书,(2019)最高法民终 20 号。
③ 参见山东省淄博市中级人民法院民事判决书,(2022)鲁 03 民终 1411 号。

第二,在司法实践中,法院认定存在财产混同所考虑的因素包括公司之间存在大量无正当理由的交叉转账、合账;公司之间存在无正当理由大量、频繁的资金往来等。例如,在北京天佑恒远物业管理有限公司与北京雅苑时尚酒店管理有限公司等房屋租赁合同纠纷案①中,法院认为,被告北京雅苑时尚酒店管理有限公司与北京天佑恒远物业管理有限公司作为独立法人,未严格按照财务管理的规定,独立收取各自租户的租金,存在交叉付款、收款的情形,构成财产混同。又如,在贝发集团股份有限公司、国科莱恩生物科技(杭州)有限公司等买卖合同纠纷案②中,法院查明事实发现两被告之间存在大量、频繁的资金往来,关于转账原因,两被告均表示无法提供转账相关财务凭证、无法明确经办人员,亦未对其中两个公司充当转付通道的理由作出正当合理的解释。直接与债权人交易的债务人国科莱恩生物科技(杭州)有限公司在收到债权人汇入的款项后,除对外支付外,其余大部分款项均在短时间内汇入了另外两个被告的账户,账户余额留存较少,而另外两个被告在收到款项后,并未立即将全部款项汇出给他人,尤其是其中一个被告的账户内曾经留存了大量款项,而在债务人被告需要对外支付但余额不足时,另外两个被告又会将相应款项汇入债务人被告公司账户。据此,法院认定两被告在无正当交易理由的情况下相互转款,导致其财产边界不清、财务混同。

## 四、如何认定股东对公司存在过度支配与控制?

人格否认中,股东过度支配与控制公司也是法院否认公司人格的重要原因之一。存在疑问的是,如何区分股东权利的正当行使与股东滥用权利、过度支配与控制公司的行为,以避免过度扩张连带责任的适用,对股东施加过重的负担。

第一,股东未经过公司正当程序与公司进行利益输送的,法院可能认定股东存在滥用权利行为。如果股东滥用权利的行为导致公司财产状况恶化,公司债务无法清偿的,股东应与公司对债权人承担连带责任。例如,在北京斯普乐电线电缆有限公司诉德州锦城电装股份有限公司、第三人天津市日拓高科技有

① 参见北京市第三中级人民法院民事判决书,(2022)京03民终5372号。
② 参见浙江省宁波市北仑区人民法院民事判决书,(2021)浙0206民初2515号。

限公司股东损害公司债权人利益责任纠纷案[①]中，法院认为，公司原股东在转让对公司的股权前，变更公司与公司的重要客户之间的关系，将债权债务关系转移到自己名下，导致公司无法清偿到期债务，损害债权人的合法权益，公司股东应与公司承担连带责任。

第二，股东无视公司经营管理应遵循的程式规定，导致公司丧失独立经营能力的，可能被认定为对公司存在过度支配与控制。例如，在山西汽运集团临汾汽车运输有限公司与贾某某、临汾尧光神龙汽车服务有限公司民间借贷纠纷案[②]中，根据临汾汽车运输有限公司的文件及作为工资发放依据的职工考勤表等证据，公司作出经营决策必须先通过向股东请示，经报批后才能实施，财务支出也要经过股东审核批准后才能支出，法院认为，公司不能完全自主经营，而经营决策对公司的经营状况具有决定性作用，该案中股东对公司进行过度支配和控制。因此，现公司对该案债务无力偿还，股东行使股东权利不当，损害了债权人实现债权的利益，股东应对公司债务承担连带责任。

第三，股东与公司之间账户往来频繁，但股东无法合理正当说明的，法院也可能认定存在公司不具有独立人格的情形，要求股东与公司对债权人承担连带责任。在上海某装饰涂料有限公司诉陈某某、杜某某股东损害公司债权人利益责任案[③]中，法院认为，股东的配偶和直系亲属个人账户与公司账户往来频繁，持续时间较长，且无法说明款项用途，导致公司财产不足以清偿已知债务，应认定该股东对公司的过度支配与控制行为已严重损害公司债权人利益，可突破公司的独立性地位，要求该股东承担连带责任。

如果股东能够证明，公司与其之间的金钱、物品之间的流转系正常业务往来，法院不会直接以公司、股东之间存在转账或者物品的交付认定存在股东控制权滥用情形。

例如，在杭州杭挂机电有限公司、浙江省浙商资产管理有限公司执行异议纠纷案[④]中，债权人认为公司与股东之间存在借款关系，因此构成纵向人格否认的情形。法院认为，虽然公司和股东之间存在借款或者款项往来的情况，但母

---

① 参见北京市第三中级人民法院民事判决书，(2019)京03民终2577号。
② 参见山西省临汾市中级人民法院民事判决书，(2019)晋10民终1294号。
③ 参见上海市第二中级人民法院民事判决书，(2020)沪02民终2001号。
④ 参见浙江省杭州市中级人民法院民事判决书，(2020)浙01民终4120号。

子公司之间的借款或者存在关联交易并不违反公司法的规定,不能仅以双方之间存在款项往来或者关联交易而直接认定子公司与母公司财产混同。因此,公司与股东之间存在关联交易,并非直接构成对公司法规定的违反,只要该交易价格、条件合理,不存在股东掠夺公司财产利益的行为,应尊重公司与股东之间的正常经营安排,不能贸然认为股东对公司构成过度支配与控制。

前述均是公司股东对公司的支配与控制,即股东通过投资关系持有公司的股权。而对于人格否认中支配与控制实施的认定,是否要求被告必须与被控制公司具有持股关系,则存在争议。有法院认为,应限于持有公司股权的股东,严格遵照公司法的文义,不能扩张人格否认中被告的范围。例如,在北京德贤天伦食品有限公司与北京麻辣诱惑食品有限公司等买卖合同纠纷案[①]中,法院认为,股东对公司进行支配与控制,是指公司控制股东对公司过度支配与控制,操纵公司的决策过程,使公司完全丧失独立性,沦为控制股东的工具或躯壳,严重损害公司债权人利益,滥用控制权的股东对公司债务应当承担连带清偿责任。可见,构成人格混同及过度支配与控制的主体应为公司股东与公司。但是,根据该案的事实,两被告之间并不存在持股关系,因此,《公司法》关于人格否认的规定不适用。但在最高人民法院第15号指导性案例中,最高人民法院认为,虽然该案中被告是三个公司的实际控制人,但考虑到公司法人格否认规范的目的,应让被告与公司承担连带责任。最高人民法院采取参照适用的方法,使得支配控制公司的主体与公司对债权人承担连带责任,采取实质重于形式的认定方法。

### 五、如何认定公司资本显著不足?

资本显著不足作为纵向人格否认的一类原因,在实践中存在争议,如何认定资本显著不足的时点、"不足"的判断标准以及资本显著不足能否作为单独的人格否认等。

第一,就资本显著不足的认定时点,应以公司设立后而非公司设立时作为认定的时间点。根据《九民纪要》第12条,资本显著不足指的是,公司设立后在经营过程中,股东实际投入公司的资本数额与公司经营所隐含的风险相比明显

① 参见北京市第二中级人民法院民事判决书,(2020)京02民终11576号。

不匹配。判断公司资本是否显著不足，是将公司设立后经营过程中作为判断时点，而非公司设立时的注册资本额；是以股东实际缴纳的出资额作为与风险比较的对象，而非公司的注册资本额。赵旭东教授提出，决定公司信用的并不只是公司的资本，公司的资产对公司的信用起着更重要的作用。[①]《九民纪要》的规定体现了对公司资产信用的重视，以及对公司实际偿债能力的关注。

司法实践中，公司债权人如果仅以公司注册资本少于其与公司签订合同的金额为由起诉，法院一般不会认定存在资本显著不足的情形，如在水发派思燃气股份有限公司、中国电力工程有限公司、北京中电远方电力技术有限公司买卖合同纠纷案[②]中，法院即持此观点。但如果公司债权人能够证明在公司设立后，股东并未向公司实缴任何金额，股东向公司实际投入的与公司的经营风险明显不匹配，就可以认定存在资本显著不足的情形，在北京升达房地产发展有限公司与周建美等房屋租赁合同纠纷案[③]中，法院即持此观点。

第二，就资本显著不足中"不足"的判断标准，《九民纪要》第 12 条规定，资本显著不足，是指股东利用较少资本从事力所不及的经营，表明其没有从事公司经营的诚意，实质是恶意利用公司独立人格和股东有限责任把投资风险转嫁给债权人。实践中，在适用资本显著不足进行人格否认时要十分谨慎，应当与其他因素结合起来综合判断，不能仅以公司实缴资本额较低为由认为存在资本显著不足的情形。《九民纪要》强调，由于资本显著不足的判断标准有模糊性，特别是要与公司采取"以小博大"的正常经营方式相区分。"以小博大"是企业在合理范围内通过资本杠杆融资的正常市场行为，展现了一定的商业冒险精神。对于"资本显著不足"与"以小博大"存在本质的差异，"资本显著不足"系股东滥用法人地位、故意将风险转嫁给公司债权人的行为，"以小博大"则是一种合理的商业决策。在司法实践中，法院区分资本显著不足与"以小博大"考虑的因素，包括公司正常经营所需的资本额与发起人约定的资本额的差额是否达到明显不匹配的程度、该明显不匹配程度的持续时间、股东是否存在滥用公司独立人格和股东有限责任损害债权人利益的恶意等。

---

① 参见赵旭东：《从资本信用到资产信用——公司信用基础的检讨》，载《中国商法年刊》2004 年第 3 期；赵旭东：《从资本信用到资产信用》，载《法学研究》2003 年第 5 期。

② 参见北京市高级人民法院民事判决书，(2021)京民终 854 号。

③ 参见北京市海淀区人民法院民事判决书，(2021)京 0108 民初 39720 号。

(1)资本显著不足的认定,以股东投入公司的资本与公司经营所需资本额明显不匹配为前提条件。有法院以公司发起人在合作协议、发起人协议等文件中约定的出资额作为判断公司经营所需资本额的标准。如果公司发起人在文件中约定的出资额远高于公司的注册资本额,则通常会被认定存在股东实际投入公司的资本数额与公司经营所隐含的风险相比明显不匹配的情形,股东利用较少资本从事力所不及的经营,没有从事公司经营的能力,实质系恶意利用公司独立人格和股东有限责任把投资风险转嫁给债权人。在上述情形中,法院一般认为,公司在经营过程中资本显著不足是很明显的,不存在"以小博大"正常的经营活动,在新世纪建设集团有限公司、利辛县中泰房地产开发有限公司等建设工程施工合同纠纷案①中,法院持此观点。有法院在认定公司的经营风险时,会结合公司所从事的行业特征、公司设立时向银行的贷款金额、公司的规模设置进行分析。比如,若公司从事铜等高价值有色金属制造业,则公司必须凭借雄厚资金维持正常经营,公司的经营风险较高,股东应向公司投入的资本额也自然较高。在浙江巨化物流有限公司、胡某某等股东损害公司债权人利益责任纠纷案②中,法院即持此观点。

(2)认定资本显著不足,要求股东向公司投入资金与公司资本额的不明显匹配程度已经持续一段时间。起算点一般为公司与债权人签订合同或协议时,如果在协议签订之后,股东向公司投入的资金额与公司需要向债权人履行的债务数额相差甚远,比如前者仅达到后者的50%时,且该情形已经持续了数年,法院可能认为股东向公司投入的资本数额与公司经营所隐含的风险已经达到明显不匹配的程度且已经达到了一定的时间段,股东利用较少的资本从事力所不及的经营,表明其并没有从事公司经营的诚意,实质上就是利用公司独立人格和股东有限责任把投资风险转嫁给债权人,进而认定存在资本显著不足的情形。在史某某与上海深赜企业发展有限公司等股权转让纠纷案③中,法院认为,协议签订至今已经有3年,股东向公司投入的资金额与公司需要向债权人履行的债务数额相差甚远,进而认定该案存在资本显著不足的情形。

---

① 参见安徽省亳州市利辛县人民法院民事判决书,(2020)皖1623民初5468号。

② 参见浙江省玉环市人民法院民事判决书,(2022)浙1021民初2585号。

③ 参见上海市第一中级人民法院民事判决书,(2021)沪01民终4825号。

(3)认定资本显著不足时,还需要考虑公司股东的主观过错。如果股东向公司投入的资本数额与公司业务规模基本匹配,公司向债权人履行债务占总债务比例较高,即可以认为公司股东不存在恶意转嫁投资经营风险的行为,不应认定公司存在资本显著不足的情形。在北京峰洪功成科技有限公司、周某某等建设工程施工合同纠纷案[①]中,法院即持此观点。

第三,关于资本显著不足是否可以成为单独作为否认公司人格的充分原因,实践中裁判存在分歧。有法院单独以公司资本显著不足否认了公司人格,认为股东在临近认缴出资年限时未进行任何出资,且公司有多起债务经法院判决后未清偿,可以认定为资本显著不足的情形,公司股东滥用公司法人独立地位和股东有限责任、逃避债务、严重损害公司债权人利益,应当对公司债务承担连带责任。在浙江巨化物流有限公司、胡某某等股东损害公司债权人利益责任纠纷案[②]中,法院持此观点。也有法院结合资本显著不足与人格混同、过度支配与控制等因素,在个案中否认公司人格。[③]

我们认为,判断在个案中是否需要否认公司人格,关键在于判断公司股东是否存在利用公司独立人格和股东有限责任将公司的经营风险转嫁给公司债权人的行为。如果公司资本显著不足,如自公司设立以来,股东未向公司投入任何资本或者其投入资本与其经营的业务明显不匹配,且公司有多起债务经过法院判决后未清偿,则足以认定公司股东存在滥用公司独立人格和股东有限责任逃避债务、不当转嫁风险的行为,法院可以单独适用“资本显著不足”在个案中否认公司的独立人格。

---

① 参见山东省烟台市中级人民法院民事判决书,(2022)鲁 06 民终 506 号。

② 参见浙江省玉环市人民法院民事判决书,(2022)浙 1021 民初 2585 号。

③ 参见陕西省西安市碑林区人民法院民事判决书,(2019)陕 0103 民初 8462 号。

# 案由 2 实际控制人损害公司债权人利益责任纠纷

适用指引

## 一、实际控制人损害公司债权人利益责任纠纷概述

实际控制人损害公司债权人利益责任纠纷是指因公司的实际控制人利用对公司的控制权,实施逃避履行公司债务、妨碍公司进行清算等严重损害公司债权人利益行为而引发的纠纷。

新《公司法》第 265 条第 3 项规定,实际控制人是指通过投资关系、协议或者其他安排,能够实际支配公司行为的人,删除了原《公司法》第 216 条第 3 项中“虽不是公司的股东”的表述。这是因为,实践中不乏持有少数股权或者股份的股东通过股东协议、一致行动人安排等对公司拥有控制权的情形,前述主体虽然实际上能够控制公司,却可以根据原《公司法》第 216 条第 3 项的定义规避实际控制人规范的适用。新《公司法》删除了“虽不是公司的股东”的表述,有利于填补公司法的漏洞。

实践中,实际控制人可能通过滥用公司独立人格的方式侵害公司债权人利益。新《公司法》第 23 条仅规定了股东滥用公司独立人格和股东有限责任,逃避债务,严重损害公司债权人利益的,应当对公司债务承担连带责任,在公司实际控制人对公司债权人同时具备公司股东身份时,其滥用公司独立人格和股东有限责任,损害公司债权人利益,按照新《公司法》第 23 条对公司债务承担连带责任,自无疑义。当公司实际控制人通过间接持有股权、股权代持协议、投资协议等对公司,拥有控制权时,其虽非公司的股东,但当其利用对公司控制权转移公司资产,逃避债务,侵害债权人的利益时,我们认为,应类推适用新《公司法》第 23 条规定,要求其向债权人承担责任。原因在于:第一,公司人格否认规范的目的是在公司已经丧失独立的意志时,应否认其独立性和独立承担责任的可

能性,要求导致公司不具有独立人格的主体与公司承担连带责任,因此,当实际控制人系滥用公司独立人格的主体时,要求其与公司承担连带责任,与新《公司法》第 23 条的根本要义契合;第二,可以有效规制规避法律的行为,防止公司实际控制人通过隐藏在层层股权关系或者协议、安排之后,规避新《公司法》第 23 条的适用;第三,可以回应实践中规制实际控制人的需求,保障公司债权人的合法权益。

此外,实际控制人还可能通过协助股东抽逃出资、妨碍公司清算程序、未依法清算即注销公司等方式侵害公司债权人合法权益。

实际控制人滥用对公司控制权,逃废债务,严重侵害债权人利益的,应对公司债务与公司承担连带责任。此类纠纷可以区分纵向人格否认相关纠纷和横向人格否认相关纠纷。实践中,法院适用纵向人格否认的情形多为实际控制人与公司存在财产混同、实际控制人过度支配与控制公司等。在横向人格否认相关纠纷中,公司实际控制人控制多个子公司或者关联公司,滥用控制权和公司独立人格使得多个子公司或者关联公司财产界定不清、财产混同、利益相互输送、丧失人格独立性,沦为公司实际控制人逃避债务、非法经营的工具,此时应当否认子公司或者关联公司的人格,要求其对公司债务人承担连带责任。

## 二、实际控制人损害公司债权人利益责任纠纷的诉讼主体

### (一)原告

实际控制人损害公司债权的利益,债权人作为原告,有权对实际控制人提起诉讼。

### (二)被告

关于实际控制人侵害公司债权人利益纠纷中的被告,需区分不同的情形加以判断。

在实际控制人利用公司独立人格损害公司债权人利益纠纷中,根据《九民纪要》第 13 条的规定,如果公司债权人对债务人公司享有的债权已经由人民法院生效裁判确认,其另行对实际控制人提起人格否认诉讼,请求实际控制人对公司债务承担连带责任的,人民法院应列实际控制人为被告,公司为第三人。债权人对债务人公司享有的债权提起诉讼的同时,一并提起诉讼,请求实际控

制人对公司债务承担相连带责任的,人民法院应列公司和实际控制人为共同被告。如果债权人对债务人公司享有的债权尚未经生效裁判确认,直接提起诉讼,请求公司实际控制人对公司债务承担相应责任的,人民法院应当向债权人释明,告知其追加公司为共同被告。债权人拒绝追加的,人民法院应当裁定驳回起诉。

在实际控制人实施妨碍公司清算、协助股东抽逃出资等行为损害公司债权人利益的纠纷中,债权人可以单独起诉实际控制人,以实际控制人为被告。在公司尚未被注销的情形中,当案件处理结果与公司有法律上的利害关系时,根据《民事诉讼法》第59条,公司可以申请作为第三人参加诉讼,或者由人民法院通知公司作为第三人参加诉讼。

## 三、实际控制人损害公司债权人利益责任纠纷的管辖

在实际控制人损害公司债权人利益责任纠纷中,实际控制人对债权人承担的责任实质上为特殊的侵权责任,因此,实际控制人损害公司债权人利益责任纠纷应依据侵权责任纠纷管辖的一般规定确定管辖法院。根据《民事诉讼法》第29条和《民诉解释》第24条的规定,侵权行为实施地、侵权结果发生地及被告住所地人民法院对案件均有管辖权。

## 四、实际控制人损害公司债权人利益责任纠纷与一般侵权责任纠纷的区别

需要注意的是,实际控制人损害公司债权人利益责任纠纷与一般侵权责任纠纷存在差别。公司合法取得法人资格,实际控制人与公司人格独立,公司以外第三人不应对公司的债务对债权人承担责任。但是,在例外情形下,公司实际控制人滥用公司人格,比如公司实际控制人过度支配与控制公司,或者无偿使用公司财产,实际控制人与公司发生财产混同,严重侵害债权人利益时,应要求实际控制人向公司债权人承担责任。法院适用公司人格否认规范要求公司实际控制人对公司债权人承担责任,应坚持审慎适用的原则,避免过度扩张公司实际控制人的责任。一般侵权责任纠纷并不体现该原则。两个案由的区分体现了组织法和行为法规范存在差异。

## 主要规范依据

### 《公司法》

**第二十三条** 公司股东滥用公司法人独立地位和股东有限责任，逃避债务，严重损害公司债权人利益的，应当对公司债务承担连带责任。

股东利用其控制的两个以上公司实施前款规定行为的，各公司应当对任一公司的债务承担连带责任。

只有一个股东的公司，股东不能证明公司财产独立于股东自己的财产的，应当对公司债务承担连带责任。

**第二百六十五条** 实际控制人，是指通过投资关系、协议或者其他安排，能够实际支配公司行为的人。

### 《公司法司法解释（二）》

**第十八条** 有限责任公司的股东、股份有限公司的董事和控股股东未在法定期限内成立清算组开始清算，导致公司财产贬值、流失、毁损或者灭失，债权人主张其在造成损失范围内对公司债务承担赔偿责任的，人民法院应依法予以支持。

有限责任公司的股东、股份有限公司的董事和控股股东因怠于履行义务，导致公司主要财产、账册、重要文件等灭失，无法进行清算，债权人主张其对公司债务承担连带清偿责任的，人民法院应依法予以支持。

上述情形系实际控制人原因造成，债权人主张实际控制人对公司债务承担相应民事责任的，人民法院应依法予以支持。

**第十九条** 有限责任公司的股东、股份有限公司的董事和控股股东，以及公司的实际控制人在公司解散后，恶意处置公司财产给债权人造成损失，或者未经依法清算，以虚假的清算报告骗取公司登记机关办理法人注销登记，债权人主张其对公司债务承担相应赔偿责任的，人民法院应依法予以支持。

### 《公司法司法解释（三）》

**第十四条** 股东抽逃出资，公司或者其他股东请求其向公司返还出资本息、协助抽逃出资的其他股东、董事、高级管理人员或者实际控制人对此承担连带责任的,人民法院应予支持。

公司债权人请求抽逃出资的股东在抽逃出资本息范围内对公司债务不能清偿的部分承担补充赔偿责任、协助抽逃出资的其他股东、董事、高级管理人员或者实际控制人对此承担连带责任的,人民法院应予支持;抽逃出资的股东已经承担上述责任,其他债权人提出相同请求的,人民法院不予支持。

**《九民纪要》**

**(四)关于公司人格否认**

公司人格独立和股东有限责任是公司法的基本原则。否认公司独立人格,由滥用公司法人独立地位和股东有限责任的股东对公司债务承担连带责任,是股东有限责任的例外情形,旨在矫正有限责任制度在特定法律事实发生时对债权人保护的失衡现象。在审判实践中,要准确把握《公司法》第20条第3款规定的精神。一是只有在股东实施了滥用公司法人独立地位及股东有限责任的行为,且该行为严重损害了公司债权人利益的情况下,才能适用。损害债权人利益,主要是指股东滥用权利使公司财产不足以清偿公司债权人的债权。二是只有实施了滥用法人独立地位和股东有限责任行为的股东才对公司债务承担连带清偿责任,而其他股东不应承担此责任。三是公司人格否认不是全面、彻底、永久地否定公司的法人资格,而只是在具体案件中依据特定的法律事实、法律关系,突破股东对公司债务不承担责任的一般规则,例外地判令其承担连带责任。人民法院在个案中否认公司人格的判决的既判力仅仅约束该诉讼的各方当事人,不当然适用于涉及该公司的其他诉讼,不影响公司独立法人资格的存续。如果其他债权人提起公司人格否认诉讼,已生效判决认定的事实可以作为证据使用。四是《公司法》第20条第3款规定的滥用行为,实践中常见的情形有人格混同、过度支配与控制、资本显著不足等。在审理案件时,需要根据查明的案件事实进行综合判断,既审慎适用,又当用则用。实践中存在标准把握不严而滥用这一例外制度的现象,同时也存在因法律规定较为原则、抽象,适用难度大,而不善于适用、不敢于适用的现象,均应当引起高度重视。

**10.【人格混同】**认定公司人格与股东人格是否存在混同,最根本的判断标准是公司是否具有独立意思和独立财产,最主要的表现是公司的财产与股东的财产是否混同且无法区分。在认定是否构成人格混同时，应当综合考虑以下因素：

（1）股东无偿使用公司资金或者财产，不作财务记载的；

（2）股东用公司的资金偿还股东的债务，或者将公司的资金供关联公司无偿使用，不作财务记载的；

（3）公司账簿与股东账簿不分，致使公司财产与股东财产无法区分的；

（4）股东自身收益与公司盈利不加区分，致使双方利益不清的；

（5）公司的财产记载于股东名下，由股东占有、使用的；

（6）人格混同的其他情形。

在出现人格混同的情况下，往往同时出现以下混同：公司业务和股东业务混同；公司员工与股东员工混同，特别是财务人员混同；公司住所与股东住所混同。人民法院在审理案件时，关键要审查是否构成人格混同，而不要求同时具备其他方面的混同，其他方面的混同往往只是人格混同的补强。

**11.【过度支配与控制】**公司控制股东对公司过度支配与控制，操纵公司的决策过程，使公司完全丧失独立性，沦为控制股东的工具或躯壳，严重损害公司债权人利益，应当否认公司人格，由滥用控制权的股东对公司债务承担连带责任。实践中常见的情形包括：

（1）母子公司之间或者子公司之间进行利益输送的；

（2）母子公司或者子公司之间进行交易，收益归一方，损失却由另一方承担的；

（3）先从原公司抽走资金，然后再成立经营目的相同或者类似的公司，逃避原公司债务的；

（4）先解散公司，再以原公司场所、设备、人员及相同或者相似的经营目的另设公司，逃避原公司债务的；

（5）过度支配与控制的其他情形。

控制股东或实际控制人控制多个子公司或者关联公司，滥用控制权使多个子公司或者关联公司财产边界不清、财务混同，利益相互输送，丧失人格独立性，沦为控制股东逃避债务、非法经营，甚至违法犯罪工具的，可以综合案件事实，否认子公司或者关联公司法人人格，判令承担连带责任。

**12.【资本显著不足】**资本显著不足指的是，公司设立后在经营过程中，股东实际投入公司的资本数额与公司经营所隐含的风险相比明显不匹配。股东利用较少资本从事力所不及的经营，表明其没有从事公司经营的诚意，实质是恶意利用公司独立人格和股东有限责任把投资风险转嫁给债权人。由于资本显著不足的判断标准有很大的模糊性，特别是要与公司采取"以小博大"的正常经营方式相区分，因此在适用时要十分谨慎，应当与其他因素结合起来综合判断。

**13.【诉讼地位】**人民法院在审理公司人格否认纠纷案件时，应当根据不同情形确定当事人的诉讼地位：

（1）债权人对债务人公司享有的债权已经由生效裁判确认，其另行提起公司人格否认诉讼，请求股东对公司债务承担连带责任的，列股东为被告，公司为第三人；

（2）债权人对债务人公司享有的债权提起诉讼的同时，一并提起公司人格否认诉讼，请求股东对公司债务承担连带责任的，列公司和股东为共同被告；

（3）债权人对债务人公司享有的债权尚未经生效裁判确认，直接提起公司人格否认诉讼，请求公司股东对公司债务承担连带责任的，人民法院应当向债权人释明，告知其追加公司为共同被告。债权人拒绝追加的，人民法院应当裁定驳回起诉。

## 相关问题

### 一、如何确定实际控制人损害公司债权人利益责任纠纷的管辖？

对于实际控制人损害公司债权人利益责任纠纷的管辖问题，司法实践主流观点认为，适用一般侵权纠纷管辖的规定。存在疑问的是，侵权行为地应如何认定？实践中存在两种观点。

第一种观点认为，原告债权人所在地为侵权行为地。侵权行为地包括侵权行为结果发生地，债权人所在地即为侵权行为结果发生地。在储某建等与李某亭实际控制人损害公司债权人利益责任纠纷案中，法院认为，在实际控制人损害公司债权人利益责任纠纷中，被侵权人李某亭住所地可以作为侵权结果发生地确定案件地域管辖。因李某亭住所地位于北京市丰台区，属北京市丰台区人民法院辖区范围，故北京市丰台区人民法院依法对该案有管辖权。此外，法院认为，管辖权是民事程序运作的前提，并未进入案件的实体审理。在管辖权审查阶段，仅对案件进行形式审查，即只要当事人的主张及提交的初始证据在形式上能够确定管辖，法院即可对案件的管辖权进行认定。故储某建关于不能认为李某亭被侵权的上诉主张，因不属管辖权异议案件的审理范围，法院不予审查和认定。在北京登峰伟业建筑工程有限公司与华某红、祁某升股东损害公司债权人利益责任纠纷案①中，最高人民法院认为，根据《民事诉讼法》（2017 年修正）第 28 条和《民诉解释》第 24 条的规定，侵权行为实施地、侵权结果发生地及被告住所地人民法院对案件均有管辖权，北京登峰伟业建筑工程有限公司作为被侵权人，其住所地北京市应当属于侵权结果发生地，故北京市房山区人民法院对该案有管辖权。

第二种观点，公司住所地可以作为侵权行为地。在汪某与孙某损害公司债权人利益责任纠纷案中，上海市第一中院认为，根据《公司法司法解释（三）》第 13 条的规定，未履行或未全面履行出资义务的股东应当在未出资本息范围内，对公司债务不能清偿的部分，向公司的债权人承担补充赔偿责任。依据第三人侵害债权理论，该责任的性质可认定为侵权责任。因此，股东瑕疵出资的行为属于侵权行为，故公司住所地可视为该侵权行为的实施地及结果发生地。该案中原告作为债权人以债务人（案外人 × × 有限公司）的发起人及股东之一孙某为被告提起诉讼，属于上述司法解释规定的股东损害公司债权人利益责任之诉，因而，案外人 × × 有限公司所在地即上海市闵行区 × × 路 × × 号 × × 幢 × × 室，可视为侵权行为地，故上海市闵行区人民法院对该案有管辖权。②

我们认为，侵权行为地既包括债权人住所地和债务人公司住所地，实际控制人损害公司债权人利益性质为第三人侵害债权的行为，实际控制人侵害债权人的方式包括实际控制人与公司发生人格混同、过度支配与控制公司等，具体的表现包括侵占公司财产、利用关联交易从公司不当转移财产等行为。因此，公司住所地应为侵权行为地。进一步来说，将公司住所地确定为侵权行为地，

---

① 参见最高人民法院民事裁定书，（2018）最高法民辖 80 号。

② 参见上海市第一中级人民法院民事裁定书，（2020）沪 01 民辖 238 号。考虑到股东损害债权人利益责任纠纷与实际控制人损害债权人利益责任纠纷具有相似性，法院对该案由下管辖法院管辖的认定也可以为本案由下的管辖法院的确认提供参考。

也更有利于法院查明实际控制人的侵权事实,有利于争议的解决。

**二、如何认定实际控制人?**

该问题的核心在于对"控制"的理解。新《公司法》第265条第3项规定,如果通过投资关系、协议或者其他安排,能够实际支配公司行为的,应认定为对公司有控制权。《上海证券交易所股票上市规则》第15.1条、《深圳证券交易所上市规则》第13.1条、《北京证券交易所股票上市规则(试行)》第12.1条规定均规定,控制权体现为对公司的实际支配。对于何为"实际支配公司行为",各板块上市规则、《上市公司收购管理办法》、会计准则、税法等相关规范可以提供参考,认定的因素包括是否能够对公司股东会、董事会产生实质影响;是否对公司的经营管理和财政政策具有支配权利;是否能够决定公司董事会半数以上成员的选任等。实践中,实际控制人实现对公司控制的方式包括以下类型:

第一,通过直接或间接控股、股权代持等投资关系对公司事务产生决定性影响。如果该主体通过直接或间接控股、股权代持等方式实际享有超过公司50%的股权;或虽然其实际持股比例未达50%,但依据其实际持股比例已经能对公司的股东会、董事会决议产生重大影响;或是其能够决定公司董事会半数以上的选任等情形的,一般会被认定为对公司享有控制权。间接控股是指实际控制人通过多层股权结构控制公司。股权代持是指公司实际控制人与第三人约定,由第三人担任名义股东,其作为实际出资人,虽然第三人为登记的公司股东,但实际上第三人按照实际控制人的指示行使表决权等股东权利。公司实际控制人通过直接或间接控股、隐名持股等方式,可以按照其意愿通过公司股东会决议,支配公司行为。例如,在上海新长征国际贸易有限公司与宁波保税区明正国际贸易有限公司等确认合同无效纠纷再审案①中,创世公司持有沈师桥大酒店60%的股权,为沈师桥大酒店的控制股东,朱某是创世公司的法定代表人并持有创世公司51%的股权,由此可以认定,朱某通过投资关系,能够实际支配沈师桥大酒店的行为,系沈师桥大酒店的实际控制人。

第二,通过协议或者其他安排对公司事务产生决定性影响。实践中,存在实际控制人通过一致行动协议、债权性或权益性投资协议、特许经营权协议、表

---

① 参见最高人民法院民事判决书,(2018)最高法民再361号。

决权委托代理协议等对公司取得控制权的情形。例如,公司股东通过签订一致行动协议或在公司章程中规定一致行动条款,约定一致行动股东在公司经营过程中无条件地采取一致行动,如果一致行动股东的表决权数量总额能够达到对公司决策产生重大影响或者决定公司的经营决策的程度,则一致行动股东对公司取得控制权,应被认定为公司的共同控制人,在郭某南、王某平二审案[①]中,法院持此观点。此外,在一致行动协议或条款约定如果行动人无法达成一致、以特定主体的意见在公司会议中行使表决权时,如果一致行动人表决权数量总额达到能够通过决议的多数时,该特定主体实质上可以对公司股东会、董事会施加重大或决定性影响,对公司享有控制权。

① 参见湖南省长沙市中级人民法院民事判决书,(2019)湘01民终3799号。

# 案由 3 董事、高级管理人员损害公司债权人利益责任纠纷

## 适用指引

### 一、董事、高级管理人员损害公司债权人利益责任纠纷概述

本案由对应的是新《公司法》第 191 条。依据新《公司法》第 191 条，董事、高级管理人员执行职务，给他人造成损害的，公司应当承担赔偿责任；董事、高级管理人员存在故意或者重大过失的，也应当承担赔偿责任。此处的“他人”，应指与公司存在基础法律关系的主体（公司债权人）。新《公司法》新增了董事和高级管理人员对公司债权人的责任，旨在对董事和高级管理人员利用公司实施不法行为进行规制。新《公司法》第 191 条强化了对公司债权人利益的保障，特别是在我国公司资本认缴制的背景下，公司债务到期后，公司往往无资产可供清偿，公司债权人欲向有资产而不愿履行出资义务的公司股东追责，却又面临着重重障碍。

就董事、高级管理人员对公司债权人的责任而言，在新《公司法》第 191 条之前，公司法司法解释已经有规定，在特定情形下，如董事未督促公司股东按时缴纳出资、协助股东抽逃出资、未依法履行清算义务等，侵害债权人利益时，董事应对公司债权人承担责任。新《公司法》第 191 条系对董事和高级管理人员对公司债权人承担责任作出一般性规定，相较于此前的分散、零散的司法解释层面的规定，将董事、高级管理人员对公司债权人的责任上升到法律规范，能够更好地为司法裁判、董事、监事、高级管理人员的行为提供清晰指引。

以下是对董事和高级管理人员损害公司债权人利益责任纠纷类型的概括。

#### （一）董事和高级管理人员直接侵害公司债权人利益责任纠纷

在董事和高级管理人员对公司债权人责任中，直接侵害通常指董事和高级管理人员在执行职务时出于故意或重大过失，直接给公司债权人带来的损害。

该损害应是董事和高级管理人员在执行职务时发生。具体而言,判断董事和高级管理人员是否在执行职务时造成直接侵害至少有两个标准:一是董事和高级管理人员在公司授权或具备权利外观的情况下以公司名义行事;二是董事和高级管理人员的行为与职务行为有客观上的牵连关系。因此,董事和高级管理人员因个人原因而损害债权人利益的情况通常不应被归入董事和高级管理人员对第三人责任的规范范畴,因为此时行为往往属于违法犯罪,与公司行为与董事和高级管理人员职务无关。

代表性的董事和高级管理人员直接侵害公司债权人利益的行为包括董事和高级管理人员明知公司陷入财务困境时仍向银行借款,导致公司最终无法偿还对银行的债务;董事和高级管理人员明知公司不具备经营能力与清偿能力的情况下购入商品,导致公司最终无法偿还对商品出卖人的债务等。

(二)董事和高级管理人员间接侵害公司债权人利益责任纠纷

在董事和高级管理人员对公司债权人利益责任纠纷中,董事和高级管理人员间接侵害公司债权人利益通常涉及董事和高级管理人员的经营行为不尽责,导致公司资产状况恶化,甚至使公司陷入破产,最终导致公司债权人无法收回债权。这类情况下,公司的损害是因公司利益受损而间接发生的,因此属于间接侵害。债权人可以通过证明董事和高级管理人员事先可能预见到债权难以收回的可能性,以及第三人遭受的损害与董事和高级管理人员职务懈怠导致公司损害之间存在因果关系等,来获得法律规定的救济。

需注意的是,在责任类型化的角度上,直接侵害和间接侵害在实践中并非截然对立关系,董事和高级管理人员在履行职务时可能存在故意或重大过失,同时造成公司和债权人利益的双重受损。例如,董事和高级管理人员违反食品安全法,导致产品违法加工或过期销售,不仅使消费者受害并引发群体性诉讼,还可能使公司无法偿还债务而陷入破产。在这种情况下,公司、消费者、债权人都有权向董事和高级管理人员主张相应的赔偿责任。

## 二、董事和高级管理人员损害公司债权人利益责任纠纷的诉讼主体

(一)原告

董事和高级管理人员损害公司债权人利益,债权人作为原告,有权对董事和高级管理人员提起诉讼。

(二)被告

关于董事和高级管理人员侵害公司债权人利益纠纷的诉讼中的被告,因董事和高级管理人员对债权人承担补充责任,需要根据不同情形进行认定。如果公司债权人对债务人公司享有的债权已经由人民法院生效裁判确认,其另行提起董事和高级管理人员对公司债权人责任诉讼,请求董事和高级管理人员对公司债务承担补充责任的,应列董事和高级管理人员为被告,公司为第三人。债权人对债务人公司提起诉讼的同时,一并提起董事和高级管理人员对公司债权人责任诉讼,请求董事和高级管理人员对公司债务承担补充责任的,应列公司和董事、高级管理人员为共同被告。如果债权人对债务人公司享有的债权尚未经生效裁判确认,直接提起董事和高级管理人员对公司债权人责任诉讼,请求公司董事和高级管理人员对公司债务承担责任,人民法院应当向债权人释明,告知其追加公司为共同被告。债权人拒绝追加的,人民法院应当裁定驳回起诉。

## 三、董事和高级管理人员损害公司债权人利益责任纠纷的管辖

因董事和高级管理人员损害公司债权人利益责任纠纷提起的诉讼,债权人起诉董事和高级管理人员对公司债务承担相应赔偿责任的,并非涉及公司组织行为或损害公司利益的案件,应根据案件的实际法律关系加以确定。董事和高级管理人员损害公司债权人利益责任纠纷,应依据侵权责任纠纷管辖的一般规定确定管辖法院。董事和高级管理人员损害公司债权人利益责任纠纷,被侵权人住所地可以作为侵权结果发生地。根据《民事诉讼法》第 29 条和《民诉解释》第 24 条的规定,侵权行为实施地、侵权结果发生地及被告住所地人民法院对案件均有管辖权。

## 四、董事和高级管理人员损害公司债权人利益责任纠纷与一般侵权责任纠纷的区别

需要注意的是,董事和高级管理人员损害公司债权人利益责任纠纷与一般侵权责任纠纷存在差别。

其一,责任性质存在差异。董事和高级管理人员对第三人责任属于公司法组织法上的责任,体现了公司组织中各方利益的平衡以及公司法的基础理论的

转变。传统公司法理论将董事和高级管理人员视为公司的受托人,认为董事和高级管理人员与公司外的第三人之间并不直接发生法律关系。然而,随着现代公司发展,公司利益相关者在公司发展中发挥着日益重要的作用,公司利益相关者与公司的联系也愈发紧密。[①] 现代公司法理论开始重视对公司利益相关者的保护以及公司的社会责任。[②] 域外有关于董事和高级管理人员对第三人责任制度的规定,旨在保护公司利益相关者的合法权益。董事和高级管理人员对公司债权人责任规范的确立反映了组织法理论的变化,力求在公司股东和非公司股东的利益相关者之间实现平衡,确保董事、高级管理人员在履行职责时不损害公司利益相关者的权益,从而促进公司的可持续发展和社会责任的履行。一般侵权责任属于行为法上的责任,并不关注组织中各方的利益平衡,关注的是如何从个体层面对民事主体权益保护与行为自由维护价值进行权衡。

其二,责任构成要件不同。从责任的义务违反构成要件来说,董事、高级管理人员对债权人的责任以其违反法律和公司章程执行公司事务为前提,而不以其违反对债权人的注意义务为条件。侵权责任则以行为人违反对被侵权人的注意义务为前提条件。从主观过错要件来说,董事、高级管理人员对债权人的责任以其违反法律和公司章程执行公司事务时具有故意或者重大过失为前提;一般侵权责任以一般过错作为构成要件,只有在例外时才以行为人具有故意或者重大过失作为责任的构成要件。

其三,举证责任存在差异。就对董事、高级管理人员的过错证明而言,董事、高级管理人员对债权人的责任应为过错推定责任,即只要债权人能够证明其损害是董事、高级管理人员违反法律和公司章程执行职务所致,而董事、高级管理人员无法证明自己没有过错,就推定董事、高级管理人存在过错。之所以采取过错推定原则,一是因公司债权人无法及时获取有关公司的全面的、准确的信息,收集被侵权证据困难,相较于公司的董事、高级管理人员处于劣势,两者的地位不具有对等性;二是公司债权人利益受损,即债权无法获得清偿,也多是因为董事、高级管理人员违反对公司的忠实义务、勤勉义务的结果,要求董事、高级管理人员对其已依据法律和公司章程履职承担证明责

① 参见赵旭东:《公司法修订中的公司治理制度革新》,载《中国法律评论》2020 年第 3 期。

② 参见赵旭东、赵怡琳:《企业社会责任评价制度的构建》,载《经贸法律评论》2019 年第 5 期。

任具有公平性与合理性。如果不采取过错推定原则，则很可能导致新《公司法》第191条沦为具文。一般侵权责任则以被侵权人对行为人存在过错承担举证责任为原则，即被侵权人对行为人的过错证明程度应达到高度盖然性，否则应承担举证不能的风险；一般侵权责任以过错推定为例外，避免过度干预行为人的行为自由。

## 主要规范依据

**《公司法》**

**第一百九十一条** 董事、高级管理人员执行职务，给他人造成损害的，公司应当承担赔偿责任；董事、高级管理人员存在故意或者重大过失的，也应当承担赔偿责任。

**第二百三十二条** 公司因本法第二百二十九条第一款第一项、第二项、第四项、第五项规定而解散的，应当清算。董事为公司清算义务人，应当在解散事由出现之日起十五日内组成清算组进行清算。

清算组由董事组成，但是公司章程另有规定或者股东会决议另选他人的除外。

清算义务人未及时履行清算义务，给公司或者债权人造成损失的，应当承担赔偿责任。

**《公司法司法解释(二)》**

**第十八条** 有限责任公司的股东、股份有限公司的董事和控股股东未在法定期限内成立清算组开始清算，导致公司财产贬值、流失、毁损或者灭失，债权人主张其在造成损失范围内对公司债务承担赔偿责任的，人民法院应依法予以支持。

有限责任公司的股东、股份有限公司的董事和控股股东因怠于履行义务，导致公司主要财产、账册、重要文件等灭失，无法进行清算，债权人主张其对公司债务承担连带清偿责任的，人民法院应依法予以支持。

上述情形系实际控制人原因造成，债权人主张实际控制人对公司债务承担相应民事责任的,人民法院应依法予以支持。

**第十九条** 有限责任公司的股东、股份有限公司的董事和控股股东,以及公司的实际控制人在公司解散后,恶意处置公司财产给债权人造成损失,或者未经依法清算,以虚假的清算报告骗取公司登记机关办理法人注销登记,债权人主张其对公司债务承担相应赔偿责任的,人民法院应依法予以支持。

**《公司法司法解释(三)》**

**第十三条** 股东未履行或者未全面履行出资义务,公司或者其他股东请求其向公司依法全面履行出资义务的,人民法院应予支持。

公司债权人请求未履行或者未全面履行出资义务的股东在未出资本息范围内对公司债务不能清偿的部分承担补充赔偿责任的,人民法院应予支持;未履行或者未全面履行出资义务的股东已经承担上述责任,其他债权人提出相同请求的,人民法院不予支持。

股东在公司设立时未履行或者未全面履行出资义务,依照本条第一款或者第二款提起诉讼的原告,请求公司的发起人与被告股东承担连带责任的,人民法院应予支持;公司的发起人承担责任后,可以向被告股东追偿。

股东在公司增资时未履行或者未全面履行出资义务,依照本条第一款或者第二款提起诉讼的原告,请求未尽公司法第一百四十七条第一款规定的义务而使出资未缴足的董事、高级管理人员承担相应责任的,人民法院应予支持;董事、高级管理人员承担责任后,可以向被告股东追偿。

**第十四条** 股东抽逃出资,公司或者其他股东请求其向公司返还出资本息、协助抽逃出资的其他股东、董事、高级管理人员或者实际控制人对此承担连带责任的,人民法院应予支持。

公司债权人请求抽逃出资的股东在抽逃出资本息范围内对公司债务不能清偿的部分承担补充赔偿责任、协助抽逃出资的其他股东、董事、高级管理人员或者实际控制人对此承担连带责任的,人民法院应予支持;抽逃出资的股东已经承担上述责任,其他债权人提出相同请求的,人民法院不予支持。

相关问题

## 一、如何界定新《公司法》第191条“他人”的范围?

新《公司法》第191条规定,董事、高级管理人员执行职务,给他人造成损害的,公司应当承担赔偿责任;董事、高级管理人员存在故意或者重大过失的,也应当承担赔偿责任。但该条并未对“他人”的范围进行明确,“他人”的范围可能包括公司的股东、供应商、银行、雇员、政府、社会团体、一般公众等,有必要对该术语进行解释,避免过度扩张董事、高级管理人员的责任范围。

有观点基于董事、高级管理人员利益衡量的角度,认为需要区分直接损害和间接损害的情形,前者是指董事、高级管理人员直接控制公司损害第三人合法权益,实施直接侵权行为,后者是指董事、高级管理人员违反对公司的忠实或勤勉义务,导致公司利益受损、资产状况变差,间接导致公司债权人因债权无法获得清偿而遭受损害。对于直接损害的情形,在董事和高级管理人员故意、重大过失实施直接侵权行为时,“他人”是指与公司不存在任何基础法律关系的主体,原因在于,此时董事、高级管理人员与第三人之间利益失衡,应让董事、高级管理人员承担责任,否则违反自己责任、过错责任的基本原则;对于间接损害的情形,在董事、高级管理人员违反法律和公司章程履职存在故意时,“他人”是指与公司存在基础法律关系的主体,包括公司的供应商、为公司提供贷款的银行等,即前文所述公司债权人,作此理解有利于纠正利益失衡的情形,同时避免董事和高级管理人员承担过重的责任。[①] 也有观点认为,应以与公司之间是否存在利益关系为标准,区分公司直接利益相关者和间接利益相关者,“他人”指的是直接利益相关者,即与公司存在基础法律关系,比如劳动关系、买卖合同关系等的主体。[②]

我们认为,应将“他人”的范围限于直接利益相关者,即与公司具有基础法律关系的、广义上的公司债权人,包括公司的供应商、劳动者、为公司提供贷款

---

① 参见岳万兵:《董事对第三人责任的公司法进路》,载《环球法律评论》2023年第1期。

② 参见徐强胜、王萍萍:《论董事对第三人责任——兼评〈公司法(修订草案)〉第一百九十条》,载《河南社会科学》2023年第7期。

的银行等。

其一,从体系解释的角度来说,新《公司法》第1条规定公司法的立法目的包括保护公司、股东、职工和债权人的合法权益,因此,公司董事、高级管理人员在履职时应考虑公司职工和债权人的合法权益。需要注意的是,新《公司法》第191条中的"他人"应不包括股东,新《公司法》第190条已经规定董事和高级管理人员侵害股东利益时的直接责任。在董事、高级管理人员未履行对公司负担的信义义务、损害公司利益进而间接使股东利益受损时,董事和高级管理人员对公司直接承担责任可以增加公司的资产,从而能够弥补股东的损失。此外,董事和高级管理人员损害公司利益时,股东可通过派生诉讼主张救济,因此,股东的合法权益保护问题通过新《公司法》其他规范可以解决,无须借道新《公司法》第191条。

其二,从利益平衡的角度来说,将"他人"限于公司的直接利益相关者,可以兼顾董事、高级管理人员决策自由和债权人合法权益保障两项利益。鉴于公司债权人与公司之间存在诸如劳动合同、买卖合同等基础法律关系,从董事、高级管理人员到公司债权人存在以公司作为媒介的直接的利益传导链条,在董事、高级管理人员因故意、重大过失违法履职造成公司债权人损失时,如员工被违法拖欠工资、消费者使用缺陷产品遭受损害等,即存在利益失衡问题,要求董事、高级管理人员对公司债权人承担责任有利于解决前述问题,矫正利益失衡的局面。而当被侵权人与公司并不存在基础法律关系时,董事、高级管理人员在作出商业决策时难以考量其具体利益,要求董事、高级管理人员考虑公司间接利益相关者就过于苛刻,且过度扩张"他人"范围也可能导致董事、高级管理人员面临大量诉讼,影响董事、高级管理人员正常履职,影响其履职的积极性。

因此,综合对新《公司法》规范的体系解释以及利益平衡因素,我们认为,"他人"应指与公司存在基础法律关系的主体,即广义上的公司债权人,而不包括公司的股东。

## 二、董事、高级管理人员对公司债权人的损害如何承担责任?

对于董事和高级管理人员对债权人损害承担责任的责任类型,到底是与公司一起对债权人承担的连带责任,抑或是补充责任,实践中存在较大争议。有观点认为,原则上董事、高级管理人员承担连带责任,连带责任的比例或数额应进行限制。我们认为,结合公司法修订草案的历次调整以及利益平衡的角度来看,董事、高级管理人员原则上承担的是补充责任而非连带责任,虽然域外有关于董事、高级管理人员与公司承担连带责任的规定,但须结合我国实际进行分析。

首先,从公司法修订草案的历次调整来看,可以得出的结论是,董事、高级管理人员对第三人承担的责任原则上非连带责任。《公司法修订草案(一审稿)》规定:"董事、高级管理人员执行职务,因故意或者重大过失,给他人造成损害的,应当与公司承担连带责任。"《公司法修订草案(二审稿)》(以下简称《二审稿》)转而规定:"董事、高级管理人员执行职务,给他人造成损害的,公司应当承担赔偿责任;董事、高级管理人员存在故意或者重大过失的,也应当承担赔偿责任。"新《公司法》沿用了《二审稿》的规定,明确董事、高级管理人员执行职务,给他人造成损害的,由公司先承担赔偿责任;公司承担赔偿责任之后,存在故意或者重大过失的董事、高级管理人员,对于其执行职务行为给债权人造成的损害,也承担赔偿责任。鉴于新《公司法》删除了"连带责任"的表述,应理解为原则上董事和高级管理人员对第三人承担的并非与公司连带的责任。

其次,从利益平衡的角度来分析,应避免对董事和高级管理人员履职施加过重的责任。要求董事和高级管理人员对公司债务承担连带责任,会对其公司履职施加过重的压力。有学者指出,中国企业家是市场经济的拓荒者,用其经历为我国市场经济的建立与完善积累了特别的经验和教训,用自己的亲身实践为未来的市场经济的推进铺平道路,科学的法律制度是企业家健康成长的必需土壤。[①] 在董事和高级管理人员对第三人责任的背景下,如果要求董事和高级管理人员对公司债务承担连带责任,一方面对于董事和高级管理人员自身而言,可能动辄得咎,负担巨额债务,打击其职业热情;另一方面,可能对董事和高级管理人员市场造成巨大打击,过重的责任容易引发董事和高级管理人员"辞职潮"的问题,甚至会引发"劣币驱逐良币"的问题,最终对我国市场经济造成消极影响。因此,为了避免对董事和高级管理人员履职施加过重的责任,鼓励中国企业家创新拼搏,积极抓住商业机会,董事和高级管理人员对第三人责任应非连带责任,而是补充责任,即在公司无法清偿对债权人的债务时,董事和高级

---

① 参见赵旭东:《企业家命运与法律成长》,载《法人杂志》2009 年第 2 期。

管理人员才会对第三人承担责任。另外,域外规定连带责任的情形中,董事、高级管理人员一般对其控制公司直接侵害债权人的行为承担损害赔偿责任,一般不包括间接损害的情形。我国新《公司法》第191条并未限缩适用于“直接损害”,董事、高级管理人员在直接损害、间接损害的情形中均可能对债权人承担赔偿责任。因此,将新《公司法》第191条规定的责任理解为补充责任,更符合利益平衡的要求。

CHAPTER 09

# 第九章

# 公司变更相关诉讼

## 案由 1 公司合并纠纷

### 适用指引

#### 一、公司合并纠纷概述

公司合并是指两个及两个以上的公司以合并协议的方式不经清算而直接依法律规定合并为一个公司的法律行为。新《公司法》第 218 条规定:“公司合并可以采取吸收合并或者新设合并。一个公司吸收其他公司为吸收合并,被吸收的公司解散。两个以上公司合并设立一个新的公司为新设合并,合并各方解散。”根据上述规定,吸收合并是指一家或多家企业被另一家企业吸收,吸收方继续保留其合法地位,被吸收方不再作为一个独立的经营实体而存在,从而注销。新设合并是指两个或两个以上的企业组成一个新的实体,原来的企业都不再以独立的经营实体而存在,从而注销,只保留新的实体继续经营。根据《公司法》相关规定,一般的公司合并需要由董事会制定合并方案,并经股东会特殊决议表决通过。但是,新《公司法》第 219 条[①]新增了简易合并的特殊情形,与普通合并相比,简易合并在合并程序上有所简化,主要表现在合并不需要股东会决议,但必须经董事会决议。公司的简易合并平衡了公司合并程序中的效率与公

① 新《公司法》第 219 条规定:“公司与其持股百分之九十以上的公司合并,被合并的公司不需经股东会决议,但应当通知其他股东,其他股东有权请求公司按照合理的价格收购其股权或者股份。公司合并支付的价款不超过本公司净资产百分之十的,可以不经股东会决议;但是,公司章程另有规定的除外。公司依照前两款规定合并不经股东会决议的,应当经董事会决议。”

平,体现了商法对效率的重视。公司合并主要产生三个方面的法律后果:公司法人人格的消灭、公司的变更或设立、合并各方权利和义务的概括承受。

公司合并纠纷是指公司合并没有依照合并协议或者公司章程进行,或者违反了法律、行政法规的强制性规定所引起的纠纷。《民事案件案由规定》将该类纠纷列为第三级案由,即公司合并纠纷。

(一)常见的公司合并纠纷类型

公司合并纠纷的相关争议主要包括:合并协议纠纷、合并违反债权人保护程序纠纷、合并过程中其他纠纷。

第一,合并协议纠纷。公司合并协议是进行合并的依据,同一般合同纠纷相同,合并各方可能会因为合并协议的效力、履行、解除等问题产生纠纷。其中,合并协议纠纷中的合并效力瑕疵纠纷是合并纠纷中最为常见的纠纷类型。合并效力瑕疵往往指向公司合并无效,虽然公司合并的事实已经成立,但由于在合并过程中存在瑕疵,公司人格、股东身份与营业等情况不产生应有的法律效果。当合并协议不成立、被撤销、无效而没有效力时,公司合并行为的效力就失去了基础,从而不发生相应的法律效力。我国《公司法》没有直接规定公司合并无效制度,导致实践中司法裁判对于合并无效之诉态度各异。我们认为,合并必须经公司决议,且系多方利益主体依合并协议而实施的法律行为,若公司合并因违反法律、行政法规的强制性规范而无效,利害关系人可通过确认合并协议或者合并决议效力确认之诉而否定合并的效力。

需要注意的是,公司合并协议的效力与公司分立决议的效力存在牵连,但由此产生的纠纷属于不同的案由,前者属于公司合并纠纷,后者属于公司决议纠纷。关于二者之间的关系,可以分为以下两种情况进行讨论:其一,股东会未作有关公司合并的决议。公司合并与否的决定权在于股东会,在股东会对此未作决议的情况下,公司法定代表人代表公司对外签署合并协议并实施合并行为就属于越权行为。由于股东会作出合并决议是《公司法》明文规定的合并程序之一,因此,合并关系的相对方有义务审查对方公司关于合并的股东会决议。在缺乏股东会决议的情况下实施合并行为,相对方未尽到审查义务,无法构成善意,合并协议因此没有效力,合并行为也随之失去效力。需注意,实践中存在公司合并虽未经股东会决议,但所有股东均同意且不损害公司利益的情形,此种情形下合并有效。其二,存在股东会有关公司合并的决议,但是决议存在不成立、可撤销或者无效事由。合并相对方作为公司的外部人,若要对公司股东会决议的真实性、合法性与有效性进行审查,并不容易,需要耗费一定的时间和精力成本。如果对合并相对方施加如此的义务,将导致交易成本上升,与公司法提高交易效率的立法目标相去甚远。合并相对方通常情况下对合并决议效力瑕疵的不知情是没有过错的,在这种情况下,若公司合并决议被撤销、宣告无效或不成立,根据新《公司法》第28条第2款的规定,不影响合并协议的效力。

第二,违反债权人保护程序瑕疵纠纷。新《公司法》第220条规定:"公司合并,应当由合并各方签订合并协议,并编制资产负债表及财产清单。公司应当自作出合并决议之日起十日内通知债权人,并于三十日内在报纸上或者国家企业信用信息公示系统公告。债权人自接到通知之日起三十日内,未接到通知的自公告之日起四十五日内,可以要求公司清偿债务或者提供相应的担保。"债权人保护程序中出现合并瑕疵实际上是对合并法定程序的违反,实践中主要表现为以下两个方面:其一,未适当通知债权人。债权人对合并依法享有知情权,合并通知是债权人行使异议权的前提。合并公司应当以能够到达债权人的合理方式对已知债权人进行个别通知。未在适当时间内通知、未对已知债权人个别通知、未适当公告都会影响债权人行使正当权利,公司对此存在过错,就会构成合并瑕疵。其二,未依法清偿债务或者提供相应的担保。公司合并不因个别债权人的异议受到阻碍,但是合并程序瑕疵可以成为债权人请求权的基础。司法实践中,若公司违反债权人保护程序进行合并,对此有法院认为,"公司未履行法定通知义务,既有可能是外部程序中公司行为存在瑕疵,如具体经办人员的疏漏等,也有可能是内部程序中控制和决定公司合并的主体有意为之"。若属于后一种情况,"虽然公司法并未规定公司不按照债权人的要求清偿债务或者提供相应担保的,债权人可以阻止或者否定合并,但是债权人提出上述要求后,若公司既不清偿债务,又不提供相应担保,而公司股东仍坚持进行合并的,则应承担相应的风险,一旦合并行为被证明损害了要求清偿债务或者提供相应担保的债权人的利益,公司股东应承担相应的损害赔偿责任"。[①]

第三,合并行为应当经有关行政主管机关批准而未获得批准纠纷。根据相关法律法规的规定,证券公司的合并须经国务院证券监督管理机关批准,构成

① 参见江苏省高级人民法院民事判决书,(2016)苏民终187号。

经营者集中的公司合并须经国务院反垄断执法机构的批准,外商投资企业的合并须经对外经贸主管机关的批准。构成经营者集中的公司合并未经批准而无效,在反垄断法上能够找到依据;证券公司与外商投资企业未经批准而合并的行为无效,虽没有直接的法律规范,但是该行为损害了公共秩序与公共利益,其无效依然是有法可依。

第四,合并不公正纠纷。主要是指合并主体之间的合并条件或程序履行不公平,最典型的即为合并对价不公允纠纷。合并不公正可能成为合并无效的原因之一。

(二)公司合并无效的法律后果

合并无效会导致以下的法律效果:

第一,根据《民法典》第157条[①]的规定,公司合并无效时原则上各方主体应该恢复到合并前的状态。在吸收合并中,消灭公司应从存续公司中分离,存续公司进行变更。新设公司应该注销登记,消灭公司应该重新登记。合并一方对合并无效有过错的,还应承担相应的缔约过失责任。

第二,无效判决的溯及力的限制。合并无效的判决只对将来有效,对合并期间公司的经营活动没有溯及力,合并后至无效判决生效时的存续公司为事实上的公司,其经营活动,只要不违反与该经营相关的法律或行政法规的禁止性规定,仍然有效。如果合并无效判决溯及既往,自合并开始无效,则影响交易安全,导致法律关系混乱,损害第三方利益。所以,公司合并被宣告无效后,合并期间的经营活动依然有效。

## 二、公司合并纠纷的诉讼主体

根据公司合并涉及不同的诉讼类型,相应的原被告主体需要进行具体分析:

(一)合并协议纠纷的诉讼主体

若因合并协议效力、履行、解除等发生争议,按合同纠纷确立原被告。需要

---

① 《民法典》第157条规定:"民事法律行为无效、被撤销或者确定不发生效力后,行为人因该行为取得的财产,应当予以返还;不能返还或者没有必要返还的,应当折价补偿。有过错的一方应当赔偿对方由此所受到的损失;各方都有过错的,应当各自承担相应的责任。法律另有规定的,依照其规定。"

注意实践中存在原告不适格的情况，如公司股东无权请求解除公司合并协议[①]、合并协议当事人之外的股东无权请求确认公司合并协议无效。[②]

（二）合并违反债权人保护程序纠纷的诉讼主体

若未通知债权人或者未依法清偿债务或者提供相应的担保，债权人为原告，公司为被告。根据最高人民法院《关于审理与企业改制相关的民事纠纷案件若干问题的规定》（2020年修正）第33条的规定，企业吸收合并或新设合并后，被兼并企业应当办理而未办理工商注销登记，债权人起诉被兼并企业的，人民法院应当根据企业兼并后的具体情况，告知债权人追加责任主体，并判令责任主体承担民事责任。

（三）合并过程中其他纠纷的诉讼主体

在公司的合并过程中如果产生争议，参与合并的任一方当事人有权就公司的合并提起诉讼，此时异议主体为原告，其他合并主体为被告。与合并相关的利害关系人也可以提起诉讼，此时被侵犯利益的利害关系人为公司合并纠纷的原告，侵犯人为被告。

另外，公司合并后的新股东无权提起公司合并之诉。[③]

## 三、公司合并纠纷的管辖

根据《民诉解释》第22条的规定，因公司合并纠纷提起的诉讼，一般由公司住所地人民法院管辖。需要注意的是，《民事诉讼法》及其司法解释中存在关于公司诉讼特殊地域管辖的规定，但是特殊地域管辖不能排除协议管辖。因此公司合并纠纷，可以由双方协议选择与争议有实际联系的地点的人民法院管辖。

---

① 如西安市中级人民法院在（2013）西民四终字第00247号民事裁定书中认为："因签订本案兼并协议的主体是西安凯新公司和西安东阳公司。对于兼并协议在履行中出现的违约行为及要求解除兼并协议的诉讼主体，是签订该兼并协议的主体即西安东阳公司和西安凯新公司。李某等23人以其系西安东阳公司的股东身份，以西安凯新公司违约要求解除兼并协议……于法无据。"

② 参见淳安县人民法院民事判决书，（2012）杭淳商初字第1号。

③ 如成都市中级人民法院在（2017）川01民终11689号民事裁定书中认为："案涉合并关系的主体为简阳市亿发养猪专业合作社与原简阳市西南养猪专业合作社，而杨某容认可其在简阳市亿发养猪专业合作社与原简阳市西南养猪专业合作社合并前并非上述两个合作社的股东，则上述合并关系与杨某容之间并不具有直接利害关系。故一审法院……裁定驳回杨某容的起诉正确……"

## 主要规范依据

**《民法典》**

**第六十七条** 法人合并的,其权利和义务由合并后的法人享有和承担。

法人分立的,其权利和义务由分立后的法人享有连带债权,承担连带债务,但是债权人和债务人另有约定的除外。

**《公司法》**

**第六十六条** 股东会的议事方式和表决程序,除本法有规定的外,由公司章程规定。

股东会作出决议,应当经代表过半数表决权的股东通过。

股东会作出修改公司章程、增加或者减少注册资本的决议,以及公司合并、分立、解散或者变更公司形式的决议,应当经代表三分之二以上表决权的股东通过。

**第一百一十六条** 股东出席股东会会议,所持每一股份有一表决权,类别股股东除外。公司持有的本公司股份没有表决权。

股东会作出决议,应当经出席会议的股东所持表决权过半数通过。

股东会作出修改公司章程、增加或者减少注册资本的决议,以及公司合并、分立、解散或者变更公司形式的决议,应当经出席会议的股东所持表决权的三分之二以上通过。

**第二百一十八条** 公司合并可以采取吸收合并或者新设合并。

一个公司吸收其他公司为吸收合并,被吸收的公司解散。两个以上公司合并设立一个新的公司为新设合并,合并各方解散。

**第二百一十九条** 公司与其持股百分之九十以上的公司合并,被合并的公司不需经股东会决议,但应当通知其他股东,其他股东有权请求公司按照合理的价格收购其股权或者股份。

公司合并支付的价款不超过本公司净资产百分之十的,可以不经股东会决议;但是,公司章程另有规定的除外。

公司依照前两款规定合并不经股东会决议的,应当经董事会决议。

**第二百二十条** 公司合并,应当由合并各方签订合并协议,并编制资产负债表及财产清单。公司应当自作出合并决议之日起十日内通知债权人,并于三十日内在报纸上或者国家企业信用信息公示系统公告。债权人自接到通知之日起三十日内,未接到通知的自公告之日起四十五日内,可以要求公司清偿债务或者提供相应的担保。

**第二百二十一条** 公司合并时,合并各方的债权、债务,应当由合并后存续的公司或者新设的公司承继。

**第二百二十九条** 公司因下列原因解散:

(一)公司章程规定的营业期限届满或者公司章程规定的其他解散事由出现;

(二)股东会决议解散;

(三)因公司合并或者分立需要解散;

(四)依法被吊销营业执照、责令关闭或者被撤销;

(五)人民法院依照本法第二百三十一条的规定予以解散。

公司出现前款规定的解散事由,应当在十日内将解散事由通过国家企业信用信息公示系统予以公示。

**第二百五十五条** 公司在合并、分立、减少注册资本或者进行清算时,不依照本法规定通知或者公告债权人的,由公司登记机关责令改正,对公司处以一万元以上十万元以下的罚款。

**《证券法》**

**第七十六条** 收购行为完成后,收购人与被收购公司合并,并将该公司解散的,被解散公司的原有股票由收购人依法更换。

收购行为完成后,收购人应当在十五日内将收购情况报告国务院证券监督管理机构和证券交易所,并予公告。

**最高人民法院《关于审理与企业改制相关的民事纠纷案件若干问题的规定》**

**第三十一条** 企业吸收合并后,被兼并企业的债务应当由兼并方承担。

**第三十二条** 企业新设合并后，被兼并企业的债务由新设合并后的企业法人承担。

**第三十三条** 企业吸收合并或新设合并后，被兼并企业应当办理而未办理工商注销登记，债权人起诉被兼并企业的，人民法院应当根据企业兼并后的具体情况，告知债权人追加责任主体，并判令责任主体承担民事责任。

**《上市公司收购管理办法》**

**第六十三条** 有下列情形之一的，投资者可以免于发出要约：

（一）经政府或者国有资产管理部门批准进行国有资产无偿划转、变更、合并，导致投资者在一个上市公司中拥有权益的股份占该公司已发行股份的比例超过30%；

……

**《上市公司重大资产重组管理办法》**

**第四十九条** 换股吸收合并涉及上市公司的，上市公司的股份定价及发行按照本办法有关规定执行。

上市公司发行优先股用于购买资产或者与其他公司合并，中国证监会另有规定的，从其规定。

上市公司可以向特定对象发行可转换为股票的公司债券、定向权证、存托凭证等用于购买资产或者与其他公司合并。

**《市场主体登记管理条例实施细则》**

**第二十一条** 公司或者农民专业合作社（联合社）合并、分立的，可以通过国家企业信用信息公示系统公告，公告期45日，应当于公告期届满后申请办理登记。

非公司企业法人合并、分立的，应当经出资人（主管部门）批准，自批准之日起30日内申请办理登记。

市场主体设立分支机构的，应当自决定作出之日起30日内向分支机构所在地登记机关申请办理登记。

相关问题

## 一、公司合并协议的解除及法律效果

公司合并协议的解除遵循《民法典》关于合同解除事由的规定，但是，由于合并协议牵涉公司、股东、公司债权人、公司员工等各方主体的利益，司法实践中，法院对判断合并协议能否解除存在不同的裁判意见。部分法院支持双方不愿继续履行，请求解除合并协议的诉讼请求。最高人民法院在(2005)民二终字第38号民事判决书中认为，虽然《兼并协议》已经实际履行，但是兼并双方均强烈要求解除《兼并协议》，实际上双方继续履行《兼并协议》已不可能。如果继续维持双方之间的兼并关系，必将使企业陷入运行上的僵局，特别是一方不能正常经营的情形下，应尊重双方意愿，解除其兼并关系。四川省乐山市中级人民法院在(2022)川11民终227号民事判决书中同样认为，公司合并协议未继续履行，根据不具备合并的客观条件以及双方无继续履行协议的意愿，双方签订公司合并协议的目的已不能实现，应支持解除公司合并协议。也有法院认为，合并协议一方未按合同约定履行义务导致合并无法实现的，守约一方有权解除合同。如杭州市中级人民法院在(2013)浙杭商终字第1248号民事判决书中持此意见。但是也有法院不支持解除合并协议。例如，北京市石景山区人民法院在(2017)京0107民初14664号民事判决书中认为，协议中约定的各方合同义务及进度事项大部分已履行完毕，且一方有继续履行合作协议的意愿，另一方当事人的履行进度情况存在继续履行合同的条件。合作协议的履行现状不存在合同法规定的合同应予解除的法定情形，合作协议具有继续履行的基础与条件，各方均应珍视合并成果，继续促成合作协议的稳步有序完成。

我们认为，在判断公司合并协议能否解除时，首先应判断协议解除事由是约定解除还是法定解除。若是约定解除，在不损害其他主体利益的情况下，一般应尊重当事人之间真实的意思表示；若是法定解除，应考虑合并各方是否愿意继续履行合并协议，协议目的能否继续成就等综合情况。

合并协议解除后，产生的法律后果包括：一是，在合并协议解除后，各公司恢复其原有的法人资格；二是，在公司合并期间，接收财产的公司应当返还已经移交的财产;三是,若协议因违约而解除,解除权人可以请求违约方承担违约责任;四是,协议虽然解除了,但是在协议解除前进行的经营活动只要不违反法律的强制性规定,仍然是有效的。

## 二、关于公司合并引发的债务承继问题

实践中,在公司合并纠纷案件中处理公司合并引发的债务承继问题,应适用《民法典》和新《公司法》关于公司合并的规定。《民法典》第 67 条规定:"法人合并的,其权利和义务由合并后的法人享有和承担。法人分立的,其权利和义务由分立后的法人享有连带债权,承担连带债务,但是债权人和债务人另有约定的除外。"新《公司法》第 221 条规定:"公司合并时,合并各方的债权、债务,应当由合并后存续的公司或者新设的公司承继。"一般而言,对于两个或多个实力较强的公司合并,可形成优势互补、资源共享、优质资产叠加的良好态势,更有利于保护债权人的利益。但是在合并公司之间存在强弱之分的情况下,公司合并却可能对债权人的利益造成损害。此时,要把握好公司合并引发的债务承继原则,应按照不同情况分别判断合并后的公司如何对合并前的公司债务承担法律责任。

一是无论在吸收合并或者新设合并中,合并后的公司全部承继合并前各个公司的全部权利与义务,包括资产与负债。据此,合并后的公司继受债权不以通知债务人为生效要件,其继受债务也无须债权人同意。权利义务的概括继受不仅包括实体法上权利义务的继受,也包括程序法上权利义务的继受。就消灭公司尚未完结的诉讼等争讼程序而言,由存续公司或新设公司承受其当事人地位。

二是公司与债权人有债务归属约定的情况,在债权人得知公司即将合并后,可以与公司就债务承担达成协议,约定债务由公司提前清偿或者提供担保或者其他偿还方式。根据自治原则,则按照其约定处理。

三是关于合并的公司内部之间能否追偿的问题,应根据"内外有别"原则处理。对外部债权人,除非有约定,由合并后的公司承担债务;对内合并公司之间,如果有对遗漏债权债务等承担责任范围的内部约定,则按此约定处理,承担责任的公司当然可以按照约定向有关责任主体行使追偿权。在公司合并完成后,根据《民法典》第 576 条的规定,参与合并公司之间的债权债务因主体混同

而消灭，但是损害第三人利益的除外。

此外，还需要注意，若债权人并不主张公司合并无效，而只是向合并后的公司主张债权，这类纠纷不属于公司合并纠纷，而属于普通的债权债务纠纷，应另诉解决。

# 案由2 公司分立纠纷

## 适用指引

### 一、公司分立纠纷概述

公司分立是指公司未经清算而通过协议直接分为两个及两个以上公司的法律行为,是公司在组织上的一种变更。公司分立包括新设分立和派生分立两种方式,新设分立是指原公司分立为两个或者两个以上新的公司,原公司解散、消灭。派生分立是指原公司依然存在,但从原公司中分立出来一个或者一个以上新的公司,原公司的法人资格不变。公司分立是企业经营专门化、提升公司经营效率、减负增效的重要手段,属于公司经营中的重大变动事项。公司的分立会产生如下法律后果:(1)公司的变更、设立和解散;(2)股东和股权的变动;(3)债权、债务的承受。由于公司分立产生上述法律效果,涉及多家公司股东及债权人的利益,为了防止公司分立而侵害中小股东或债权人的利益,新《公司法》第222条规定:"公司分立,其财产作相应的分割。公司分立,应当编制资产负债表及财产清单。公司应当自作出分立决议之日起十日内通知债权人,并于三十日内在报纸上或者国家企业信用信息公示系统公告。"

实践中,公司分立纠纷往往与公司增资、减资、股东知情权、股东优先认购权、担保责任、股东出资等多种公司纠纷并存,公司分立纠纷的争议焦点集中在分立后财产分配及债务承担问题上。《民事案件案由规定》将该类纠纷列为第三级案由,即公司分立纠纷。

(一)常见的公司分立纠纷类型

1. 公司分立决议效力瑕疵纠纷

公司分立属《公司法》及公司治理重大事项,应当由股东会以特别会议决议方式作出。分立决议通常对被分立公司的资产分割、债务承担、注册资本和股权结构变动以及分立公司支付的股权或非股权对价如何分配等事项予以规定。与公司分立决议相关的公司决议瑕疵纠纷,实际上是关于违反分立程序和涉及债权人保护、股东权益保护的决议纠纷。

2. 违反债权人保护程序纠纷

公司分立违反债权人保护程序,债权人可能因公司未依法履行通知公告义务致使合法权益受损,进而主张公司分立无效,引发相关纠纷。但需要说明的是:首先,公司分立的场合并不会导致公司的资产流失或向股东不正当利益输送,而且公司分立前的债务由分立后的公司承担连带责任,故而该种场合下对债权人利益的维护不必采取即时清偿的模式,除非公司在分立前与债权人就债务清偿达成书面协议,债权人不得要求被分立公司清偿债务或提供担保。其次,若公司分立未通知债权人或未进行公告,司法实践中法院一般不会因公司债权人的主张确认公司分立无效,而认定公司分立不得对抗债权人。①

此外,若债权人并不主张公司分立无效,而只是向分立后的公司主张债权,这类纠纷不属于公司分立纠纷,而属于债权债务纠纷。

3. 公司分立协议纠纷

公司分立各方往往会签订分立协议或者分立计划,各方因公司分立合同的签订、效力、履行等都可能发生纠纷,如公司的股东会决议及分立程序都没有问题,但是相关方未按照分立计划执行或拖延执行。该类纠纷一般发生在公司内部,即股东之间因分立产生纠纷。权利主体可以分立协议为基础,主张相应民事权利。

(二)公司分立无效的法律后果

实践中,公司分立无效主要有下列情形:(1)未经股东会有效决议;(2)未经主管机关批准;(3)法律、行政法规规定的其他无效事由。需要注意的是,其他法律规定或地方公司登记机关对公司分立有特别规定的,如银行、保险、证券、外商投资等行业,公司分立时,应按照其规定进行。分立无效会导致以下法律后果:

第一,根据《民法典》第157条②的规定,公司分立无效时分立各方原则上应

① 参见最高人民法院民事裁定书,(2014)民申字第905号。

② 《民法典》第157条规定:"民事法律行为无效、被撤销或者确定不发生效力后,行为人因该行为取得的财产,应当予以返还;不能返还或者没有必要返还的,应当折价补偿。有过错的一方应当赔偿对方由此所受到的损失;各方都有过错的,应当各自承担相应的责任。法律另有规定的,依照其规定。"

该恢复到分立前的状态。分立无效判决一经确定,存续公司或新设公司即应实行合并,因分立而消灭的公司复活,因分立而成立的公司消灭,应该重新办理公司登记。

第二,无效判决的溯及力的限制。分立无效的判决只对将来有效,对分立期间公司的经营活动没有溯及力,分立后至判决生效时公司从事的经营活动,只要不违反与该经营相关的法律或行政法规的禁止性规定,仍然有效。

## 二、公司分立纠纷的诉讼主体

(一)分立决议效力纠纷的诉讼主体

对公司分立决议有异议的,按对应的决议纠纷确定诉讼主体。公司股东等有利害关系的人可以作为请求确认分立决议无效或者不成立的原告,公司股东还可以作为原告请求依法撤销分立决议。

此类纠纷,以作出分立决议的公司为被告。

(二)分立违反债权人保护程序纠纷的诉讼主体

公司分立瑕疵影响其权益或者主张分立无效的债权人为原告,公司为被告。

(三)分立协议纠纷的诉讼主体

若因分立协议履行等发生争议,按合同纠纷确定原告、被告。

## 三、公司分立纠纷的管辖

因公司分立纠纷提起的诉讼,一般由公司住所地人民法院管辖。需要说明的是,尽管《民事诉讼法》及其司法解释作出了关于公司诉讼特殊地域管辖的规定,然而特殊地域管辖不能排除协议管辖。因此公司分立纠纷,可以由双方协议选择与争议有实际联系的地点的人民法院管辖。

## 主要规范依据

**《民法典》**

**第六十七条** 法人合并的,其权利和义务由合并后的法人享有和承担。

法人分立的,其权利和义务由分立后的法人享有连带债权,承担连带债务,但是债权人和债务人另有约定的除外。

**第五百二十九条** 债权人分立、合并或者变更住所没有通知债务人,致使履行债务发生困难的,债务人可以中止履行或者将标的物提存。

**《公司法》**

**第六十六条** 股东会的议事方式和表决程序,除本法有规定的外,由公司章程规定。

股东会作出决议,应当经代表过半数表决权的股东通过。

股东会作出修改公司章程、增加或者减少注册资本的决议,以及公司合并、分立、解散或者变更公司形式的决议,应当经代表三分之二以上表决权的股东通过。

**第一百一十六条** 股东出席股东会会议,所持每一股份有一表决权,类别股股东除外。公司持有的本公司股份没有表决权。

股东会作出决议,应当经出席会议的股东所持表决权过半数通过。

股东会作出修改公司章程、增加或者减少注册资本的决议,以及公司合并、分立、解散或者变更公司形式的决议,应当经出席会议的股东所持表决权的三分之二以上通过。

**第二百二十二条** 公司分立,其财产作相应的分割。

公司分立,应当编制资产负债表及财产清单。公司应当自作出分立决议之日起十日内通知债权人,并于三十日内在报纸上或者国家企业信用信息公示系统公告。

**第二百二十三条** 公司分立前的债务由分立后的公司承担连带责任。但是,公司在分立前与债权人就债务清偿达成的书面协议另有约定的除外。

**第二百二十九条** 公司因下列原因解散:

(一)公司章程规定的营业期限届满或者公司章程规定的其他解散事由出现;

(二)股东会决议解散;

(三)因公司合并或者分立需要解散;

(四)依法被吊销营业执照、责令关闭或者被撤销;

（五）人民法院依照本法第二百三十一条的规定予以解散。

公司出现前款规定的解散事由，应当在十日内将解散事由通过国家企业信用信息公示系统予以公示。

**第二百五十五条** 公司在合并、分立、减少注册资本或者进行清算时，不依照本法规定通知或者公告债权人的，由公司登记机关责令改正，对公司处以一万元以上十万元以下的罚款。

**《执行变更追加规定》**

**第十二条** 作为被执行人的法人或非法人组织分立，申请执行人申请变更、追加分立后新设的法人或非法人组织为被执行人，对生效法律文书确定的债务承担连带责任的，人民法院应予支持。但被执行人在分立前与申请执行人就债务清偿达成的书面协议另有约定的除外。

**《市场主体登记管理条例实施细则》**

**第二十一条** 公司或者农民专业合作社（联合社）合并、分立的，可以通过国家企业信用信息公示系统公告，公告期 45 日，应当于公告期届满后申请办理登记。

非公司企业法人合并、分立的，应当经出资人（主管部门）批准，自批准之日起 30 日内申请办理登记。

市场主体设立分支机构的，应当自决定作出之日起 30 日内向分支机构所在地登记机关申请办理登记。

## 相关问题

### 一、公司分立后的债务如何承担？

我国《民法典》第 67 条第 2 款规定："法人分立的，其权利和义务由分立后的法人享有连带债权，承担连带债务，但是债权人和债务人另有约定的除外。"另外，最高人民法院《关于审理与企业改制相关的民事纠纷案件若干问题的规定》（2020 年修正）第 12 条规定："债权人向分立后的企业主张债权，企业分立时对原企业的债务承担有约定,并经债权人认可的,按照当事人的约定处理;企业分立时对原企业债务承担没有约定或者约定不明,或者虽然有约定但债权人不予认可的,分立后的企业应当承担连带责任。”实践中,处理公司分立纠纷案件需要严格根据《民法典》及新《公司法》的规定,准确把握公司分立后债权债务的承担问题。公司财产,按分立协议分割;公司债务,也应由分立后的各个公司分别承担。

具体而言,如果分立协议对债务的分配作出约定,则按协议约定处理。公司未能与债权人就清偿债务或者提供担保达成协议的,或者债务分配协议规定不明或根本没有规定,债务由分立后的公司承担连带责任。最高人民法院在(2019)最高法民申2330号民事裁定书中认为,公司在剥离优质资产时,应当通知债权人,除公司在分立前与债权人就债务清偿达成的书面协议另有约定的之外,公司债务由分立后的公司承担连带责任。

进一步产生的问题为,分立的公司在承担连带责任后,其内部的债务份额应如何划分?根据最高人民法院《关于审理与企业改制相关的民事纠纷案件若干问题的规定》(2020年修正)第13条的规定,“分立的企业在承担连带责任后,各分立的企业间对原企业债务承担有约定的,按照约定处理”。如果对于原企业债务没有约定或者约定不明,分立后的公司之间可以依据企业分立时所得的资产比例对债务进行分配,进行内部追偿。

## 二、如何区分公司分立和公司转投资?

公司转投资是指向其他公司出资,成为其他公司股东的行为。实践中有人常常将公司派生分立与公司转投资两个概念进行混淆,因为这两个行为都涉及公司将部分资产分离出去。但是,公司派生分立和公司转投资对行为实施前的债务承担方式完全不同:前者由分立后的公司对分立前的公司债务承担连带责任;后者由投资公司对投资前的公司债务承担责任,被投资公司不对投资公司的债务负责。因此,认定公司的行为是派生分立还是转投资意义重大,我们认为,可以从以下几个方面对公司行为的性质进行区分认定:

第一,从股东关系来看。在公司派生分立中,新设立的公司的股东是分立前公司的全部或部分股东;在公司转投资中,被投资的公司股东为投资公司。第二,从公司资产数量来看。公司的派生分立会导致分立前公司资产数量的减少;公司转投资不会导致公司资产数量减少,只是资产的形态发生变化,特定的资产变为股权。第三,从公司的决策程序来看。根据新《公司法》第15条的规定,公司向其他企业投资应按照公司章程的规定,由股东会或者董事会决议,公司章程对投资的总额及单项投资的数额有限额规定的,不得超过规定的限额。而公司的分立则需要由董事会制定公司分立方案,再由公司股东会以特别决议的形式通过。

## 三、如何区分公司分立和公司资产转让?

实务中,公司可能会以资产转让的方式变相进行公司分立,因公司分立与公司的资产转让都涉及公司资产的分立,所以公司分立与公司资产转让存在混淆的可能。例如,在中国进出口银行诉万宝冰箱公司案中,法院认为,公司改制过程中,“通过资产转让的形式,公司部分财产和债务直接从公司分离设立成为新公司,构成公司简单分立,如无债权人之同意,分立的公司对分立前公司的债务应当承担连带责任;如果该部分财产和债务分离后与其他已经存在的企业合并,则构成合并分立,如无债权人之同意,接收分立财产的企业应当在接收财产价值范围内对分立前公司的债务承担连带责任”。① 我们认为,可以从以下几个方面对公司分立与公司资产转让进行区分:

第一,从股东关系来看。公司分立会导致股东持股比例和数量的变更:对于公司派生分立,分立前公司股东所持公司股权会全部或部分转化为派生分立公司的股权;对于公司新设分立,分立前公司股东所持公司股权会全部转化为新设分立公司的股权。而公司的资产转让不会导致股东持股比例及数量的变化。第二,从公司主体资格的变更来看。无论是公司的派生分立还是新设分立,都会产生新的公司法人;而公司资产的转让不会产生新的主体。第三,从公司资产数量来看。公司的分立会导致公司的财产被分配给分立后的公司;公司资产转让不会导致公司资产数量减少,只是资产的形态发生变化。

---

① 参见最高人民法院民事判决书,(2001)民二终字第166号。

# 案由 3 公司增资纠纷

## 适用指引

### 一、公司增资纠纷概述

公司增资，即增加公司的注册资本，指公司基于筹集资金、扩大经营规模的目的，依照法定条件和程序增加公司注册资本的行为。因公司增资行为而引起的民事纠纷即为公司增资纠纷。一方面，公司增资可以增强公司的市场竞争力，扩大企业的经营规模；但另一方面，公司注册资本的增加也会改变公司的股东结构与股权比例，往往也会直接影响现有股东的利益，增资纠纷由此产生。

我国《公司法》为了防止公司不合理增资损害股东的利益，在制度设计上对公司增资的条件、程序等作了限制性规定。新《公司法》第 227 条规定："有限责任公司增加注册资本时，股东在同等条件下有权优先按照实缴的出资比例认缴出资。但是，全体股东约定不按照出资比例优先认缴出资的除外。股份有限公司为增加注册资本发行新股时，股东不享有优先认购权，公司章程另有规定或者股东会决议决定股东享有优先认购权的除外。"第 228 条规定："有限责任公司增加注册资本时，股东认缴新增资本的出资，依照本法设立有限责任公司缴纳出资的有关规定执行。股份有限公司为增加注册资本发行新股时，股东认购新股，依照本法设立股份有限公司缴纳股款的有关规定执行。"

公司增资的方式主要有两种：第一种是公司将资本公积金转增为资本，这种方式仅增加公司的注册资本总额，并没有增加资产总额，公司通过这种方式增资可以停止或者减少对股东的收益分配，从而使公司继续占用现有的资金，维持现有的经营规模。在该增资情形中，股东并没有向公司追加投资，也没有新的投资者加入公司，因此纠纷并不多见。第二种是投资者将新的资金投入公司，增加了公司的注册资本与资产规模，投资者可以是公司的现有股东，也可以是新的投资人。这种增资方式可能导致原有股东的持股比例发生改变，影响公司、原股东、新股东的利益状态，因此容易产生纠纷。《民事案件案由规定》将该纠纷列为第三级案由，即公司增资纠纷。

常见的公司增资纠纷主要有以下四种类型：

（一）与增资相关的公司决议瑕疵纠纷

此类纠纷实际上是决议效力纠纷，但在具体的瑕疵事由上，往往涉及违反增资程序、违反优先认购权等与增资有关的法律规定。详见本书“公司决议相关诉讼”部分。

（二）资金性质认定纠纷

资金性质认定纠纷是指关于当事人向公司给付的资金是出资还是借款而引起的纠纷。如果认定为增资行为，则当事人因向公司投资而取得股东资格，应当承担股东义务，如出资义务、与其他股东共负盈亏的义务；如果认定为借款行为，则当事人没有承担公司亏损的义务。

（三）增资协议纠纷

增资协议纠纷，具体可以区分为协议效力、协议的履行和解除纠纷。

1. 增资协议效力纠纷。公司增资可能导致部分股东的持股比例降低、股权被稀释或者公司控制权转移。控制股东利用其对公司的控制权，以公司或者自己名义与部分股东或者第三人签订增资协议进行增资，侵害公司部分股东的利益，从而产生增资协议效力纠纷。另外，在司法实践中，公司经常通过与相对人签订对赌协议的方式引入新的投资者，此时的增资纠纷往往涉及“对赌协议”效力的认定问题。

2. 增资协议履行和解除纠纷。公司增资是公司设立后的出资，当事人应当按照增资协议约定的出资数额、出资形式和出资期限，向公司履行增资协议约定的出资义务。若股东未如约履行增资协议约定的出资义务，则可能引发增资协议的履行纠纷；若增资协议签订双方存在违约的情形，也可能引发增资协议的解除纠纷。

（四）债转股纠纷

债转股是指债权人将其依法享有的对有限责任公司或者股份有限公司的债权，通过债转股方案，增加公司注册资本，将其债权转变为公司股权，从而实现债权债务消灭的行为。这种方式多被用来进行债务或资产重组，也有一些是原债权人看好公司的发展，通过债转股方式获得更多的未来收益。实践中，债转股纠纷多围绕债权的真实性、债权人债转股行为的真实性等展开。

### 二、公司增资纠纷的诉讼主体

因增资协议、债转股协议而导致的纠纷，按合同纠纷确立原被告。如增资协议效力纠纷，由对增资有异议的股东为原告，以公司和增资协议的签订人为共同被告。另外，与争议标的有利害关系的股东或利害关系人可以列为第三人。

### 三、公司增资纠纷的管辖

因公司增资纠纷提起的诉讼，一般由公司住所地人民法院管辖。需要说明的是，尽管《民事诉讼法》及其司法解释作出了关于公司诉讼特殊地域管辖的规定，然而特殊地域管辖不能排除协议管辖。因此，公司增资纠纷，可以由双方协议选择与争议有实际联系地点的人民法院管辖。

## 主要规范依据

**《公司法》**

**第五十九条** 股东会行使下列职权：

（一）选举和更换董事、监事，决定有关董事、监事的报酬事项；

（二）审议批准董事会的报告；

（三）审议批准监事会的报告；

（四）审议批准公司的利润分配方案和弥补亏损方案；

（五）对公司增加或者减少注册资本作出决议；

（六）对发行公司债券作出决议；

（七）对公司合并、分立、解散、清算或者变更公司形式作出决议；

（八）修改公司章程；

（九）公司章程规定的其他职权。

股东会可以授权董事会对发行公司债券作出决议。

对本条第一款所列事项股东以书面形式一致表示同意的,可以不召开股东会会议,直接作出决定,并由全体股东在决定文件上签名或者盖章。

**第六十六条** 股东会的议事方式和表决程序,除本法有规定的外,由公司章程规定。

股东会作出决议,应当经代表过半数表决权的股东通过。

股东会作出修改公司章程、增加或者减少注册资本的决议,以及公司合并、分立、解散或者变更公司形式的决议,应当经代表三分之二以上表决权的股东通过。

**第一百一十六条** 股东出席股东会会议,所持每一股份有一表决权,类别股股东除外。公司持有的本公司股份没有表决权。

股东会作出决议,应当经出席会议的股东所持表决权过半数通过。

股东会作出修改公司章程、增加或者减少注册资本的决议,以及公司合并、分立、解散或者变更公司形式的决议,应当经出席会议的股东所持表决权的三分之二以上通过。

**第二百一十四条** 公司的公积金用于弥补公司的亏损、扩大公司生产经营或者转为增加公司注册资本。

公积金弥补公司亏损,应当先使用任意公积金和法定公积金;仍不能弥补的,可以按照规定使用资本公积金。

法定公积金转为增加注册资本时,所留存的该项公积金不得少于转增前公司注册资本的百分之二十五。

**第二百二十七条** 有限责任公司增加注册资本时,股东在同等条件下有权优先按照实缴的出资比例认缴出资。但是,全体股东约定不按照出资比例优先认缴出资的除外。

股份有限公司为增加注册资本发行新股时,股东不享有优先认购权,公司章程另有规定或者股东会决议决定股东享有优先认购权的除外。

**第二百二十八条** 有限责任公司增加注册资本时,股东认缴新增资本的出资,依照本法设立有限责任公司缴纳出资的有关规定执行。

股份有限公司为增加注册资本发行新股时,股东认购新股,依照本法设立股份有限公司缴纳股款的有关规定执行。

**《公司法司法解释(三)》**

**第十三条** 股东未履行或者未全面履行出资义务,公司或者其他股东请求其向公司依法全面履行出资义务的,人民法院应予支持。

公司债权人请求未履行或者未全面履行出资义务的股东在未出资本息范围内对公司债务不能清偿的部分承担补充赔偿责任的,人民法院应予支持;未履行或者未全面履行出资义务的股东已经承担上述责任,其他债权人提出相同请求的,人民法院不予支持。

股东在公司设立时未履行或者未全面履行出资义务,依照本条第一款或者第二款提起诉讼的原告,请求公司的发起人与被告股东承担连带责任的,人民法院应予支持;公司的发起人承担责任后,可以向被告股东追偿。

股东在公司增资时未履行或者未全面履行出资义务,依照本条第一款或者第二款提起诉讼的原告,请求未尽公司法第一百四十七条第一款规定的义务而使出资未缴足的董事、高级管理人员承担相应责任的,人民法院应予支持;董事、高级管理人员承担责任后,可以向被告股东追偿。

**《市场主体登记管理条例实施细则》**

**第三十六条** 市场主体变更注册资本或者出资额的,应当办理变更登记。

公司增加注册资本,有限责任公司股东认缴新增资本的出资和股份有限公司的股东认购新股的,应当按照设立时缴纳出资和缴纳股款的规定执行。股份有限公司以公开发行新股方式或者上市公司以非公开发行新股方式增加注册资本,还应当提交国务院证券监督管理机构的核准或者注册文件。

公司减少注册资本,可以通过国家企业信用信息公示系统公告,公告期 45 日,应当于公告期届满后申请变更登记。法律、行政法规或者国务院决定对公司注册资本有最低限额规定的,减少后的注册资本应当不少于最低限额。

外商投资企业注册资本(出资额)币种发生变更,应当向登记机关申请变更登记。

## 相关问题

### 一、如何认定资金性质属于增资款还是借款?

实践中,由于各种原因,股东会向公司投入款项。在一些情形中,股东的投入款项中以注册资本为基数按持股比例计算的出资额部分,会被计入会计账簿中的“实收资本”,其余部分则被计入“资本公积”。在另一些情形中,股东向公司的资金投入可能并未被明确记载用途与性质。计入“资本公积”的投资款是否属于增资,股东能否取回?如何认定股东向公司投入的资金性质?关于资金性质是增资还是借款这一问题,在实践中常引发争议。

最高人民法院在(2019)最高法民终1532号民事判决书中,对于增资款性质,一审法院综合分析双方合同约定的权利、义务及当事人签订的合同目的认定其为债权投资性质。二审法院根据增资协议条款的约定,认定甲公司签订协议的目的是通过向乙公司融通资金而收取相对固定的资金收益,这与一般意义上为获取具有或然性的长期股权收益而实施的增资入股行为并不相同,因此涉案法律关系实际上应认定为名股实债的关系。

最高人民法院在(2016)最高法民再307号民事裁定书中认为,应将该转款定性为民间借贷,款项是否为增资款的主要依据为是否有有效的股东会的增资决议。最高人民法院在(2013)民二终字第119号民事判决书中载明,股东向公司提供投资款项时未明确约定为对公司增资的,不宜直接认定该款项属增资款,一般情况下,公司不能无偿取得该笔款项,而应当返还该款项及相应利息。

我们认为,各方就投资款项的性质未作明确约定,投资人提起诉讼请求返还投资本金及收益或确认股东资格的,不能仅依据协议名称进行判断,应当根据合同条款所反映的当事人真实意思,结合其签订合同真实目的、决议情况、履行情况、公司外部登记以及投资人是否参与公司经营、获取收益(股权价格、分红方式)等情况,来综合认定款项性质。

### 二、如何认定增资协议的效力?

1. 增资协议的签订主体瑕疵有何影响?

在公司签署增资协议引入新投资者的情形中,对于增资协议的签署主体问题,实践中有两种观点,一种观点将投资方与目标公司作为签署主体,另一种观点将投资方、目标公司原股东以及目标公司共同作为签署主体。我们认为,增加注册资本是公司的行为,因此,增资协议的签订主体必须有目标公司。

(1)控股股东签订的增资协议。实务中存在目标公司控股股东代替公司与增资方签订增资协议的做法,在未经公司追认和授权的情况下,控股股东的行为可能属于无权代表,可能引发以下后果:其一,如果该增资事项未经目标公司股东会2/3以上表决权的股东作出决议或者认可,增资协议对目标公司无效。其二,即便签署增资协议的股东的表决权超过2/3,未签署协议的股东可以主张决议不成立、增资无效,增资行为对原股东不发生法律约束力。其三,即便公司对控股股东无权代表的行为追认、授权,从而使增资扩股协议有效,但控股股东的行为仍属违反公司法关于增资程序的规定,若构成控制权滥用行为,其他股东可依控制权滥用规范主张相应救济。

(2)法定代表人超越权限签订的增资协议。公司法定代表人未经股东会同意,对外签订股权增资协议,公司又不追认的,增资协议是否有效?《民法典合同编通则解释》第20条第1款规定:"法律、行政法规为限制法人的法定代表人或者非法人组织的负责人的代表权,规定合同所涉事项应当由法人、非法人组织的权力机构或者决策机构决议,或者应当由法人、非法人组织的执行机构决定,法定代表人、负责人未取得授权而以法人、非法人组织的名义订立合同,未尽到合理审查义务的相对人主张该合同对法人、非法人组织发生效力并由其承担违约责任的,人民法院不予支持,但是法人、非法人组织有过错的,可以参照民法典第一百五十七条的规定判决其承担相应的赔偿责任。相对人已尽到合理审查义务,构成表见代表的,人民法院应当依据民法典第五百零四条的规定处理。"

可见,公司增资属于《公司法》明确规定的应当由公司决策机构决议通过的事项,即使法定代表人以公司名义从事民事活动,但若法定代表人并未取得有效授权,则其对外签订股权增资协议的行为属于越权行为,是否对公司发生效力,应结合相对人是否尽到合理审查义务判断,构成表见代表的,则该增资协议对公司发生效力。

(3)无权代理的增资方签订的增资协议。增资协议的另一相对方也存在无权代理的问题。投资方既有可能是法人,也有可能是自然人,若投资方是法人,同样也存在法定代表人、控股股东无权代表的可能。若投资方是自然人,实践中也曾出现家庭成员无权代表签署增资协议的情况。应该认为,股权增资事宜并非夫妻日常家事,投资方的家庭成员在没有取得投资方的明确授权与事后追认时,代签增资协议属于无权代理行为。

2. 如何认定增资协议成立?

确认当事人之间是否建立新增资本认购合同关系,须首先确认双方当事人是否具有成立新增资本认购合同的真实意思表示和订立合同的民事法律行为。

最高人民法院在(2015)民二终字第191号民事判决书中认为,建立新增资本认购合同关系须有真实意思表示和订立合同的民事法律行为。同样,上海市高级人民法院在(2020)沪民申1023号民事裁定书中认为,全体股东均在已有全体股东签字的股东会决议复印件上再次签字确认,控股股东全程参与涉案系列协议的签订、履行,即使股东会的召集程序存在瑕疵,也不影响股东会决议的效力。

3. 如何认定增资协议中约定对赌条款的效力?

对赌协议是指投资方与融资方在达成股权融资协议时,为解决交易双方对目标公司未来发展的不确定性、信息不对称以及代理成本而设计的包含了股权回购、金钱补偿等对未来目标公司的估值进行调整的协议。实践中,公司因融资需求,常以对赌协议的方式引入投资。

不同主体签订的对赌条款的法律效力有不同的规定:

(1)投资方与目标公司股东或实际控制人订立的"对赌条款"的效力。对于投资方与目标公司的股东或者实际控制人订立的"对赌条款",若无其他无效事由,原则上认定其有效。

(2)投资方与目标公司订立的"对赌条款"的效力。实践中,投资方与目标公司签订协议约定对赌条款是否有效存在争议:部分观点认为,增资协议中增资股东与目标公司对赌的部分无效。最高人民法院在(2012)民提字第11号民事判决书中认为,世恒公司、海富公司、迪亚公司、陆某在《增资协议书》中约定,如果世恒公司实际净利润低于3000万元,则海富公司有权从世恒公司处获得补偿,并约定了计算公式。这一约定使得海富公司的投资可以取得相对固定的收益,该收益脱离了世恒公司的经营业绩,损害了公司利益和公司债权人利益,一审法院、二审法院认定《增资协议书》中的这部分条款无效是正确的。上海市第二中级人民法院在(2017)沪02民终6866号民事判决书中认为,《补充协议》还约定了一秀公司的回购义务,但公司回购自己的股份须符合我国《公司法》规定的情形,否则属于不当减少公司资产。本案并没有出现一秀公司可以回购自身股份的法定情形,故成丰公司请求一秀公司对回购股份承担连带责任没有法律依据,本院不予支持。

也有观点认为,在股权受让场合,目标公司承担回购义务的约定亦属有效,但只有在完成减资程序后,投资人才能要求目标公司实际履行回购义务。如湖北省高级人民法院在(2020)鄂民终495号民事判决书中,根据最高人民法院《九民纪要》相关规定认定,涉案《回购协议》真实、合法、有效,各方当事人均应按此协议履行义务。同样,在常州和裕创业投资有限公司诉被告四川柏狮光电技术有限公司、叶某、陈某、吴某祥、王某公司增资纠纷中,法院认为,原告与被告所签订的《增资扩股协议》及《补充协议书》中关于以上市为条件及上市失败后的股权回购条款并支付股权回购款利息的约定系双方当事人真实意思表示,属于意思自治的范畴,以上市为约定条件可以满足投融资双方利益最大化的盈利目标。能否上市并非无法预见,支付回购款利息并无不公,且该约定也不具有合同无效情形。[①] 因此,原、被告双方所签订的《增资扩股协议》及《补充协议书》中关于回购并支付利息的约定应为有效。

根据《九民纪要》规定,我们认为,在增资情形中,对于投资方与目标公司订立的"对赌条款"的效力认定,应当把握如下处理规则:在不存在法定无效事由的情况下,目标公司仅以存在股权回购或者金钱补偿约定为由,主张投资方与目标公司订立的"对赌条款"无效的,人民法院将不予支持。约定股权回购或金钱补偿条款,并不是投资方与目标公司订立的"对赌条款"无效的必然条件。

## 三、增资协议解除后增资款能否返还?

合同解除是当事人维护自身权益的有效手段之一。但鉴于投资方对目标公司的增资行为具有合同和公司组织的双重属性,需对增资协议的解除及解除

① 参见遂宁市中级人民法院民事裁定书,(2015)遂中民初字第153号。

后的法律后果予以特别考虑。司法实践中对此问题存在不同的观点。

有观点认为,增资或投资关系同时受《民法典》合同编和《公司法》的调整,增资协议不可仅基于合同编解除,还须符合《公司法》的相关规定(如履行减资程序)。天津市高级人民法院在(2020)津民终968号民事判决书持此观点,增资法律关系同时受合同法和公司法调整,对于已经履行完毕的增资协议,能否解除,除了要依照合同法的有关规定外,还须符合公司法有关不得抽回出资、依法定程序进行减资等规定,并非只要双方协商一致便能解除。

也有观点认为,增资协议可适用《民法典》合同编的规定予以解除,合同解除后,已经履行的,当事人可以请求恢复原状,即目标公司应向投资方退回已收取的款项。最高人民法院在(2019)最高法民终1993号民事判决书中载明,从《增资协议》条款约定的内容看,乙方(原股东)承诺标的公司如未能实现本协议第2.1款和第2.2款规定内容,则本协议无效,标的公司和原股东收到的增资方增资款及借款原股东必须负责足额退还,并按年利率15%计算占用期间之利息,该条款是双方对合同解除条件的约定,由于被投企业至今未完成股权变更登记、股东登记等,未能实现《增资协议》第2.1款规定的情形,且本案双方均认可目前投资方无法参与经营,故投资方起诉解除《增资协议》,有事实和法律依据。被投企业和原股东应共同返还投资方的投资款,并按年利率15%支付利息。

除前述两种观点外,还存在第三种观点,认为增资协议可适用《民法典》合同编的规定解除,当事人未履行的出资义务不再履行,但已支付的款项不得仅基于增资协议的解除而直接退回。在浙江新湖集团股份有限公司与浙江玻璃股份有限公司增资纠纷案中,法院认为,《增资扩股协议》是由原股东与投资方就目标公司增资扩股问题达成的协议。在该协议履行过程中,因原股东的根本违约行为,投资方采用通知方式解除了该合同。《增资扩股协议》的合同相对人虽然是原股东,但合同约定增资扩股的标的却是目标公司股东向公司已交纳的出资无论是计入注册资本还是计入资本公积金,都形成公司资产,股东不得请求返还。[①] 值得注意的是,上述案件中,目标公司并非协议签署方。基于合同相对性而言,投资方要求目标公司返还款项存在障碍。在上海富电科技有限公司

① 参见最高人民法院民事裁定书,(2013)民申字第326号。

与西北工业集团有限公司等公司增资纠纷案中,法院对此持相同观点,在上诉人出资已转化为公司资本的情况下,应按照《公司法》的特别规定适用执行。现本案各方当事人虽均确认协议解除,但未予明确上诉人退出的具体方式,如通过股权转让、股权回购、公司减资、公司解散等,更未经相应的法定程序,上诉人仅就返还出资单独提出主张,不符合《公司法》的规定,本院不予支持。[①]

我们认为,增资协议本身可依据《民法典》合同编规定解除,但投资款是否返还则需要基于投资款性质,进一步适用《公司法》相关规定。换言之,增资协议解除与否应适用《民法典》合同编的规定;但协议解除之后的法律后果,如是否恢复原状或公司减资及股东退出等问题,需依据《公司法》另行考虑。投资方款项尚未完成公司登记变更程序、未转为目标公司资产的,因增资协议的解除,公司可直接向投资人返还相应款项;已经完成公司登记变更程序的、已转为公司资产的,则还需要符合《公司法》的规定,通过法定减资程序或股权转让等方式实现款项返还,否则将构成抽逃出资。

---

① 参见上海市第一中级人民法院民事判决书,(2019)沪01民终11265号。

# 案由4 公司减资纠纷

## 适用指引

### 一、公司减资纠纷概述

公司减资,即公司基于某种情况或需要,依照法定条件和程序,减少公司的资本总额的行为。为确保交易安全、保护债权人等主体的利益,通常不允许公司减资。如需要减资应履行法定的减资程序。围绕公司减资,实践和理论中存在普通减资和简易减资,以及实质减资和形式减资两组概念。其中普通减资、简易减资强调减资程序的不同。实质减资、形式减资在适用范围和结果等方面存在不同。实质减资适用普通减资程序,形式减资适用简易减资程序。

实质减资,又称真实减资,是指在公司资本过剩时,为了避免资本的闲置和浪费,公司通过减少注册资本的方式,将该部分资产退还股东。在实质减资的情况下,公司净资产向股东流出,因此必须严格履行普通减资程序,编制资产负债表及财产清单、通知债权人、向债权人清偿债务或提供担保等,需要严格遵循新《公司法》第224条的规定。

形式减资,又称名义减资,是指在公司亏损的情形下,虽然形式上减少了注册资本,但并不向股东分配利润,也不免除股东缴纳出资或者股款的义务。在公司亏损时,公司资本额与实有资产严重不符,为了避免传递出错误的偿债能力信息进而误导债权人,根据公司的亏损数额相应地减少公司的资本金额数,从而反映出公司的真实资本情况。形式减资情况下公司真实持有的资产并没有减少,不发生资本向股东的流动,仅仅表现为一种会计处理,实质上并未减损公司的偿债能力,因此对债权人的利益不会造成像实质减资那样的冲击,债权人保护程序自然可以简化,新《公司法》第225条规定了简易减资的适用情形和程序。

公司减资纠纷是指公司注册资本减少过程中因减资行为引起的民事纠纷。公司减资纠纷常见于公司减资未履行法定程序，损害债权人利益，导致债权人与公司之间发生纠纷的情形。围绕股东返还违法减资所得的资金而发生争议，也是导致公司减资纠纷的可能原因。围绕公司减资的相关决议效力而发生的纠纷，宜按公司决议纠纷处理。

## 二、公司减资纠纷的诉讼主体

公司减资未履行法定程序而损害债权人利益，债权人可作为原告起诉公司。

在违法减资情形下，诉请股东返还违法减资所得的资金，应以股东为被告。此种纠纷中，原告为公司或债权人。

## 三、公司减资纠纷的管辖

《民事诉讼法》第27条规定："因公司设立、确认股东资格、分配利润、解散等纠纷提起的诉讼，由公司住所地人民法院管辖。"《民诉解释》第22条规定："因股东名册记载、请求变更公司登记、股东知情权、公司决议、公司合并、公司分立、公司减资、公司增资等纠纷提起的诉讼，依照民事诉讼法第二十七条规定确定管辖。"根据以上规定，因公司减资纠纷提起的诉讼，如争议双方未对管辖法院作出选择，则由公司住所地人民法院管辖。公司住所地是指公司主要办事机构所在地。公司办事机构所在地不明确的，由其注册地人民法院管辖。需要说明的是，双方可以通过协议约定选择被告住所地、合同履行地、合同签订地、原告住所地等与争议有实际联系的地点的人民法院管辖，但是不得违反民事诉讼法关于级别管辖和专属管辖的规定。

## 四、新《公司法》关于简易减资制度的规定

新《公司法》第225条是关于简易减资制度的规定，也是新《公司法》新增的一项制度——简易减资制度，即公司以法定公积金、资本公积金弥补亏损后，仍有亏损的，可以亏损数额为限，相应地减少公司的注册资本数额，简化了一般减资情形下的债权人保护程序，仅需要公司依法进行公告即可。在原《公司法》的规定中，仅规定公司可以通过当年利润和法定公积金弥补亏损，明确禁止通过

资本公积金弥补公司的亏损,而未规定是否可以通过减少注册资本来弥补亏损。

简易减资削减注册资本的过程并未减损公司的偿债能力。由于简易减资并不返还出资也不免除股东的出资义务,公司的偿债能力并未降低,不会对债权人实现债权造成实质性的影响。

## 主要规范依据

### 《公司法》

**第五十九条** 股东会行使下列职权:

(一)选举和更换董事、监事,决定有关董事、监事的报酬事项;

(二)审议批准董事会的报告;

(三)审议批准监事会的报告;

(四)审议批准公司的利润分配方案和弥补亏损方案;

(五)对公司增加或者减少注册资本作出决议;

(六)对发行公司债券作出决议;

(七)对公司合并、分立、解散、清算或者变更公司形式作出决议;

(八)修改公司章程;

(九)公司章程规定的其他职权。

股东会可以授权董事会对发行公司债券作出决议。

对本条第一款所列事项股东以书面形式一致表示同意的,可以不召开股东会会议,直接作出决定,并由全体股东在决定文件上签名或者盖章。

**第六十六条** 股东会的议事方式和表决程序,除本法有规定的外,由公司章程规定。

股东会作出决议,应当经代表过半数表决权的股东通过。

股东会作出修改公司章程、增加或者减少注册资本的决议,以及公司合并、分立、解散或者变更公司形式的决议,应当经代表三分之二以上表决权的股东通过。

**第二百二十四条** 公司减少注册资本,应当编制资产负债表及财产清单。

公司应当自股东会作出减少注册资本决议之日起十日内通知债权人,并于三十日内在报纸上或者国家企业信用信息公示系统公告。债权人自接到通知之日起三十日内,未接到通知的自公告之日起四十五日内,有权要求公司清偿债务或者提供相应的担保。

公司减少注册资本,应当按照股东出资或者持有股份的比例相应减少出资额或者股份,法律另有规定、有限责任公司全体股东另有约定或者股份有限公司章程另有规定的除外。

**第二百二十五条** 公司依照本法第二百一十四条第二款的规定弥补亏损后,仍有亏损的,可以减少注册资本弥补亏损。减少注册资本弥补亏损的,公司不得向股东分配,也不得免除股东缴纳出资或者股款的义务。

依照前款规定减少注册资本的,不适用前条第二款的规定,但应当自股东会作出减少注册资本决议之日起三十日内在报纸上或者国家企业信用信息公示系统公告。

公司依照前两款的规定减少注册资本后,在法定公积金和任意公积金累计额达到公司注册资本百分之五十前,不得分配利润。

**第二百二十六条** 违反本法规定减少注册资本的,股东应当退还其收到的资金,减免股东出资的应当恢复原状;给公司造成损失的,股东及负有责任的董事、监事、高级管理人员应当承担赔偿责任。

**《九民纪要》**

**5.【与目标公司"对赌"】** 投资方与目标公司订立的"对赌协议"在不存在法定无效事由的情况下,目标公司仅以存在股权回购或者金钱补偿约定为由,主张"对赌协议"无效的,人民法院不予支持,但投资方主张实际履行的,人民法院应当审查是否符合公司法关于"股东不得抽逃出资"及股份回购的强制性规定,判决是否支持其诉讼请求。

投资方请求目标公司回购股权的,人民法院应当依据《公司法》第35条关于"股东不得抽逃出资"或者第142条关于股份回购的强制性规定进行审查。经审查,目标公司未完成减资程序的,人民法院应当驳回其诉讼请求。

投资方请求目标公司承担金钱补偿义务的,人民法院应当依据《公司法》第35条关于"股东不得抽逃出资"和第166条关于利润分配的强制性规定进行审查。经审查,目标公司没有利润或者虽有利润但不足以补偿投资方的,人民法院应当驳回或者部分支持其诉讼请求。今后目标公司有利润时,投资方还可以依据该事实另行提起诉讼。

**《市场主体登记管理条例实施细则》**

**第三十六条** 市场主体变更注册资本或者出资额的,应当办理变更登记。

公司增加注册资本,有限责任公司股东认缴新增资本的出资和股份有限公司的股东认购新股的,应当按照设立时缴纳出资和缴纳股款的规定执行。股份有限公司以公开发行新股方式或者上市公司以非公开发行新股方式增加注册资本,还应当提交国务院证券监督管理机构的核准或者注册文件。

公司减少注册资本,可以通过国家企业信用信息公示系统公告,公告期45日,应当于公告期届满后申请变更登记。法律、行政法规或者国务院决定对公司注册资本有最低限额规定的,减少后的注册资本应当不少于最低限额。

外商投资企业注册资本(出资额)币种发生变更,应当向登记机关申请变更登记。

## 相关问题

### 一、公司不同比例减资时,如何认定减资程序的合法性?

新《公司法》第224条第3款规定,公司减少注册资本,应当按照股东出资或者持有股份的比例相应减少出资额或者股份,法律另有规定、有限责任公司全体股东另有约定或者股份有限公司章程另有规定的除外。新《公司法》新增了同比例减资规则,一般情况下不允许公司进行定向减资,原因如下:

第一,为了保护中小股东利益,防止大股东利用控制权损害中小股东利益。在经营状况良好的公司中,股东可能通过多数决的方式以不同比例减资减少中小股东所占股份份额,获得更多的控制权、分配更多的利润;也可能通过不同比例减资直接使中小股东退出公司,使其无法获得投资权益。例如,大股东为达到提前回收资本的目的,利用资本多数决原则,仅仅定向回购自身的股权,“公司作出减资决议之时,虽然履行了法律所要求的债权人保护程序。但是,该减资决议却仅仅以大股东为减资对象,而将作为小股东的陈某和排除在外。通过有偿的股权回购,股东可以实现投入资本的回收;但如果仅仅回购特定股东的股权,那就意味着只有该特定股东优先取回了其投入的资本”。[①] 因此,《公司法》规定了同比例减资规则,以保护中小股东的合法权益。

第二,为了保护公司利益,防止部分股东随意退出公司损害公司利益,进而有损其他股东利益以及债权人利益。在经营状况出现问题的公司中,部分股东可能通过不同比例减资从公司中抽离资本,减损公司的注册资本和责任财产,损害公司利益和债权人利益;并且,部分股东减资后,公司经营可能更加困难,减少其他股东获益的可能。比如,在华某伟诉上海圣甲虫电子商务有限公司公司决议纠纷案中,法院认为,不同比例减资实际上是以多数决的形式改变了公司设立时经发起人一致决所形成的股权架构。股东会决议由公司向股东返还减资部分股权对应的原始投资款,实际是未经清算程序通过不同比例减资的方式变相向个别股东分配公司剩余资产,不仅有损公司其他股东的利益和公司的财产权,还会严重损害公司债权人的利益。

但是,新《公司法》也规定了公司同比例减资的例外,允许特定情况下的定向减资,包括两种情形:一种是法定例外,即法律另有规定的除外。例如,新《公司法》第 89 条[②]规定了有限责任公司异议股东回购请求权的 3 种情形,实际上就是法定的例外情形,可以进行定向的不同比例减资。另一种是意定例外,以公司类型可区分为有限责任公司经全体股东一致同意的情形和股份有限公司章程另有规定的情形,符合这两类情形的公司能够进行定向减资。在目前的司法实践中,法院认为,如果所有股东一致同意进行不同比例减资,虽然减资会导致公司股权结构的变化,但作为股东自益权的表现,应尊重当事人的意思自治。

---

① 参见江苏省无锡市中级人民法院民事判决书,(2017)苏 02 民终 1313 号。

② 新《公司法》第 89 条规定:“有下列情形之一的,对股东会该项决议投反对票的股东可以请求公司按照合理的价格收购其股权:(一)公司连续五年不向股东分配利润,而公司该五年连续盈利,并且符合本法规定的分配利润条件;(二)公司合并、分立、转让主要财产;(三)公司章程规定的营业期限届满或者章程规定的其他解散事由出现,股东会通过决议修改章程使公司存续。自股东会决议作出之日起六十日内,股东与公司不能达成股权收购协议的,股东可以自股东会决议作出之日起九十日内向人民法院提起诉讼。公司的控股股东滥用股东权利,严重损害公司或者其他股东利益的,其他股东有权请求公司按照合理的价格收购其股权。公司因本条第一款、第三款规定的情形收购的本公司股权,应当在六个月内依法转让或者注销。”

“《公司法》规定的‘减少注册资本’应当仅指公司注册资本的减少，而并非涵盖减资后股权在各股东之间的分配。股权是股东享受公司权益、承担义务的基础，由于减资存在同比减资和不同比减资两种情况，不同比减资会直接突破公司设立时的股权分配情况，如只需经三分之二以上表决权的股东通过即可做出不同比减资决议，实际上是以多数决形式改变公司设立时经发起人一致决所形成的股权架构，故对于不同比减资，在全体股东或者公司章程另有约定除外，应当由全体股东一致同意。”①实践中，因定向减资而丧失减资机会的股东向法院提起决议无效之诉的情形并不少见，如无锡市中级人民法院②、江苏省高级人民法院都出现过类似案例③。虽然原《公司法》未规定同比例减资原则，但两个法院采用了法律续造的方法，确定了“定向减资需经过全体股东同意”的裁判规则，对该问题给予回应。

综上所述，新《公司法》规定了同比例减资原则，例外情况下允许不同比例减资，例外情况包括两种：一是法律另有规定的不同比例减资情形，二是经有限责任公司全体股东另有约定或者股份有限公司章程另有规定的不同比例减资情形。若存在法定或意定的不同比例减资，实践中在对减资行为的效力进行审查时，不能仅因为减资未按照股东持股比例进行便认定该决议效力存在瑕疵，应以意思自治原则和股东平等原则为审查标准，考察受减资不利影响之股东是否对该减资表示了同意，或者受减资不利影响之股东不同意时是否存在其他的正当理由对该减资决议的效力瑕疵进行治愈。④

## 二、公司在普通减资程序中应如何履行通知公告义务？

我国新《公司法》规定了公司的普通减资程序，即编制资产负债表、财产清单，通知和公告，依债权人要求提前清偿债务或提供担保，减资登记；也规定了简易减资程序，即编制资产负债表、财产清单，公告，减资登记。在通知、公告程序中，新《公司法》第 224 条规定了普通减资的通知与公告，即公司应当自股东会作出减少注册资本决议之日起 10 日内通知债权人，并于 30 日内在报纸上或

---

① 参见上海市第一中级人民法院民事判决书，(2018)沪 01 民终 11780 号。
② 参见无锡市中级人民法院民事判决书，(2017)苏 02 民终 1313 号。
③ 参见江苏省高级人民法院民事裁定书，(2019)苏民申 1370 号。
④ 参见郜俊辉：《股东平等视角下的减资规制研究》，载《中国政法大学学报》2023 年第 1 期。

者国家企业信用信息公示系统公告;第225条第2款规定了简易减资的公告,即公司应当自股东会作出减少注册资本决议之日起30日内在报纸上或者国家企业信用信息公示系统公告。由于普通减资与简易减资关于公告程序的规定是一致的,因此下文以普通减资程序中的通知与公告为例进行说明。

公司减资程序中对通知、公告的重视,也是我国资本制度改革中从资本信用转向资产信用的表现。[①] 在向资产信用改革的过程中,公司的偿债能力依赖其资产状况。然而,对于外部债权人来说,实时监控公司包括资本详情、资产结构、流动性以及资产状态等在内的所有信息,是几乎无法完成的任务。债权人无法真正了解公司内部的、实时的真实财产和经营状况,难以掌握与公司资产信用直接相关的信息,难以对公司资产信用进行准确判断。因此,公司债权人对公司清偿能力的判断主要基于经公司登记机关登记、对外公示的公司注册资本,即公司资本信用。因此,公司减少注册资本这一事实对公司债权人的利益具有重要影响,应保障公司债权人对公司资本变动的知情权。《公司法》要求公司减资时应当通知债权人并公告,体现了对公司债权人知情权的保障。

在相关纠纷中,公司减资时往往怠于通知债权人或怠于履行公告义务,以避免债权人要求公司提供担保或者提前清偿,阻碍公司减资程序的推进。若公司减资时未履行通知公告程序,债权人往往会要求该公司股东对公司债务也承担相应责任,进而引发纠纷。因此,公司减资时应依据《公司法》的规定妥当履行通知和公告义务,以防止纠纷产生。

(一)通知与公告的同时适用

新《公司法》第224条规定了直接通知债权人和在报纸上或者国家企业信用信息公示系统公告两个程序。需要明确的是,两者是同时适用的,不可择一适用。为了有效地将减资信息传达给有利害关系的当事人,对于已知的债权人,公司必须逐一进行通知;对于未知或不特定的债权人,公司应采用公告的方式通知。

在减资纠纷案例中出现常见的程序瑕疵为仅履行公告义务,而未直接通知债权人。例如,公司错误地认为,只要在地方性报纸上刊登了减资公告,债权人

① 参见赵旭东:《公司法修订中的公司治理制度革新》,载《中国法律评论》2020年第3期。

就不能以公司违法减资为由追究公司及其股东的法律责任。[①] 有法院认为,“该公司仅在报纸上刊登减资公告,未就减资事项采取及时、有效的方式告知国腾公司,未向工商登记部门如实报告其负有大额债务未清偿的事实就办理了工商变更登记,其刊登公告的行为不能构成对已知债权人国腾公司的通知,其并未完成法定的履行通知的义务,其行为不符合公司减少注册资本的法定程序”。[②] 吉林省白城市中级人民法院在(2021)吉08民终561号民事判决书中也认为,公司不直接通知债权人,仅在当地的报纸上刊登公司减资公告的程序是违法的。

(二)应通知的债权人范围

1. 以债权被公司知悉的时间为标准判断

根据债权形成的时间不同,可将其分为减资决议作出前已知的债权、减资决议作出后10日内知悉的债权以及减资决议作出10日后知悉的债权。其中,减资决议作出前已知的债权人应当属于通知的对象,减资决议作出10日后知悉的债权人不属于法定的通知对象,并无争议。但是,对公司是否应在减资决议作出后10日内向知悉的债权人履行通知义务这一问题存在争议。

有观点持支持态度,认为要对减资决议作出后10日内知悉的债权人履行通知义务,但主流观点认为,公司的通知义务仅限于减资决议作出前已知的债权。其原因在于,设置法定通知期限是为了给公司预留出梳理债权债务、逐一通知债权人的时间,若要求公司对减资决议作出后10日内知悉的债权人履行通知义务,会使公司在减资程序中的通知义务过重,在极端情况下,若公司在法定期限结束时刚刚知悉债权债务关系,则客观上无法履行通知义务。综上所述,公司具有通知义务的债权人,仅限于减资决议作出前已知的债权人,对于未知的潜在债权人,仅需要以公告的方式保障其知情权。

2. 以债权期限届满的时间为标准判断

根据债权期限届满的时间不同,可将其分为减资决议作出前届满的债权和减资决议作出后届满的债权。公司应当通知减资决议作出前期限届满的债权人,但公司对于减资决议作出后债权期限届满的债权人是否具有通知义务,存

---

① 参加最高人民法院民事裁定书,(2016)最高法民申第1112号。

② 参见广东省广州市中级人民法院民事判决书,(2021)粤01民终11806号。

在一定的争议。

司法实务中倾向认为,减资决议作出后债权期限届满的债权人对于原先登记的资本也具有信赖利益,公司减资时的通知对象应包括这类债权人。例如,上海市高级人民法院在(2020)沪民再28号民事判决书中认为,公司应通知的债权人范围不仅包括股东会形成减资决议时已确定的债权,还包括减资决议形成后至公司登记变更前产生的债权,“公司工商登记变更之前发生的未届清偿期债权和尚存争议债权的债权人亦属于已知债权人。债权履行期限未届至只是行权存在一时性障碍,除不能立即受偿之外与已届清偿期的债权并无本质差别”。这一判决表明,公司应当通知减资决议作出后债权清偿期届满的债权人。但该观点仍具有一定的局限性,即在公司履行通知义务时,并不能清楚地知悉自己进行减资登记的时间,以减资登记之时作为时间节点存在客观的履行不能。我们认为,从信赖利益和商事外观的角度考虑,在公司内部作出减资决议时,不论债权是否到期,只要公司对该债权已经知悉,均应对债权人进行通知。

3. 以减资决议作出时债权是否存在争议为标准判断

根据减资决议作出时债权是否存在争议,可将其分为确定的债权和不确定的债权。公司应当通知减资决议作出时已确定的债权人,但公司是否应当通知减资决议作出时不确定的债权人存在争议。

实务中有部分法院认为,公司可以不对存在争议的债权人进行通知。如河北省保定市中级人民法院在(2019)冀06民终3598号民事裁定书中认为,公司减资时债权并未确定,不属于通知的范围。但大多数法院认为,在公司减资时,关于该债权的争议已经存在,无论该部分债权最终是否能得到司法确认,公司对该债权的存在是知悉的,故应当履行通知义务。如有的法院认为,《公司法》对于公司减资比增资规定了更为严格的法律程序,其目的就是在于有效保护债权人的利益。“公司作出减资决议之时,嘉硕已经以诉讼方式向其主张债权。无论案涉债权最终是否能得到司法确认,至少,在当时,亿威利公司对其与嘉硕之间存在争议债权是明知的,应当预见到该债权经由生效裁判确认进而确定的可能……相反,如果以债权存在争议而不予通知,将使公司法关于减资通知义务的规定成为空文,严重损害公司资本维持原则和债权人利益。”①我们认为,公

① 参见深圳市中级人民法院民事判决书,(2019)粤03民终18260号。

司对债权人的通知应当是全面的，无论该债权是否存在争议，仅以公司对债权的知悉为标准履行通知义务，故公司应当通知存在争议的不确定的债权人。

## 三、减资程序违法是否影响决议效力？

现有法律并未明确违反减资程序是否影响决议效力，就违法减资决议是否有效的问题，形成了两种观点。第一种观点为，相对无效说，认为违法减资决议对特定债权人无效。第二种观点为，有效说，认为未尽通知义务减资不影响减资的效力。

在实务中，法院通常认定瑕疵减资的决议本身是有效的，只是对未通知的债权人不发生效力。如北京市第三中级人民法院在（2021）京 03 民终 9223 号民事判决书中于争议焦点部分直接论述瑕疵减资是否有效，该案一审法院认为："公司在作出减资决议之后，仅通知部分债权人，未通知其他债权人，亦未向债权人清偿债务或提供担保，该减资决议对债权人不发生效力，对债权人而言视为公司没有减资。"减资决议对债权人不发生效力并非无效。而二审法院维持原判，主要从以下三个方面论述瑕疵减资决议的有效性：（1）减资决议属公司自治。决议是公司形成意思表示的法律行为。减资本质上属于公司内部行为，属于公司意思自治的范畴。在一般情况下，减资行为依照法律规定和公司章程规定的程序作出即可成立有效。我国相关法律法规并未规定减资中未通知债权人构成减资无效。（2）瑕疵减资未侵害全部债权人的合法权益。减资中未通知债权人构成瑕疵减资，损害了对公司减资前的注册资本产生合理信赖利益的债权人权益，并未损害所有债权人的合法利益，并不当然导致减资无效。若瑕疵减资导致减资当然无效，难免影响公司的经营稳定和交易安全，也干涉了公司根据自己的经营需要作出调整注册资本的自治权利。（3）债权人的权利可以得到救济。根据法律规定，权益受损的债权人可以要求减资股东和相关人员对其债权承担清偿责任，其合法权益并非不可救济。

我们倾向于相对无效说的观点，违反减资程序也不应当然导致减资决议无效。瑕疵减资的决议有效，并不必然损害债权人的权益，确实损害了债权人利益的，债权人可以要求公司在减资范围内承担偿付责任，公司若不能清偿，还可以继续要求股东在减资范围内承担责任。

## 四、公司进行实质减资或形式减资，未通知债权人的，如何认定股东对债权人的补充责任？

公司减资分为实质减资和形式减资。实质减资是指公司减少注册资本的同时，将一定实体资产退还股东，从而实际减少了公司净资产的减资形式。形式减资是指公司净资产并未流出，仅仅减少公司注册资本额，并不降低公司偿债的责任资产。新《公司法》并未明确区分公司的不同减资类型。在公司进行实质减资或形式减资，未通知债权人时，如何认定减资股东对债权人的责任？

### （一）实质减资下股东对债权人责任的认定

通过对司法案例及学术观点的梳理和分析，在实质减资情形下，股东责任认定需要满足三个步骤，即判断是否违反通知义务，认定减资行为的效力及股东责任的分配。前两个要件已在上文进行详细讨论，以下就股东责任的分配进行分析。股东责任的分配进一步分为两个问题，其一是股东的范围如何界定，其二是责任类型如何认定。

1. 股东范围的界定

实践中，法院判决承担责任的股东范围有所不同，一种观点认为，责任股东仅限于减资股东；另一种观点认为，责任股东应为同意减资决议的股东。

第一种观点是以资本维持原则为基础，认定减资股东应该对违法减资承担责任。资本维持原则强调公司注册资本对债权人的担保作用，在公司减资未履行通知义务时，公司的责任财产最终流向全部减资股东，其他股东仍以原本出资为债权人提供“担保”，故对减资股东责任的追究不应牵连至其他股东。如最高人民法院在（2016）最高法民申1112号民事裁定书中载明，减资股东的不当减资行为违反了公司资本维持原则，应当在其减资范围内对公司债务承担补充赔偿责任。

第二种观点则认为，股东对减资行为负有注意义务，股东在明知存在债权人的情形下同意公司的减资决议，并未履行适当的通知义务，为恶意行为。此观点以股东是否同意减资决议为标准，同意减资的股东主观上明知存在债权人，仍支持公司恶意减资，不通知债权人，应对瑕疵减资承担责任。上海市高级人民法院在（2020）沪民再28号民事判决书中认为：“尽管公司法规定公司减资时的通知义务人是公司，但公司减资系股东会决议的结果，是否减资以及如何减资完全取决于股东的意志。杨某、陈某在通知债权人一事上亦未尽到合理的注意义务……陈某虽未减资,但股东会决议由杨某、陈某共同作出。陈某同意杨某的减资,导致公司出现无法以自身财产清偿债务的后果,陈某应与减资股东杨某在减资范围内承担连带责任。”湖北省武汉市中级人民法院在(2018)鄂01民终134号民事判决书中也持该观点,“公司的全部股东及吉霞公司存在恶意。因此,本案生效判决认定曾某雄等人及吉霞公司明知怀某斌的债权可能成立,但是在此情况下,仍然通过股东会决议进行减资,并且未直接通知怀某斌,既损害吉霞公司的清偿能力,又侵害了怀某斌的债权,应当对吉霞公司的债务承担相应的法律责任”。①

我们认为,对于作出公司决议的公司股东来说,对通知债权人的行为负有注意义务是应然之义。“资本维持较股东负有注意义务更符合公司的内部逻辑”②的观点并不利于保护债权人。没有必要将责任主体的范围限定为减资股东,按照“内外有别”的标准,对外由全体股东承担赔偿责任,对内再进行追偿在实践中较为合理。

2. 责任类型

(1)违法减资股东对公司承担直接责任。原《公司法》并未直接规定股东违法减资对公司的责任,大多数法院在确定违法减资的股东的责任承担时通常类推适用《公司法司法解释(三)》第14条关于股东抽逃出资或未履行或者未全面履行出资义务的相关规定。而新《公司法》明确了违法减资时股东对公司的责任,公司违法减资时,股东应当承担侵权责任。其构成要件一般为违反《公司法》的减资规定、相关人具有过错、减资给公司造成了损失、减资与公司的损失之间具有因果关系。

(2)违法减资股东对债权人承担补充赔偿责任。补充赔偿责任重点强调“补充”,是一种顺序责任。公司减资未通知债权人时,公司作为第一责任主体,股东作为第二责任主体,仅在公司财产不足以清偿时才承担补充赔偿责任,即在对公司财产执行之前,如果债权人要求股东承担责任,股东可基于其责任的顺序性拒绝。股东在减资范围内对公司不能清偿的债务承担补充赔偿责任具

① 朱程斌、曹文兵:《公司减资未通知债权人的股东责任》,载《人民司法·案例》2018年第26期。
② 李珈娴:《公司减资未通知债权人时的股东责任认定》,载《天津法学》2022年第4期。

有合理性和正当性。

（二）形式减资下股东对债权人责任的认定

关于形式减资下股东是否需要对债权人承担责任在实践中产生争议。有观点认为，在形式减资情形下，股东对于债权人不应承担责任。形式减资仅变更对外公示的注册资本，并不导致公司清偿债务的财产减少，亦未导致偿债能力降低，从立法目的和侵权构成要件来判断，减资股东均不应承担侵权赔偿责任。也有观点认为，“判断瑕疵形式减资是否承担责任的核心问题在于是否符合股东出资加速到期条件”。[①] 新《公司法》第 54 条规定了股东出资加速到期规则，公司不能清偿到期债务，公司和已到期债权的债权人有权要求股东提前缴纳出资，该规则适用后果是股东提前缴纳出资且该出资适用入库规则。在简易减资情况下，可以不用单独通知债权人，但不得向股东进行分配，也不得免除股东缴纳股款的义务。公司如果以减资为由向股东转移资产，减免股东的出资义务，或者根据减资方案弥补亏损，公司为实施减资所作出的行为应归于无效，股东取得的财产应返还公司，而有过错的董事应当对公司和公司债权人承担连带赔偿责任。

我们认为，公司法允许通过简化程序减资弥补亏损，不发生新《公司法》第 224 条第 2 款所规定之债权人要求清偿债务或提供担保的情况，仅需要进行公告即可。在简易减资的过程中，公司的偿债能力没有任何降低，这一减资不会对债权人的债权实现产生不利影响，不需要经过债权人同意，亦不需要赋予债权人异议权，仅需要履行最低限度的公示义务，保障债权人的知情权，使债权人等第三方主体更易查询到公司的减资情况。与此同时，现行《公司法》对违规减资的法律后果以及相关董事和股东的责任作出明确规定，并未区分实质减资或形式减资的情形，未排除形式减资下股东对债权人的责任。而如果公司或者股东存在以形式减资之名，行实质减资之实，损害债权人利益，应该适用违法减资的责任规则。

① 参见李业亮：《公司瑕疵形式减资的民事责任》，载《人民司法》2023 年第 19 期。

## 五、违法减资时公司如何救济?

(一)股东返还责任

公司减资后的资产不足以清偿债务,债权人往往将公司与股东列为共同被告,试图以股东个人财产充实公司责任财产。

新《公司法》第226条规定了股东在违法减资程序中的无过错责任。股东在违法减资过程中,无论是获得资金,还是被减免出资义务,都是实际受益人。即使是在股东会决议上投出反对票的股东,只要其因减资从公司中获得了利益,就会造成公司责任财产流失,需要承担返还财产、恢复原状的责任。因此,在公司违法减资的情形下,由于减资行为的效力被否定,股东从公司减资所获利益没有法律上的原因,股东不得享有该利益。股东履行责任的方式应当是向公司返还因减资获得的财产,以作为公司全体债权人的共同担保。减资行为一经否认,股东因减资所得资本金及同期银行存款利息,应当立即返还公司,由公司统一向债权人清偿债务。且法院判决不影响公司减资后从事交易的效力。若股东拒不返还财产,且公司怠于行使权利,债权人可以自己的名义提起代位权之诉,实现其债权。

(二)公司违法减资时的董事责任

股东为公司违法减资承担责任的观点被广为接受,但董事、监事、高级管理人员是否应当承担赔偿责任一度存在争议。在之前的司法实践中,公司减资纠纷案件频发的重要原因之一就是缺乏对董事、监事、高级管理人员责任的法律规制。显然,公司想要完成减资离不开董事、监事、高级管理人员的协助,由于立法缺位,司法实践中很少判决董事、监事、高级管理人员承担相应责任。即使公司非法削减资本,董事、监事、高级管理人员也不会被追究责任。

为防止董事等滥用职权,协助公司违法减资,新《公司法》第226条明确了董事等的责任。公司未履行债权人保护程序,实为董事等未尽应有的勤勉义务,公司未履行法定程序减资,导致债权人无法及时申报债权,而公司财产又不足以清偿到期债务的,存在过错的董事等应当承担相应的赔偿责任。

首先,对董事等应采取过错责任原则归责,原因在于:董事等不是减资的直接受益人,如果按照无过错责任归责,不仅有失公平,而且会打击董事等的管理、决策热情,不利于公司经营发展。在减资过程中董事等的过错主要表现为未核实公司通知债权人情况以及协助公司办理减资登记。其次,董事等承担次要责任。公司组织架构决定了董事等只是公司经营管理人员,受股东所托管理公司。所以,债权人权益因公司减资行为受到侵害,股东承担主要责任,董事等承担次要责任。若股东无法返还减资所得,或者返还后债权人的损失仍无法得到弥补,则董事等须在减资额内向债权人承担补充责任。同时,各董事等相互间为连带责任关系,若有一方清偿数额超过其责任范围,可向其他董事等追偿。之所以规定董事等承担补充责任,是因为董事等并未从公司违法减资行为中直接获利,不能要求董事等直接承担责任,债权人应当先行追究公司和股东的责任。

## 六、公司减资与对赌协议履行回购义务的关系为何?

《九民纪要》第5条在原则上确认"与目标公司对赌"有效,《九民纪要》后的裁判文书,基本依照《九民纪要》的规则,认定投资方与目标公司订立的"对赌协议"在不存在法定无效事由的情况下,目标公司仅以存在股权回购或者金钱补偿约定为由,主张"对赌协议"无效的,人民法院都不予支持,实际上等于认定投资方与目标公司订立的"对赌协议"(包括回购)有效。但投资方请求目标公司回购股权的,如果对赌协议没有违反《公司法》强制性规定,而目标公司又未完成减资程序,人民法院一般驳回其诉讼请求,也即实际上认为投资方请求目标公司回购股权不可履行。投资方请求目标公司回购股权的前提是完成减资程序,即由公司董事会制定减资方案;股东会作出减资决议;公司编制资产负债表及财产清单;通知债权人并公告,债权人有权要求公司清偿债务或提供担保;办理工商变更登记。"未完成减资程序的"不支持股权回购,此规定将此对赌回购与减资程序相捆绑,将目标公司完成减资程序作为履行回购义务的前提。由此引发了减资与回购义务关系的讨论。

我们对《九民纪要》颁布后,2020年至2022年的对赌协议纠纷裁判文书进行了数据统计。[1] 在264份有效判决中,股权回购型对赌案例有203个,其中,约定公司承担回购义务的案例有55个,在这55个案件中,除3则没有典型意义的个案外,其余的所有案例都遵循了《九民纪要》确立的裁判规则:目标公司只

① 数据来源:北大法宝数据库,最后访问时间2022年7月19日。

要没有减资、事实上已无法减资（目标公司已进入破产程序）或投资人没有证据证明公司已经减资的，法院就会驳回投资人让目标公司履行股权回购义务的诉讼请求。举例而言，北京市朝阳区人民法院在（2021）京0105民初27701号民事判决书中指出：目标公司是否应当承担责任，应当审查涉案情形是否符合《公司法》关于“股东不得抽逃出资”及股份回购的强制性规定。现没有证据表明银河数娱公司完成了减资程序，故本院对投资人主张的有关目标公司的诉讼请求不予支持。不同法院在不同案件中的论述或有不同，但其背后逻辑都是“目标公司未减资，就驳回让公司履行回购义务的诉请”。在目前的检索中，并没有看到任一法院对公司是否应当减资予以审理，更没有法院作出强制公司减资的判决。

最高人民法院认为，在目标公司对赌失败的情况下，目标公司究竟应该先回购，还是先减资，在这个问题上，必须先减资，必须先保护公司债权人的利益。[①] 以上实证研究的结果与最高人民法院的认识是完全相符的。司法实践的现状就是，在目标公司没有减资的情况下，几乎没有法院会支持让目标公司履行回购义务的诉请。

① 参见最高人民法院民事审判第二庭编著：《〈全国法院民商事审判工作会议纪要〉理解与适用》，人民法院出版社2019年版，第117页。

CHAPTER 10

# 第 十 章

# 公司解散与清算相关诉讼

## 案由 1 公司解散纠纷

适用指引

### 一、公司解散纠纷概述

公司解散,是指公司企业作为一个组织实体因某种原因而归于消灭的一种事实状态和法律行为与法律程序。新《公司法》第 229 条规定,公司因下列原因解散:(1)公司章程规定的营业期限届满或者公司章程规定的其他解散事由出现;(2)股东会决议解散;(3)因公司合并或者分立需要解散;(4)依法被吊销营业执照、责令关闭或者被撤销;(5)人民法院依照本法第 231 条的规定予以解散。在上述解散原因中,前三种解散原因学理上称为任意解散或自愿解散,也即依公司章程或股东决议而解散;后两种解散原因学理上称为强制解散,也即因政府有关机关决定或法院判决而发生的解散,学理上分别称为行政解散与司法解散。

本案由中主要发生的纠纷是公司司法解散纠纷。司法解散是指公司经营管理发生严重困难,继续存续会使股东利益受到重大损失,通过其他途径不能解决时,法院根据股东的请求而强制解散公司。司法解散适用的法律要件主要包括:

第一,公司经营管理发生严重困难,继续存续会使股东利益受到重大损失。这里的经营管理发生严重困难,包括两种情况:其一,公司权力运行发生严重困难,即所谓的“公司僵局”;其二,公司的业务经营发生严重困难。关于如何认定公司经营管理发生严重困难,《公司法司法解释(二)》第1条规定了如下具体情形:公司持续两年以上无法召开股东会或者股东大会,公司经营管理发生严重困难的;股东表决时无法达到法定或者公司章程规定的比例,持续两年以上不能做出有效的股东会或者股东大会决议,公司经营管理发生严重困难的;公司董事长期冲突,且无法通过股东会或者股东大会解决,公司经营管理发生严重困难的;经营管理发生其他严重困难,公司继续存续会使股东利益受到重大损失的情形。但是,股东以知情权、利润分配请求权等权益受到损害,或者公司亏损、财产不足以偿还全部债务,以及公司被吊销企业法人营业执照未进行清算等为由,提起解散公司诉讼的,人民法院不予受理。

第二,公司继续存续会使股东利益受到重大损失。此处的股东利益既包括股东的财产性利益,也包括股东的管理性利益。当公司的经营发生严重困难时,可推断股东的财产性利益受到重大损失;当公司的管理发生严重困难时,可推断股东的管理性利益受到重大损失。

第三,公司经营管理的严重困难通过其他途径无法解决。在公司经营管理发生严重困难的情况下,司法解散应是最终的救济方式,但如果公司可以通过其他途径克服此种困难,则不应采取司法解散的方式。根据《公司法司法解释(二)》第5条与《公司法司法解释(五)》第5条的规定,法院在审理解散公司诉讼案件时应当注重调解,能够通过其他不违反法律、行政法规强制性规定的途径解决问题的,不能判决公司解散,至于解决问题有哪些其他途径,则需要根据具体情况判定,大致有以下几种途径:公司回购部分股东股份;其他股东受让部分股东股份;他人受让部分股东股份;公司减资;公司分立;其他能够解决分歧,恢复公司正常经营,避免公司解散的方式。需要注意的是,经人民法院调解公司收购原告股份的,公司应当自调解书生效之日起6个月内将股份转让或者注销。股份转让或者注销之前,原告不得以公司收购其股份为由对抗公司债权人。

第四,需持有公司全部股东表决权10%以上的股东请求。司法解散是决定公司终止的重大事项,涉及全体股东的根本利益,并非任何股东都享有请求权,只有与公司的利益关系达到一定程度的股东才享有此项权利,我国《公司法》将这种利益关系限定在股东持有全部股东表决权的10%。

## 二、公司解散纠纷的诉讼主体

### （一）原告

根据新《公司法》第 231 条的规定，提起公司解散之诉的原告，应当是持有公司 10% 以上表决权的股东。根据《公司法司法解释（二）》第 1 条的规定，此处的“持有公司 10% 以上表决权的股东”是单独或合计持有公司全部股东表决权 10% 以上的股东，且股东在诉讼中必须持续符合该条件。股东未实缴出资或股权被冻结不影响股东的起诉资格，但隐名出资人不具备起诉资格。需要注意的是，在有限责任公司中，新《公司法》第 65 条规定，股东会会议由股东按照出资比例行使表决权，但是公司章程另有规定的除外；在股份有限公司中，新《公司法》实行了类别股制度，根据公司章程的规定，不同股东持有的表决权可能会不同。因此，法院在审查原告的起诉资格时，还会结合公司章程、股东名册、公司登记信息等进行审查。

根据《公司法司法解释（二）》第 4 条第 3 款，原告提起解散公司诉讼应当告知其他股东，或者由人民法院通知其参加诉讼。其他股东或者有关利害关系人可以申请以共同原告或者第三人身份参加诉讼。

### （二）被告

根据《公司法司法解释（二）》第 4 条第 1 款和第 2 款的规定，股东提起解散公司诉讼应当以公司为被告。原告以其他股东为被告一并提起诉讼的，法院应当告知原告将其他股东变更为第三人，原告坚持不予变更的，法院驳回原告对其他股东的起诉。

### （三）第三人

其他股东若不愿成为公司解散之诉的原告，可向法院申请或由法院通知以第三人身份参加诉讼。其他利害关系人，如公司债权人也可向法院申请或由法院通知以第三人身份参加诉讼。

## 三、公司解散纠纷的管辖

根据《民事诉讼法》和《公司法司法解释（二）》的相关规定，解散公司诉讼案件由公司住所地人民法院管辖。公司住所地是指公司主要办事机构所在地。公司办事机构所在地不明确的，由其注册地人民法院管辖。基层人民法院管辖县、县级市或者区的公司登记机关核准登记公司的解散诉讼案件,中级人民法院管辖地区、地级市以上的公司登记机关核准登记公司的解散诉讼案件。

### 四、公司解散纠纷的程序要点

股东提起解散公司诉讼,同时又申请对公司进行清算的,法院对其提出的清算申请不予受理。股东只有在法院判决公司解散后,同时又符合《公司法司法解释(二)》第7条第2款的情形时,才可向法院申请对公司进行清算。股东提起公司解散之诉时,可以向法院申请财产保全或证据保全,但只有在股东提供担保且不影响公司的正常经营时,法院才会决定准许。

## 主要规范依据

**《公司法》**

**第二百三十一条** 公司经营管理发生严重困难,继续存续会使股东利益受到重大损失,通过其他途径不能解决的,持有公司百分之十以上表决权的股东,可以请求人民法院解散公司。

**《公司法司法解释(二)》**

**第一条** 单独或者合计持有公司全部股东表决权百分之十以上的股东,以下列事由之一提起解散公司诉讼,并符合公司法第一百八十二条规定的,人民法院应予受理:

(一)公司持续两年以上无法召开股东会或者股东大会,公司经营管理发生严重困难的;

(二)股东表决时无法达到法定或者公司章程规定的比例,持续两年以上不能做出有效的股东会或者股东大会决议,公司经营管理发生严重困难的;

(三)公司董事长期冲突,且无法通过股东会或者股东大会解决,公司经营管理发生严重困难的;

(四)经营管理发生其他严重困难,公司继续存续会使股东利益受到重大损失的情形。

股东以知情权、利润分配请求权等权益受到损害，或者公司亏损、财产不足以偿还全部债务，以及公司被吊销企业法人营业执照未进行清算等为由，提起解散公司诉讼的，人民法院不予受理。

**第二条** 股东提起解散公司诉讼，同时又申请人民法院对公司进行清算的，人民法院对其提出的清算申请不予受理。人民法院可以告知原告，在人民法院判决解散公司后，依据民法典第七十条、公司法第一百八十三条和本规定第七条的规定，自行组织清算或者另行申请人民法院对公司进行清算。

**第三条** 股东提起解散公司诉讼时，向人民法院申请财产保全或者证据保全的，在股东提供担保且不影响公司正常经营的情形下，人民法院可予以保全。

**第四条** 股东提起解散公司诉讼应当以公司为被告。

原告以其他股东为被告一并提起诉讼的，人民法院应当告知原告将其他股东变更为第三人；原告坚持不予变更的，人民法院应当驳回原告对其他股东的起诉。

原告提起解散公司诉讼应当告知其他股东，或者由人民法院通知其参加诉讼。其他股东或者有关利害关系人申请以共同原告或者第三人身份参加诉讼的，人民法院应予准许。

**第五条** 人民法院审理解散公司诉讼案件，应当注重调解。当事人协商同意由公司或者股东收购股份，或者以减资等方式使公司存续，且不违反法律、行政法规强制性规定的，人民法院应予支持。当事人不能协商一致使公司存续的，人民法院应当及时判决。

经人民法院调解公司收购原告股份的，公司应当自调解书生效之日起六个月内将股份转让或者注销。股份转让或者注销之前，原告不得以公司收购其股份为由对抗公司债权人。

**第六条** 人民法院关于解散公司诉讼作出的判决，对公司全体股东具有法律约束力。

人民法院判决驳回解散公司诉讼请求后，提起该诉讼的股东或者其他股东又以同一事实和理由提起解散公司诉讼的，人民法院不予受理。

**第二十四条** 解散公司诉讼案件和公司清算案件由公司住所地人民法院管辖。公司住所地是指公司主要办事机构所在地。公司办事机构所在地不明确的，由其注册地人民法院管辖。

基层人民法院管辖县、县级市或者区的公司登记机关核准登记公司的解散诉讼案件和公司清算案件;中级人民法院管辖地区、地级市以上的公司登记机关核准登记公司的解散诉讼案件和公司清算案件。

**《公司法司法解释(五)》**

**第五条** 人民法院审理涉及有限责任公司股东重大分歧案件时,应当注重调解。当事人协商一致以下列方式解决分歧,且不违反法律、行政法规的强制性规定的,人民法院应予支持:

(一)公司回购部分股东股份;

(二)其他股东受让部分股东股份;

(三)他人受让部分股东股份;

(四)公司减资;

(五)公司分立;

(六)其他能够解决分歧,恢复公司正常经营,避免公司解散的方式。

## 相关问题

### 一、如何认定公司经营严重困难与管理严重困难?

公司经营管理严重困难是公司司法解散最重要的构成要件。该构成要件可分为两部分:一是公司经营严重困难,如公司长期亏损;二是公司管理严重困难,也叫公司僵局,如公司持续两年以上无法召开股东会。对于二者的关系,最高人民法院在第8号指导性案例"林某清诉常熟市凯莱有限公司、戴某明解散纠纷案"中指出,公司的经营管理是否出现严重困难,应当从公司的股东会、董事会或执行董事及监事会或监事的运行现状进行综合分析。"公司经营管理发生严重困难"的侧重点在于公司管理方面存有严重内部障碍,如股东会机制失灵、无法就公司的经营管理进行决策等,不应片面理解为公司资金缺乏、严重亏损等经营性困难。也就是说,最高人民法院认为,判断公司经营管理是否发生严重困难,应重点判断公司是否存在管理困难,也即公司僵局,若公司存在僵局,即使公司还在盈利,依然可以判决公司解散。

## 二、如何判断公司管理发生严重困难？

公司管理发生严重困难在学理上也被称为公司僵局。《公司法司法解释(二)》第1条第1款规定了公司僵局的判断标准，即公司持续两年以上无法召开股东会或不能作出有效的股东会决议，或董事长期冲突无法通过股东会解决。结合近年来的司法判例，应当认为《公司法司法解释(二)》第1条第1款的核心要义是因股东发生冲突，公司持续两年以上未召开股东会，且即使召开也不能形成有效决议，至于董事长期冲突，归根结底也属于股东冲突。在控股股东实际经营公司时，若公司章程对公司一般事项和特殊事项的表决通过比例没有特殊规定，即使公司两年以上没有召开股东会，法院一般不会认定公司经营管理存在严重困难；若公司只有两个股东，各持有50%的股权，此时公司的管理最容易形成公司僵局；若因公司章程规定等原因大股东无法通过公司内部制度解决管理问题而提出公司解散之诉，法院也会支持。可以看出，判断一个公司是否存在公司僵局，除了公司是否持续两年以上未召开股东会外，还需要结合各股东的持股比例以及公司章程的规定来进行判断。

实践中，例如，最高人民法院在(2020)最高法民申2318号民事裁定书中指出，公司的大股东持股60%，小股东持股40%，公司章程规定股东会由董事会召集、董事长主持，公司的董事会成员共三人，其中包括董事长在内的两名人员是大股东的派出人员。法院认为，大股东在占有董事会多数席位的情况下，不主动召集股东会，反而以无法召开股东会为由主张公司经营管理困难申请解散公司，缺乏事实和法律依据。因此，法院没有支持大股东解散公司的请求。又如，浙江省高级人民法院在(2019)浙民终368号民事判决书中指出，公司的章程规定，“股东大会作出普通决议，应当由出席股东大会的股东所持表决权的过半数通过。股东大会作出特别决议，应当由出席股东大会的股东所持表决权的三分之二以上通过”，公司仅有两名股东，各持股50%。公司的两个股东自公司成立以来多次发生矛盾纠纷乃至诉讼，一直以来未形成有效的股东会决议。法院认为，由于量能公司两名股东的矛盾冲突，已导致公司的内部机制无法正常运行，股东会机制失灵，公司经营管理陷入僵局。再如，最高人民法院在(2011)民四终字第29号民事判决书中指出，公司有两个股东，分别持股60%与40%；公司章程规定，公司董事会是公司最高权力机关，两个股东均以委派董事的形式对公司进行经营管理,即由董事会直接行使董事会和股东会的双重职能,同时,公司生产销售计划、财务预算决算方案、财务决算盈利和亏损的处理方法、经理级以上高级职员的任免等公司经营管理事项均需要全体董事同意才能生效。法院认为,该公司治理结构由股东特别约定而实行的严格一致表决机制,使得人合性成为公司最为重要的特征。自2005年4月起,两个股东因公司的厂房租赁交易、公司治理结构安排、专利权许可使用等问题发生了实质分歧,股东之间逐渐丧失了信任和合作基础。公司董事会不仅长期处于无法召开的状态,而且在两个股东各自律师的协调下召开的唯一一次临时董事会中,也因为双方股东存在重大分歧而无法按照章程规定的表决权比例要求形成董事会决议。富钧公司权力决策机制长期失灵,无法运行长达7年时间,属于《公司法司法解释(二)》第1条第1款第1项和第2项规定的经营管理严重困难的公司僵局情形。法院认定,公司继续存续会使股东利益受到重大损失,且通过其他途径不能解决,故支持了大股东解散公司的请求。

### 三、如何理解"通过其他途径不能解决"?

"通过其他途径不能解决"是公司司法解散的重要构成要件。其他途径可以分为内部途径和外部途径。内部途径如公司董事会和监事会均不召集股东会的,有限责任公司持股10%的股东、股份有限公司单独或者合计持有公司10%以上股份的股东可以召集主持;公司持股10%的股东可以提议召开临时股东会;股份有限公司代表10%以上表决权的股东可提议召开临时董事会;公司的股东还可与其他股东或公司协商,通过公司收购、其他股东或他人受让部分股权等方式以解决公司僵局。外部途径主要是仲裁和调解,若股东间对纠纷的解决约定了仲裁协议,可通过仲裁解决;调解包括行政部门调解、行业调解、人民调解和诉讼调解等。

"通过其他途径不能解决"既是公司解散之诉的程序性要件,也是法院审理的实质要件。程序性要件是指原告股东在起诉时,需提供"通过其他途径不能解决"的初步证据,包括但不限于公司不同意收购其股权或股份、其他股东不同意受让其股权或股份的证据;实质性要件是指法院在审理公司解散之诉时,需要审查是否有其他现存途径可以解决公司僵局,主要是法院经调解后发现不能通过《公司法司法解释(五)》第5条列举的方式解决公司僵局的,就可认为公司僵局无法通过其他途径解决。

## 四、对公司僵局的产生具有过错的股东是否有权提起公司解散之诉？

在公司司法解散的构成要件中，公司经营管理发生严重困难中的管理严重困难就是所谓的公司僵局。对于公司僵局的形成，公司股东的行为往往是最主要的原因，股东可能长期不参加股东会或在股东会上股东意见不一致，导致公司股东会不能形成有效决议。但是，股东提起公司解散之诉，只以单独或合计持有公司全部股东表决权10%以上为条件，法院也只审查公司经营管理是否发生严重困难，继续存续是否会使股东利益受到重大损失，通过其他途径是否能解决，并不需要考察公司僵局产生的原因和股东的过错。因此，无论股东对公司僵局的产生是否有过错，只要其持股比例达到法定要求，便有权提起公司解散之诉，在达到法定构成要件时，法院应当判决公司解散。如最高人民法院在（2011）民四终字第29号民事判决书中认为，公司能否解散取决于公司是否存在僵局以及是否符合《公司法》第183条（新《公司法》231条）规定的实质条件，而不取决于公司僵局产生的原因和责任。《公司法》第183条（新《公司法》231条）没有限制过错方股东解散公司，因此，即使一方股东对公司僵局的产生具有过错，其仍然有权依据该条规定，请求解散公司。

## 五、如何认定股东压迫与公司司法解散？

股东压迫一般是指多数股东以各种形式压迫少数股东，以实现谋求非法利益目的的行为，典型的压迫行为有剥夺小股东知情权、拒不分配利润、滥用决策权、侵占公司财产等。而公司僵局是指公司的管理发生严重困难，典型的公司僵局如《公司法司法解释（二）》第1条第1款所列举的情形。可见，公司僵局与股东压迫并不一致。出现股东压迫并不一定出现公司僵局，多数股东也有可能作出有效决议，使公司的经营管理处于正常状态；出现公司僵局也不一定出现股东压迫，可能只是因为股东间意见不一致，无法作出有效决议。在出现股东压迫时，公司法为少数股东提供了多种救济渠道，如少数股东可以提起股东知情权之诉、利润分配之诉、股东直接诉讼与派生诉讼，在公司5年盈利但不分红时，少数股东可要求公司收购自己的股权或股份，且公司法也规定了股东滥用权利的损害赔偿责任。但是，多数股东实施股东压迫的手段多种多样，上述救济渠道并不能对少数股东实现充分的救济,只有给予少数股东一条退出的渠道,才能让少数股东及时止损,以实现对其利益的充分救济。于是,在司法实践中,法院有时会适用公司司法解散来对小股东进行救济。新《公司法》第 89 条第 3 款规定,在有限责任公司中,控股股东滥用股东权利,严重损害公司或者其他股东利益的,其他股东有权请求公司按照合理的价格收购其股权。该规定应该能在一定程度上避免上述情形的出现。

# 案由2 清算责任纠纷

适用指引

## 一、清算责任纠纷概述

公司清算是指公司解散或被宣告破产后,依照一定程序了结公司事务,收回债权、清偿债务并分配财产,最终使公司终止消灭的程序。本案由所指清算,仅为解散清算。根据新《公司法》的相关规定,公司解散后,董事作为清算义务人应当在解散事由出现之日起15日内组成清算组进行清算。清算组相当于原公司执行机关董事会,行使清算中公司的代表机关及执行机关职能。在清算目的范围内,与原公司机关具有类似的法律地位。清算组由董事组成,但是公司章程另有规定或者股东会决议另选他人的除外。逾期不成立清算组进行清算或者成立清算组后不清算的,利害关系人可以申请人民法院指定有关人员组成清算组进行清算。公司清算结束后,清算组应当制作清算报告,报股东会或者人民法院确认,并报送公司登记机关,申请注销公司登记。

在公司清算过程中,公司股东、清算义务人、清算组成员可能违反法定义务,给公司、债权人造成损害,从而引发纠纷和诉讼。公司案件审理中常见的清算责任纠纷包括以下类型:

### (一)因清算组成员在清算期间违反忠实和勤勉义务产生的纠纷

根据新《公司法》第238条的规定,清算组成员履行清算职责,负有忠实义务和勤勉义务。清算组成员怠于履行清算职责,给公司造成损失的,应当承担赔偿责任;因故意或者重大过失给债权人造成损失的,应当承担赔偿责任。根据《公司法司法解释(二)》的相关规定,清算组成员违反清算职责的主要情形包括清算组未按规定履行通知和公告义务,导致债权人未及时申报债权而未获清偿;清算组执行未经股东会或法院确认的清算方案,给公司或债权人造成损失等。

（二）因清算义务人违反清算义务产生的纠纷

清算义务人，是指基于其与公司之间存在的特定法律关系而在公司解散时对公司负有依法组织清算义务的民事主体。《民法典》第 70 条第 2 款与新《公司法》第 232 条第 1 款明确规定公司董事为清算义务人。清算义务人违反清算义务，给公司或债权人造成损失的，应当承担赔偿责任。根据《公司法司法解释（二）》的相关规定，清算义务人违反清算义务的主要情形有：清算义务人未在法定期限内成立清算组开始清算，导致公司财产贬值、流失、毁损或者灭失，或清算义务人因怠于履行义务，导致公司主要财产、账册、重要文件等灭失；在公司解散后，清算义务人恶意处置公司财产给债权人造成损害，或者未经依法清算，以虚假的清算报告骗取公司登记机关办理法人注销登记；公司未经清算即办理注销登记，导致公司无法进行清算。

（三）因股东违反简易注销承诺产生的纠纷

简易注销程序初见于《公司法司法解释（二）》第 20 条第 2 款，该款规定："公司未经依法清算即办理注销登记，股东或者第三人在公司登记机关办理注销登记时承诺对公司债务承担责任，债权人主张其对公司债务承担相应民事责任的，人民法院应依法予以支持。"《市场主体登记管理条例》第 33 条和新《公司法》第 240 条均对公司的简易注销程序作了规定：公司在存续期间未产生债务，或者已清偿全部债务的，经全体股东承诺，在公司将承诺书及注销登记申请通过国家企业信用信息系统公示满 20 日，且无利害关系人提出异议的，公司便可以在 20 日后向公司登记机关申请注销公司登记，但公司注销依法须经批准的，或者公司被吊销营业执照、责令关闭、撤销，或者被列入经营异常名录的，不适用简易注销程序。若公司通过简易程序注销公司登记，股东承诺不实，公司尚存债务的，全体股东就应当对注销登记前的债务承担连带责任。

（四）因公司被强制注销产生的纠纷

新《公司法》第 241 条规定："公司被吊销营业执照、责令关闭或者被撤销，满三年未向公司登记机关申请注销公司登记的，公司登记机关可以通过国家企业信用信息公示系统予以公告，公告期限不少于六十日。公告期限届满后，未有异议的，公司登记机关可以注销公司登记。依照前款规定注销公司登记的，原公司股东、清算义务人的责任不受影响。"在公司被强制注销后，其本身未进行清算,原公司股东的出资义务可能未履行完毕,清算义务人依然需要履行组织清算的义务,若股东和清算义务人不履行相应的义务,依然需要承担相应责任。

## 二、清算责任纠纷的诉讼主体

(一)原告

1. 债权人

债权人是清算责任纠纷中最主要的原告,在上述纠纷类型中,债权人都可作为原告提起诉讼。

2. 监事会或监事

公司进入清算程序后,董事会或执行董事的权利由清算组行使,但监事会或监事监督公司执行机构的权利并不受影响。清算义务人违反清算义务,或清算组未尽到忠实勤勉义务,侵害公司利益的,有限责任公司的股东、股份有限公司连续 180 日以上单独或者合计持有公司 1% 以上股份的股东,可以书面请求监事会或监事向人民法院提起诉讼。

3. 股东

股东作为清算责任纠纷中的原告主要是股东提起股东代表诉讼的情形。在公司清算过程中,清算义务人违反清算义务,或清算组未尽到忠实勤勉义务,侵害公司利益的,有限责任公司的股东、股份有限公司连续 180 日以上单独或者合计持有公司 1% 以上股份的股东,可以书面请求监事会向人民法院提起诉讼。监事会或者董事会收到前款规定的股东书面请求后拒绝提起诉讼,或者自收到请求之日起 30 日内未提起诉讼,或者情况紧急、不立即提起诉讼将会使公司利益受到难以弥补的损害的,股东可以自己的名义向人民法院提起诉讼。需要注意的是,如果公司已经办理了注销登记,此时公司的主体资格消灭,公司的监事会或监事也不复存在,故根据《公司法司法解释(二)》第 23 条第 3 款的规定,股东提起代表诉讼时豁免前置程序,股东可直接以自己的名义向人民法院提起诉讼。

(二)被告

1. 清算义务人

清算义务人作为清算责任纠纷的被告主要是在公司清算过程中,其违反清算义务,造成公司和债权人损失的情形。

2. 清算组成员

清算组成员作为清算责任纠纷的被告主要是在公司清算过程中,其未尽到忠实勤勉义务,造成公司和债权人损失的情形。

3. 股东

股东作为清算责任纠纷的被告,主要有两种情形:其一,在简易注销时,违反注销时的承诺的股东需对债权人承担连带责任;其二,股东在公司清算或被强制注销时未全面履行出资义务,此时该股东与设立时的其他股东或发起人需在未出资的范围内承担责任,若股东抽逃出资,则相关责任人员也需承担相应责任。

4. 控股股东或实际控制人

公司的控股股东或实际控制人作为清算责任纠纷中的被告,主要是其指示清算义务人或清算组成员从事损害公司或股东利益的情形。新《公司法》第192 条规定:“公司的控股股东、实际控制人指示董事、高级管理人员从事损害公司或者股东利益的行为的,与该董事、高级管理人员承担连带责任。”本条中的董事、高级管理人员应当涵盖清算义务人与清算组成员。

(三)第三人

在公司债权人或股东对上述被告提起诉讼时,由于上述主体直接损害了公司的利益,间接损害公司债权人或股东的利益,所以公司与案件具有法律上的利害关系,可作为无独立请求权的第三人参加诉讼。

## 三、清算责任纠纷的管辖

关于清算责任纠纷的管辖,实务中有不同的观点。一种观点认为,该纠纷属于公司诉讼的特殊地域管辖,应当由公司住所地的法院管辖,法律依据是《民事诉讼法》第 27 条、《民诉解释》第 22 条、《公司法司法解释(二)》第24 条。需要注意的是,《民事诉讼法》及其司法解释虽规定了公司案件的特殊地域管辖,但清算责任纠纷并未被列举;《公司法司法解释(二)》虽规定公司清算案件由公司住所地管辖,但此处的清算案件应当是非讼程序中的公司清算案件。另一种观点认为,清算责任纠纷是指清算义务人、清算组等主体违反法定义务造成公司或债权人损害而产生的纠纷,其本质是侵权责任纠纷，其管辖应当适用《民事诉讼法》第 29 条：“因侵权行为提起的诉讼，由侵权行为地或者被告住所地人民法院管辖。”侵权行为地，包括侵权行为实施地、侵权结果发生地。所以清算责任纠纷应当由公司住所地、被告住所地、原告住所地的法院管辖。

## 四、清算责任纠纷的举证责任

清算制度设立的目的之一在于清理公司的债权债务，保护债权人的债权和股东的剩余财产分配请求权。清算义务人的清算义务、清算组的忠实和勤勉义务，很多都是法定的作为义务，因此，当清算义务人和清算组成员违反义务，造成公司或债权人损失时，举证责任应当倒置，由其证明履行了义务才能免责。例如，清算义务人未在法定期限内成立清算组开始清算，导致公司财产贬值、流失、毁灭或者灭失，造成公司或债权人损失的，或导致公司主要财产、账册、重要文件等灭失，无法进行清算的，应由清算义务人举证证明其在法定期限内成立了清算组或没有及时清算的行为并没有导致财产的损失或财务证据的丢失，才能减轻或免除责任。但对于清算义务人和清算组成员违反不作为义务的行为，造成公司或债权人损失的，还是遵循“谁主张，谁举证”的基本原则，由原告承担举证责任。

## 五、清算责任纠纷的诉讼时效

清算义务人、清算组成员等主体的清算责任本质为侵权之债，适用诉讼时效制度。根据《民法典》第 188 条规定，向人民法院请求保护民事权利的诉讼时效期间为 3 年，诉讼时效期间自权利人知道或者应当知道权利受到损害以及义务人之日起计算。至于何时为权利人知道或应当知道权利受到损害以及义务人之日，需要结合具体案情来进行判断。需要注意的是，若债权人的债权已过诉讼时效，即使其在清算责任纠纷中的诉讼时效期间内主张权利，相关责任主体依然可以提出抗辩。

## 六、清算责任纠纷与申请公司清算的区别

申请公司清算与清算责任纠纷原本都是一级案由“第八部分　与公司、证券、保险、票据等有关的民事纠纷”项下的二级案由“二十一、与公司有关的纠

纷”项下的三级案由,分别为264和265项。2020年,最高人民法院印发的《关于修改〈民事案件案由规定〉的决定》,将“264.申请公司清算”变更为新增加的第二级案由“四十二、公司清算案件”项下的第三级案由“420.申请公司清算”,原清算责任纠纷案由编号也变更为284。

申请公司清算,是指清算义务人逾期不成立清算组进行清算或者成立清算组后不清算时,利害关系人向人民法院申请强制清算,清算组成员由人民法院指定。而清算责任纠纷是指在公司清算过程中,相关主体因违反法定义务而产生的纠纷。申请公司清算属于非讼程序,而清算责任纠纷则属于诉讼程序。

## 主要规范依据

**《民法典》**

**第七十条** 法人解散的,除合并或者分立的情形外,清算义务人应当及时组成清算组进行清算。

法人的董事、理事等执行机构或者决策机构的成员为清算义务人。法律、行政法规另有规定的,依照其规定。

清算义务人未及时履行清算义务,造成损害的,应当承担民事责任;主管机关或者利害关系人可以申请人民法院指定有关人员组成清算组进行清算。

**第七十二条** 清算期间法人存续,但是不得从事与清算无关的活动。

法人清算后的剩余财产,按照法人章程的规定或者法人权力机构的决议处理。法律另有规定的,依照其规定。

清算结束并完成法人注销登记时,法人终止;依法不需要办理法人登记的,清算结束时,法人终止。

**《公司法》**

**第一百九十一条** 董事、高级管理人员执行职务,给他人造成损害的,公司应当承担赔偿责任;董事、高级管理人员存在故意或者重大过失的,也应当承担赔偿责任。

**第一百九十二条** 公司的控股股东、实际控制人指示董事、高级管理人员从事损害公司或者股东利益的行为的，与该董事、高级管理人员承担连带责任。

**第二百三十二条** 公司因本法第二百二十九条第一款第一项、第二项、第四项、第五项规定而解散的，应当清算。董事为公司清算义务人，应当在解散事由出现之日起十五日内组成清算组进行清算。

清算组由董事组成，但是公司章程另有规定或者股东会决议另选他人的除外。

清算义务人未及时履行清算义务，给公司或者债权人造成损失的，应当承担赔偿责任。

**第二百三十三条** 公司依照前条第一款的规定应当清算，逾期不成立清算组进行清算或者成立清算组后不清算的，利害关系人可以申请人民法院指定有关人员组成清算组进行清算。人民法院应当受理该申请，并及时组织清算组进行清算。

公司因本法第二百二十九条第一款第四项的规定而解散的，作出吊销营业执照、责令关闭或者撤销决定的部门或者公司登记机关，可以申请人民法院指定有关人员组成清算组进行清算。

**第二百三十四条** 清算组在清算期间行使下列职权：

（一）清理公司财产，分别编制资产负债表和财产清单；

（二）通知、公告债权人；

（三）处理与清算有关的公司未了结的业务；

（四）清缴所欠税款以及清算过程中产生的税款；

（五）清理债权、债务；

（六）分配公司清偿债务后的剩余财产；

（七）代表公司参与民事诉讼活动。

**第二百三十五条** 清算组应当自成立之日起十日内通知债权人，并于六十日内在报纸上或者国家企业信用信息公示系统公告。债权人应当自接到通知之日起三十日内，未接到通知的自公告之日起四十五日内，向清算组申报其债权。

债权人申报债权，应当说明债权的有关事项，并提供证明材料。清算组应当对债权进行登记。

在申报债权期间，清算组不得对债权人进行清偿。

**第二百三十六条** 清算组在清理公司财产、编制资产负债表和财产清单后，应当制订清算方案，并报股东会或者人民法院确认。

公司财产在分别支付清算费用、职工的工资、社会保险费用和法定补偿金，缴纳所欠税款，清偿公司债务后的剩余财产，有限责任公司按照股东的出资比例分配，股份有限公司按照股东持有的股份比例分配。

清算期间，公司存续，但不得开展与清算无关的经营活动。公司财产在未依照前款规定清偿前，不得分配给股东。

**第二百三十八条** 清算组成员履行清算职责，负有忠实义务和勤勉义务。

清算组成员怠于履行清算职责，给公司造成损失的，应当承担赔偿责任；因故意或者重大过失给债权人造成损失的，应当承担赔偿责任。

**第二百四十条** 公司在存续期间未产生债务，或者已清偿全部债务的，经全体股东承诺，可以按照规定通过简易程序注销公司登记。

通过简易程序注销公司登记，应当通过国家企业信用信息公示系统予以公告，公告期限不少于二十日。公告期限届满后，未有异议的，公司可以在二十日内向公司登记机关申请注销公司登记。

公司通过简易程序注销公司登记，股东对本条第一款规定的内容承诺不实的，应当对注销登记前的债务承担连带责任。

**第二百四十一条** 公司被吊销营业执照、责令关闭或者被撤销，满三年未向公司登记机关申请注销公司登记的，公司登记机关可以通过国家企业信用信息公示系统予以公告，公告期限不少于六十日。公告期限届满后，未有异议的，公司登记机关可以注销公司登记。

依照前款规定注销公司登记的，原公司股东、清算义务人的责任不受影响。

**《公司法司法解释(二)》**

**第七条** 公司应当依照民法典第七十条、公司法第一百八十三条的规定，在解散事由出现之日起十五日内成立清算组，开始自行清算。

有下列情形之一，债权人、公司股东、董事或其他利害关系人申请人民法院指定清算组进行清算的，人民法院应予受理：

(一)公司解散逾期不成立清算组进行清算的；

(二)虽然成立清算组但故意拖延清算的；

（三）违法清算可能严重损害债权人或者股东利益的。

**第十一条** 公司清算时，清算组应当按照公司法第一百八十五条的规定，将公司解散清算事宜书面通知全体已知债权人，并根据公司规模和营业地域范围在全国或者公司注册登记地省级有影响的报纸上进行公告。

清算组未按照前款规定履行通知和公告义务，导致债权人未及时申报债权而未获清偿，债权人主张清算组成员对因此造成的损失承担赔偿责任的，人民法院应依法予以支持。

**第十五条** 公司自行清算的，清算方案应当报股东会或者股东大会决议确认；人民法院组织清算的，清算方案应当报人民法院确认。未经确认的清算方案，清算组不得执行。

执行未经确认的清算方案给公司或者债权人造成损失，公司、股东、董事、公司其他利害关系人或者债权人主张清算组成员承担赔偿责任的，人民法院应依法予以支持。

**第十八条** 有限责任公司的股东、股份有限公司的董事和控股股东未在法定期限内成立清算组开始清算，导致公司财产贬值、流失、毁损或者灭失，债权人主张其在造成损失范围内对公司债务承担赔偿责任的，人民法院应依法予以支持。

有限责任公司的股东、股份有限公司的董事和控股股东因怠于履行义务，导致公司主要财产、账册、重要文件等灭失，无法进行清算，债权人主张其对公司债务承担连带清偿责任的，人民法院应依法予以支持。

上述情形系实际控制人原因造成，债权人主张实际控制人对公司债务承担相应民事责任的，人民法院应依法予以支持。

**第十九条** 有限责任公司的股东、股份有限公司的董事和控股股东，以及公司的实际控制人在公司解散后，恶意处置公司财产给债权人造成损失，或者未经依法清算，以虚假的清算报告骗取公司登记机关办理法人注销登记，债权人主张其对公司债务承担相应赔偿责任的，人民法院应依法予以支持。

**第二十条** 公司解散应当在依法清算完毕后，申请办理注销登记。公司未经清算即办理注销登记，导致公司无法进行清算，债权人主张有限责任公司的股东、股份有限公司的董事和控股股东，以及公司的实际控制人对公司债务承担清偿责任的，人民法院应依法予以支持。

公司未经依法清算即办理注销登记,股东或者第三人在公司登记机关办理注销登记时承诺对公司债务承担责任,债权人主张其对公司债务承担相应民事责任的,人民法院应依法予以支持。

**第二十一条** 按照本规定第十八条和第二十条第一款的规定应当承担责任的有限责任公司的股东、股份有限公司的董事和控股股东,以及公司的实际控制人为二人以上的,其中一人或者数人依法承担民事责任后,主张其他人员按照过错大小分担责任的,人民法院应依法予以支持。

**第二十三条** 清算组成员从事清算事务时,违反法律、行政法规或者公司章程给公司或者债权人造成损失,公司或者债权人主张其承担赔偿责任的,人民法院应依法予以支持。

有限责任公司的股东、股份有限公司连续一百八十日以上单独或者合计持有公司百分之一以上股份的股东,依据公司法第一百五十一条第三款的规定,以清算组成员有前款所述行为为由向人民法院提起诉讼的,人民法院应予受理。

公司已经清算完毕注销,上述股东参照公司法第一百五十一条第三款的规定,直接以清算组成员为被告、其他股东为第三人向人民法院提起诉讼的,人民法院应予受理。

**第二十四条** 解散公司诉讼案件和公司清算案件由公司住所地人民法院管辖。公司住所地是指公司主要办事机构所在地。公司办事机构所在地不明确的,由其注册地人民法院管辖。

基层人民法院管辖县、县级市或者区的公司登记机关核准登记公司的解散诉讼案件和公司清算案件;中级人民法院管辖地区、地级市以上的公司登记机关核准登记公司的解散诉讼案件和公司清算案件。

**《九民纪要》**

**14.【怠于履行清算义务的认定】**公司法司法解释(二)第18条第2款规定的"怠于履行义务",是指有限责任公司的股东在法定清算事由出现后,在能够履行清算义务的情况下,故意拖延、拒绝履行清算义务,或者因过失导致无法进行清算的消极行为。股东举证证明其已经为履行清算义务采取了积极措施,或者小股东举证证明其既不是公司董事会或者监事会成员,也没有选派人员担任该机关成员，且从未参与公司经营管理，以不构成“怠于履行义务”为由，主张其不应当对公司债务承担连带清偿责任的，人民法院依法予以支持。

**15.【因果关系抗辩】** 有限责任公司的股东举证证明其“怠于履行义务”的消极不作为与“公司主要财产、账册、重要文件等灭失，无法进行清算”的结果之间没有因果关系，主张其不应对公司债务承担连带清偿责任的，人民法院依法予以支持。

**16.【诉讼时效期间】** 公司债权人请求股东对公司债务承担连带清偿责任，股东以公司债权人对公司的债权已经超过诉讼时效期间为由抗辩，经查证属实的，人民法院依法予以支持。

公司债权人以公司法司法解释（二）第18条第2款为依据，请求有限责任公司的股东对公司债务承担连带清偿责任的，诉讼时效期间自公司债权人知道或者应当知道公司无法进行清算之日起计算。

**《关于审理公司强制清算案件工作座谈会纪要》**

29. 债权人申请强制清算，人民法院以无法清算或者无法全面清算为由裁定终结强制清算程序的，应当在终结裁定中载明，债权人可以另行依据公司法司法解释二第十八条的规定，要求被申请人的股东、董事、实际控制人等清算义务人对其债务承担偿还责任。股东申请强制清算，人民法院以无法清算或者无法全面清算为由作出终结强制清算程序的，应当在终结裁定中载明，股东可以向控股股东等实际控制公司的主体主张有关权利。

## 相关问题

### 一、如何理解新《公司法》对清算义务人的重新界定？

原《公司法》和《公司法司法解释（二）》将有限责任公司的股东、股份有限公司的董事和控股股东确定为清算义务人。将有限责任公司的股东确定为清算义务人会产生许多问题，如公司小股东可能并不参加公司的实际经营，并不了解公司的财产状况，若其不履行清算义务造成公司债权人的损失，其对债权人承担的责任很可能远远超于其出资数额，导致出现利益明显失衡的现象。故

《九民纪要》第14条特别规定,有限责任公司的股东举证证明其已经为履行清算义务采取了积极措施,或者小股东举证证明其既不是公司董事会或者监事会成员,也没有选派人员担任该机关成员,就不构成“怠于履行义务”,对公司的债务也不必承担连带责任。将股份有限公司的控股股东确定为清算义务人也不符合股份有限公司所有权与经营权相分离的基本原则。从理论上来说,将公司股东确定为清算义务人,其实是“股东会中心主义”指导下推演的结果。在我国公司治理逐渐由“股东会中心主义”向“董事会中心主义”转变的趋势下,《民法典》和新《公司法》都规定公司董事为清算义务人,其不履行清算义务给公司或债权人造成损失的,应当承担赔偿责任。

## 二、清算组仅以公告方式通知债权人,是否构成有效通知?

新《公司法》第235条第1款规定:“清算组应当自成立之日起十日内通知债权人,并于六十日内在报纸上或者国家企业信用信息公示系统公告。债权人应当自接到通知之日起三十日内,未接到通知的自公告之日起四十五日内,向清算组申报其债权。”《公司法司法解释(二)》第11条还规定,清算组应当将公司解散事宜根据公司规模和营业地域范围在全国或者公司注册登记地省级有影响的报纸上进行公告。司法实践中的问题是,清算组将公司清算事宜进行了公告,但未以书面的形式通知债权人,此时的通知是否有效?应当认为,对于清算组已经知道或者应当知道的债权人,清算组必须以书面形式通知债权人方构成有效通知;对于未知的债权人,如因不当得利或无因管理取得对公司债权的债权人,在公告期限届满后便构成有效通知,但不影响不知情的债权人进行债权的补充申报。

## 三、清算义务人责任的诉讼时效应自何时开始计算?

《九民纪要》第16条第2款规定:“公司债权人以公司法司法解释(二)第18条第2款为依据,请求有限责任公司的股东对公司债务承担连带清偿责任的,诉讼时效期间自公司债权人知道或者应当知道公司无法进行清算之日起计算。”在新《公司法》生效后,《公司法司法解释(二)》第18条第2款应理解为清算义务人怠于履行义务,导致公司主要财产、账册、重要文件等灭失,无法进行清算时,对公司债务承担连带清偿责任。司法实践中出现的问题是,如何认定债权人知道或应当知道公司无法进行清算。特别是最高人民法院《关于审理公司强制清算案件工作座谈会纪要》第29条规定:“债权人申请强制清算,人民法院以无法清算或者无法全面清算为由裁定终结强制清算程序的,应当在终结裁定中载明,债权人可以另行依据公司法司法解释二第十八条的规定,要求被申请人的股东、董事、实际控制人等清算义务人对其债务承担偿还责任。股东申请强制清算,人民法院以无法清算或者无法全面清算为由作出终结强制清算程序的,应当在终结裁定中载明,股东可以向控股股东等实际控制公司的主体主张有关权利。”根据本条规定,要认定公司无法进行清算,是否需要以人民法院以无法清算或无法全面清算为由终结强制清算程序的裁定书为准?实际上,最高人民法院《关于审理公司强制清算案件工作座谈会纪要》第29条只是规定公司债权人或股东可以人民法院无法清算或无法全面清算为由终结强制清算程序的裁定书向清算义务人主张权利,并不表示取得裁定书是公司债权人或股东向清算义务人主张权利的前置程序。要认定公司无法进行清算,需要根据具体的案件事实来进行判断。

首先,公司债权人知道或者应当知道公司无法进行清算之日的前提是债权人知道或应当知道公司出现解散事由且未在解散事由出现后15日内成立清算组,也即清算义务人怠于履行清算义务。新《公司法》第229条规定了5种公司解散事由,除了因公司合并或者分立需要解散外,其他解散事由的发生都需要进行清算。新《公司法》规定当公司出现解散事由,应当在10日内通过国家企业信用信息公示系统予以公示,由于公示具有公示效力,即推定公司债权人知道公司出现了解散事由。若公司未将解散事由进行公示,则需要结合每种解散事由来具体判断债权人是否知道公司出现了解散事由。例如,公司因章程规定的营业期限届满而解散,由于营业期限是公司登记事项,登记具有公示公信效力,此时应当推定债权人知道公司出现了解散事由。

其次,债权人还需知道或者应当知道公司无法进行清算的事实。司法实践中对此的判断有较大的差异,有的法院认为,只要债权人在知道或应当知道公司具有解散事由15日内未成立清算组开始清算,就应当意识到公司可能无法进行清算;有的法院认为,可以自法院作出公司无财产可供执行的终结本次执行程序的裁定书为判断标准;有的法院认为,可以法院作出无法清算或无法全面清算为由终结强制清算程序的裁定书为判断标准。我们认为,债权人是否知道或者应当知道公司无法进行清算,需要根据债权人自身获取信息的能力以及客观情况来进行判断。在上述观点中,第一种观点不甚合理,因为公司未在法定期限内成立清算组并不表示其无法进行清算;其他两种观点较为合理,在这两种情况下,有较大可能或者明确表明公司无法进行清算;除此之外,其他事实证据也有可能证明债权人知道或者应当知道公司无法进行清算。

综上所述,只有债权人知道或应当知道清算义务人怠于履行清算义务且公司无法进行清算时,债权人请求清算义务人对公司债务承担连带清偿责任的诉讼时效才开始计算。在清算义务人怠于履行清算义务,导致公司财产贬值、流失、毁损或者灭失,或恶意处置公司财产,造成债权人损失时,债权人以此向清算义务人请求损害赔偿的诉讼时效计算规则与上述规则类似。在清算义务人以虚假的清算报告骗取公司登记机关办理法人注销登记,或公司未经清算即办理注销登记,导致公司无法进行清算,造成债权人损失时,债权人以此向清算义务人请求承担相应责任的诉讼时效应自公司注销登记时开始计算。需要注意的是,债权人请求清算义务人承担责任的诉讼时效举证责任在被告,也即清算义务人,人民法院也不得主动适用诉讼时效制度。

## 四、如何认定违反清算义务与公司无法进行清算之间的因果关系?

《九民纪要》第15条规定:"有限责任公司的股东举证证明其'怠于履行义务'的消极不作为与'公司主要财产、账册、重要文件等灭失,无法进行清算'的结果之间没有因果关系,主张其不应对公司债务承担连带清偿责任的,人民法院依法予以支持。"也就是说,清算义务人可以其怠于履行清算义务与公司无法进行清算不具有因果关系来进行反驳。司法实践中的问题是,公司债权人在公司出现解散事由之前,已经根据执行依据向人民法院申请执行,但法院经过执行后发现公司无财产可供执行,便作出终结本次执行程序的裁定书,此时清算义务人可否以在公司出现解散事由之前就无财产可供执行进行反驳,切断其不履行义务与公司无法进行清算之间的因果关系?司法实践中,法院一般不会支持这样的理由,因为公司可能还存在其他资产,除非是在公司出现解散事由之前,法院已经多次搜查公司财产,发现公司确无可供执行的财产,多次作出终结本次执行程序的裁定书,法院才可能支持清算义务人的理由,否则清算义务人需寻找其他事实证据。

此外,实务中还会出现公司的会计账簿在公司清算事由出现之前毁损灭失,或者公司根本不存在会计账簿的情况,此时清算义务人能否以此为由切断其怠于履行清算义务与公司无法进行清算之间的因果关系?我们认为,在公司出现清算事由之前,公司董事或财务负责人负有更新和保管公司会计账簿的义务。若会计账簿毁损灭失或者不存在会计账簿导致公司不能清算,公司董事或财务负责人存在故意或重大过失,根据新《公司法》第 191 条的规定,其应当向公司股东、公司债权人承担损害赔偿责任。但此处的责任并非清算义务人违反清算义务导致,而是董事或财务负责人违反忠实勤勉义务导致,请求权基础不同。